U0512066

贝 克 欧 洲 史 － 07

C. H. Beck Geschichte Europas

Johannes Paulmann

Globale Vorherrschaft und Fortschrittsglaube: Europa 1850 –1914

©Verlag C.H.Beck oHG , München 2019

Arranged through Jia-xi Books Co., Ltd. / Literary Agency.

封面图片为《1914年里约热内卢港海军独立分部》，由Alexander Kircher创作；

封底图片为《第一次世界大战美国空军》，收录于Leslie's Photographic Review of the Great War (1920)。

〔德〕约翰内斯·鲍尔曼——著

Johannes Paulmann

进步信念 和

全球霸权

GLOBALE
VORHERRSCHAFT UND
FORTSCHRITTSGLAUBE :
EUROPA
1850-1914

1850~1914年的
欧洲

郭爽　姚敏　吴雨婷——译

社会科学文献出版社
SOCIAL SCIENCES ACADEMIC PRESS (CHINA)

丛书介绍

"贝克欧洲史"（C.H.Beck Geschichte Europas）是德国贝克出版社的经典丛书，共10卷，聘请德国权威历史学者立足学术前沿，写作通俗易读、符合时下理解的欧洲史。丛书超越了单一民族国家的历史编纂框架，着眼欧洲；关注那些塑造每个时代的核心变迁，传递关于每个时代最重要的知识。如此一来，读者便可知晓，所谓的"欧洲"从其漫长历史的不同阶段汲取了哪些特质，而各个年代的人们又对"欧洲"概念产生了何种联想。

丛书书目

本卷作者

约翰内斯·鲍尔曼（Johannes Paulmann）是德国历史学家，位于美因茨的莱布尼茨欧洲史研究所的所长。

本卷译者

郭爽，毕业于北京外国语大学德语系，德国哥廷根大学跨文化日耳曼学硕士。主要译作：《跌跌撞撞的大陆》《像海鸥一样自由飞翔》。

姚敏，同济大学硕士研究生，研究方向：德汉笔译。

吴雨婷，同济大学硕士研究生，研究方向：德汉笔译。

目　录

第一章

边界与去边界化：19 世纪的欧洲疆域有多广？

　　欧洲是不是一个独立的大陆？欧洲的边界究竟在哪里？在19 世纪，地理学家们在这两个问题上都无法取得一致意见。地理学家阿尔弗雷德·赫特纳（Alfred Hettner）曾在 1907年写道：即便"当某人从直布罗陀海峡望向非洲，或是从君士坦丁堡远眺亚洲时，会有一种优越感油然而生"，欧洲也"不过是一块位于西面的凸出部分，是亚洲的边际之地"。其他诸如阿尔弗雷德·克希霍夫（Alfred Kirchhoff）这样的地理学家，则自信地认为欧洲具有"完全大陆权"。他们的这种观点是基于土地与人之间的一种紧密联系，认为欧洲存在着具有天然地貌的稳固自然空间，为其居民的各种独特文化提供了物质资料。

　　在关于欧洲的边界究竟在哪里的讨论中，这片大陆的独立性问题也引起了很大反响。1912 年出版的《剑桥世界近代史地图集》（*Cambridge Modern History Atlas*）中的一张地图对欧洲边界的划定在各个方面都不甚清晰。尽管欧洲的西部、北部和南部因临海而轮廓相对清晰，其东部和东南部的边界则没有如此明确。在东南部，奥斯曼帝国仍延伸到巴尔干半岛，它的统治中心君士坦丁堡（Konstantinpol）在地理上则位于欧洲。奥斯曼帝国的大部分领土位于亚洲境内，而它的边界却一直延伸到北非海岸的的黎波里（Tripolis）。自然，这本地图集的导言中所说的土耳其是指欧洲境内的土耳

8　其。在东方，俄国的情况也与此相似。当时的大部分人都将沙皇俄国看作一个欧洲的政权，而亚洲是位于它家门口的广阔殖民地。但是，一些地理学家并不愿将乌拉尔山脉视为一条明确的地理分界线。他们将俄国位于乌拉尔山脉东西两侧的部分视作一个整体空间，它的特点是地域广袤且地貌单一，也因此和四分五裂的欧洲截然相反。俄国的自然地貌也在俄国人的性格及其政治制度中得以体现：这些消极、专横的半亚洲人与积极、进步、思想自由的欧洲人不同。在俄国，像尼古拉·达尼列夫斯基（Nikolaj Danilevskij）这样的自然科学家和泛斯拉夫主义者也不认为乌拉尔山脉是明确的边界，而是将从俄国西部边界起跨越乌拉尔山到西伯利亚的地区视作一个独立的地理世界——这种观念在之后继续发展，成为位于欧洲与亚洲之间的第三个大陆，即"欧亚大陆"（Eurasien）的概念。

　　这本剑桥的地图集还以另一种方式让欧洲的空间范围显得模糊不清。它不仅将西伯利亚和小亚细亚标注为在地理上不属于欧洲但在政治上属于欧洲的地区，还以同样的方式将塞浦路斯、埃及、突尼斯和阿尔及利亚标注为英国或法国的一部分。在卷首说明中，出版者甚至提到了延伸至全球的"大欧洲"（Greater Europe）的概念，他们在其中强调了欧洲在制度和所谓的血统上的扩张。北美洲和南美洲的一部分在他们眼中是"第二个欧洲"（zweites Europa），其中还包括澳大利亚和新西兰。"大欧洲"并不是指一种政治霸权，而是指欧洲人的迁居行为。迁居行为对新居住地的生态变化产生了重大影响：随着"白种"居民按照欧洲模式发展农业经济并日益紧密地与世界市场联系在一起，欧洲的人、欧洲的动物和植物被引入新居住地，而当地的人和动植物则通常被彻底灭绝。

聚落地理学意义上的"大欧洲"在经济地理学上有对应的 9
表述。1889 年，乔治·G. 奇泽姆（George G. Chisholm）在
《商业地理学手册》（*Handbook of Commercial Geography*）
中就阐释了欧洲工业化地区与那些供应原材料和食品并反过来
购买工业成品的国家、殖民地和居住区之间逐渐形成的劳动分
工。奇泽姆并不赞同当时的决定论。按照这种理论，是自然环
境条件决定了经济能力。而当当地居民在身体和心智上都没有
充分利用现存资源的能力时，那么殖民主义也就合情合理。奇
泽姆则认为 19 世纪得以改善的交通和通信条件才是重要的前
提。铁路、蒸汽轮船和电报等技术成果让人们能够改变自然空
间的秩序，以前所未有的方式利用它们并且在某种程度上克服
物理限制。

在确定其主题时，欧洲史不能仅以自然地理为出发点，而
是应当将欧洲视作一个由历史构成、由文化构建的概念。那些
19 世纪下半段在各大学立足并且在专业上开始分化的地理学
家们，如同相关例子所展示的那样，采用了各种各样的准则来
界定欧洲的地理位置。但是，几乎所有的地理学家都认同，欧
洲的地理环境是特殊的，这也是欧洲成为"文明发源地"〔维
尔达·白兰士（Vidal de la Blanche）在 1891 年的说法〕的
原因，这种地理上的特殊性也奠定了欧洲在世界上的卓越地
位。从各个方面来看，欧洲都超越了人们通常所理解的"大
陆"的确切含义。

19 世纪欧洲的海峡

11

在美茵河畔法兰克福任教的埃米尔·戴克特（Emil
Deckert）认为，欧洲的特殊之处在于其"深入大陆主体的数
量众多的陆缘海、内海和海湾"以及"众多的半岛和沿海岛
屿"。他在 1883 年总结称，大西洋上的"海峡和部分海域造

成了各种各样的天然困难，因此在这绵延的欧洲海岸边成长出地球上最敢于冒险和勤快能干的一群人，欧洲大陆的文化实力和贸易权力"在此得以施展"也就不足为奇了"。如果我们接受他的这种观点，就会注意到那些围绕着欧洲的海峡。它们是生态、经济、政治、社会和文化方面的交叉点和交汇点，将欧洲人与欧洲人、欧洲人与非欧洲社会联系在一起，但也使它们相互分隔。依情境和领域不同，会从中产生出合作、竞争与防御的关系。这些"边缘"地带显示出，为了开发经济资源、行使政治与军事权力、规范并了解社会，人们在 19 世纪下半叶都做出了哪些巨大的努力，发展出了哪些复杂的知识体系和组织体系。为了能在下文更明确地界定本书的研究对象，我们将从海峡的边缘切入。这样我们不仅能描述地理与历史之间多变的关系，还会看到，这里也见证了第一次世界大战之前的关键历史时刻。

喀拉海峡（Kara-Straße）：我们先由东北欧边缘的喀拉海峡开始。喀拉海峡连接了巴伦支海（Barensee）和北冰洋的地缘海——喀拉海。喀拉海南岸是乌拉尔山脉的起点，如今因苏联的核潜艇在此沉没而闻名[①]。喀拉海峡宽 56 千米，是新地群岛（Nowaja Semlja）与瓦伊加奇岛（Insel Waigatsch）之间的水道。自 19 世纪 50 年代起，这条海峡对于欧洲港口与西伯利亚之间的船只通航来讲愈发重要。起初，西伯利亚的商人和金矿主想方设法在西部用一条水上通道来缩短漫长又昂贵的陆路交通，这条航路连接着两条汇入喀拉海的西伯利亚地区的河流，即鄂毕河和叶尼塞河。跨西伯利亚铁路在 1891 年

---

① 此处指 2000 年 8 月 12 日俄罗斯的库尔斯克号潜艇在巴伦支海域进行军事演习时发生爆炸并沉没。该潜艇造于 1994 年苏联时期，故称"苏联的核潜艇"。——译者注

才开始修建，并且在 1904 年才开始通行，且在大部分地区只能单向通行。俄国在克里米亚战争中失败之后，进行了一系列的改革，随着改革框架下的农奴解放运动的进行，西西伯利亚居民人口和粮食产量都有所增加。这些垦殖者们也希望，能用船只将自己的产品运往市场。此外，挪威的捕鲸人在斯匹次卑尔根岛（Spitzbergen）附近的巴伦支海过度捕捞之后，如今也向喀拉海突进，想要在那里捕猎海豹、海象和鲸鱼。那些靠金子发家的西伯利亚商人，努力说服俄罗斯帝国地理学会（Kaiserlich-Russische Geographische Gesellschaft）、皇家地理协会（Royal Geographical Society）和挪威船长们，绘制极地航线地图、观测风力和天气状况。最终他们与德国北极航海协会（Verein für die deutsche Nordpolarfahrt）（即 1877 年成立于不来梅的德国地理协会）的兴趣一拍即合。聚集在那里的商人和海运企业家也出于商业上的考虑愿意支持对极地的研究。自 1877 年起，金矿主米夏埃尔·K. 西多罗夫（Michail K. Sidorow）以及随后的不来梅批发商和企业家路德维希·努普男爵（Ludwig Baron Knoop）资助了爱德华·达尔曼（Eduard Dallmann）船长经由喀拉海峡驶向叶尼塞河河口的一系列航行。由于喀拉海的冰况以及西伯利亚河流上无法确保的适航性——第一批河道建设工程在 1893 年停工了——欧洲港口与西伯利亚内陆之间直至第一次世界大战开始前不久都没有商船持续通航。

*

　　瑞典 – 芬兰的地质学家和极地研究者阿道夫·埃里克·诺登斯科德（Adolf Erick Nordenskiöld，1832–1901）的考察旅行则取得了成功。诺登斯科德在他长达两年的旅途中，首次成功地沿着西伯利亚海岸由大西洋通过东北航道驶入了太平洋。他的资助者是哥德堡的工业巨头奥斯卡·迪克森（Oscar Dickson）和西伯利亚的金矿主亚历山大·希比亚科夫（Alexander Sibirjakow）。诺登斯科德于 1878 年 7 月从哥德堡启航，8 月 1 日在俄国大陆与瓦伊加奇岛之间穿行，驶入喀拉海，并于 8 月 20 日绕过欧亚大陆最北端的岬角切柳斯金角（Kap Tscheljuskin）。他所驾驶的船只维加号（Vega）是为冰海航行而在不来梅港中建造的一艘捕鲸船。但是在 9 月，这艘船却在接近白令海峡（Beringstraße）时被冻住了，不得不在那里停留过冬，度过了 294 天直至 1879 年 7 月。此后他继续航行，途经日本，穿过新加坡旁边的马六甲海峡，随后在苏伊士运河和地中海上航行，穿过直布罗陀海峡（Straße von Gibraltar）和英吉利海峡（Ärmelstraße）并最终穿过厄勒海峡（Öresund）回到波罗的海。1880 年 4 月，维加号在节庆灯光装点下的斯德哥尔摩驶入海港。1882 年，诺登斯科德出版了详尽记述其经历的《维加号环欧洲和亚洲之旅》（*Die Umsegelung Asiens und Europas auf der Vega*），后被译成多种语言。无论是在科学出版物还是在通俗读物中，他都传播着自己的地理学和自然科学知识。诺登斯科德的航行是 19 世纪晚期兴起的极地研究的一部分。这些研究的科学评估树立起了一系列标准，并且在此过程中也对欧洲进行了定义：一方面是与北冰洋那冰天雪地的自然环境和落后的西伯利亚泾渭分明的文明，另一方面是人们像英雄一般克服极端不利的条件，为了追求真理而对整片海洋与大洲进行的"征服"。对北冰洋的考察是在经济利益和各国科学家的推动下进行的活动——例如维加号上的船员就包括来自瑞典、芬兰、丹麦和意大利的军官以及一支由瑞典人和挪威人组成的团队。在很多方面，喀拉海峡都是一条通向亚洲的欧洲海峡。但是，尽管俄罗斯向西伯利亚进行了殖民，1914 年之前，喀拉海峡在经济上的作用都因冰况而受到了限制。在战间期，苏联的破冰船才得以在不越冬的情况下经由东北方航道进入太平洋。在第二次世界大战之后设立的常规航行造成了巨额开支，1990 年后几乎让人无力承受。但是，全球变暖所带来的气候变化在将来可能会让这条航线再度变得像在 19 世纪 50 年代那样充满吸引力。

厄勒海峡和威廉皇帝运河（Kaiser-Wilhelm Kanal）：很长一段时间以来，厄勒海峡在经济上让丹麦政府有利可图。这条海峡是连接北海和波罗的海的通路的一部分。在丹麦与瑞典之间的平静海域上，遍布大大小小数百座岛屿。有三条主要的航道可供船只通行：西部是大贝尔特海峡（die Große Belt）与小贝尔特海峡（die Kleine Belt），这两条海峡都有许多浅滩和崎岖的水道，十分危险；东部是位于丹麦的西兰岛和瑞典南部的斯科讷省之间的厄勒海峡，全长 67 千米。厄勒海峡位于赫尔辛格（Helsingör）与赫尔辛堡（Helsingborg）之间的最窄处只有约 4 千米宽，并且归丹麦的克隆堡要塞（Kronborg Festung）管理。紧靠哥本哈根和马尔默（Malmö）的厄勒海峡通常在冬天也可通航。在 19 世纪，斯堪的纳维亚地区的粮食都经由这条海峡出口。自 1492 年起，丹麦王室开始对外国船只征收船只与商品税，即所谓的厄勒海峡通行费。这项收入使丹麦国王在各阶层参与的讨论中有了在一定程度上独立的话语权，并且一直到 19 世纪都是丹麦王国重要的收入来源之一。1853 年，有近 25000 艘缴纳税款的船只通过了赫尔辛格的税收点，为丹麦带来了多达 250 万帝国塔勒 ① 的收入。波罗的海沿岸国家的贸易商品（如来自俄罗斯的用于制作帆具的皮革、帆布、焦油、大麻、缆绳以及桅杆木）和进口产品（奢侈品、

---

① 15 世纪末德奥地区通用的货币。1 塔勒约合今天的 200 元人民币。——译者注

15 葡萄酒、水果、昂贵的纺织品和香料、咖啡、蔗糖、烟草、大
米、原棉这类殖民地产品——其中最后几项产品来自美国）也
是通过这条海峡进行运输的。

　　这项税收的基础是丹麦与其他海上强国缔结的双边合约。
这类双边约定曾多次引发外交和军事紧张局势。1856 年，就
在丹麦与美国的协议即将续签之际，美国政府坚持要求取消这
项税收，原因是它阻碍了贸易，并且在美国眼中它意味着对海
上自由的非法制约。美国的外交官们威胁将会对丹麦的西印度
群岛采取制裁措施。丹麦则更愿意保留其在小安的列斯群岛
（die kleinen Antillen）上的这一殖民地，直到 1917 年美国
最终买下维尔京群岛（Virgin Islands）。因此，1857 年丹麦
选择在《哥本哈根公约》（*Konventionvon Kopenhagen*）的框
架下对要求取消厄勒海峡税的国际压力做出让步。丹麦获得了
3050 万丹麦帝国塔勒的一次性赔偿，放弃了在这之后 400 多
年间的关税税收。将北海与波罗的海连接起来的丹麦水道也就
成了国际海域。从自由通航中获利最多的海运企业家和商人的
国家，支付了这笔赔偿：英国与俄国各付三分之一，美国作为
这项改革的发起者也支付了相当可观的数目。关税的取消一方
面表明，19 世纪中期，丹麦已经失去了自己早期的北欧霸主地
位，沦落成了一个小国。1814 年，丹麦王室不得不将挪威让给
瑞典，1864 年至 1866 年间又先后将石勒苏益格（Schleswig）、
荷尔斯泰因（Holstein）和劳恩堡（Lauenburg）公国拱手让
给普鲁士人。另一方面，关税的取消也是 19 世纪国际贸易自
由化的例子，说明了厄勒海峡所体现的欧洲内部、欧洲与殖民
地甚至全世界的相互依存关系。

16 　　此外，波罗的海和北海之间的这条海峡起到了连接而非
分隔的作用。1892 年，当第一条跨越厄勒海峡的铁路渡轮投
入运行并因此将 19 世纪的两大进步推动力——蒸汽轮船和火

车头——天衣无缝地连接起来时，它其实仅仅强化了丹麦与瑞典之间各个岛屿和海峡的地理桥梁作用。而起到决定性作用的是由德意志帝国在1887年至1895年间所建造的威廉皇帝运河，即今天的北海—波罗的海运河①。它取代了丹麦国王下令开掘并于1784年通航的石勒苏益格‐荷尔斯泰因运河。威廉皇帝运河流经伦茨堡（Rendsburg）汇入艾德河并最终流向波罗的海西岸的浅滩，通航全程需三天至四天。自19世纪60年代起，俾斯麦出于海军战略上的考虑，不顾军事人员的反对，在一位汉堡海运商人的支持下，开始推动一条从基尔‐霍尔特瑙（Kiel-Holtenau）经过布伦斯比特（Brunsbüttel）流向易北河的运河的修建计划。从1887年到1895年的八年施工期间，共有近9000名工人参与建造，他们中很多人来自丹麦、波兰、俄国、奥地利和意大利。新的威廉皇帝运河总长近百千米；为保障夜间航行，配有电灯照明设施，全程行驶需13个小时。运河原本深9米、宽67米，1907年起被加深至11米、扩宽至102米。扩建是因为帝国舰队购买了新型"无畏号"级别的大型战舰。

与天然而成的厄勒海峡不同，这条人工修建的水道并不服务于国际航海自由。相反，与英国展开的舰队竞争以及世界政治才是推动这一重大工程的原因。但事实证明，这条运河在战略上的作用微不足道：在第一次世界大战期间的斯卡格拉克海峡一役（Skagerrak Schlacht）后，让战舰能够随时从波罗的海驶入北海的战略思想促使德国远洋舰队继续对基尔港和其他港口进行封锁。1904年至1905年间还是有近23000艘商船经此运河通行，但是德国政府所收取的费用不足以支付建造和运营成本。1902年起为了专用于建造舰艇而征收的起泡酒税的一部分被用来补贴威廉皇帝运河。1919年，同盟国在《凡尔

17

----

① 又称"基尔运河"（Kiel Kanal）。——译者注

赛和约》中对这条运河实行了国际化。如今，这条运河是世界上最繁忙的人工运河，甚至超过了 1869 年建成的苏伊士运河和 1914 年建成的巴拿马运河。

英吉利海峡（Ärmelkanal）：虽然德意志帝国的组织资源、技术力量和经济投入深刻地改变了北海与波罗的海之间的地理条件，但英吉利海峡，这条位于欧洲西北部的海峡，却仍旧一成未变。英吉利海峡全长约 350 千米，在位于布列塔尼亚韦桑岛（Quessant）和英国锡利群岛（Scilly Inseln）之间的西部入口处宽 160 千米，位于多佛尔（Dover）与灰鼻角（Cap Gris-Nez）之间——所谓的多佛尔海峡或加莱海峡（Pas de Calais）的东部入口仅宽 34 千米。无论是在当时还是今天，英吉利海峡都是世界上最繁忙的航道之一。它连接了北海与大西洋，因此也让人们可以从大西洋通过厄勒海峡进入波罗的海，引导着从西北欧穿过直布罗陀海峡进入地中海的交通。自 1869 年起，从地中海开始就可以继续穿过苏伊士运河直达印度。英吉利海峡的沿岸地理条件导致其东部潮汐不规则，有些地方还出现复涨潮。气候条件则导致这里常年多云多雾。法国一侧的塞纳河是注入这条海峡的最大淡水河流。在英吉利海峡的岸边主要分布着勒阿弗尔（Le Havre）（第一次世界大战前夕欧洲最重要的咖啡进口港口）、朴次茅斯（Portsmouth）（英国海军军港）和南安普敦（Southampton）等城市。1912 年，泰坦尼克号就是从南安普敦出发驶向纽约，开始了它唯一一次旅程。国际惯用的"英吉利海峡"（Englisch Channel）这一英文名称就说明了是谁在统治着这条水道。为了抵御可能来自法国的攻击，1859 年英国人斥巨资在朴次茅斯修建了一圈堡垒。1906 年，英国海军战舰"无畏号"（Dreadnought）在此地下水，该级战舰也由此得名。

因此，英吉利海峡必然是一座将欧洲与世界联系起来的具有核心意义的海上桥梁。它拥有供全球货物运输的进出口港口，同时也是一个世界帝国的海军基地及其严密保护的国家安全区。19 世纪，人们制订了各种各样的计划以加强英国岛屿与欧洲大陆之间的连接功能。自 19 世纪 50 年代始，在海峡上架桥、建设海底隧道或是建造铁路渡轮的建议越来越多。海峡两边都有对这些项目感兴趣的人。法国一方一直赞成这些计划，但是英国政府和议会却总是在决定性时刻一再阻挠这些计划的实施。在 1875 年至 1876 年间，英法双方组建了一个共同委员会，就通航权和使用权以及在海峡海底隧道中的国际边界划定问题举行了会议，拟定了相关协议。第一批施工和运营公司成立，并于 1881 年至 1882 年间在多佛尔旁的莎士比亚崖（Shakespeare-Klippen）和距离加莱（Calais）不远的桑加特（Sangatte）进行了试钻。两边都向前推进了足足一英里。两国议院还要在伦敦就此建造工程的法律许可问题举行一场大型听证会：1883 年，工程师、贸易和工业代表、铁路企业家、海军军官和军队领导接受了长达两个多月的质询。国会委员们却未能就一份共同的决议报告达成一致。海底隧道工程的支持者占少数，反对者在人数上具有压倒性的优势。

　　对修建隧道的反对意见主要来自英国陆军部。陆军部领导层担心，地下管道会被外国势力（直到第一次世界大战前不久，外国势力指的一直是法国）用来派兵占领不列颠群岛，这种设想甚至在当时的人看来都是不切实际的。与所有强调英国与欧洲大陆实际紧密相连的论点相反，人们将英国孤立的地理位置视为它的真正优势。虽然工程进度因此受阻，但关于在英吉利海峡下修建隧道的讨论直到第二次世界大战前都没有停止过。支持者一再提起相关的法律草案。1913 年至 1914 年间，英国政府的帝国国防委员会（Ausschuss für Imperiale Verteidigung）又再度着手研究这个问题。从 1904 年的《英

19

法协约》（Entente cordiale）开始，英国和法国的关系得到改善，而且英国有可能在欧洲战争中派遣远征团赴欧洲大陆并保障不列颠群岛的食物与物资供给。这也使得军方开始认识到这条隧道在军事上的有利之处。但是，英国政府内部仍然意见不一。人们认为，英国的孤岛位置是建立和维持帝国的重要因素并且构成了英国的国家特点。最终还是这种观点占据了上风。人们声称一条隧道就等同于一条国境线，因此，为了保护它就需要实行全面兵役制度——这又是英国政府在 1914 年尚不愿触及的一个内政方面的禁忌话题。

尽管在 19 世纪，英国在很多方面都与欧洲大陆加强了联系，但英国大多数人还是希望将英吉利海峡视为一条分隔性的水道加以保护。1913 年，支持隧道建设的法国人承诺进一步改善与英国的贸易关系，因为这样一来，来自法国的易碎和易腐产品（奶制品、水果和奢侈品）就不必被转运装卸而可以更快地运输，同时企业代表们也可以更便捷地旅行，从而建立更多的业务往来。然而，支持者主要还是着眼于旅游业。在第一次世界大战前夕，对隧道建设的公开宣传背后主要是从 19 世纪中叶开始一直在发挥作用的利益集团：铁路公司及其投资者、自由贸易商和某些出口行业。但是，面对处于海峡另一端手握政府要职并因此有阻止权的英国反对者，法国人也无法达成所愿。不过，从 19 世纪中期开始，由两国企业家共同推动的两国船只的定期通航已经大大加强了海峡上的交通往来。1909 年，法国飞行工程师路易·布莱里奥（Louis Bleriot，1872–1936）在 37 分钟内从加莱飞到了多佛尔，首次飞跃了英吉利海峡。虽然英吉利海峡对飞机的军事防御功能减弱的后果在第一次世界大战后才显现出来，并且第一条隧道在 1994 年才得以开通，但当时的英吉利海峡似乎变得没有那么宽不可逾了。

　　但是，隧道工程的历史不应仅仅被视作一段失败史，它也确实证明了这条位于西北方的海峡的核心作用。除了权力政治功能以及从欧洲和世界其他地区将众多交通线路汇聚在这里的作用，这些工程还展现了当时的工程师改造自然地理条件的自信和意志。在其他一些地区，技术人员完全达成了自己的目标：例如自 1906 年起，火车可以在位于瑞士段和意大利段阿尔卑斯山脉的近 20 千米长的新普朗隧道（Simplon-Tunnel）中穿行。参与资助这条山体隧道的主要是埃米尔·德朗格男爵（Emile Baron d'Erlanger，1832–1911）。他出生于美因河畔法兰克福，是一位举足轻重的巴黎银行家。1901 年他成为英吉利海峡隧道公司（Channel Tunnel Company）的董事会主席，同时也在对于建造英吉利海峡隧道十分感兴趣的北方铁路公司（Cheminde Ferdu Nord）担任同样的职务。德朗格的银行不仅投资欧洲的铁路，也对非洲、北美洲和南美洲殖民地的轨道交通和 [与朱利叶斯·路透（Julius Reuter）一起] 跨大西洋电话电缆进行投资。未能得到实施的英吉利海峡隧道工程仅仅是 19 世纪众多宏大的地理改造计划之一。那些得以实施的工程项目，以令人印象深刻的方式证明了人类通过技术克服自然条件的能力与意志。它们改变了地理，决定性地推进了欧洲内部以及欧洲与世界其他地区在基础设施上的连通。

21

　　直布罗陀海峡（Gibraltar）：对于欧洲来说，直布罗陀海峡是一个战略性地区。它连接了地中海与大西洋、欧洲与北非。它既能起到桥梁般的沟通作用，也能起到沟壑般的分隔作用。直布罗陀海峡的西部入口宽 44 千米，位于加的斯（Cádiz）东南方的特拉法尔加角（Kap Trafalgar）与非洲大陆西北角丹吉尔（Tanger）的斯帕特尔角（Kap Spartel）之间。在海峡的东部，直布罗陀山的南峰，即欧洲之角（Puntade Europa）与非洲一边的休达岩（Felsenvon Ceuta）

之间的距离约为 20 千米。由于有一股强大的表面流由大西洋流入地中海，这种洋流造成了恶劣的航行条件。强风也增加航行难度，但里夫山脉（Rif Gebirge）的阻挡使得地中海南部一段处于持续的静风状态，因此早些时候帆船经常不得不停留在海面上很长时间。在原本的海峡北部，阿尔赫西拉斯海湾（Bucht von Algeciras）和直布罗陀山使得这里形成了世界上最安全的港口之一。

　　直布罗陀自 1704 年起就在英国的掌控之中，这座英国的堡垒城市位于通过一片沙洲与伊比利亚半岛（Iberischer Insel）相连的山岩之上。与后来的西班牙独裁者佛朗哥（Franco）时期和从第二次世界大战开始的时期不同，19 世纪的直布罗陀地区绝不能算作某种飞地。因为这片要塞殖民地在当时仅仅部分封闭，并且其边界是可穿行的。它的边界主要是从内部确定的。在位于伦敦的英国政府看来，直布罗陀的主要功能是军事功能：对于皇家海军而言，它是更为安全的港口和船坞。1869 年后，直布罗陀海峡因苏伊士运河变得更为重要，它既是位于这条重要水道上的优势性堡垒，对于蒸汽船而言，它又是世界范围内加煤站网络的中心点。然而，随着时间的流逝，原本的堡垒要塞却越来越具有殖民居住地的特征。这片驻防地屯驻着 3000 名到 5000 名士兵。1800 年前后，此处平民人口约为 5000，1831 年已经接近 17000 人；1871 年平民人口就已经超过了 18500 人，1901 年则超过了 20000 人。其中只有一部分是英国臣民，其他人则被称作"外来人"（Aliens）。但是，即便是那些"英国人"（Briten）的来源也是千差万别的。他们之中只有很少一部分来自不列颠群岛，多数人来自西班牙、葡萄牙、热那亚、马耳他和北非，就宗教信仰而言，他们主要是天主教徒，一小部分信仰犹太教。1816 年，所有在直布罗陀居住至少十年的人都被宣布为当地人，从而也被视为英国臣民。这一群体享有永久居住权。相反，为数众多的"外来人"（1831 年接近 7000 人）只能在获得官方许可后在此逗留。居留许可的有效期为一天或几天甚至更长。大量商人通过这个自由港进行交易，工人在此提供各种服务。由于要塞和城市要依赖食物和水的供给，所以除了那些在此定居却并没有成为英国臣民的人，每天还有许多西班牙人和其他"外国人"通过城门进进出出。

这种发放居留许可的制度，在 19 世纪中叶经历了多次改革。当局必须在必要的开放和理想的管控之间找到一种平衡，同时不损害军事安全和贸易经济。主要目标不是对要塞城市中的居民进行监管，而是限制人口增长。各类瘟疫为监管提供理由。当时，人们认为这些疾病是人口过剩造成的，而那些"外来人"通常被认为是这些疾病的携带者。1804 年、1813 年至 1814 年间以及 1828 年，黄热病夺去了数千人的生命；1860 年和 1864 年又暴发了霍乱。除了实行卫生健康措施，司令官和警察也通过限制发放居留许可证和缩短许可居留的时间来控制人口增长。此外，他们也用法律法规加大了取得英国国籍的难度。基于出生地原则（iussoli），出生在直布罗陀的人会自动获得英国国籍。1822 年起，非英国籍男性想要取得结婚证需要满足一个附带条件：他们必须在婚后三个月内离开直布罗陀——当局认为这样一来他们就会带着自己的妻子离开，他们的孩子也会在别处出生而无法获得英国国籍。在 19 世纪 30 年代，当局规定，非英籍妇女和与外国男性结婚的英籍妇女怀孕后必须离境分娩。英国于 1844 年颁布的《入籍法令》（Einbürgerungsgesetz）规定女性必须在婚后放弃自己的原国籍，加入丈夫所属的国籍（这一单方面的规定在 1948 年之前都具有效力）。在直布罗陀和其他殖民地，《入籍法令》中的这一规定却只持续到了 1847 年，因为在这些地方，当局想要阻止"外来"女性通过与英国男性结婚获得英国国籍。这主要针对那些"引诱"英国旅行者与其结婚的妓女。1889 年起，只有在直布罗陀出生的人才拥有永久居住权。即便是来自其他地方的英籍人员，也只能临时居留。因此，1816 年至 1889 年间，在各种法律规定和行政措施的推动下，"直布罗陀人"这一特殊身份应运而生。

从英国殖民地的人口政策和卫生政策可以看出，欧洲是如何根据民族、社会属性和性别进行吸纳与排外，并且在此基础上通过塑造内部边界创造出一种身份认同感的。经济利益和军事安全利益与道德判断交织在一起，尤其是那些"外来"女性会被轻易地归入妓女的行列。但是，从长远来看，民众对健康和医疗措施的必要参与也促使德高望重的绅士们参与英国殖民地政府的政治活动。最初，1865 年要塞司令官成立了一个卫生委员会（Sanitary Commission）。在 1912 年，这个委员会过渡成为一个部分选举产生的市议会。在 1800 年后不久，商人们就成立了一个"交易委员会"（Exchange Commitee），并且在 1817 年建成了图书馆，之后又成立了商会。天主教会和犹太教社区的代表、童子军和——在 1920 年代——工会纷纷组织了起来。通过这些形式，在第一次世界大战前的几十年间，直布罗陀较为富裕的市民对英国王室产生了特殊的忠诚。当皇室成员偶尔到访时以及在维多利亚女王 1887 年和 1897 年的周年庆典上，直布罗陀的这些代表公开展现出了这种忠诚。他们通过这种方式表达了自己与总督共同治理或是凌驾于总督之上的主张。此外，直到 1937 年，在庆典活动上一直都有来自西班牙的官方代表出席。在 19 世纪，人们更多地在社会内部划定边界，而非在国家之间。尽管直布罗陀在地理上处于欧洲边缘，但是在卫生政策、人口政策、公民权利和对外政策，以及按照社会、民族和性别维度进行的边界划分，越

来越多但并不全面且总是在进行的国家监管，身份认同的建立
和政治参与等领域，它在很多方面都可以被视为欧洲问题及
其可能的解决方案的典范。这座位于地中海与大西洋之间海
峡岸边岩石上的要塞城市，远不止一个欧洲军事战略点这么
简单。

　　让我们将目光投向海峡的另一边。在19世纪中期前后，
在位于地中海非洲北岸的里夫山脉所构成的海湾之中，从西部
的休达直到东部梅利利亚（Mellila），坐落着多个西班牙据
点。这些地区是在收复失地运动（Reconquista）的进程中被
西班牙人所占领的，并且在1848年通过西班牙人将舍法林群
岛（Islas Chafarinas）纳入囊中而进一步得到扩充。由于欧
洲人的占领，摩洛哥人在地中海沿岸的贸易转移到了大西洋沿
岸。苏丹 ① 不再对里夫海岸进行有效的控制，而里夫海岸一带
也变成了地中海旁一片贫瘠的边缘地带。当地的条件使得人们
只能进行少量农业生产、渔业和海盗活动。直到19世纪初，
欧洲的海洋强国都成功地用大型船只压制住了穆斯林和基督徒
在地中海的海盗行为，但是从未完全控制住里夫地区居民所进
行的小股海盗活动。当地海盗利用小船占领那些因静风期困在
海湾的船只并将其洗劫一空。海岸遍布众多浅滩和岩石让海盗
们可以藏身其后，海岸边又没有明显的城市和村落可以作为欧
洲海军的射击目标，这些自然条件与居住形式阻碍了对这些参
与海盗活动的小团体进行有效的打击。

　　这一地区的经济生活条件颇为恶劣。西班牙的那些堡垒据
点则雪上加霜，因为它们从19世纪30年代起就干扰着这一地

25

---

　　① 此处苏丹（der Sultan）是伊斯兰教中的一个头衔。在历史演变中，逐渐发展为
对特殊统治者的称呼，此处是指摩洛哥的统治者，阿卜杜勒·拉赫曼（Abdal-
Rahman），下文同。1957年起，随着摩洛哥王国的建立，人们才将苏丹改称
国王。——译者注

区与法国殖民地阿尔及利亚的贸易往来。西班牙人将货物交易视作走私行为，或将商人当作海盗，对在事实上存在区别的各个柏柏尔（Berber）部落也不作区分。他们间接地提升了海盗活动作为谋生手段的吸引力或者说必要性。虽然西班牙、法国和英国政府对这种状况叫苦不迭，但是却无法下决心开展共同行动，因为没有任何一方想增加其他各国的战略利益。最终，英国政府自 1885 年起开始对摩洛哥苏丹施加巨大的压力，让他有效管理这一地区。而这位统治者由于这片土地太过贫瘠，对于它也没有什么兴趣。在数次的军事远征行动之后，穆莱·阿卜杜勒·拉赫曼（Mulai Abd ar-Rahman）成功地约束了里夫地区的居民，让他们停止了海盗活动。但是，随着 19 世纪末期摩洛哥政府由于内部危机和欧洲各方势力的竞相干预而明显衰落，里夫海岸周边的海盗活动死灰复燃。1893 年至 1894年，西班牙发动了一场针对众多柏柏尔部落的战争，随后在1909 年又与摩洛哥苏丹因要塞城市梅利利亚发生了军事冲突。在世纪之交后，欧洲强国间的帝国主义竞争演变成了 1905 年至 1906 年和 1911 年因摩洛哥产生的两次外交危机。这两次危机之后，法国和西班牙在 1912 年的《非斯条约》（Vertrag von Fes）中将摩洛哥设为法国的受保护国，直到第二次世界大战之后的 1956 年才解除。法国占据了摩洛哥南部的绝大部分领土，西班牙则得到了北面的地中海沿岸地区，包括里夫山脉和大西洋沿岸的一部分地区。位于直布罗陀海峡南部大西洋部分的丹吉尔在 1923 年正式成为国际区。佛朗哥将军曾在1921 至 1926 年旷日持久的里夫战争中担任外籍军团的副指挥官在西班牙摩洛哥攻打柏柏尔人。1936 年 7 月，在殖民地军队的支持下，佛朗哥开始了反对西班牙共和政府的起义，并由此开启了持续到 1939 年的西班牙内战。

19 世纪，直布罗陀海峡是一个欧洲与非洲之间边界模糊的地带。在海峡两侧形成了各种各样的区域，它们被当地或地区以外的势力所左右，但只是部分封闭：直布罗陀、丹吉尔、休达和其他一些地区。对这些地区及其周边地区的国家监管明显加强，但是无论从直布罗陀地区的人口政策还是从里夫地区居民的海盗行为来看，这种监管都是不够全面的。海峡周边的身份认同建立和社会分界遵循着不同的原则，人们除了根据欧洲人或东方人这样的身份标签区分彼此，还基于宗教、民族、社会属性和性别进行接纳与排斥。总体来说，欧洲的殖民主义与帝国竞争在相对缺乏国家政权的海峡南部尤为明显，并对这一地区的政治和经济条件产生了长期影响，直到去殖民化时期。如今，里夫地区是世界上最大的大麻种植区，世界大麻产量的一半来自那里。直布罗陀海峡是强权政治的交汇点，是欧洲人与欧洲人及其他人进行接触与交流的地带。1869年起，随着地中海尽头的苏伊士运河的开通，直布罗陀海峡也成了一条全球性的水道。

　　达达尼尔海峡（Dardanellen）和博斯普鲁斯海峡（Bosporus）：在地中海的另一端，达达尼尔海峡和博斯普鲁斯海峡构成了19世纪欧洲外交与战争冲突的核心地带。这两条海峡体现了欧洲作为一个国家体系的特点。同时，它们也是奥斯曼帝国及其欧洲和小亚细亚近东领土的交汇点。这两条海峡在地理上将地中海与黑海相连。达达尼尔海峡长65千米，宽2千米~6千米。博斯普鲁斯海峡始于位置居中的马尔马拉海（Marmararmeer），长31千米，与黑海连通。其最窄处仅有700米宽。在它的两岸是伊斯坦布尔，其人口在1897年就已经超过100万，这一人口总数随着第一次世界大战大幅减少，直到20世纪50年代才再度回升至这一水平。根据1885年的人口普查，约15%的人口不是土耳其臣民；在奥斯曼帝国公民中，穆斯林占44%，不及总人口的一半，希腊东正教徒超过17%，亚美尼亚的基督

徒也占 17% 以上，犹太人占 5%。此外，还有一小部分天主教
徒、保加利亚东正教徒和新教徒。国家统计数据主要按照宗教
信仰对居民进行分类，因为这也是兵役和纳税义务的依据。这
告诉我们，这座城市是由不同宗教、人种、民族、语言和风俗
所组成的奇特混合物，就像 1911 年的《大不列颠百科全书》
（*Encyclopaedia Britannica*）所引述的那样，城市"不是由
一个民族，而是由许多民族组成的，而且它们的比重几乎势均
力敌"。君士坦丁堡作为奥斯曼帝国的中心和港口城市，对囊
括了欧洲与非欧洲地区的这个帝国起到了桥梁作用，要介绍这
些内容必须另起一章。此处仅仅将两条海峡作为欧洲和世界政
治的对象进行介绍。

　　这两条海峡不仅是各种外交冲突的起因，也是欧洲关系
的准绳，同时也多次成为国际协议的对象。对它们的控制权最
初掌握在奥斯曼帝国统治者手中。但是从 18 世纪开始，主要
是俄国试图创造一些有利于自己的规则。这种行为遭到了土耳
其以及其他欧洲强国的反对。俄国关心的是让俄国商船能够在
这两条海峡中通行。关于这一点，俄国与奥斯曼帝国双方于
1774 年就已经在《库楚克 – 开纳吉和约》（Küçük Kaynarca）
中达成一致。19 世纪，在海峡中通行的还主要是装载着乌克
兰产品的运粮船；后来，顿河（Don）煤矿区的工业也寻求加
入地中海贸易和世界贸易。此外，俄国的军事战略利益也起到
了决定性作用。18 世纪末，俄国领土扩张至黑海；经过一系
列的战争，俄国终于在 1864 年将高加索山脉地区也收入囊中。
在俄国领土扩张的过程中，确保俄国海军通过海峡进入地中海
从而全年都可驶入大洋，就显得触手可及。在 19 世纪，俄国
政府为了达到目的采取了各种手段：发动针对奥斯曼帝国的战
争和威胁，但也与奥斯曼帝国的苏丹结盟，以此确保自己拥有
尽可能强大的影响力；此外，俄国还与其他欧洲强国展开了战

争，或试图从其他国家之间的战争中坐收渔利。所有这些努力都徒劳无功：在 19 世纪的和平时期，土耳其的这两条海峡仍然禁止外国战舰通行。

1833 年，俄国政府至少在《温卡尔－伊斯凯莱西条约》（Hünkâr İskelesi）中得到承诺，发生冲突时，海峡将对俄国战舰开放，而仍禁止其他国家战舰通行。在此之前，沙皇先是在 1828 年和 1829 年对奥斯曼帝国的苏丹发动了战争，但随后又在 1831 年至 1833 年间支持苏丹镇压一名起义的大臣——埃及总督穆罕默德·阿里（Muhammad Al，1769–1849）。穆罕默德·阿里与奥斯曼帝国的霸主进行了一系列的斗争，随后在 1840 年，欧洲强国共同进行了有利于苏丹阿布杜勒·迈吉德（Abdulmecid，1823–1861）一方的干预，紧接着便在 1840 年和 1841 年的两份《伦敦条约》中对船只通行博斯普鲁斯海峡和达达尼尔海峡的问题做出了规定。这两份条约直到第一次世界大战仍旧有效。英国、奥地利、普鲁士、俄国以及在第二次伦敦条约中加入的法国，与奥斯曼帝国共同规定，只要土耳其处于和平状态，海峡就禁止所有的外国战舰通行。在战争状态下，帝国苏丹将自行决定谁的船只可以通行。这样一来，俄国战舰驶向地中海的航道仍旧是关闭的，但与此同时，只要俄国与君士坦丁堡相安无事，那么就基本可以确保俄国不会在其黑海沿岸受到外国海军的攻击。《伦敦条约》与先前的条约有所不同，因为它们将条约置于欧洲列强的保障之下，从而使和平时期关闭海峡的控制权国际化。

19 世纪中期，在两份《伦敦条约》中欧洲显现出了自己作为国家体系的特点。然而，1853 年土耳其与俄国之间重燃战火。这次战争的导火索表面上是沙皇在耶路撒冷圣地对基督教徒实行保护权的要求。俄国军队在 6 月占领了多瑙河沿岸的摩尔多瓦（Moldau）和瓦拉几亚（Walache）两个公国，黑海舰队也于 11 月在锡诺普（Sinope）摧毁了在此下锚停靠的奥斯曼帝国舰队。紧接着，法国和英国派出海军驶入黑海，并在 1854 年 3 月宣布对俄国开战。随后，撒丁王国和奥地利也加入进来。虽然主战场位于克里米亚半岛，但是战斗也在高加索山区和东海上展开了。1856 年的《巴黎和约》终结了克里米亚战争。一直保持中立的普鲁士最终也参与签订了和约，并且该合约在国际法上将奥斯曼帝国纳入了"欧洲协调"。《巴黎和约》再度确认了 1841 年关于海峡的规定。但是同时它也强化了限制条件：在本都条款（Pontus-Klausel）中，黑海将被去军事化，这就意味着俄国不能再将战舰停驻在该地区。1870 年俄国政府利用欧洲爆发普法战争的时机，单方面解除了这一条款。在 1875 年至 1878 年的东方危机以及俄国军队直逼马尔马拉海的又一次俄土战争之后，1841 年所订立的关于海峡对军舰禁行的规定在柏林会议上被称为"欧洲原则"并在 1878 年的会议章程中得以确认。

谁的战舰可以在海峡中通行这一问题，在接下来的几十年间多次使欧洲强国之间的关系紧张起来。1895 年，大量亚美尼亚基督徒因抗议在苏丹阿卜杜勒哈米德二世（Abdülhamid II.，1876~1909 年在位）的容许下发生在东部阿纳托利亚（Ostanatolien）地区的大屠杀而惨遭杀害。紧接着，英国内阁就开始讨论是否应该将地中海舰队派遣至达达尼尔海峡。俄国政府也酝酿着类似的计划，而且希望与英国舰队同时到达。

31 尽管欧洲和美国都进行了人道主义运动——新教传教士约翰内斯·勒普修斯（Johannes Lepsius）在那时就开始了他的宣传工作并对亚美尼亚人施以援手——但是欧洲大国之间互不信任的竞争阻碍了干预行动。

1905 年，当时实行的国际条约阻止了俄国黑海舰队通过地中海和苏伊士运河驶向东亚。如果被允许通行，俄国黑海舰队本可以支援在东亚与日本作战的太平洋舰队。就沙皇俄国与大英帝国之间的战略冲突而言，海峡具有世界政治层面的意义。在阿富汗，俄国在中亚地区的扩张直接撞上了英国帝国主义中的珍宝——印度次大陆。由于从英国到印度的海上通路要经过直布罗陀、马耳他、塞浦路斯和苏伊士运河，英国的政治家们绝不希望俄国舰队能够在地中海上自由行动。因此，确保土耳其的海峡一直禁止战舰通行，是英国的核心要务。

奥斯曼帝国的内忧外患——尽管从1908年起进行了改革——在1912/13年和1913年的两次巴尔干战争中再次显露出来，这使得维持1840/41年确立的"欧洲原则"更加困难。在第一次世界大战中，1915/16年在加里波利（Gallipolo）半岛这个由欧洲一边进入达达尼尔海峡的入口，发生了第一次世界大战期间损失最为惨重的一场战役。英法军队试图在此登陆以进入君士坦丁堡并打开由南方通向俄国前线的运输通道，因为欧洲大陆北边的白海已结冰，而波罗的海又被德国舰队封锁住了。英国一方派至达达尼尔海峡进行战斗的主要是澳大利亚和新西兰的军团，以及来自其他殖民地的后备力量，例如廓尔喀军团（Gurkha-Regiment）；法国军队则包括数个塞内加尔的步兵营。土耳其方面，由穆斯塔法·凯末尔（Mustafa Kemal，1881–1938），即后来的土耳其总统，担任师长领导军队。对于来自殖民地和自治领以及土耳其的士兵而言，加里波利之战、达达尼尔战役和恰纳卡莱之战（Çanakkale-Schlacht）是让他们建立起身份认同并且与欧洲渐行渐远的事件。在这场抢夺海峡的无谓战争中，共有20多万士兵死亡。1918年的停战协定规定这些海峡被联合共管，1923年的《洛桑条约》（Lausanne）将它们交给一个国际海峡委员会控制，1936年的《蒙特勒公约》（Montreux）又将相关条款的执行权交给了土耳其。历史学家埃格蒙特·策希林（Egmont

Zechlin）将地中海与黑海之间的海峡称为"世界历史之焦点"也是有理有据的。

苏伊士运河（Suezkanal）：我们以最后一条水道来结束对欧洲的描述。这条水道在 19 世纪中期之前尚不存在。在 1859 年至 1869 年间它才被人工开凿出来，并且由于和土耳其各个海峡一样的原因，成为世界历史，尤其是帝国主义的焦点。这里所说的就是苏伊士运河。它是那个时代欧洲的大型工程，在严格意义上，它不是一条海峡而是一条开凿出来的地峡。这条没有船闸的运河从红海到地中海的坡度不大。苏伊士运河连接了两个海洋世界。南部的大苦湖（Bitterseen）曾经是干涸的盐池，在合流之后，一开始阻碍了红海中海洋生物的迁徙。但是，到了 20 世纪 20 年代末期，大苦湖的含盐量在水流的作用下大幅降低，从那时起就有大量生物向地中海迁徙。人们用苏伊士运河建造者的名字将这种现象命名为"雷赛布迁徙"（Lessepsian migration）。如今，在地中海东部来自红海的几种鱼类已经不算外来物种了，而是被归入了当地的动物群。并且由于 20 世纪 60 年代起人们在尼罗河三角洲地带所建造的阿斯旺大坝对生物造成的影响，这几种鱼类种群还在继续扩张。人类的迁徙是科技变革的长期后果。在 19 世纪，医学专家主要研究那些能够随着船只与乘客经由海峡抵达欧洲的病菌是如何进行传播的。1892 年和 1897 年的国际公约对苏伊士的卫生防疫做出了规定，旨在防止来自东方的霍乱和瘟疫传入欧洲。

人类建造苏伊士运河的历史极具讽刺意味：建造工程在法国的资助下由法国外交官与工程师发起，最初由埃及的徭役劳工开凿，没有使用现代机械。运河的建造受到了英国政府的反对，但建成之后却在很多方面为英国带来了好处。苏伊士运河本是埃及总督脱离君士坦丁堡获得独立的工具，但导致埃及国家财政的破产，并因此导致埃及在 1882 年成为英国的受保护国。在开放近 90 年后的 1956 年苏伊士战争（第二次中东战争）期间，它宣告了大英帝国的终结。

　　苏伊士运河直接通向印度洋，没有绕道南部非洲。开航时，它北部的塞得港（Port Said）与南部的苏伊士城之间的距离达 164 千米，它的底部宽度为 22 米，深度达 8 米。在苏伊士运河投入使用后不久，人们就开始对它进行扩建，因为只有少数地方能让两艘船只双向通行。1911 年，几乎全程都可以双向通行，因此航行时间也从一开始的 36 个小时缩短至 18 个小时。1887 年起，装配有电灯的船只也可以在夜间航行。运河大大缩短了从欧洲到亚洲的距离：与环绕好望角的航程相比，从伦敦到孟买的航程缩短了 40% 以上，到加尔各答的航程缩短了近三分之一，到香港的航程缩短了近四分之一。由于红海风况不稳定，拖船成本高昂，帆船几乎不会从苏伊士运河通行，而运河却刺激了人们对蒸汽船的使用与制造，从而大大推动了世界贸易中帆船航行的终结。经由苏伊士运河进出亚洲和东非的船只吨位很快就超过了预期。在最初十年里，通行船只吨位增长了七倍，1880 年至 1900 年间又增加了三倍，到 1910 年，注册总吨 ① 再度增长 70% 超过 1600 万吨。海上路线的缩短、蒸汽船产量的增加和船舱的扩大：所有这一切都为英国带来了好处。英国与其亚洲殖民地之间的联系加强了。英国造船业也从中获利，1890 年至 1914 年间，全球三分之二的蒸汽船都产自英国的船坞。英国船只在苏伊士运河上的吨位比重从 1870 年的 66% 上升至 1880 年的近 80%，并且直到第一次世界大战一直稳定在 60% 多。

34

---

　　① 注册总吨又称登记总吨，是以船舶容积大小为计算依据的吨位。注册总吨的每一吨位量为 2.83 立方米。——译者注

运河既是英国世界强权的标志，也是英国世界强权的工具。但是，发起苏伊士运河建造工程的是英国对岸的国家。1789 年拿破仑在远征埃及的过程中下令进行土地勘测，自那以后埃及赫迪夫（Khediv）① 就收到了各种修建运河的提议，其中大部分是由法国提出的。出身阿尔巴尼亚的穆罕默德·阿里在埃及自命总督并且建立起独立政权。他的继任者在 1854 年给了当时的法国外交官斐迪南·德·雷赛布（Ferdinand de Lesseps，1805–1894）初步特许权。雷赛布于 1855 年成立了苏伊士运河公司（Compagnie Universelle du Canal de Suez），着手建造位于塞得港与苏伊士城之间的运河与港口。但是，在开始通航之前还有一些障碍必须扫除，正如娜塔莉·蒙特（Nathalie Montel）所说，为期十年的工程遇到了巨大的困难。其中一个主要问题就是劳动力。1856 年的建造特许权规定，埃及人应占工人总数的五分之四。但工程未能招募到足够的自愿工人——那里的工作条件极其恶劣，苏伊士运河公司也不遵守约定的工资标准，甚至暴发了一场霍乱。最终埃及赫迪夫提供了无酬的强制劳工。英国部分民众对这种强制劳动进行了抗议，伦敦政府成功地促使君士坦丁堡的苏丹在 1864 年禁止了针对农民的强制劳役。自此，越来越多的机器被投入使用，尤其是蒸汽驱动的挖泥船。法国工程师在现场对这些机器进行调试并进行机械上的改良。这场浩大的工程也通过这种方式带来了技术进步。此外，面对多达两万名工人，这一工程还需要非比寻常的高额后勤开销，同时还要为工人们提供饮用水，为机器保障燃煤的补给。

除了自然条件与后勤方面的困难，还必须克服财政与政

---

① 亦称赫底威，等同于欧洲的总督一职。这一称呼最先由穆罕默德·阿里采用，1867 年得到奥斯曼帝国的承认，后得以沿用直至 1914 年。——译者注

治上的障碍。苏伊士运河公司的股票大部分是由法国人认购的，其余由埃及政府认购，这是由于分析师并不期待这家公司能够盈利。当时的英国外交大臣、后来的英国首相巴麦尊勋爵（Lord Palmerston）一开始拒绝了这项计划。因为尽管他认识到了这条运河的战略意义，但认为它的作用是负面的。一方面，可以预见，这条运河会让埃及赫迪夫面对苏丹时更具优势从而可能使埃及独立于君士坦丁堡，这会削弱奥斯曼帝国，因此也会让俄国更容易挺进地中海。另一方面，英国与印度的战略性通路将会落入法国的影响范围，而英国政府和其他大部分欧洲国家都完全不信任法国。英国企业出于自身商业利益进行了游说工作，并且在1857年由于印度大起义，英国急需将军队迅速派往印度，这些因素都渐渐地减弱了反对的声音。1875年，在运河开放之后，首相本杰明·迪斯雷利（Benjamin Disraeli）领导下的英国政府向债台高筑的埃及赫迪夫伊斯梅尔（Ismail，1830-1895）购买了苏伊士运河公司几近一半的股份。1879年在英国和法国的压力下伊斯梅尔被苏丹剥夺了总督职务，随后在博斯普鲁斯的一处宫殿内了却余生。然而，1854年和1856年的初步建造特许权就已对谁能使用这条运河这一问题做出规定：苏伊士运河将对所有国家的全部船只开放。1888年，各国在君士坦丁堡召开的一次外交会议又确认了苏伊士运河在国际法上的中立性。因此，苏伊士运河实行了船航自由。在国际层面上，1831/1868年和1838/1856年的多个条约都分别对苏伊士运河和莱茵河以及苏伊士运河和多瑙河的航行自由做出了规定。

　　但是，从1882年起，对苏伊士运河的实际控制权就在英国手中，英国军队就是在这一年占领了埃及。对于19世纪末的帝国主义以及随后对非洲的瓜分而言，英国接管埃及的统治政权是一个关键性事件。一直以来，研究界对于这一事件的

36

动机以及起因都存在争论。历史学家 A.G. 霍普金斯（A. G.
Hopkins）认为，英国之所以决定占领埃及，主要不是为了保
护苏伊士运河，在针对埃及总督的军事政变中维持埃及的秩
序，而是为了保障英国在财政以及服务行业中的利益。近 30
年来，英国和其他的欧洲投资者一直活跃在这个北非国家。埃
及赫迪夫濒临破产——苏伊士运河工程和其他用债券募资的现
代化工程在很大程度上促成了这种局面——逐步引发了外部干
预：1876 年法国和英国对埃及共同实行财政监督，1879 年总
督伊斯梅尔被罢黜，最终在 1882 年发生了军事干预。埃及的
英国保护国地位一直持续到 1922 年埃及取得独立，1956 年英
国才将最后的军队撤出苏伊士。对埃及的占领并不是 19 世纪
新帝国主义的引子，而是欧洲更早之前就已经在其政治边界之
外开展的多种行动的框架下极为重要的一步。

*

37   由于欧洲在地中海东南部进行的活动，从 19 世纪后半叶
起，苏伊士运河在政治、经济、科技以及之后不久在生态方
面成为欧洲的水道之一。它是一个"帝国地理的结晶点"〔瓦
雷斯卡·休伯（Valeska Huber）语〕。在这里，发生了连接，
同时也出现了一条感性的欧洲边界。欧洲的商人、士兵、殖民
地公务员和他们的家人、传教士、工人和游客都从这里经过。
最迟在塞德港口，人们能找到适合"热带地区"的衣服；在
那里，回程的人们又会换上欧洲服装，也借此摆脱他们在殖民
地的角色和地位。许多旅行者在信件、明信片和日记中记录
了自己跨越边境往返欧洲的经历。作家们很喜欢描写苏伊士。
生于印度的英国作家拉迪亚德·吉卜林（Rudyard Kipling，
1865–1936）在他的多部作品中描写了不同世界之间的边界，

在这些世界中运行着不同的规则。在 1890 年的诗歌《曼德勒》（*Mandalay*）中，吉卜林使一位回乡之人对于"东方"的思念跃然纸上："送我到苏伊士以东的某个地方，那里最好的也和最差的一样，那里没有十诫，是人们可以感到干渴的地方；庙宇的铃声在呼唤，而那就是我想去的地方——在古老的毛淡棉佛塔旁，慵懒地望着海洋。"在他看来，统治苏伊士以东的不是基督教的天命，而是其他力量，他在同年的一部短篇小说《野兽的烙印》（*The Mark of the Beast*）中写道："在苏伊士以东，有些人认为，上帝的直接控制停止了；人类转而被亚洲神与魔的力量所支配。"尽管苏伊士运河的地理位置处于欧洲之外，但是它也标记出了一条欧洲边界。

全球霸权与进步信念

19 世纪下半段，欧洲的边界是何等模糊，同时是何等易于穿过，在这些海峡上就可见一斑。海峡在生态、经济、政治、社会和文化层面，都是接触区和交汇点。来自欧洲和世界其他地区的不同利益、思想与观念、人、货物、动物和植物在此相遇。与长期以来的那种封闭的民族国家形象形成鲜明对比的是，这些设想中的边界的历史说明了，丰富多样的关系与互动对欧洲产生了多么深刻的影响。欧洲比以往任何时候都更加紧密地融入了世界。它远远超出了当代地理学家试图在全球关系中确定其范围和特征的边界。海峡发展成了帝国的十字路口：商人、传教士和女传教士、自然科学家、那些想要去海外定居并在当地成家立业的人，还有维护和管理统治政权的士兵和公务员，通过这些海峡前往西伯利亚、北非、黑海地区，前往东非、南亚、远东和南美洲、北美洲。对边界的审视让我们的视角发生了偏移，并且使我们认识到，那些对历史发展有着核心意义的地区位于地理上的边缘地区甚至是欧洲大陆之外。

　　欧洲与世界其他地区的多种关系构成了这一时期欧洲历史的重要时刻。在这些海峡上，欧洲的全球霸权得以体现。与新时代早期的扩张不同，欧洲与毗邻的和遥远的其他地区的关系，展现出一种帝国主义的活力。欧洲在殖民地的统治仅仅是它全球霸权的一部分。尽管欧洲殖民主义在这一时期经历了最大规模的扩张，但现在各个殖民帝国中心都在努力建立将各个殖民地相互连接起来的世界帝国。欧洲强国推行世界政策，在此过程中它们不仅在新兴的世界国家体系中相互竞争，也试图去平衡各自相冲突的诉求，在国际协议中制定和平解决问题的规则，最重要的是在当地展开紧密合作。欧洲一家独大的霸权只持续了很短的时间，因为在世纪之交，美国与日本这些欧洲之外的帝国主义国家就登上了舞台。全球霸权造成的后果却是长期的，这是因为全球霸权是以通过工业资本主义调动资源以及为工业资本主义调动资源为基础的。因此，全球霸权为世界各地区之间的经济不平等结构奠定了基础。这种不平衡的影响持续到今天。此外，欧洲人也研究出了一种为自己的霸权辩解的方式，一直到 20 世纪它仍旧在隐秘地蔓延。以社会达尔文主义这一貌似科学的观点为基础，殖民与帝国统治获得了一个种族主义的理由，这个理由也影响了其他合理化模式，例如基督教通过传教来拯救灵魂或是通过世俗的军警推进文明化。帝国主义、支持帝国主义的意识形态以及在世界范围内的深入交流，也反过来对欧洲的社会、文化和政治产生了影响。即便欧洲是世界上举足轻重的主体之一，但它本身也受到来自欧洲之外的力量和发展的影响。尽管在殖民地边境地区都有驻军，在这些地区的权力统治却仍然十分棘手。1900 年前后，人们认为欧洲对外关系的未来是开放性的：民族国家和各个帝国之间的世界政治竞争、人们所追求的世界文明化进程，以及其他地区的人们所追求的摆脱欧洲霸权。

　　海峡以及人工水道还展现出了人们对于进步的信念，这种信念几乎贯穿了当时欧洲的所有生活领域。苏伊士半岛的地貌改造和对北极海路的科学与经济探索都是这方面的具体例证。用以引导直布罗陀社会发展的人口与卫生政策也清楚地体现了这种信念。这种在欧洲各处都在进行的技术上和社会政策上的努力，是以开发经济资源，行使政治、行政和军事权力以及发展综合科学体系与组织体制为基础的。总的来说，人们认为这些事情是可行的并且持有一种乐观的态度，这种态度让人们将进步显而易见的代价视为不可避免但最终物有所值的。这些变革的主体也包括那些本来反对进步却迫不得已参与其中的人。即便是那些推动了无数变革的人，例如市民阶层，也希望这种变革受到部分限制，例如在妇女参政方面。然而，尽管有一些顽固势力在社会和国家的具体变革中留下了自己的印记，进步仍在势不可当地持续向前。所发生的转变，在这两种意义上都可以看作是持久的。

　　对大多数欧洲人来说，未来似乎都是开放且充满能量的。即便仅仅是出于不让竞争对手超越自己的目的，人们也认为必须推动自身的进步。其他人则努力追赶着那些在他们眼中已经比较先进的人。由此产生了一种包含竞争、划界和合作的复杂交互关系，这种关系本身又成了转型的动力。虽然这种动态交互也发生在单个国家的框架内，但主要由发生在国家间和地区间的活动所推动。对进步和前进的信念似乎无处不在：在大国和小国、在城市和农村、在企业和工会组织、在妇女运动、在学术界和文学艺术界。对于进步信念贡献颇大的还有各种形式的国际主义。这既体现在日益密集的经济、社会和文化网络上，也体现在有意识的、主要是改良主义的国际组织和联合体的建立上。在这一方面，人们为下一个世纪奠定了重要的基础，即使是第一次世界大战也未能破坏这些基础，尽管从第一次世界大战开始——并且在第一次世界大战之后——民族国家相关的观点和实践才似乎占据了主导地位。

　　欧洲史首先是欧洲各个社会的历史，是一部关于人的历史。从19世纪中期开始，欧洲人以全新的方式在思想和肉体上全面地流动和被动员起来。因此，本书也以持续的社会和经济转型的历史作为开篇。在人口统计学和地理学的意义上，社会在不断发展。人口增长与迁移的重要基础之一是向煤炭这一化石燃料的过渡，这是影响深远的生态转折点，并且由于越来越多的二氧化碳排放可以被视作人类世（Anthropozän）[①]的开端。新的能源基础使经济大发展成为可能。以市场形式组织起来的工业资本主义，对包括农业经济在内的所有经济领域以及人们的生活产生了重要影响，这就是这一时期的经济特点。同时工业资本主义也促进了遵循不同进步路径的、高度分化且相互依存的欧洲经济空间的发展。农村与城市之间的关系发生了根本性的变化。最终，关于一个社会该如何运转的新观念与阶级和种族一起出现。它们与传统的社会模式叠加在一起，同时也影响着男女关系和家庭秩序。

42 　　确定性与不确定性构成了这个处于变化之中的社会的反映，同时也是社会变革的引擎。在这个时期，欧洲文化游走于学术与艺术英雄主义、文化制度化以及一种流行大众市场之间。文化成为一种公共事件，不论其形式是知识分子之间的争吵、作家对个人与社会道德意义的探寻，还是引起轰动的话剧与歌剧公演。一种对科学的全新信念，取代了一些人的宗教信仰。在作为研究地点而建立起来的新的大学教学楼和自然科学

---

　　① 人类世的概念源于意大利地质学家安东尼奥·斯托帕尼（Antonio Stoppani）提出的"人类世时代"，它是指人类活动对整个地球产生深刻影响的现象。人类世并无准确起始年代，一说始于18世纪末期，即改良蒸汽机的时期；也有学者认为人类世应自人类开始务农时起算。——译者注

实验室中，这种新的信念得以具体体现。历史主义和进化论将这种无孔不入的变革视为科学真理；而处于世俗化和教会化之间再度兴起的宗教则努力在城镇社会以及海外传播。但是在世纪之交，对于市民文化的怀疑与批判也觉醒了。它们源于市民文化自身，却在帝国主义的时代，也被投射到了流行的大众文化。

社会变革是政治空间进行按比例、多样化发展和重组的框架、对象与前提。1850年起的后革命时代，各种政治势力试图重新调整立宪制中而非重要的宪法制度中的统治与参与的关系。在围绕政治制度的冲突中，物质资源的调动——例如通过税收支撑军队、行政管理，其次是福利——与社会政治动员共同发挥作用。对于扩大国家职能和加强民众忠诚度而言，社会参与是通过议会和建立党派实现的决定性的力量。男性所获得的选举权和公民权利越来越多，从而从臣仆蜕变成了公民。但与此同时，女性和其他社会团体与圈层仍旧被排除在外。各种形式的意识形态归属和排斥随着政治参与范围的扩大而出现，尤为明显地体现在民族主义和帝国主义之中，此外也体现在其他政治或者宗教世界观中。此外，还有欧洲和海外的殖民帝国，在这些地方人们深入商讨统治、政治参与和归属问题并且建立起了欧洲国家政权的结构。

和平与战争深刻影响着19世纪下半叶的国家制度与对外关系。从革命时期到克里米亚战争直至意大利与德国的所谓国家统一战争时期，欧洲的国家体系被暴力地改变了。自1871年起，不稳定的和平时期开始了，在这一时期，各个强国并没有将他们在欧洲的冲突诉诸军事手段。但是在东南欧，与奥斯曼帝国的战争再度爆发，当地新成立的城邦之间也燃起战火。如果人们着眼于发生在殖民地的诸多战争，那么直到1914年前不久都是一个和平时代的这种普遍印象就会进一步被削弱。

因为欧洲的殖民主义大部分都建立在武力基础上，依靠暴力来保障在殖民地的统治与影响力。对欧洲的内部和平至关重要的是，殖民强国眼下在海外的紧张关系不会对欧洲本身的安全政策产生影响。尽管在迈向 20 世纪之时，关于全球国际关系体系的意识正在蔓延，这一目标还是实现了。虽然没有任何制度或规范可以保证欧洲内部的和平，但各个强国都维持着某种秩序。无论是大国还是小国的政府都明白如何在这个秩序框架内采取行动。而在欧洲之外，一般行为准则和外交沟通手段与模式只适用于被视为"文明"的少数大国。自 19 世纪中期开始，欧洲就活跃于众多将欧洲内外的国家与社会团体联结起来的国际组织和跨境协约中。这些在紧密交流基础上新发展出来的形式，经常表现出一种改革的动力。在与非欧洲世界的关系中，这种动力具有传播文明的特点。在对外关系中——可理解为国家关系、半国家关系和社会关系——欧洲形成了一种自我认识，这种认识建立在强国体系中的竞争、国际主义和帝国主义殖民扩张的基础之上。这种局面并不一定会招致一场大战，甚至经历了很多和解与关系缓和的时刻。然而，面对欧洲各国政府在 1914 年表现出的冒险意愿，这种局面也难以维系。

第二章

变化中的社会：欧洲的社会与经济转型

　　在 19 世纪后半期，欧洲社会在很多方面都处于变化之中。很多人离开自己的出生地，搬到了其他地区或是彻底从欧洲一走了之。工厂劳动和城市空间影响着越来越多人的社会生活。同时，人们的社会秩序观念也发生了改变：用等级概念对社会进行的定义，如今和对于阶级与阶层的新分析相互竞争，而"民族"和"人民"则分别为身份认同与排斥提供了含义不同的分类标准。尽管变化的速度明显加快，要采用鉴别的视角仍需要人们去追问变化与顽固性的关系，给予旧秩序的瓦解和新等级的出现同等的注意力，最后还要研究社会"进步性"与"落后性"之间的联系。顽固势力不仅在例如乡村和家庭这样特定的空间与社会关系中发挥着影响，在欧洲范围内也是如此。因为变革并不是在相同的时间或以同样的方式影响所有社会的。1900 年左右，高度工业化的比利时和规模几乎与其相同但大部分地区以农业生产为主的西西里岛在社会上有着天壤之别，但大量意大利工人在欧洲的铁路和道路建设工地上奔波，甚至在阿根廷做季节性短工。社会革新与传统行为经常会产生直接碰撞。例如贵族这样的传统群体，必须面对新的挑战，但是也不一定会失去自己的社会地位，他们要通过适应来保住地位。如果人们将欧洲作为一个整体进行观察——从爱尔兰到希腊，从西班牙到俄国或是从挪威到意大利——就不会高估这种一直延伸到 20 世纪现代社会的变化。社会和经济转型在两种意义上都是百折不挠的：它是持续不断的并且一直受到阻碍势力的影响。

1 人口流动：人口转化与自由迁徙

让我们从社会统计开始。在 19 世纪人们经历了"统计思维的崛起"［西奥多·波特（Theodore Porter）语］。从 19 世纪中期开始，几乎没有一个国家不会定期对其社会进行统计。这些"庞大的数字"［阿兰·德罗西埃雷斯（Alain Desrosieres）语］以及不同的分类方法服务于政治和国家，并塑造了社会群体在社会、人种、宗教和民族上的身份认同。同时，它是人们构建社会统计学这一科学领域的基础。从 1853 年开始，这个领域的代表人物在国际性会议上讨论方法与标准，并作为学术或是官方专家在大学里的经济学和政治学中，建立了一个用数字描述所发生的社会变化的学科。

国家用来了解其居民的最重要的工具就是人口普查。国家进行数据和知识采集的动机包括军事上和财政上的需要，但也是为了更多地了解社会的宗教、种族、语言和民族构成。因为在很多地方这些因素都与围绕政治参与展开的冲突紧密相关。

47 而更为重要的是，人口增长本身和移民活动需要确切的信息。人口统计使得国家机关能够观察到人口的动态发展，并且在某些情况下尝试对人口加以调控。国家最关注的是三种现象：欧洲国家的总人口增长；所谓的人口自然流动，即出生与死亡人数比例的变化；最后是人口以迁入、迁离或迁出的形式在空间上的流动。

大规模数据

在 19 世纪下半叶，欧洲人口以前所未有且之后再未企及

（见表 1）的速度增长着。1850 年，有超过 2.67 亿人生活在
欧洲；根据沃尔夫拉姆·费舍尔（Wolfram Fischer）的估算，
1913 年这一数字总共增长了四分之三，达到了 4.64 亿。某
些地方的人口增长速度从 18 世纪中期起就已经开始加快，但
在 1850 年之后，几乎所有地方的人口增长率都有所增加。值
得注意的是，人口的增长并没有像以前一样或是像在其他地方
一样引发会造成饥荒、瘟疫和高死亡率的普遍的食品危机。与
此同时，持续走高的经济增长避免了这些后果。托马斯·罗
伯特·马尔萨斯（Thomas Robert Malthus，1766–1834）在
1789 至 1826 年间在其《人口原理》（*Essay on the Principle
of Population*）一书中所描述的增长的界限，如今似乎已经失
效了。但是，在工业化程度最高的国家中，人口的"自然"增
长，即数据所体现出来的出生人数和死亡人数的变化，在 19
世纪和 20 世纪之交在没有饥荒的情况下再度放缓了：人口结
构开始向低出生率转变。出生率持续降低这一问题，在第一次
世界大战之前就已成为新兴综合学科人口学的主要研究议题。 48

表 1　1850~1910 年的欧洲人口发展

国家	人口（百万）		占欧洲总人口（百分比）		按人口"排名"		人口密度（居民人数/平方千米）
	1850	1910	1850	1910	1850	1910	1910
比利时	4.4	7.4	1.6	1.7			259
波斯尼亚和黑塞哥维那	1.2	1.9	0.4	0.4			
丹麦	1.4	2.8	0.5	0.6			71
德国	33.7	64.9	12.6	14.5	第三	第二	120
芬兰	1.6	3.1	0.6	0.7			8
法国	35.8	39.3	13.4	8.8	第二	第四	74
希腊	1.5	2.6	0.6	0.6			
爱尔兰	6.7	4.4	2.5	1.0			
意大利	23.9	34.7	9.0	7.7	第四	第五	120

续表

国家	人口（百万）		占欧洲总人口（百分比）		按人口"排名"		人口密度（居民人数/平方千米）
卢森堡	0.2	0.3	0.1	0.1			
黑山	0.2	0.3	0.1	0.1			
荷兰	3.1	5.9	1.2	1.3			
挪威	1.4	2.4	0.5	0.5			8
奥地利	17.8	28.6	6.7	6.4			95
葡萄牙	3.5	6.0	1.3	1.3			
罗马尼亚	4.4	7.2	1.6	1.6			55
俄国 波兰	57.2 4.9	130.8 （含波兰）	21.4 1.8	29.2 （含波兰）	第一	第一	26
瑞典	3.5	5.5	1.3	1.2			12
瑞士	2.4	3.8	0.9	0.8			91
塞尔维亚	1.3	2.9	0.5	0.6			
西班牙	14.5	20.0	5.4	4.5			39
土耳其（包括保加利亚）	8.5	10.5	3.2	2.3			
匈牙利	13.3	20.9	5.0	4.7			64
英国 （英格兰和威尔士） （苏格兰）	20.8 （17.9） （2.9）	40.9 （36.1） （4.8）	7.8 （6.7） （1.1）	9.2 （8.1） （1.1）	第五	第三	（239）
小城邦	0.4	0.8	0.1	0.2			
欧洲	267.6	447.8	100.0	100.0			

说明：
- 法国：1850 年法国还不包括萨沃伊和尼斯，1870 年之后不包括艾尔萨斯 - 洛林。
- 奥地利：包括加利西亚和布科维纳。
- 俄国：50 个位于欧洲的行政辖区。
- 土耳其：原资料中的地理范围尚不清楚；1916 年，奥斯曼帝国各省共有约 2000 万居民（Kemal H. Karpat, Ottoman Population 1830–1914, Madison 1985, S. 190）。
- 小城邦：摩纳哥、安道尔、圣马力诺、列支敦士登、马恩岛、直布罗陀、马耳他、克里特岛和法罗群岛。
来源：Wolfram Fischer u.a.（Hg.）, Handbuch der Europäischen Wirtschafts- und Sozialgeschichte, Bd. 5, Stuttgart 1985, S. 14.

　　各地的人口增长速度并不均衡。各地区之间存在明显的差异。大体来说，1850 年至 1910 年间西南欧的人口增长率最低。而东欧的人口增长率甚至在 1900 年至 1910 年间仍明显高于欧洲平均值。就具体国家而言，爱尔兰尤为引人瞩目。爱尔兰是这一时期唯一一个人口绝对值下降的欧洲国家。这是因为从

1845 年到 1849 年，这里有 100 万人在俄国以西的最后一波欧洲大饥荒中死去。爱尔兰因人口外迁而导致的人口减少直到 20 世纪 60 年代才有所改变。法国和西班牙的人口增长极为缓慢——在 1850 年至 1910 年间，两国年增长率分别只有 0.2% 和 0.5%。罗马尼亚、比利时、葡萄牙和挪威等国的人口增长率则处于平均水平。英国和俄属波兰的人口年增长率最高（分别是 1.5% 和 1.8%）；丹麦、荷兰和德国的人口年增长率也高于平均值（约 1.0%）。总体看来，各国情况各异。显然，人口增长——从各国差异中可以看出——并不直接且不仅仅与各国的经济发展水平挂钩，而是由影响因素之间的复杂关系所决定的。

在那个时代人的认知中——以及就我们对欧洲的看法而言——除了人口增长率的差别，各国不同的人口密度以及相对人口实力也尤为重要（见表 1）。1910 年前后，比利时和英格兰与威尔士分别以每平方千米 259 人和 239 人成了人口最稠密的国家。德国和意大利的单位面积上也生活着相对较多的居民，但是这两个国家每平方千米仅有 120 人，人口密度已经明显降低了。按国土面积衡量，东南欧国家（匈牙利、罗马尼亚、保加利亚）、西南欧国家（西班牙）、俄国、奥斯曼帝国的安纳托利亚地区（anatolische Teile）以及尤其是瑞典、芬兰和挪威这些北部国家，人口密度较低。但这里提到的人口密度仅仅是说服力有限的在国家层面上的平均数值，因为即便是在一个国家之中，人口的分布也是不平均的。当然，人口的不平均分布并不是 19 世纪的时代特点。环境条件、交通便利程度以及居住传统早已对人口密度产生长远影响，工业化还往往会加强现有的人口集中程度。但是在某些地区，如今却出现了新的人口稠密区，例如位于威尔士、北英格兰、比利时、法国北部、鲁尔区、萨尔地区、上西里西亚（Oberschlesien）和

51

顿巴斯（Donbass）的煤炭工业区。在此过程中，19世纪更为先进且廉价的交通工具让人们更容易从其他地区迁居至此。

新成立的国家机关和地方当局对人口进行统计。通过这一途径，统计人员才能获得各个国家的人口数据。他们认真地观察国家之间的人口变化，将人们分门别类，从而形成了新的人口"价值秩序"。在19世纪下半叶，国家之间的相对人口实力发生了变化。俄国的人口最多。1910年，近30%的欧洲人口居住在俄国位于欧洲的领土上。19世纪中期前后，法国还是第二人口大国，但是到20世纪初，法国已经跌至第四位。德意志帝国则以近6500万人口从第三位上升至第二位，居于俄国之后。如今英国的人口也超过了法国。尽管这是一场荒谬的竞争，但是由于军备竞赛，在当时的很多人看来，它是一个具有高度政治意义的问题：在舰艇军备竞赛于1914年前夕再度黯淡之后，潜在的部队兵力再次成为军备争论的焦点。法国政府自从输掉1870/71年的战争以来，就开始与潜在的对手德国进行比较，处理自己人口相对实力较弱的问题。在第一次世界大战爆发前夕，德意志帝国的领导者却并没有因俄国当时的人口总数而感到不安，他们更担心预计的俄国人口增长率。虽然与其他工业强国一样，沙皇俄国的人口自然增长数量也在下降，但人们仍然认为它的人口增长率会持续增长。

除了军事战略，人口发展在国家经济策略中也发挥重要作用。如果人口增长并没有像马尔萨斯认为的那样演变成苦难危机，国家应当如何从人口政策的角度保障经济增长呢？在19世纪末，就全球经济而言，美国似乎在这一方面把欧洲"甩在身后"了。因此，斯特拉斯堡（Straßburg）的经济学教授奥古斯特·萨托里尤斯·冯·瓦尔特斯豪森（August Sartorius von Waltershausen，1852–1938），布雷斯劳（Breslau）政治学家、1913年起在夏洛腾堡工学院任职的国民经济学家尤里乌斯·沃尔夫（Julius Wolf，1862–1937）以及英国保守派政治家、大英帝国的捍卫者里奥·艾默里（Leo Amery，1873–1955）等人利用人口学支持其实行保护主义措施和结成贸易政策联盟的主张。最后，人口发展也对19世纪末的医学和社会卫生学上的争论产生了深刻影响。"优生论者"和"种族优生论者"对个别社会群体或种族群体的繁衍行为十分感兴趣，因为他们致力于人口的"优质"组合。因此，在世纪之交，人口的"大规模数据"是一个在政治和社会方面具有重要现实意义的话题，受到各种利益集团和各个学科的关注，并且在接下来的20世纪中，发展出了"公共卫生"、遗传学以及少数族裔待遇等非人道的理念与实践。

53

出生人口与死亡人口

在19世纪后半叶，欧洲各国在绝对人口数量、人口增长率和人口地区分布方面都呈现出千差万别的图景。但自20世纪初，科学家们却试图在人口变化之中找到一种概括性模型。法国经济学家阿德尔费·兰德里（Adolphe Landry，1874–1956），德国国民经济学家卢约·布伦塔诺（Lujo Brentano，1844–1931）、保罗·蒙伯特（Paul Mombert，1876–1938）和尤里乌斯·沃尔夫（Julius Wolf，1862–1937）以及社会学家弗朗茨·奥本海默（Franz Oppenheimer，1864–1943）在第一次世界大战之前就对经济发展与人口变化的关系进行了初步解释。他们的研究依据是来自欧洲、北美洲和澳大利亚的各种数据。1944/45年，在第二次世界大战接近尾声之际，弗兰克·W.诺特斯坦和金斯利·戴维斯（Kingsley Davis）在普林斯顿大学人口研究所（Office of Population Research der Universität Princeton）发布了"人口转变"模型。这一理论着眼于未来的世界粮食政策，并且将对（新）欧洲的观察结果投射到世界层面。按照该理论，随着现代化，人口行为从前工业社会的平衡状态发展成一种工业社会的平衡状态。从长远来看，农业社会中典型的高出生率和高死亡率（尤其是新生儿的极高死亡率）将被工业社会中较低的出生率和死亡率所取代。在过渡阶段，由于死亡率的下降比出生率的下降更早、更快，会出现人口的高速增长，就像人们在 19 世纪的欧洲所观察到的一样。并且按照该理论的进一步阐释，这种现象如今就出现在所谓的发展中国家。死亡率降低的原因在于农业产量的增加、交通设施的扩建和工业部门劳动生产率的提高，后来还得益于卫生与医疗的进步。出生率在一开始仍旧居高不下，在很多情况下甚至还会上升。这是由于新生儿存活的可能性得以提高，因此长期来看，育龄和孕龄人口就会增加。较多的出生人口和较少的死亡人口在总体上会导致人口净增长，这会造成人口自然增长率很高。按照这一模型，人们会逐渐调整子女数量使之与更高的生活水平相适应。人口学家认为其中的原因包括婴儿生存机会的增加、城市化和社会流动性、消费期望的提高、个人主义的增强以及公共机构（例如学校）对家庭职能的接管。所有这些因素使得夫妇生育更少的孩子。最终，当出生率达到一个与死亡率相当的较低水平之时，又会产生人口平衡：人口的自然增长告一段落。

这一"人口转变"模型背后的思想影响了 1945 年后世界范围内的人口政治和社会政治行为。如果我们将这一模型作为阐释 19 世纪欧洲具体人口变化的标准，就会发现从高出生率和高死亡率向较低死亡率和出生率下降的过渡，在欧洲内部既不同时也不同速。欧洲的人口迁移在时间上有所延迟并且速度不同：在 1850 年至 1910 年间，全欧洲范围内的人口模式并没有趋同，而是最初彼此大相径庭。欧洲内部的差异化使得当时的人们展开了政治和社会卫生方面的争论，对第一次世界大战之后的讨论和措施产生了重要影响。

在前工业社会中，无论是出生率还是死亡率都在每年40‰左右。这意味着尽管有很多孩子出生，其中多数在婴儿时期就会死去，而所存活下来的那些孩子的预期寿命也相对较短。在1850年前后，南欧和东欧以及奥匈帝国的出生率已经接近这一较高水平。而在19世纪中期，西欧和北欧国家的出生率已然只有32‰—35‰。但是在法国出现了人口学的特例。在19世纪中期前后，法国的出生率仅为约26‰。一直到第一次世界大战，法国（还有爱尔兰）的出生率都是欧洲最低的。而英格兰和威尔士以及德国的出生率则在一段时间内处于较高水平，甚至直到19世纪70年代仍有所增长，之后才明显下降。在19世纪末的1890年，俄国的出生率甚至还高达50‰，这一数字远超历史学家对于前工业化社会的观察结论。

另一方面，在19世纪中期，一些南欧和东欧国家（俄国、奥匈帝国、意大利和西班牙）的死亡率仍高于30‰，较为接近前工业社会的数值；而在西欧和北欧的大部分国家中，死亡率已经降至22‰—24‰之间。1850年前后德意志各城邦的死亡率仍然较高，接近27‰，甚至一直到19世纪70年代还在上升。此后，生活条件的改善才使死亡率明显降低。1909年到1913年，德意志帝国的年平均死亡率仅为16.3‰。在第一次世界大战前不久，只有比利时、丹麦、荷兰、瑞士和英国的死亡率低于这一数值。以死亡率来衡量，19世纪末生存条件最差的是匈牙利（24‰）、保加利亚（24.1‰）、塞尔维亚（24.5‰）、罗马尼亚（25.3‰）和欧洲的"最后一名"俄国（28.5‰）。芬兰在1866年至1868年间、俄国伏尔加地区因粮食歉收在1891/92年发生了饥荒；芬兰约有15万人（按照地区来看约为当地人口的8%—20%）、俄国约有80万人丧生。这印证了当时俄国落后的情况，并且对最终演变成1905

年革命的社会动乱和政治动员起到了催化作用。但是我们不能忘记，俄国的死亡率在 40 年前的 1865/69 年接近 38‰，到 1913 年，俄国人的预期寿命和欧洲人一样总体上有所提高。

为了厘清这一时间不同、进程不同的发展过程以及欧洲内部的差异，我们要进一步观察这四个例子中的人口转型。在英格兰和威尔士，这一人口转型早在 18 世纪后半期就开始了。死亡率下降，出生率由于就业机会的增加和由此导致的结婚年龄的下降而上升，因此在 1770 年至 1820 年间，英格兰和威尔士的人口翻了一番达到了约 1200 万。在人口转型过程的中期，死亡率稳定在较低水平但出生率仍然居高不下，其结果就是到 1870 年英格兰和威尔士的人口又再度翻了一番。1870 年之后，在英格兰和威尔士出生的孩子越来越少，但是死亡率仍然保持着自 19 世纪 50 年代起的持续下降趋势。在 20 世纪 40 年代，出生率和死亡率才都稳定在一个较低水平，因此也没有再出现人口的自然增长。

英格兰和威尔士的人口转型过程持续了近 200 年，与之相比，德国的人口转型虽然开始得很晚，却在仅仅 70 年的时间内就取得了"爆炸式"的进展。德国的死亡率自 19 世纪 70 年代起才有所下降，但下降幅度大。由于出生率直到 1900 年都居高不下，德国人口在短时间内迅猛增长。出生率居高不下主要是因为在高度工业化时期来自乡村和东欧的移民迁至德国。这些带有农业背景的人口群体还没有改变自己的生育行为。德国的出生率在 1900 年后才开始下降，但在短短十年时间内就出现了较大幅度的下降。德国人口转型过程的收尾，和英格兰与威尔士一样，也是在战争时期出现的。

在这两个工业化国家，我们能清楚地看到人口转型的不同阶段，并且都在 1870/80 年至 1930 年间出现了明显的动荡。但是在瑞典，我们的第三个例子中，人口的自然流动则多了一些持续性，少了一些戏剧性。自 19 世纪早期，瑞典的死亡率就开始下降。在 19 世纪中期左右，与欧洲其他国家相比，瑞典的死亡率已处于较低水平，并且一个十年又一个十年地稳步下降，直至 1913 年。与英格兰和威尔士不同，瑞典的出生率没有上升，因为工商业就业岗位并没有显著增加。相应地，结婚年龄仍旧较高，因此婴童数量也就更少。19 世纪 70 年代起，瑞典的出生率也开始下降，直到 20 世纪晚期逐步接近低死亡率。

法国也经历了具有类似持续性的人口转型过程。但是与瑞典相比，法国的出生率一开始就较低，而死亡率却一直较高。换句话说：法国人口没有经历与其他欧洲国家类似的人口净增长和相应的人口大幅自然增长，更遑论像德意志帝国从 19 世纪 70 年代起的那种迅速的人口增加。1850 年起的 15 年间，平均看来，法国的人口自然增长率已经相对较低。1900 年到 1913 年，法国的人口净增长微不足道，而德国同期的出生率比死亡率高出 13.8 个千分点，即便是在英格兰和威尔士以及瑞典这些人口转型进行已久且出生率已经开始下降的国家，人口仍在继续增长。

法国的人口发展呈现出两个特点。18 世纪末，法国的死亡率已经相对较低，在 19 世纪期间仅略有下降，从 1900 年开始才显著降低。但是，从 18 世纪末开始，法国的生育率明显偏低。欧洲其他国家直至 100 年后的 1890 年至 1920 年间才开始出现这种情况。造成这种人口发展特点的原因在于法国人非同寻常地自愿进行节育，这种现象在 19 世纪继续扩大到法国社会的各个圈层。最早开始的是那些有工作的中产阶级，他们希望确保自己和子女的社会地位上升通路，因此拥有较少的后代。工人和商人也追随了这种行为模式。1911 年，法国家庭的平均子女数量就几乎少于两人。19 世纪 80 年代起，卫生和医疗条件的改善降低了儿童死亡率，因此家长们给予了存活下

58

来的子女更多的照顾和支持。伴随更有责任意识地养育子女出现的就是节育。历史学家认为，法国大革命和经济结构的长期影响促成了避孕药具在 1780 年至 1850 年间的早期传播。与教会限制的革命性决裂、新的社会关系、社会流动性以及通信的加强让避孕知识更容易得到传播。此外，如果不进一步分割土地所有权，现有的农村所有权结构无法为更多人提供额外的收入。结婚年龄和单身人数早在法国大革命之前就已经很高了，以至于节育——按照让－皮埃尔·巴德（Jean-Pierre Bardet）的观点——只能通过避孕来实现。早期低生育率的后果是人口自然增长非常缓慢。尤其在 19 世纪末，这种现象引起了公众的激烈讨论。巴黎的统计局局长、医生兼人口学家雅克·贝提庸（Jacques Bertillon）在 1897 年写道："可怕的是，在 14 年之后，德国服兵役的人数将会是法国的两倍。到那时，那些仇恨我们的民众将会把我们一口吞下！"

衰落的景象及逐步干预

19 世纪末，欧洲其他发达地区的生育率明显下降，而这一现象在法国早已出现：英国、比利时、德国、斯堪的纳维亚部分地区、加泰罗尼亚（Katalonien）、皮埃蒙特（Piemont）、利古里亚（Ligurien）和托斯卡纳（Toskana）。此外，意大利南部、西班牙部分地区、葡萄牙、爱尔兰、巴尔干半岛、俄国以及阿尔卑斯山地区的生育率仍然居高不下。按照 20 世纪中期美国人口学家的模型看似很"现代"的低出生率，在世纪之交的一些人眼中绝不是一种进步。1896 年，贝提庸成立了法国国家人口增长联合会（Alliance nationale pour l'accroissement de la population française），该联盟开展鼓励生育的宣传和游说活动，以采取措施提高法国的出生率。当贝提庸为法国与德意志帝国之间的民族国家竞争殚精竭虑之时，其他人则十分担心工业最为发达的国家出生率下降所带来的社会影响。较高社会阶层的子女数量越来越少、下层人民的子女却越来越多，这让那些在其中看到"民众主体""衰败"的人感到不安。与农村人口的"青春之泉"相比，大城市的出生率较低，这引发了人们对大城市的猛烈批判。社会达尔文主义思想认为，在现代"工业国家"中存在一种逆向选择（negative Auslese）。这种思想在人们关于人口政策的争论中占据了一席之地。这些思想部分基于社会遗传学方面的依据，部分基于人类学和种族主义的论据。

60

*

　　在很多国家中，从事社会政策工作的人会利用人口学论据来支持其扩大公共救济，尤其是对妇女、母亲和儿童进行救济的主张。医学专家、生物学家和人类学家作为专家出现在这些关于女性躯体与生育的争论之中。这些专家在为他们对部分民众采取卫生措施、影响人们的性行为或是干涉个人身体的主张进行辩解时，都会以卫生学或遗传学等新科学的研究成果为基础。临近 19 世纪末期，作为"人口"的社会已经落入了国家前所未有的紧密掌控之中。人口规划似乎展现出了新的可能性，社会政策也向着优生学和种族卫生学的方向发展。这一领域的代表人物绝不仅仅来自在德国被称为"民族"阵营的保守派阵营，也来自左派、社会民主圈子以及妇女运动。人口政策是一项跨阵营的进步工程。各个学科的科学家、干预之手伸得长远的国家以及更广泛的民众——对参与者们来说，人口政策是对于未来的一种具有"进步性的"塑造。

　　虽然上文所述的人口自然流动在事后看来呈现出了一种长期模式，但是在 19 世纪中期到第一次世界大战的这段时期，这种模式造成了欧洲内部以及欧洲各个社会中的巨大的人口差异。这种差异成了政治上的导火索，并为国家对个人生活的公共干预奠定了基础。生育行为通常与经济结构的变化联系在一起，但也并非一种从农业国到工业国的简单转变。直到 20 世纪晚期，两次世界大战中的死亡和人口转型阶段的漫长收尾才将欧洲各个社会的人口历史"协调一致"。1914 年之前科学家和国家对"人口"的构建使人们认识到了各个民族国家之间的人口差异，即便当时的一些人认为这是一种跨越国家的、社会层面上的差异，并且紧接着就对社会卫生措施展开了讨论。迫在眉睫的民族衰落的景象与关于如何防御性地确保在未来取得进步的理念，携手并进——这种模式至今仍然影响着人们关于人口的民粹主义讨论。

欧洲与全球的迁移运动

欧洲人口的差异化发展不仅仅基于出生率和死亡率变化所造成的上述人口"自然"发展，还基于大量人口在空间上的移入和迁出。在 19 世纪中期之前，欧洲的迁移运动就已经开始了，并且在 19 世纪 50 年代至 20 世纪 20 年代间达到了历史上的极大规模。它的特点是，迁移的主体主要是下层民众。尽管政治迫害、战争、逃亡以及从现有的束缚中解脱出来的愿望也促使人们迁移，但迁移行为主要是由经济差距推动的。历史移民研究在空间上区分了多种跨国移民体系，这些体系跨越国界，并且在地理上远远延伸到欧洲大陆之外。于是欧洲内部就形成了一些人口迁入地区和一些人口流失地区。在欧洲大陆之外，19 世纪欧洲人对世界某些地区——北美洲、南美洲部分地区、澳大利亚和新西兰、西伯利亚——进行了殖民统治，并在非洲部分地区形成了由欧洲人统治的殖民社会。对于欧洲人个人来说，自由迁移的规模从未像现在这样宏大，并且在 1914

年之后的很长时间内，都没能再达到现在的规模。对于当时民族国家法规的发展而言，移民活动也起到了重要作用，它最终对欧洲自我形象与外部形象的发展做出了贡献。

在早期现代，欧洲的人口流动性已经相当高了。但在 19 世纪后半段，人口流动性显著提高。按照莱斯利·佩奇·莫奇（Leslie Page Moch）的观点，在农业财产分配制度继续保持不变的条件下，人口流动性大幅提升的最根本因素是商业、工业和服务行业中新增加的工作岗位、人口发展以及对资本投资的分配。此外，运输方式也得到了改善，而且更为重要的是变得更为便宜。迁移活动不仅取决于个人的经济决策，也取决于来源地和目的地的文化联结、通信和信息结构以及社会网络。迁移行为显示出具有性别特色的模式：多数情况下，年轻男性移民人数更多，并且率先离开家庭迁往远方；相反，女性则更多地留在家里或是较晚离开，她们更愿意在出生地附近找一些女佣、纺织女工和秋收短工的工作。尽管大多数情况下居住地的改变是永久性的，但是值得注意的是，也存在季节性或是临时性的工作移民，甚至还有相当一部分移民海外的欧洲人回到了欧洲。

欧洲传统的地区性劳动力迁移体系在 19 世纪得到了重塑和扩充，形成了新的"跨国移民地貌"〔克劳斯·巴德（Klaus Bade）语〕。历史学家德克·霍尔德（Dirk Hoerder）从全球史的角度划分出了四种直接涉及欧洲的移民体系：欧洲内部的跨国移民活动、俄国－西伯利亚移民体系、无产阶级跨越大西洋的大量迁出以及帝国－殖民地移民。对于发生在欧洲海外殖民地和帝国主义势力范围之内和之间的第五种移民体系，即亚洲合同工体系，在此不作展开，但它也与欧洲的利益紧密相关。

欧洲内部的跨国移民：欧洲内的移民活动占据了移民的

最大比重，但无法精确量化。沃尔夫拉姆·费舍尔（Wolfram Fischer）对 1900 年前后国家内部的、非跨境的内部迁移活动，即从乡村迁入附近的城市以及从一个省迁入邻省的迁移活动进行了估算，认为有三分之一至二分之一的人口一生中至少改变过一次居住地。大部分人是在其故乡附近迁移。各地总体的人口流动方向是从平原到工业化地区、居住城市和首都。欧洲内部的跨国移民主要是以重工业发展为导向的。男性劳动力从远方迁入煤炭区、铁矿区、钢铁区，流向铁路建筑工地、隧道建筑工地和城区地下工程或地上工程。欧洲大都市也由于其对各种服务的需求和小型企业对移民具有吸引力。在农业部门，收割工人在农忙季不仅在地区间，也在国家间流动。

总体上，自 19 世纪 70 年代以来，逐渐形成了一种以迁入地区为核心，以迁出地区为外围的格局。下列地区吸引了跨国移民：北英格兰、包括格拉斯哥和伦敦地区的西南苏格兰、伦敦地区、比利时的瓦隆地区（der wallonische Teil）、法国西北部、德国西部和中部、奥地利部分地区（维也纳地区和上施泰尔马克）以及波希米亚和摩拉维亚（Mähren）部分地区、瑞士和丹麦。丹麦以出口为导向的乳制品和畜牧业吸纳了大量的波兰农工。移民潮是基于地区性差异，而不是国家间的差异。因此，一些移民接收国，如英国、德国、比利时和奥匈帝国，也会因人口外迁而失去大量人口。对于一个寻找工作的人来说，国家间的界线远不及在欧洲某处经济繁荣的地区谋生的可能性来得重要。跨国移民的重点在于"边缘"地带：从爱尔兰和苏格兰高地迁入西南苏格兰、北英格兰和威尔士的工业区；从意大利和波兰，即哈布斯堡的加利西亚，普鲁士和俄国所占的波兰省份迁入欧洲的工业中心地区。此外，在海外移民活动中，挪威和瑞典也属于迁出地区。19 世纪末，葡萄牙、西

班牙、希腊和塞尔维亚以及哈布斯堡王朝匈牙利部分的部分地
区也成了有大量人口迁出的边缘国家。

劳动力向重工业中心迁移的一个著名例子是波兰人向鲁尔
工业区的迁移。这一现象始于德意志帝国成立之后德国招募了
来自上西里西亚的矿工去破坏罢工；从 19 世纪 80 年代起，通
过进一步招募以及随之而来的链条式移民 ① 和吸纳来自东欧和
西普鲁士的波兰农工，这一移民活动得以大幅扩充。在第一
次世界大战前不久，约有 50 万名讲波兰语的人生活在鲁尔。
在奥伯豪森和盖尔森基兴，他们分别占了当地人口的 10% 和
9%。他们通常分开居住在矿场的工人宿舍里，拥有自己的协
会、波兰语报纸和独立的工会。在第一次世界大战后新成立的
波兰政权使得近三分之二的所谓的鲁尔波兰人返回故乡。这表
明他们与自己的出生地之间有长久存续的羁绊。其余的人则继
续留在了鲁尔区，长期以来他们已经融入了当地社会。

波兰人向威斯特法伦（Westfalen）采矿冶金工业区的长
距离迁移是 19 世纪后半叶欧洲东西向移民活动的一部分。洛
林地区的钢铁生产中心隆维（Longwy）则是以意大利移民
为主的南北向移民活动的一个例子。克劳斯·巴德（Klaus
Bade）认为这些主要潮流是下层农民阶级向工业无产阶级的大
规模转变。对很多人而言，移民意味着一种社会历史和精神思
想历史上的断裂。新移民从最底层的工作做起（例如，在采矿
业这就意味着下到深层的矿床里进行作业），然后渐渐升至工
头或师傅。欧洲内部的跨国移民活动具有很多与海外移民活动
相似的特点：移民的来源地通常会影响他们在新城市中对职业

65

---

① 链条式移民（Kettenwanderung）是一种特殊的移民过程。通常是一位男性先迁
移到目的地，随后其妻子、孩子、父母等家庭成员和亲属朋友等社会关系陆续
迁入相同的目的地。它分为先锋移民 / 工作移民、连锁移民和家庭迁入这三个
阶段。——译者注

和职位的选择。移民们聚居在某些城区（如新马祖里①），而个别地方，例如盖尔森基兴或是大西洋另一边的纽约，则起到了移民集散地的作用。这些男男女女的行动并不是孤立的，他们身处一张将欧洲不同地区联系在一起的复杂的移民网络之中。

与流向新工业中心的跨国移民有所不同，向城市第三产业移民的一个例子是巴黎城中来自黑森 - 达姆施塔特（hessisch-darmstädtisch）的"小巷清洁工"。在 1848/49 年的法国革命之后，法国首都迎来了越来越多来自德国下层的移民。其中就包括来自上黑森州约 36 个村庄的大量男女。巴黎市政府更愿意把他们安排到清扫街巷的工作中去，这样一来，这项工作几乎全部落到了黑森人的手里。在很多欧洲大城市，都存在这种由某个民族所主导的服务行业。仰赖于紧密的信息与移民关系网，这些行业的工人有时都来自某个地区少数几个地方。在伦敦，这些人是指贩卖捕鼠器的意大利商人，或是被人们称为"翁吧乐队"（Oompahbands）②的由德国街头音乐家所组成的流动管弦乐团。这些移民劳动者的目的并不是与他们的故乡永诀，而是为了暂时搬到远方生活几年，以此来摆脱自己在家乡的窘境，为来日回乡过上更好的生活而积累资本。来自黑森的小巷清洁工利用了另外一个好处：他们可以在法国与随行女性结婚，而在黑森，他们在没有地产证明的情况下是不能成婚的。在他们位于巴黎的居住地周围，还有饭馆、酒店和小卖铺，这些也都是由同胞经营的。还有一些来自德国其他地区的移民来到了这个法国大都会。来自莱茵普法尔茨的德国人在铁路、隧道和房屋建筑的工地打日工，或者收废品；此外还有来

---

① Neu-Masuren：马祖里是位于波兰东北部的湖区。来自该地区的波兰移民聚居在一起，这些聚居地被称为"新马祖里"。——译者注

② 指管弦乐发出的"嗡吧"声。此处是指管弦小乐队。——译者注

自德国和阿尔萨斯的女佣。

1870 年以前，在巴黎北郊的拉维莱特（La Vilette），这个被法国工人称为"小德国"（petite Allemagne）的地方，生活着约两万名德国人。据估算。当时在巴黎总共生活着大约 8 万至 10 万名德国人。天主教会和新教教会不仅通过德国牧师为这些移民提供灵魂上的慰藉，也为这些移民的孩子开办学校。后来接管并领导比勒费尔德市（Bielefeld）伯特利（Bethel）地区的"莱茵－威斯特法伦癫痫病中心"的弗里德里希·博德尔施温格（Friedrich Bodelschwingh，1831–1910），从 1858 年起作为助理牧师致力于"向巴黎的德意志人传播新教"而工作了六年之久。最令他痛心的莫过于那些在火柴厂工作或收破烂的孩子们的命运，他们"从早到晚只能看到和听到令人震惊的邪恶与肮脏之事"。

1870/71 年，国家的宏观政策对底层流动人口的生活进行了干预，在色当战役之后法国政府驱逐了境内所有的德国男性。尽管来自黑森的小巷清洁工们在这之后又回到了法国，但是自 19 世纪 80 年代中期开始，从事市政服务工作的就只有法国人了。在巴黎及其他地区所实行的劳动和社会政策措施，是为了清除城市工业社会中的不安定因素，并将"外来"工作移民排除在外。在世纪之交，扩充公共保障系统对各国本国公民产生了积极影响，但并没有让跨国移民变得轻松。这些穷困的黑森人在德国工业中心找到了新的工作机会。跨境的长距离劳动力迁移和国内劳动力迁移交替进行，或相互补充。移民的路径和形式并没有清晰的划分；大范围的、小范围的、长期的、短期的移民活动构成了一种复杂多样的欧洲内部移民结构。

俄国－西伯利亚大陆定居与犹太人逃亡：第二个主要移民体系是俄国－西伯利亚移民体系，从 19 世纪 60 年代起经历了几次移民潮，历史学家德克·霍尔德（Dirk Hoerder）将其与欧洲向工业和城市中心的移民运动区分开来。比西欧和中欧略晚，在 19 世纪末期，大量男性从内陆向莫斯科和圣彼得堡迁移。他们将自己的妻子留在农村，因此就产生了很多事实上的分居家庭，人们可以将它们称为"无产阶级农民"家庭［罗伯特·E. 约翰逊（Robert E. Johnson）语］，这些家庭的特点是有性别差异的迁移经历。1897 年，莫斯科 100 万居民中有近四分之三都是迁入人口，在圣彼得堡迁入人口占 125 万居民的近 70%［芭芭拉·A. 安德森（Barbara A. Anderson）语］。而在俄国乌拉尔山区中部和顿河南部的新兴采矿与钢铁生产工业区，大多数情况下男性和女性一起迁居此地。

东欧移民潮的另一个分支是殖民性质的。它使垦殖者、商人和公务员向东迁移。在 1851 年至 1914 年间，共有约 600 万人从俄国和乌克兰移民到西伯利亚，其中有超过 400 万人是在 1891 年之后移民过去的。与之前的几十年不同，这些移民大多数都是自愿的。因为在 1900 年之后，被流放到西伯利亚的人只占新移民的 1.7%。由于殖民运动，西伯利亚本地人成了少数人口。1800 年前后，西伯利亚土著尚占据总人口的一半；但到 1911 年，在增至 940 万的西伯利亚总人口中土著仅占十分之一。在远东地区，俄国与中国直接接壤。因此，也有中国移民生活在布拉戈维申斯克（Blagoweschtschensk）。这个位于阿穆尔河（Amur）左岸的城市于 1858 年建成，到了 1913 年约有 7 万人居住在此。中国合同工在阿穆尔州的金矿工作。在跨西伯利亚铁路上辛苦劳作的，除了来自德国和意大利的专业人员外，还有中国工人。

因此，在 19 世纪，西伯利亚发展成了除北美洲、澳大利亚和新西兰之外的又一个欧洲移民殖民地。在此还应提及西突厥斯坦（West Turkestan），即里海、波斯帝国、阿富汗和中国之间的地区，有 400 万人迁入了这一地区。俄国移民殖民的先决条件首先是 1861 年开始的农奴解放运动——尽管它的目的并不是殖民。自那时起，曾经的农奴们在原则上拥有了自由迁徙的权利，尽管他们并没有完全独立。他们得到了少量土地，但必须付给地主一笔补偿金。直到 1903 年，拥有土地权的男性都要纳税。因此，如果他们想离开就必须申请一张旅行通行证。俄国移民活动的第二个条件是人口增长。在移民迁出地，人口的增长让耕地面积与家庭人数的比例降低，因此人们需要在东部其他地区寻找土地或工作。

最后，从 1860 年起，还有另一场移民活动。人们从俄国出发，迁往另一个方向——西方。它将俄国 - 西伯利亚移民体系与大西洋移民体系联结在了一起。在迁往瑞士、德国和巴黎的西向移民活动中，一群虽然在数量上占比较小却十分著名的移民是来自波兰和俄国的政治流亡者，以及自 19 世纪 80 年代起在家乡不被准许进入大学就读的女大学生们。罗莎·卢森堡（Rosa Luxemburg，1871–1919）就属于这一群体。罗莎·卢森堡生于俄属波兰的扎莫什奇（Zamość），是一位富有的犹太木材商人的女儿。她在 1888 年完成了高中毕业考试。由于她是被禁止的波兰工人党"第二无产阶级党"的成员，面临着被逮捕的危险。于是她逃往苏黎世，以在这个国际都市上大学。除了流亡人口，在苏黎世还生活着相当数量的外国大学生，尤其是女大学生。在 1882 年至 1913 年间，俄国女留学生占了苏黎世招收的外国留学生的三分之一至一半，她们大多数读的是医学专业。在 1910 年，在瑞士读大学的学生中半数以上都是外国留学生，女大学生的人数超过了大学生总数的五分之一，因此瑞士是欧洲范围内女大学生占比最高的国家，但这并没有让瑞士本土的女大学生变得尤为进步。罗莎·卢森堡学习政治学，在 1897 年凭借其关于波兰工业发展的论文取得了博士学位。她的导师就是上文提到过的，当时尚在瑞士任教，后来就

69

职于夏洛腾堡大学（Charlottenburger Hochschule）的国民经济学家尤里乌斯·沃尔夫。1898 年，通过一场形式婚姻她取得了德国国籍，从而得以搬迁至柏林，并活跃在柏林的社会民主主义活动。

与学术和政治移民相比，1880 年开始的以波兰农民为主的工作移民以及犹太人迁离东欧的移民活动的规模要宏大得多。在 19 世纪末期，在俄国生活着 500 多万犹太人，他们主要生活在立陶宛、俄属波兰、白俄罗斯和乌克兰。他们面临着日益严峻的歧视和迫害。早在 1835 年，沙皇政府就将他们的居住范围限制在上述地区。在 1881 年至 1884 年间的大屠杀中，俄国通过法律将 50 万犹太人从乡村驱赶到城市。1891 年，政府强迫近 2.2 万个犹太家庭从圣彼得堡和莫斯科迁离。1903 年至 1906 年间，第二轮大屠杀从比萨拉比亚（bessarabisch）的基希讷乌（Kishinev）开始。由于经济状况不佳，这些迫害直接导致犹太人经西欧迁往美国。沃尔特·纽金特（Walter Nugent）估算，在 1914 年之前共有 150 多万犹太移民从俄国进入美国，其数量在 1905 年之后达到顶峰。来自包括奥匈帝国和罗马尼亚在内的东欧各地的两百多万犹太人横渡大西洋。与其他移民群体不同，他们中几乎无人回到欧洲。那些离开俄国的犹太人中，只有很少一部分人在他们前往位于德国或英国的移民港口的路上，选择在西欧定居。他们的外貌、生活方式以及他们的聚居区（例如柏林绍伊嫩区和伦敦下东区），让这些犹太移民尤为引人注目，于是他们就引发了排外和公开反犹的争论。此外，关于俄国对犹太人进行严酷迫害的报道也是形成复国主义这一犹太民族运动和定居运动的重要因素，这也催生了在欧洲之外建立特殊殖民定居点的想法。

大西洋移民潮：在 19 世纪下半叶，大西洋移民体系表现出了不同寻常的高流动性，它被普遍认为是"典型"的移民形式，

但仅仅是移民这一多样现象的一种形式。大西洋移民可以分为
几波潮流。总的来说，在 1815 年至 1930 年间，外迁移民的总
人数，包括回返者，预计达 6000 万。他们中约 72% 的人都以
美国和加拿大为目的地，21% 的人则迁往南美洲（主要是阿根
廷和巴西），7% 迁往澳大利亚和新西兰。从 1846 年至 1850 年
间的移民潮开始，大规模迁移活动就停止了，但是直到第一次
世界大战之前（见表 2）移民人数都有所增长。第二波移民潮始
于 1866 年美国内战结束之后，一直持续到 19 世纪 70 年代中期。
第三次移民潮则始于 1880 年，持续至 1890 年。最后，在 1900
年至 1915 年间，大规模的移民外迁活动再度增加。平均每年有
超过 130 万的欧洲人跨过大西洋。在被第一次世界大战打断之
后，从 1920 年到世界经济危机的这段时间，出现了最后一波即
第四波移民潮，并再次达到了 19 世纪 80 年代移民潮的巅峰。

71

图 1　1850~1910 年来自欧洲的跨洋移民

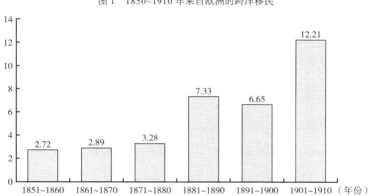

来源：Wolfram Fischer u. a.（Hg.），Handbuch der Europäischen Wirtschaftsund
Sozialgeschichte，Bd. 5，Stuttgart 1985，S. 29.

　　外迁移民潮显然受到大西洋经济状况的影响，其主要原因在于
欧洲的生活条件与发展。这一点体现在第一次世界大战前近 70 年
的时间里移民来源地的变化上。最初，移民主要来自不列颠群岛

和德国，1880 年开始移民来自南欧、东南欧和东欧，在 1901 年至 1910 年的这十年间，这些人占了所有移民的三分之二。在列举的国家中可以直观地看到这种变化（见表 3）。不列颠群岛（不包括爱尔兰）的外迁移民绝对数量有些过高，因为所有经此地过境的旅客都被计算在内了，而不仅仅是那些真正的移民。不过，这些数据表明，移民人数一直居高不下：在 19 世纪 80 年代，每年有 2 万多人离开不列颠群岛英国。在 19 世纪 80 年代之前，德国以每年 13.4 万外迁移民位居第二。由于人口自然增长率降低，法国在 19 世纪成了欧洲的一个例外，几乎没有人从法国移民出境。意大利在 1900 年之后则以平均每年超过 36 万的外迁移民人数跃居欧洲第一。

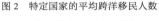

图 2　特定国家的平均跨洋移民人数

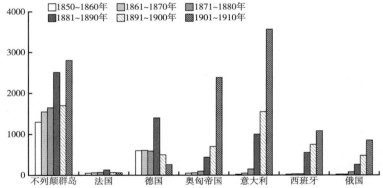

来源：Wolfram Fischer u. a.（Hg.），Handbuch der Europäischen Wirtschaftsund Sozialgeschichte，Bd. 5，Stuttgart 1985，S. 29.

　　如果要衡量跨洋移民对欧洲本身的意义，人们就应当将移民与相应国家的人口数量联系起来进行分析，因为绝对数字会让人忽视那些外迁移民对其人口造成较大影响的人口小国。从年平均外迁移民率来看，一直到 19 世纪 80 年代，只有爱尔兰以 1.4% 超过了外迁移民占总人口 1% 的标线。在同一时期，挪威的年平均外迁移民率接近 1%，达到了 0.95%。1913 年，下列国家的外迁移民比例超过了 1%：西班牙（1.05%）、葡萄牙（1.3%）和意大利（1.6%）。相比之下，在 1850 年后的第一个十年里外迁移民绝对数量较高的两个国家中，英国的这一比例仅为 0.5%，而德国在 19 世纪 80 年代达到移民巅峰时的外迁移民率也仅仅是 0.28%。

如果我们要判断跨大西洋移民对欧洲产生的影响，那么也需要将上述比例与欧洲内部和各个国家内部的移民情况进行比较。后者影响了三分之一到二分之一的总人口，因此与跨大西洋移民相比，它影响了更多人的人生经历。但是我们还应当考虑到，这些外迁移民主要是独自移民，也就是说，他们的亲属都留了下来。无论是因为需要养活的人变少了，还是因为外迁移民给留下的亲属转账，或是因为人们能时不时收到关于移民者命运和大西洋另一边国家与人民的消息，跨大西洋移民也对这些留下的移民亲属间接地产生了影响。这也促使了一些留在家乡的人追随那些移民的脚步。人们误认为整个欧洲移民活动的特点是全球化。实际上对于欧洲而言，欧洲内部的地区性移民从数量和影响力来说，都比海外移民重要很多。

我们也必须从社会的角度对移民活动进行区分，因为跨洋移民主要以年轻男性为主，在南欧的移民活动中尤为如此。意大利移民中男性所占的比例约为 70% 至 85%，葡萄牙移民中男性几乎占 90%。其中显然包括大部分跨大西洋在南美洲粮食与咖啡种植业中从事收割工作的季节性短工。他们经常回到自己在南欧的家乡。在其他大多数国家，移民中男性的占比达到了三分之二。但是反过来，这也意味着与此同时也有相当可观数量的年轻女性从家乡的束缚中解脱出来，移居国外。她们通常是逐步移民的。首先她们会在城市中找到一份女仆的工作，之后再用积蓄远涉重洋。在致力于为下层阶级谋求福祉的资产阶级圈子里，女性的独立行动引起了道德上的顾虑，并且催生

73

74

了一系列的帮扶和管控措施。关于风险与财务的指南类作品和启蒙文献应运而生，各城市还设立了一些提供帮助的办事处。有组织的卖淫活动引起了公众的特别关注。主要是来自哈布斯堡的加利西亚、俄属波兰、罗马尼亚、法国以及一部分来自西班牙和意大利的欧洲女性在一些区域进行卖淫活动，这些地区的移民主要以"白人"男性为主，他们对非当地女性产生了"需求"。西部的卖淫路径穿过巴伊亚（Bahia）、里约热内卢和布宜诺斯艾利斯，东部的路径则穿过塞得港（Port Said）通往庞贝、加尔各答、仰光，继续向东直到上海、香港和天津。当时，人们将这一国际卖淫网络称为"白人奴隶制"（White Slavery）、"妇女贩卖"（traité des blanches）和"少女贩卖"（Mädchenhandel）。就如历史学家哈拉尔德·费舍尔 – 蒂内（Harald Fischer-Tine）所说，在这些称呼背后是对来自欧洲贫困地区的妇女的压榨，它们因地点和历史背景不同而形式各异。在这个冷酷的行业里，也蕴含着争取女性独立的可能性。

与这种"非自由"移民形式以及卖淫这一道德陋习的抗争，始于 19 世纪 80 年代中期的英国。资产阶级的女性反对者来自基督教与女权运动，即所谓的废奴主义社会改革运动。自 19 世纪 60 年代以来，这场运动与废除奴隶制运动一样，致力于反对国家对卖淫的容忍、警察的强制调查以及公众的双重道德标准。在成功实施全国性改革之后，以女性为主的活动家们致力于打击妇女贩卖这一新的国际任务，并在其他欧洲国家建立了联系。1899 年，德国成立了德国打击国际女性人口买卖全国委员会。委员会包括多个协会，它们致力于风俗问题、青少年工作和妇女救济，并且在开展这些工作的过程中留意妇女人口贩卖问题。除了内省布道会和明爱会，还有一个犹太委员会参与其中。自 1899 年起，各个国家的相关组织合作召开了一系列国际会议，设立了一种寻人服务机制，并促使各自政府于 1904 年和 1910 年在国家间协议中就应对措施达成了一致。欧洲下层民众的大规模移民似乎也从另一个角度促成了国家间公民协会组织的形成。它也促使社会政策领域逐步在国际层面上得以确立，并且在第一次世界大战之后在国际联盟的框架下，这一领域得以进一步扩展。同时，关于妇女人口买卖的公开争论认为，欧洲男性应该具有作为"文明人"的自我认识，但这种要求未得到满足。欧洲男性往来于全球，面对女性，他们却没有做出当时人们所期待的文明行为，却表现出了"因地制宜"的双重道德标准。

　　移民是一门生意。这不仅体现在数量不多、公开进行但很受关注的女性人口买卖上。从跨洋移民活动中获利的还有铁路公司、港口城市和航运企业。从德国迁出的大量移民对汉堡港口，尤其是不来梅港口的崛起做出了巨大贡献。不来梅港口自 19 世纪 90 年代起由于欧洲移民的通行而得以不断扩建。在英国诸岛之中，利物浦港口的外迁移民最多，居于格拉斯哥（Glasgow）和南安普敦（Southampton）之前。在意大利，承担这一主要功能的是那不勒斯港，紧随其后的是热那亚和巴勒莫（Palermo）。当地的客栈、膳宿公寓和廉价旅社都依靠外迁移民生存。外迁移民也为冠达邮轮（Cunard）、白星航运（White Star Line）、赫伯罗特航运（Hapag）、北德意志劳埃德（Norddeutscher Lloyd）和意大利航运总公司（Navigazione Generale Italiana）带来了利润。北欧的航运公司也以低廉的价格争取那些来自东欧的跨洋移民。因为在世纪之交，这是一门面向大众的生意，将重金投向更快速、更庞大的专用蒸汽船是物有所值的。一些商业机构在移民的家乡用不正当的手段招揽顾客，他们也试图从移民活动中分一杯羹。

76

规则下的自由迁移

移民以人类大规模的自由迁徙为基础。但是，在 19 世纪末东欧和南欧的外迁移民大潮中，一些地方出现了新的规定与管控措施。出于各种原因，外迁移民和工作移民"自由移动的边界"［克里斯蒂安·赖内克（Christiane Reinecke）语］都缩紧了。首先，医疗卫生方面的顾虑起到了一定作用。在 1892 年 8 月，汉堡暴发了霍乱疫情，这是由于直到当时汉堡还没有投资建造合适的饮用水和排水设施。人们认为疫情的暴发与来自俄罗斯地区的跨洋移民有关。因为在同年早些时候，疫情就在那些地区肆虐，并跟随移民来到了易北河边。在接下来的几年里，在普鲁士与俄国以及奥匈帝国的边境建立了完善的检疫和消毒站系统。位于奥地利加利西亚地区的城市奥斯威辛是设有外迁移民办公室的铁路枢纽之一。政府、铁路公司和私人航运企业紧密合作。私人航运企业甚至出资支持在东部边界开展的健康检查工作，这是因为从 1891 年起美国就规定，如果患有疾病或有可能需要救济的移民被美国拒绝入境，那么将这些移民运送回国的成本必须由航运公司承担。东欧移民（他们必须出示船票）被安排在专用火车车厢中前往不来梅或汉堡，再次接受医学检查，然后被安排前往大洋彼岸或英国。在英国，人们也对过境的移民采取了类似的隔离和消毒措施。1905 年，英国在《外国人法》（Aliens Act）中首次在法律层面上明确规定，完全禁止生病的人进入英国领土。该法律主要针对那些社会上不受欢迎的移民，例如那些有可能成为英国福利负担的人们。在英国和其他地方，由社会政策所推动的排外也是人们对入境者加强管理的第二大主因，仅次于医疗卫生方面的顾虑。但是，对成本、社会稳定和秩序的担忧也促使人们有选择地接纳移民，并且在必要时驱逐他们。在国家层面上，应由故乡的"社区"对困苦群体负责这一传统观念仍然在发挥影响。最后，排外情绪也起到了一定作用。关于卫生的讨论经常与社会和种族刻板印象结合在一起，塑造了例如"肮脏的""一穷二白"的爱尔兰人以及后来的俄国犹太移民等具有威胁性的形象。

　　19 世纪末期，国家和私人部门合作，为控制人口自由流动而做出的一系列努力，在实践中的作用是有限的。由于在任何地方，无论是在开放的边境还是在国内，政府对个人的干涉都不可能是全面的，人们都能绕开这些规定。同时，为了获取巨大的利益，人们也希望让跨国的移民活动继续下去。美国和其他迁入地区都想继续接受移民，但他们想要按照社会准则和一部分人种准则对移民进行筛选。航运公司也想继续从中获利。因此，被欧洲港口和彼岸港口遣返的移民一直很少。在欧洲某些行业，雇主们很乐意以更少的工资雇用移民，或根本离不开这些移民。移民管控中存在相互矛盾的情况，其中的一个例子就是普鲁士东部庄园农场雇用波兰工人。一方面，国家以居住政策、语言政策和宗教政策推动这一地区的"日耳曼化"，波兰人在这里成了少数群体；而另一方面，由于德国农民都从易北河东部的省份迁到了西部的工业区，对于德国的地主们来说，劳动力愈发紧缺。他们通过雇用来自俄国边境地区的波兰流动工人来弥补这些缺口，因此有时与日耳曼化政策相抵触。1885 年至 1890 年间，国家的民族政策占据了优势，国家不再允许劳工移民入境。但从 1890 年起，普鲁士地主们又开始维护自己的利益，让波兰人得以继续入境。不过从此，波兰人的就业受到了更严格的监管：其中包括庄园经营者需要提出申请以及波兰工人必须每年回国。这些措施是以种族和民族为基础的，因为它们仅针对波兰人，不针对从其他地区来的工人。事实上，这些管控政策也被波兰工人以及普鲁士的企业主们破坏了，当地的警方也并不总是能坚持执行。

总体上，波兰和普鲁士的例子表明，即使在引入监管措施和规定的情况下，欧洲的跨国移民活动（主要是暂时的劳工移民和跨洋移民）直到 1914 年基本上未受国家干预，国家未能实现有效控制甚至阻止的目的。但是在某些情况下，在其他国家长期居住确实变得更难了。在这一方面，社会政策和健康政策起到了重要作用，这也间接反映了政治和社会领导阶层的担忧，他们想要改善快速增长的城市中心中恶劣的生活条件。一些人认为控制或排除不受欢迎的外国人能够减少问题。实际措施主要是由新的健康专家和公务员制定的，他们与社会改革家和私营企业家有着紧密合作。他们所收集和应用的技术和组织方面的专业知识，受到了资产阶级价值观的影响。下层人民应当在物质、身体、道德和灵魂上得到提升。男女移民根据适当的标准得到主要由宗教救助协会和公共机构提供的帮助，而那些不符合标准的移民"享受"不到这种社会划分所带来的好处。

19 世纪末的一种新的排斥标准就是种族身份。它通过将血统与文化特征相结合，使现存的对民族共同体的构建变得更为激进了。在公共讨论中，在公开辩论中，它可以将社会、健康、教派或道德方面的恐惧与陌生形象捆绑起来，如"波兰"或者"俄国"犹太人以及"爱尔兰酒鬼"，甚至默默成为这些恐惧的基础。普鲁士对波兰农业工人的管理受到了民族政治的影响，这是在某个国家的领土上初步实施种族同质化思想的一个例子。在俄国，这一思想在针对犹太人的大屠杀中以迫害的形式得以表现。此外在巴尔干半岛上，以种族和宗教为基础的大规模驱逐活动也发生在这一时期。在 1877 年的俄土战争以及接下来的国家新秩序中，这些驱逐活动都是针对穆斯林的。在之后 1912/13 年的巴尔干战争中，矛头再度指向不同人种的穆斯林，但也指向了邻国那些信仰基督教的民众——希腊人、保加利亚人和其他国家的人——这些人由于边境的变化成了自己家乡中的少数群体。1894年到1896年，在奥斯曼帝国出现了对亚美尼亚人较大规模的屠杀。在青年土耳其人民族主义的煽动下，这在第一次世界大战期间演变成了大规模驱逐和种族灭绝。如果说我们在这些驱逐和大规模流亡中看到了 20 世纪民族主义的征兆，那么第一次世界大战之前欧洲大部分地区的移民活动在总体上是极其自由的。但并不是所有欧洲人随时都能自由迁移。这取决于人们何时从何处动身，拥有多少资金以及是男是女：这些因素决定了人们在多大程度上能够自由迁移，决定了国家之间以及在地区之间边界的严密程度，例如在外国人法或驱逐方面。

殖民地—帝国的移民

跨洋移民和向西伯利亚进行的大陆移民也在欧洲之外产生了影响。数百万走向美国的移民构成了北美洲大陆上西部拓荒的基础。在拓殖型殖民地中，欧洲移民用双重的法律秩序主宰着按照种族进行结构划分的社会。这些殖民地包括英属加拿大、澳大利亚、新西兰，俄属西伯利亚，此外在非洲还有法属阿尔及利亚、英属肯尼亚和南罗德尼亚以及葡萄牙属安哥拉和莫桑比克。在美国、英属多米尼克和西伯利亚，来自欧洲的移民几乎完全挤走了当地人。于尔根·奥斯特哈默（Jürgen Osterhammel）将殖民活动分为"新英国"殖民和"非洲"殖民。前者通过从外部持续向内迁移居民来满足自己的劳动力需求，后者虽然也有移民迁入，但是却仍然依赖本地的男女工人。在这两种类型的移民活动中，人们都从亚洲招募了相当数量的合同工和移民。因此总体而言，19 世纪下半叶，在欧洲的拓殖型殖民地中自愿定居的人口以及由内部市场和出口市场推动的经济都有所增长。而这种增长并不是因为派遣出的殖居者。

81

事实上，殖居者、帝国中心以及当地总督之间，总是因当地人的土地所有权发生冲突。欧洲拓殖型殖民地的政治自治程度不尽相同。以美国为例，在 18 世纪的革命之后，美国的政治自治就已经完全实现。在南非，布尔共和国于 1852/54 年宣布独立，之后在 1902 年输掉战争之后又被划入英国，1910 年成为南非联邦自治领的一部分。自 1867 年始，加拿大就在大英帝国中享有自治领的地位，澳大利亚和新西兰则在 1907 年取得了自治领地位。因此，欧洲的殖居者接管了这些殖民地国家，只不过它们在形式上还是属于殖民帝国的。在阿尔及利亚情况有所不同。1848 年在巴黎制宪会议上设立的部门管辖着该地区。与英国自治领相比，欧洲人在这里的统治更为棘手，因为和所提及的其他非洲拓殖型殖民地一样，鉴于人口状况，他们也要依赖宗主国在当地的军事实力。俄国的殖居者在西伯利亚和亚洲没有享受到任何参政权，甚至也没有半自治地位。他们的扩张最好理解成是一种边境殖民。

19 世纪，在殖民地拥有崭新的开始或是更美好的生活的梦想也是欧洲式的，在殖民地中，不同民族背景的人们居住并聚集在一起。在澳大利亚和新西兰就是如此，移民到这两个地方的主要是爱尔兰人。当然在美国也有各种出身的移民。由于历史条件，在加拿大和南非也是如此。在法属阿尔及利亚，长久以来在此定居的西班牙人、意大利人和马耳他人都多于法国人。直到 1889 年通过的一项法律规定，所有在阿尔及利亚出生的欧洲人的孩子，无论是何出身，都自动获得法国国籍。自那时起，法国公民的人数才一直在当地欧洲总人口中占据大多数。但是，1911 年在阿尔及利亚还生活着近 20 万其他欧洲国家的公民，其中只有 56 万是"在法国出生获得国籍的法国人"。北非的"土著"人口却有 470 万之多。在第一次世界大战之前，复杂的人口构成和欧洲殖居者们五花八门的国籍，令人们担心他们对法国国家的忠诚。但是阿尔及尔的经济学家和中学教授维克多·德蒙特斯（Victor Demontès）在1922年提出，在共同对抗土著部落与大自然的过程中，在学校与兵营的社会化中，尤其是在法国的"教化工程"（génie civilisateur）中，他看到了拓殖型殖民地经济未来的保障。然而，他充满激情的回顾掩盖了社会冲突与人种等级化的问题。这是在所有欧洲殖民地不同国家的殖民者之间都存在的问题。

与德属东非和西南非的情况相比，阿尔及利亚的例子表明，法国殖民实践和文明化意识形态具有更为强大的同化作用。但是，它也证明了随处可见的欧洲"帝国身份"［帕特里夏·洛辛（Patricia Lorcin）语］以文明化使命或种族为基础，将自己与"土著"居民区分开来。除了殖居者，帝国的劳工移民对欧洲人的自我认识也十分重要。这里所说的是殖民地公务员、士兵、传教士和教师、商贩、商人、探险家和科学家。在这个背景下，他们在各个殖民地中所开展的活动无关紧要。值得关注的是，他们在欧洲大城市与殖民地之间来来往往，在各个帝国都有所停留。他们中只有少部分人，尤其是士兵，来自下层阶级。帝国"使者"通常都来自市民阶层，有时候也有出身贵族或是志向在此的人。他们的帝国生活经验以及他们在娱乐媒体上或是以政治、科学的形式面向成人与儿童广为传播的观点，对19世纪晚期欧洲自我认识的形成做出了重要贡献。为了将自己与那些他们在世界各地遇到的陌生的其他人区分开来，他们将欧洲人描述成是"白种的""文明的"或——与中国或者印度等古老文明区相比——"进步的"。这种区分方式成功了，即便——也许恰恰是因为——事实完全是另外一回事。当时就已经有批评家对通婚、酗酒、失败者以及使用身体和性暴力、违背欧洲准则的残酷战争进行了抨击。但是，无论种族等级和国家间的竞争如何，第一次世界大战前几

068 / 全球霸权和进步信念：1850~1914年的欧洲

十年的这些帝国劳工移民对共同的欧洲自我认识都产生了重要影响。他们唤起了欧洲优越感，这种优越感部分基于种族，部分基于文明。与此相关的还有各种各样的行为准则。殖民地扩张构成了欧洲人关于"男子气概"中好战气质的理想，这种理想的影响十分深远。其他"种族"被视为劣等，必须加以打击和镇压。相反，那些认同文明使命理念的人则认为外国人民只是暂时处于劣势并且需要欧洲人的帮助。进步似乎不仅可以在欧洲实现，长远来看，至少在理论上，也可以在殖民地实现。在欧洲妇女参与殖民地—帝国移民的过程中，她们与男性的关系、她们的社会责任和育儿工作构成了一个在实践中协商性别关系、教育、个人和社会身份的领域。"殖民家庭"（Imperiale Familien）［伊丽莎白·贝特纳（Elisdabeth Buettner）语］在某种程度上发展出了特殊的价值观、观念和行为模式。它们主要是通过人们在欧洲与殖民地之间的流动，在学校教育的框架下所形成的。

在19世纪下半叶，拓殖型殖民地的概念触动了欧洲人对帝国主义时代的普遍理解。另类的社会模式或是为"旧式新型"民族找到领土的追求，激发了那些自愿向外移民的人们的想象。奥匈帝国的经济学编辑和报纸出版人西奥多·赫茨卡（Theodor Hertzka，1845~1924）在1890年以书名为《自由之地：社会的未来图景》（*Freiland: ein sociales Zukunftsbild*）的小说，公开了自己关于社会乌托邦的设想。他在被描述成"无主但肥沃"（herrenlos, aber fruchtbar）的东非地区设立了一个"国际自由社会"（Internationale freie Gesellschaft）。在那里，这个合作社式的殖民地的成员实施了世纪之交欧洲所知的几乎所有生活改革计划。他们的集体生活建立在个体自由、经济公正和社会公正的基础之上。人们用所有的现代科学和技术手段对这片大自然的天堂进行开发，并通过教育和劳动教化非洲人民。赫茨卡的这本小说在短短几年内就再版了十次，并且被翻译成英语、荷兰语、捷克语、匈牙利语和法语。在很多欧洲城市，人们都组建了"自由之地协会"。1894 年，一支考察队从汉堡出发，为在东非肯尼亚山建立一个合作社式的社会改革人间天堂做准备。然而，队伍中的 22 名年轻男性——英国人、丹麦人、德国人和奥地利人——只行进到了桑吉巴（Sansibar）。他们缺少足够的资金来雇用不可或缺的非洲挑夫和购买食物，所以他们在数周"狂野不羁的生活"（wildes und zügelloses Leben）之后，如一位英国军官所报告的那样，最终一无所获地回到了欧洲。这些另类但深受欧洲进步理念影响的计划在现实中的不足之处，恰恰从反面说明了成功的拓殖型殖民主义的特点：有足够多的以市场为导向且至少拥有小部分资金的小企业家，他们愿意榨取自己和其他欧洲雇用劳动者或当地人的劳动力。

　　"自由之地"背后也缺乏帝国国家权力的支撑。英国的殖民机构并没有给予"自由之地"相应的支持，但在数年之后，曾短暂对欧洲拓殖型殖民主义的其他变种表现出更多的兴趣。1903 年，殖民大臣约瑟夫·张伯伦（Joseph Chamberlain，1836-1914）给犹太复国主义的奠基者西奥多·赫茨尔（Theodor Herzl，1860-1904）提供了一片与爱尔兰大小相同的位于东非的土地，以让他在那里建立一个犹太殖民定居点。赫茨尔在 1894 年以记者身份向维也纳报道了"德雷福斯案"（Dreyfus Affäre）①。由于法国在该事件期间表现出的反犹倾向，赫茨尔在他于 1896 年出版的《犹太国：尝试解决犹太

85

---

①　1894 年，由于是犹太人并且其家庭来自德语地区，法国炮兵军官阿尔弗雷德·德雷福斯在没有确凿证据的情况下，被当作告密的德国间谍而被判"叛国罪"流放魔鬼岛。后在 1906 年得以平反。这一事件在法国产生了深远的社会和政治影响。——译者注

人问题的现代方案》(*Judenstaat. Versuch einer modernen Lösung der Judenfrage*) 一书中概述了建立一个独立的犹太民族国家的方案。首要目标当然就是巴勒斯坦。但事实证明，与奥斯曼帝国的谈判困难重重。在早期的犹太复国主义运动中，人们也讨论了其他地点：阿根廷、塞浦路斯、西奈半岛 (Sinai-Halbinsel) 的埃尔阿里什 (Arisch)。在这些争论之中，又出现了许多欧洲殖民主义中惯常的论证模式：人们谈论"太阳下的一席之地"，虚构出来一片荒无人烟、静待殖民者到来的土地、文明的使命感以及关于"白种人"的论述，在这种情景下指的就是犹太人。由于欧洲社会中反犹主义日渐高涨，犹太复国主义者努力让犹太民族在文化以及人种上归入"欧洲的"和"文明的"一类。赫茨尔自己就在 1896 年这样描写了犹太人未来在巴勒斯坦地区承担的角色："对于欧洲来说，我们将在那里构成欧亚之间的一道屏障，我们将成为抵御野蛮文化的前哨。"必要时让犹太人在非洲也扮演这样的角色，完全符合当时人们的理念。

尤其对英国犹太人中在社会上负有盛名的代表来说——就像大卫·费尔德曼 (David Feldmann) 强调的那样——通过支持拓殖型殖民地将自己与大英帝国更紧密地联系在一起非常具有吸引力。英国的反犹主义者将 1899 年至 1902 年间的布尔战争视为一场为犹太资本利益发动的帝国主义战争。这种反犹主义批评让犹太人希望自己与英国之间能有正面的联系。同时，英国犹太教教区还面临着从东欧涌入英国的贫苦犹太教移民以及随之而来的公众敌意的挑战。1903 年，在《外国人法》的筹备阶段，人们就实施了对社会上不欢迎人群的移民限制。犹太人在英国享有的不同于其他欧洲国家的自由和宽容，似乎也受到了威胁。尽管在犹太复国主义运动内部有着不愿意放弃巴勒斯坦这个目的地的声音，赫茨尔和《犹太纪事报》

（*Jewish Chronicle*）的出版人利奥波德·格林伯格（Leopold Greenberg）还是认真宣传着为受迫害的东欧犹太人在非洲找到一个新家并由此展现出英国宽容大度的这一解决方案。著名作家伊斯雷尔·赞格威尔（Israel Zangwill）宣告了一种先进信念："这个国家需要的是犹太人的涌入，让东非变成一个和好望角一样繁荣又有利可图的地方。"站在英国政府的角度，这一计划之所以有吸引力，正是因为尽管英国在 1896 年至 1901 年间投入巨资修建了乌干达铁路，但东非的开发却面临着陷入停滞的危险，因为事实上只有极少的定居者想要得到这里的土地。但是，建立犹太人拓殖型殖民地的想法却在当地遭到了强烈反对。猛兽猎人和颇具影响力的农场主德拉梅雷勋爵（Lord Delamere，1870–1931）明确地表达了自己反对引入"外来犹太人"。他在英国关于移民的争论中将犹太人称作"不受欢迎的外来者"。位于伦敦的外交部也认为不应该把好的土地卖给东欧犹太人，因为他们的"文明程度很低"。1903 年年底，英国政府只愿给犹太人提供那些远离铁路的贫瘠土地，这使得犹太人殖居移民的前景更加糟糕了。一个犹太复国主义委员会在 1904 年考察了这片土地，并且作出了负面的报告，于是犹太复国运动最终还是放弃了让犹太人移居到非洲的设想。

如果说赫茨卡的另一种定居计划缺少的是精力充沛的定居者和金钱，那么犹太复国主义的计划则显现出另一种不足：缺乏一个强有力的国家。人们也可以说它是没有祖国的欧洲殖民主义。顺便提一下，这也是基督教传教运动的特点，尽管更为成功。在第一次世界大战之前，犹太复国主义都没有赢得来自殖民帝国的持续支持。前面所描述的两种特殊情况，恰恰由于其不足之处而很好地展现了 19 世纪末殖民地移民成功的关键因素。它依赖于帝国主义国家的政治、军事和组织技术基础设

87

施。它也是欧洲人形成先进自我认识的重要节点——不管是不是以"自由之地"等另类设想的形式。这种自我认识不仅源于殖民地臣民在种族和文明程度方面被定义为异类并受到相应的区别对待，也源于一种内部的等级制度。在欧洲大陆民众内部，当时的人们将迁移中的欧洲人分成不同的文明程度。区分的主要标准是社会、种族以及——如果我们把另一个边缘化群体"白人"妓女也包括在内——性别。当然，在移民数量较多的走向北美洲、南美洲、澳大利亚和新西兰这些殖民地的移民潮中，也能够看到上述分级要素。然而，相对边缘化的案例，由于其显而易见的缺陷，反映出了大规模自由迁徙的矛盾与局限性，同时也传达了当时欧洲人的自我批评。详细地研究这些特殊情况，人们就会最终认识到各种移民活动之间的联系。犹太复国主义者的"东非计划"就体现了它与俄国的外迁移民、英国的移民迁入政策以及殖民地定居计划之间的联系。

流动性与进步意识

总的来说，空间流动性深刻地影响了欧洲人在 19 世纪后半段的社会经验和观念。从数量上看，欧洲内部移民占主导地位。这些国家内部或者欧洲各国之间的移民，主要是以地区为导向的移民活动。国家边界所起到的作用与第一次世界大战之后也不同。但是，在 19 世纪末，对自由迁徙的官方规定增多了。人们在制定规则时运用了社会医学、社会政策、监管政策和种族标准。市民阶层的价值观和道德观念以及社会达尔文主义的观点也对此产生了影响。人们形成了对各种社会群体和民族的不同看法。"乡巴佬""无产者""爱尔兰人"或"波兰佬"等称呼就是这方面的例子。人们认为有些人具有"现代"和"传统"的行为方式，其他人则没有。在很多地方都出现了非常血腥或是隐蔽的反犹太主义。但是，逃亡或驱逐只局限在特定的地区。高流动性以及关于流动性的公开讨论催生了新的不平等，并带来了现实中的后果。离开欧洲的移民的情况也是如此。然而，尤其是在殖民—帝国范围内，也出现了一种对欧洲社会的共同的归属意识。这种意识将欧洲人与殖民地社会区分开来，并且通过强调那些偏离共同准则的行为，在内部等级制度中确立下来。这种自我认识包含男子气概、两性关系、白人以及文明进步等方面的标准导向。

　　移民活动主要建立在经济差距的基础上，因此人们也可以将移民迁入理解为先进性的指标。主要移民潮流反映了欧洲不同地区和不同时期的发展情况。以国家内部的地区性移民以及欧洲内部的国家间移民为指标进行衡量，几乎所有欧洲国家都至少部分"落后"。如果只考虑跨国移民，法国和瑞士以及 19 世纪 90 年代后的德意志帝国似乎是最为先进的国家，因为它们迎来的外国移民最多，并且同时外迁移民的数量相对较低或不断降低。但是只看民族国家层面的移民，对于理解这一时期的移民活动来说作用有限。19 世纪中期之后，随着交通网络的扩建、交通费用的降低以及下层农民阶层越来越广泛的自由迁移，个人能够动身前往那些他们希望获得更美好生活的地方。从东向西、从南向北和从农村向城市的移民大方向，反映了 1850 年至 1914 年间显著扩大的工作机会方面的结构性差异。从移民出境人数来看，很多人都不愿意留下来的、欧洲最贫困的两个地区就是爱尔兰和哈布斯堡王朝的加利西亚（Galizien）。在劳动力市场，欧洲的移民活动在地区工业化和城市化进程中造就了很大的"灵活性"。移民满足了对非熟练工人的巨大需求。他们通常拿着较低的工资做着那些本地人不愿意从事的工作。移民本身也将这些工作看作改善境况的机会并加以利用。无论如何，基于分工的工业社会的发展基础是欧洲下层阶级在空间上的高流动性。

19世纪，欧洲前所未有地且与今日不同地，成了一个移民大量外迁的大陆。人们可以将这种现象解读为它反映了部分地区在经济、社会和政治上的"落后"。显然，世界其他地区提供了更好的生活和更多的自由。在某些地区，外迁移民还具有减压的作用，因为在19世纪中期以后，随着经济的高速增长，就没有从欧洲移民的必要了。因此，跨洋移民以及欧洲内部的移民定居活动都是进步的标志，但进步带来的影响可能是充满矛盾的。当时对跨洋移民活动进行批评的人不一定是这样认为的，他们担心的是"最优秀"的人会离开而"较弱"的人会留下来，"东方"或"南方"的"劣等"人可能会涌入。那些在新欧洲居住区成为少数群体的人可能会担心相反的问题。从欧洲中心论的角度来看，这些外迁移民恰恰是那些发展一个面向欧洲的世界市场所需要的企业家和雇用劳动者，尤其是在农业领域。

91

2　市场、权力与环境：欧洲的经济关系

19世纪后半段，出现了经济的欧洲化。因为欧洲的经济一体化在1914年就达到了西欧的许多经济领域在第二次世界大战之后才达到的程度。与世界其他地区相比，欧洲在总体上出现了不同寻常的生产力增长，并且海外很多地区都在不同程度上与欧洲经济关系紧密。这些特征让人们有理由相信这是欧洲的第一次全球化。除了不同寻常的经济增长以及新出现的全球互动，全面评估还需要考虑全球扩张以及从太阳能向化石能源过渡的工业资本主义对环境的长期影响。欧洲各国的经济增长速度和程度都不尽相同。即使民族国家在其境内建立了统一的经济空间并且规范了外贸关系，各个国家的具体情况也无法充分说明经济的发展情况。只有通过相互交流才能理解这种经

济发展。因此，不同的发展活力并没有导致欧洲各国的经济趋同，相反却使欧洲出现一种相互依存的经济差异。

经济增长与生态变化

19世纪欧洲经济的特点就是长期增长：从1830年到1910年，国民生产总值平均每年增长1.7%。与第二次世界大战之后"黄金年代"时西欧的经济增长率相比，这也许微不足道，但我们应当将它与前一个世纪较低的增长率相比较。此外，这也是一个相当长的经济增长期；尤其是在19世纪后半段，增长率高于平均水平，即从19世纪40年代初到60年代末为2.0%，从90年代初到1913年为2.4%。欧洲经济经历了两个快速增长期，中间有一段增长率仅为1%的为期20年的低速增长期。然而，泛欧数据掩盖了各个国家国民经济之间的巨大差异。1860年至1910年间，人均国民生产总值平均增长率最高的三个国家是瑞典（1.9%）、丹麦（1.86%）和德国（1.39%），增长率最低的三个国家是意大利（0.39%）、西班牙（0.13%）和葡萄牙（0.11%）。这些差异是由经济体之间的差距造成的，其中工业化程度是主要因素，因为工业经济是当时的推动型经济部门。1830年至1910年间，欧洲工业生产的年增长率为2.6%，而农业生产的年增长率仅为1.0%。这些高度综合的数据已经表明，欧洲经济发展的特点不仅是增长，还包括极大的不均衡性。

长期以来，欧洲的经济发展都被等同为各个国家的经济史，所以19世纪各个国家的不同发展水平被归因于各自的自然资源和地理条件、长期的社会和制度条件，有时也被归因于某些文化价值观的存在与否、政府的政治决策或资本和劳动力的供应情况。如今，经济历史学家已经对这种观点做出了重大改变，它基于以国民经济为导向的分析以及统计数据。他

92

93

们首先指出，由于在各个经济体内部所存在的巨大的地区性差异，国家数据的价值是有限的。以农业经济为主的东普鲁士与重工业区上西里西亚没有什么共同之处，而位于哈布斯堡王朝奥地利的工业化波希米亚与位于匈牙利的以农业为主的斯洛伐克也没有可比性，米兰或图灵（Turin）在经济上也与西西里（Sizilien）大相径庭。紧接着历史学家对跨越国境、面积更大的地区进行了区分。按时间和空间，经济历史学家悉尼·波拉德（Sidney Pollard）根据工业经济的发展程度区分了第一个"工业化国家"英国、紧随其脚步的西欧地区、中欧的第三波工业化地区以及外围后来者地区，即斯堪的纳维亚国家、地中海地区、哈布斯堡王朝的大部分地区、巴尔干国家以及俄国。

　　匈牙利经济史学家伊万·贝伦德（Ivan Berend）出于对北欧、南欧和中东欧这些外围地区（而不是那些长期占据主要地位的首批和早期工业国家）特殊性的兴趣，编写了一部欧洲地区性经济史，其中区分了 19 世纪欧洲四种经济发展路径。他的理论并不关注现代工业经济出现的早晚，而是着眼于中心与边缘的关系以及不均衡的相互依存关系。按照他的理论，经济转型与工业化的第一条路径只盛行于西欧，爱尔兰与德国东部地区不包含在内，但意大利北部以及哈布斯堡王朝西部地区包括在内。在 19 世纪后三分之一的时间里，斯堪的纳维亚地区凭借适宜的社会和政治条件成功赶上了工业化国家的脚步。而在其他大部分地区却没有出现全面的工业化，但工业化农业得到了发展，因此这些地区也达到了欧洲标准下的中等收入水平。这就是第二条路径。它的典型代表是东欧以及波罗的海国家，芬兰和爱尔兰也朝着这个方向发展。遵循第三条路径的是俄国、伊比利亚半岛以及意大利南部。虽然在 19 世纪末 20 世纪初，这些地区出现了部分转型，形成了现代经济活动的孤岛，但在大部分地区，工业化前的农业生产方式仍然占据着主导地位并且传统的制度和社会秩序仍然存在。最后的第四条路径将人们引入了"死胡同"。巴尔干半岛和奥匈帝国最东部与最东南部的边缘地区在经济上几乎毫无发展，经济收入持续低迷，人口情况也没有发生变化，并且文盲率颇高。总体来说，欧洲的发展逐步分化，对这种现象既不能在总体上凭借一两个主要因素进行解释，也不能通过个别地区的特殊情况做出充足的说明。准确来说，欧洲各大地区内部和之间的联系与依赖关系对它们的相对地位以及经济发展条件产生了影响。路径依赖、知识传播、当时存在的文化模式以及社会和政治制度的特点构成了一个复杂的原因网络。

在工业化初期，人们并没有使用硬煤，而是尽可能充分利用木材、水、畜力和人力等可再生资源。但随着总体上具有分化作用且相互依存的经济高速增长，能源基础发生了根本性变化：从太阳能系统转向化石能源系统。自 19 世纪中期始，煤炭渐渐过渡成为主要的能源载体，如果没有煤炭，也就没有第一次世界大战之前的大幅经济增长。20 世纪之初，石油的加入意味着欧洲能源系统的"焦点"在全球范围内逐渐转移到了美国和近东。1930 年左右，石油取代煤炭成为全球运输行业中的第一大能源载体；1950 年左右，石油成为工业生产中的第一大能源载体，而西欧和东欧由于政治原因过渡较晚，在能源领域长期停留在 19 世纪的水平。

向化石能源的转变影响深远。煤炭更高的热值为生产提供了更多的能量，而且由于煤炭不需要像树木那样每年重新生长，它的使用也打破了能源供应的自然条件限制。此外，经济空间也发生了变化，因为随着人们能用火车以相对低廉的成本将煤炭运送到任何地方，土地、水源和空气等地点要素就不再重要了。因此，森林与农业可用面积不再是经济增长的决定性限制条件，例如地理面积狭小的比利时就成了早期的欧洲大陆工业中心。就自然条件而言，一项反事实的估算最清楚地表明了革命性的新能源带来的可能性。按照该估算，如果英国想要从木材获得 1800 年左右从煤炭这个"地下森林"〔罗夫·彼得·斯弗勒（Rolf Peter Sieferle）语〕中所获取的等量能源，那么英国全境都要种上树木。

96　　让经济得以自由发展的能源转型从 19 世纪中期开始对生态环境产生了影响。自 18 世纪以来，最大限度地利用可再生资源的努力已经开始改变森林、水系、土地和农业，但由此产生的问题主要是资源监管与权利冲突问题，而非广泛的生态转变问题。而随着硬煤与煤炭化工时代的到来，这种情况开始发生改变：利用森林的压力在地区范围内减轻了，但向空气和水的排放却成了"最热切的环境问题"〔约阿希姆·拉德卡（Joachim Radkau）语〕，这一问题主要出现在工业城市，在政治上表现为一种市政挑战。当时的人经常从美学角度讨论污染问题，生动地描述工厂烟囱冒出来的浓烟、工人居住的城市里那些被烟雾熏黑的建筑以及被污染的河流。这些带有文化色彩并且在很多情况下从法律的角度提出的论点，不仅表达了人们已意识到经济发展对环境所产生的影响，而且在当时被视为对维护利益、保护大自然以及在环境污染面前保护人类的坚定立场。

与燃烧木材相比，燃烧煤炭释放出更多不同的有害物质，而且随着冶炼和工业生产规模的扩大，排放量也越来越多。对自然和农业的影响最初体现在个别生产基地附近，但也越来越多地体现在工业城市中。一种常见的解决方法是加高烟囱，将排放物分散到更大的区域。后处理技术如过滤器以及对所收集的排放物进行进一步利用，是第二种解决方法。总的来说，在普遍有利于工业的政府和立法框架内，预期的经济成本限制了用于空气污染防治的资源。

　　不仅对空气的治理，对水的处理也首先采用稀释与分散的原则，以应对不断发展的工业化所带来的问题。在 19 世纪后半段，公众讨论的重点转向了间接后果：城市中人类与动物的粪便。由于这些城市的居民人数大幅增长，在此之前一直采用的将粪便收集到粪坑并定期清空，将粪便用作肥料的方法已经不适用了。只要城市已建成自来水厂以及独立于水井的供水系统，那么解决大量粪便及其臭气的最简单也最便宜的方法就是建造一个排水系统，让废水、粪便和雨水一起从中排向最近的河流。这一方法的后果就是，如果不事先对废水进行净化处理，就会对河流造成严重污染，并由此产生难以忍受的臭气。伦敦在 1858 年经历了"大恶臭"（Great Stink）事件，这是由于在一个特别炎热的夏日，流速缓慢的泰晤士河未能冲走未经过滤就排入其中的污水，由此产生的腐臭味甚至打断了议会和法院的工作。当时人们相信霍乱就是通过空气中的腐臭气体（瘴气）传播开来的。这一突发事件的后果以及人们对于霍乱疫情的恐惧，才促使伦敦都市工作委员会开始规划设计一个有效的排水系统。排水系统在 1875 年才建完。在很多地方，带有净化装置的下水系统的建造工作很长时间都没有开展或进展缓慢，这是因为工程师们需要试验不同的方法。但最重要的是，关于哪些城市居民以及哪个沿河城市应该承担费用的争论往往阻碍了有效的净化。此外，科学家们还认为，河流具有自净能力，所以只要人们对污水进行充分稀释再排入河中，安装净化设施也并非必要。后来，人们又开始争论限定值，而限定值通常都很高，只有在水恶臭难当时，人们才开始采取补救措施。人们从河流中汲取饮用水的同时，又向同一条河流排入未经净化的废水。1892 年汉堡暴发霍乱时，这种做法造成了致命的后果。人民为"城市父母官"的吝啬付出了高昂的代价。

官员们尽管建成了排水系统，却没有安装净化设施：在三个月的时间内，就有超过 8000 人因霍乱丧生。1900 年前后，自来水的供给以及污水下水道为欧洲大城市带来了现代化的便利和先进的基础设施，但其不良副作用以新的形式给人类和大自然带来了威胁。要克服这些副作用，人们又需要投入时间与金钱。除了有机污染外，还有工商业废水，尤其引人注目的是制糖厂的废水，以及来自重工业和化学企业的工业废水。当时，这些废水并没有引起很多关注，部分原因是由此产生的后果似乎可以用经济和社会效益来抵消。自 19 世纪以来，河流的功能总体上发生了全面的变化：直到 20 世纪，河流渔业、牲畜饮水、游泳等功能在很大程度上消失了，人们必须从更远的地方运来饮用水或者从地下深处汲取饮用水并进行净化和氯化处理。鲁尔区的埃姆舍尔河（Emscher）等河流越来越多地成了延伸的下水道，满足日益增长的工业用水需求，并且在顺直和挖深后或以人工运河的形式成了原材料与商品的重要运输通道。

自 19 世纪下半叶始，人们对作为经济生产自然基础的土地进行了前所未有的广泛而深入的利用。这一点最为明显地体现在城市进行扩张的地区，人们要在城市周边地区为日益增长的人口建立商业企业和住宅。采矿业主要在地下进行，在某些情况下也在高高堆起的矿石山中作业，采矿工人将土地所含有的矿石和煤炭彻底开采出来。在农业领域，土地的利用与地貌形态由于向集约化种植的过渡发生了改变。在所有那些农业改革在政策和法律上得以贯彻、农民负担被减轻的地方，土地都变成了一种商品。土地所有者愿意在这个商品上加大投入。人们通过排水，例如 1850 年至 1920 年间对埃尔丁沼泽（Erdinger Moos）的排水，或草地灌溉（普鲁士通过法律推动了这一做法）扩大了农业用地的面积。在室内饲养牲畜既改善了饲养条件，也提高了对牧草和粪肥的利用率，而种植苜蓿等植物则有助于土地涵养营养物质。关于矿物质必要比例的科学知识促使新的施肥方法传播开来。要获得所需数量的此类物质并非易事。例如鸟粪，一种富含磷酸盐的肥料，是在南美洲海鸟的粪便与石灰岩的共同作用下产生的，这种肥料必须从秘鲁、智利、玻利维亚和太平洋岛屿进口。这个未受多少关注但却重要的例子，也体现了19世纪世界经济网络对欧洲发展的重大意义。在1840年至1880年的几十年间，有四分之一的英国农民一直使用鸟粪肥料。1870年之后，从冶炼矿石时产生的矿渣中获得磷酸的方法则将工业经济与农业经济联系在一起，让人们能够系统化使用肥料，使农田的产量大幅提升，为日益增长的人口提供了保障。最后我们还需要提及，19世纪某些地区对森林的利用已经系统化了。出于对纯粹的林业经济的保护，人们越来越多地禁止将木材作为家畜牧草进行混合利用或供邻近居民采集用作燃料，甚至将木材的"他用"定为刑事犯罪。森林的所有者们种植起大面积的新森林，他们优先选择生长较快的松树和云杉。这些树木线性、规整的布局反映了欧洲在农业领域的发展：小路和溪流被顺直，灌木丛和树木被修剪得整齐干净，牧场、农田和树林被明确分开。在欧洲那些工业化农业体系较为发达的地区，地貌以我们今天所熟悉的方式发生了变化。

100

*

　　历史学家大卫·布莱克本（David Blackbourn）借鉴当时人们的说法，将德国从18世纪到20世纪的地貌历史称为与水的使用有关的"对大自然的掠夺"。这种说法几乎可以扩展到环境的方方面面。在欧洲，这一进程的深化与加速可以追溯到 19 世纪后半段，与向化石能源的过渡紧密相关。这种掠夺的特点在于它是一个循序渐进的过程。它通常是以对传统方法的改良为基础，在某些方面也建立在技术创新的基础之上。此外，由此产生的不同寻常的经济增长也建立在欧洲各地区之间以及各领域之间日益紧密的经济一体化，以及知识交流的日益加强和环境管理的科学化之上。此外，海外殖民地的耕地面积也增加了。这导致空气和水污染日益严重、土地的利用日益深化，当时的观察家们在不同程度上认识和感受到了这些后果。但当时很多人认为，这些环境问题是经济发展的典型后果，在工业化地区和某些城区尤为如此，考虑到经济利益，必须接受这些后果。但是，人们还是努力保护市民的居住区免受环境问题的影响，并同时也对拥有大量拥趸的景观或是自然遗迹加以保护。那些致力于保护似乎未受污染的大自然以及反对城市污染的人，并不从生态学的角度进行论证，而是在大多数情况下都以美学为标准。例如，德国"保护家乡"组织的成员持保守的、农业浪漫主义的观念，他们将这种观念浓缩为对现代世界片面的经济取向的批评。不言而喻，自然保护总体上未必是他们关注的重点。占主导地位的通常都是关于财产以及损害赔偿的问题。除个别情况外，还流行一种虽然并非不可辩驳但取得了"广泛共识"［弗朗茨－约瑟夫·布吕格迈尔（Franz-Josef Brüggemeier）语］的观点：经济增长和工业发展应当优先于大自然。随着生活水平的不断提高，能源革命最终在人们的日常生活中得以体现，因为有自来水并且用煤炭取暖的公寓、用天然气照明的房屋和街道为每个承担得起价格的人都带来了好处。即便在 1914 年之前，这种舒适性无论是在社会阶层上还是在面积上，都没有得到全面推广，但它们代表了一种愿望。在 20 世纪，欧洲在化石能源的基础之上终于全面实现了这一愿望。

　　欧洲的长期发展阶段所带来的经济利益和社会福利令人印象深刻，但同时它们也是不均衡的，并且对于某些人来说，它们还伴随损失。在很多地方，人们都看到并且感受到了环境污染的初步后果。这一时期并没有发生全面的生态危机，但是19世纪后半段标志着生态转变的开端。欧洲向化石能源的过渡可以被看作进入新地质时代"人类世"的因素之一。2000年，荷兰化学家和大气学家［保罗·克鲁岑（Paul Crutzen）语］首次提出这一概念，以提醒人们注意人类活动对地球的影响，其后果将在地质学上持续数千年。由此，人们开启了一个新的地质时代，它的气候特点和"发动机"就是人类所造成的碳排放。早在100多年前的1873年，天主教牧师和地质学家安东尼奥·斯托帕尼（Antonio Stoppani，1824–1891）提出了一个新的地质学时代名称，"人类地质学时代"（anthropozoische Ära），因为人类已经大幅改变了地球的形态。在气候关系，即空气中的二氧化碳对地表温度的影响方面，瑞典自然科学家、后来的诺贝尔化学奖获得者斯凡特·阿伦利乌斯（Svante Arrhenius，1859–1927）在寻找关于冰河时期的解释时提出了一种运算模型，以计算随着二氧化碳浓度上升或者下降而产生的具体气温变化。然而，他认为未来导致气候变暖的主要是火山爆发，而不是煤炭作为燃料的使用。按照他的计算，当时人们对煤的使用在3000年后才会造成二氧化碳的浓度翻倍，从而导致气温大幅上升。今天关于"人类世"中地球变化的研究表明，20世纪中期前后各种全球性指标的变化已经大幅加速。然而，早在19世纪中期前后，欧洲就出现了造成这一局面的基本能源和经济先决条件。欧洲大陆上的各个社会是全球发展的先锋，这种发展似乎至今还没有到达它的终点：从经济和生态的角度来看，19世纪至今尚未结束。

欧洲的交通与通信网络

对于欧洲的经济一体化以及欧洲与世界其他地区的联系而言，发展密集且相对廉价的交通与通信系统是一个核心因素。19 世纪下半叶，铁路成为欧洲的交通工具。铁路网的发展速度惊人：1840 年，欧洲铁路网的总长度不到 3000 千米，1850 年才达到 23000 千米，而到 1870 年，铁路总长度以每十年翻一番的速度增长至 10.5 万千米。此后，尽管铁路的相对扩张速度放缓了，但绝对扩张速度在接下来的 20 年里增长了一倍，在 1890 年达到了 22.5 万千米。1913 年欧洲铁路网的总长度达到近 35 万千米，并基本上达到了它的历史最大规模，因为在第二次世界大战后人们开始拆除铁路之前，通车的铁路总长度（除苏联外）没有太大变化。

铁轨分布的密集程度各不相同。由普鲁士公共工作部出版的《铁路档案》（*Archiv für Eisenbahnwesen*）不仅按照总长度，也按照铁路长度与各城邦面积与人口的比例记录了铁路的发展情况。按照国土面积来看，比利时在 1905 年拥有最密集的铁路网：每 100 平方千米内 24.6 千米；铁路网密度紧随其后的是英国（11.6 千米）、德国（10.4 千米）、瑞士（10.4 千米）、荷兰（9.3 千米）、法国（8.7 千米）和丹麦（8.5 千米）。按照人口总数衡量，人口密度较低的瑞典每一万居民享有 24.6 千米的铁路长度，其后是丹麦（13.4 千米）、瑞士（12.9 千米）、法国（11.9 千米）、挪威（11.3 千米）、比利时（10.5 千米）和德国（10.0 千米）。而铁路长度较短的则是塞尔维亚、保加利亚、土耳其的欧洲部分、希腊、罗马尼亚、葡萄牙和西班牙。这些国家位于欧洲那些经济几乎没有发展的边缘地区。

欧洲铁路网不仅反映了 19 世纪末的经济分化。铁路的建设也是造成欧洲发展不平衡的部分原因。与经济增长主要由纺织业推动的英国不同，在西欧和中欧，铁轨和火车头的制造促进了重工业的发展，使其成为 19 世纪中期到 19 世纪 80 年代的工业化主导部门。铁路建设加强了国内和跨境交通。同时，它也吸引了大量劳工移民从事繁重的土方工程以及铺设枕木与铁轨等工作。在那些铁路建设没能推动工业发展的边缘地区，铁路建设还需要资金的投入。这种情况造成的后果并不是其他方面的投资缺乏资金，而是一方面造成公共债务，另一方面使产品进口更加便利，这可能会导致本地手工业的衰落。那些经济发达的国家所施行的低关税并没有成为有效的壁垒。在边缘地区，尤其是在巴尔干半岛以及欧洲那些工业经济仅仅在局部形成孤岛的地区，人们只铺设了服务于大城市，连接本国与外国的干线。而在实现了全面工业化的国家形成了细密的铁路网络，它甚至覆盖了较小的城镇或个别工厂。

　　欧洲殖民地和帝国的铁路设计与欧洲边缘地区相似。一方面，在一些地区铁路连接了各大城市以及大城市与港口，如加拿大、南非、印度、澳大利亚部分地区以及在 19 世纪初政治上独立但继续通过外国投资与欧洲相连的拉丁美洲国家。另一方面，欧洲的殖民统治者在非洲仅铺设了服务于原材料运输［西非的花生和棕榈油、加丹加（Katanga）和罗德西亚（Rhodesien）的铜以及苏丹和乌干达的棉花］的线路，将内陆与港口连接起来，却没有建立起内部铁路网。在这一过程中，他们还通过从其他殖民地地区招募合同工，动员全球劳动力参与建设。当地人对铁路工程的反抗都被血腥镇压了，例如 1905/06 年维多利亚湖以西的山区中南迪人（Nandi）的反抗活动。在法属北非以及印度支那都各有一条铁路断线沿海岸延伸，只有短短一段在内陆。铁路大幅降低了运输成本，并加快了运输速度：与大篷车相比，将货物从蒙巴萨（Mombasa）运送到乌干达维多利亚湖边的东非海岸，其成本从每千米每吨货

105 物 130 英镑降至仅仅 10 英镑。走完 1896 年至 1901 年间建成的"乌干达铁路"全程只需三天时间，一辆大篷车走同样的距离则至少需要 75 天。与俄国和北美洲一样，殖民地利益集团也宣称要在非洲建设大规模的跨大洲工程：法国的跨撒哈拉沙漠铁路和英国的从好望角通往开罗的铁路。虽然中央太平洋铁路和联合太平洋铁路（1869）、加拿大太平洋铁路（1885）和跨西伯利亚铁路（1903）得以建成，这些殖民地的愿景却没能实现。尽管铁路对沿线的区域和地方经济产生了影响——例如在东非，通过欧洲人的定居，印第安人的移民，咖啡、茶叶和剑麻的种植业以及捕猎大型野兽的旅游业——并决定了它们的长期经济发展道路，我们也不应高估这些铁路对非洲的影响。在第一次世界大战之前的 1905 年，整个非洲大陆的铁路运营总里程刚刚超过 2.6 万千米，其中有近 2 万千米位于埃及、阿尔及尔、突尼斯和英属南非，其余部分线路分布在英国、德国、法国、意大利和葡萄牙的殖民地。与此同时，普鲁士的铁轨总长度超过了 3.4 万千米，全欧洲铁轨总长度为 31 万千米。由于没有城市聚集区，而且人口密度较低，撒哈拉以南非洲地区的殖民者认为没有必要建立新的交通系统，也缺乏这种政治意愿。

　　然而，印度的情况却有所不同。第一次世界大战前，印度拥有总长度超过 5.2 万千米的铁路网，在旅客周转量方面甚至领先于法国。自 19 世纪 40 年代末起，各方利益集团在新闻界的支持下共同推动铁路建设：英国的棉花商人和纺织品企业家、铁行轮船公司（P&O Schifffahrtslinie）、伦敦的银行106 家以及中部地区的餐具与铁具制造行业。人们的动机不仅是商业的，也是军事的，1857 年的印度起义让这种军事动机变得更强了。英属印度的殖民总督达尔豪斯侯爵（Marquess of Dalhousie）将 1856 年的铁路称作"社会进步的三大引擎"之一，其余两个则是他在任期间推行的统一邮政资费和电报。按照历史学家丹尼尔·R.赫德里克（Daniel R. Headrick）的观点，我们也可以将这些通信手段称作"进步的触角"和帝国主义的工具。到 20 世纪初，它们为印度带来了全面的技术和组织基础设施，使人们能够高度流动，能够进行全面广泛的交流，并且也有利于大型的宗教朝圣活动。另外，运输系统不仅稳固了英国在印度次大陆的统治，也对部分印度经济产生了深刻影响。它促进了原材料的大量出口，因此也改善了贸易差额，同时又刺激了工商业生产的发展。但是与在欧洲国家中不同——铁路建设并没有推动印度自身的工业发展。1947 年印度独立之时，农业、贸易、工业和服务业之间的就业分布与 19 世纪中期相比并没有发生变化。尽管印度在 1865 年就已经建造出了第一个铁路机车，但是由于殖民者的政治决策，在第一次世界大战之前，印度使用的牵引车几乎有 80% 是来自英国的，还有 15% 来自德国和美国。进步的技术"触角"在帝国中心的控制之下，并且一直到 20 世纪都服务于殖民者的利益。

就经济发展而言，铁路在西欧起到了强大的推动作用。在其他地区以及欧洲大陆的另一边，铁路的修建却加剧了经济分化。在经济现代化之前，铁路的建设虽然没能促进这些地区的工业发展，但它使后来的局部农业转型成为可能，因为铁路让人们能够将食品和原材料运送到欧洲工业区。例如在罗马尼亚，铁路将农业种植区与多瑙河连接起来，使多瑙河港口巴伊亚（Braila）和加拉茨（Galati）得以扩建，人们从这两个港口经过黑海将粮食运往安特卫普、鹿特丹和汉堡这些西欧港口。在政治方面，铁路也是西欧利益的某种延伸。例如塞尔维亚和保加利亚的铁路主干道，在 1914 年之前只接入了几条地区性支线。这些铁路主干道是德意志帝国运营、由德意志银行财团投资的巴格达铁路的一部分。巴格达铁路则是一条计划连

107

接柏林与巴格达的铁路。而在俄国，由于从克里米亚战争中所得到的经验让人们注意到俄国缺乏一条运输军队的铁路线，所以俄国的铁路建设是由军事因素推动的。但从 19 世纪 80 年代起，铁路也起到了连接克里沃伊罗格（Krivoj Rog）矿山开采中心和顿涅茨克盆地（Donezbecken）煤矿层以及乌拉尔山区金属制造业的作用。其中所投入的资金绝大部分来自法国，这是 19 世纪铁路建设的典型特征。由于各地的铁路建设都在很大程度上得到了外国投资的支持，因此从资金上讲，这也是一种全欧洲的现象。

人们出于不同的目的建造和使用铁路：货物和原材料运输、客运、部队调动的军事战略目的，以及作为城市和现代国家的象征。铁路是 19 世纪晚期具有代表性的多用途交通工具，它改变了人们认知中以及实践中的社会空间。在经济上，通过铁路进行的廉价的大众运输整合了欧洲的工业产品、商业产品和农业产品市场。此外，铁路本身也提升了煤矿开采、钢铁生产和机械制造等主导工业部门对原材料和产品的需求，使人们的出行更为简便，直接或间接地为工业中心的移民提供了工作岗位，也为殖民地的移民提供了工作岗位，例如德属西南非洲的意大利人或英属东非的印度人。通过吸纳边缘地区的移民劳工，人员流通性进一步改变了欧洲多国首都以及中心城市的社会面貌。1896 年，来自摩尔多瓦的俄国爱国主义者、反犹主义作家和政治家帕维尔·克鲁塞万（Pavel Kruševan）在莫斯科火车站看到了一个名副其实的"人种画廊"，感受到了一直延伸至亚洲的俄罗斯帝国的民族多样性。铺设铁轨的地方都以火车开启了"驶向现代的旅程"[弗里特约夫·本杰明·申克（Frithjof Benjamin Schenk）语]。但它并没有使经验和感受同质化，也没有使各个社会统一起来，而是使已有的差异变得显而易见，并创造出了新的差异。同时，铁路也带来了技术标准化，列车时刻表就是一个例子。19 世纪 50 年代中期，人们率先在英国对各地时间进行了统一。然后在 19 世纪 90 年代，随着中欧列车时间的引入，通过跨国列车时刻表对列车时间进行了国际层面上的统一。就经济而言，铁路在欧洲内外新兴中心和边缘地区实现差异化经济一体化方面是一个关键因素，其影响深远。

　　19 世纪的新技术通信媒介电报与铁路的不同之处在于，它将信息传递"非物质化"了［罗兰德·文策胡默（Roland Wenzlhuemer）语］，即它让信息的传播不再受限于人类、动物，甚至是火车的移动速度。因此，与常见的比喻相反，时间与空间绝没有被压缩甚至被取消，而是得以重新评估和结构化。相反地，时间的重要性与日俱增，因为加速的信息交换能够让最微小的时间差距都对投资者的经济利益产生决定性的影响。时间变得稀缺，在国家和国际层面上，节省、控制标准化时间的需求与日俱增。此外，电报还对国家、欧洲和全球的经济与通信空间产生了影响。现在，距离的远近从根本上是由电报网的连接情况所决定的。各国内部的差异就很明显了。从信息传递的角度来看，英国西南部、威尔士和苏格兰几乎与东欧或某些非洲地区一样遥远。在欧洲再度形成了前文多次描述过的中心与边缘地区。19 世纪下半叶，通信网络最为密集的国家是英国、法国、德国、比利时、荷兰和瑞士，紧随其后的是斯堪的纳维亚国家。相比之下，伊比利亚半岛、南欧与东欧仍旧与世隔绝。在全球范围内，白人殖民地和印度，以及世纪之交的日本，也接入了通信网络。这样一来，在地方、地区、国家与全球层面都出现了密度不均、彼此交织的网络，但并没有形成一个统一的欧洲或者全球通信空间。

　　除了密度不同之外，新电报网的另一个特点是，其各个部分承担着不同的功能。最密集的网络以及节点主要位于城市聚

109

集区。伦敦、巴黎、柏林以及后来的维也纳是行使控制权的中心，但经济生产中心并不一定位于这些地区。西欧的小国利用新技术促进本国经济的国际开放性。"非物质化"的电报的结构与速度让人们能够在国家内部以及国际上对火车时刻表、军队行动、商船航行和金融以及股市交易等其他通信和运输系统进行更好的协调。但是，与更好的协调能力相伴而来的是各个系统中的障碍以及系统的脆弱性。这一点不仅体现在官僚程序、线路错误、误解或不同企业的线路节点上，还体现在殖民地起义期间电报线路遭到的破坏或印度电报人员在 1908 年的大罢工上。这些电报工作人员仅通过删除电报中的时间和地点信息，就让大部分电报作废了。同时，这一事件也体现了印度电报网的节点作用。它将从印度跨过远东直到澳大利亚的正式和非正式的大英帝国领地连接在一起。

总体来看，全球电报网络的发展、结构与使用在很大程度上反映了 19 世纪下半段英国作为世界帝国在殖民和经济领域的活力。除了经济动机之外，信息管控、军事需要和提升威望在国家电报网络的建设中起到了重要作用。遍布全球的跨洋电缆——第一条跨大西洋电缆在 1854 年至 1858 年间铺设，1865/66 年开始投入使用——主要是由英国私营公司铺设和运营的。其他欧洲帝国视情况与英国竞争或合作，但无论如何都没能真正撼动英国的主导地位。电报技术本身对经济产生的推动作用并没有达到铁路建设那样的程度。然而，由于电报有助于信息的广泛传播并且——与作为货币标准的金本位的传播一起——促进了资本市场的一体化，电报也是一个经济要素。电报除了军事利益之外最重要的一个用途是，企业家能够通过了解远方市场上的价格和产品供应情况来获得利润，这也是电报发送价格相对较高的原因。事实上，第一次世界大战初期的电报网络已拥有较为完善的结构，其潜力未能得到充分利用。在这一点上，电报与铁路十分相似。很多边缘地区的线路几乎无利可图，车站更多是用来彰显国家和殖民势力的存在，是欧洲进步信念的标志，也是 19 世纪特有的"过剩"现象的一部分。

从历史的角度应该强调的是，电报不仅实现了人与人之间的具体联系，提高了信息从一个地方传送到另一地方的速度，而且创建了一种更高层次的关系网络。19 世纪下半叶，通过这个不对称的网络及其造成的信息割裂，形成了一个由通信网络覆盖良好、覆盖一般和没有被覆盖的地区与社会群体形成的通信体系。这一体系推进了欧洲社会的进一步分化，为国家、欧洲和全球层面上的一体化划分出了结构。19 世纪研发的电报和电缆网络在其结构和不平等使用方面与今天的光纤网络有多相似，着实令人感到惊奇。除了如今的远东和西南亚经济增长区之外，如今的全球情况和那时如出一辙。持续至 20 世纪初的"电报"分配和分化似乎为我们今天的"数字鸿沟"（digitale Spaltung）〔本杰明·M. 康佩恩（Benjamin M. Companie）语〕奠定了基础。

112

欧洲的世界贸易

电报技术和铁路与蒸汽船运所带来的更为便利、成本大幅降低的交通方式一起构成了 19 世纪末 20 世纪初欧洲与全球贸易发展的重要条件之一。此外，工业化进程中商品生产率的提升以及与此相关的专业化和欧洲社会收入的增加也促进了这一点。事实上，这一时期外贸的增长是史无前例的：1800 年至 1913 年间，世界贸易总额增加了 43 倍，欧洲国家的进出口额甚至增长了 47 倍。这种"经济网络的强劲扩张"〔西德尼·波拉德（Sidney Pollard）语〕发生在 19 世纪下半叶。尤其是在第一次世界大战爆发前的几十年间，仅在 1904 年至 1913 年间，世界贸易额就翻了一番。19 世纪中期之后，贸易商品的特征也发生了变化。在此之前，全球贸易中买卖的主要是奢侈品和殖民地产品，例如茶叶、咖啡、糖和烟草。这些产品的生产需要特殊的气候条件，并且建立在非洲奴隶劳动的基础之上。现在大宗商品的长途贸易也发展了起来：铁矿、煤炭、纤维、食品、纺织品、铁制品和机械。

从地理结构上看，全球贸易互动极不平衡。正在进行工业化或是已经工业化的欧洲地区之间的贸易最为频繁。从 19 世纪中期到末期，这种情况几乎没有改变：世界出口贸易的 82% 和 81% 分别来自欧洲和北美洲。相比之下，1913 年印度只占全球出口贸易的 4.5%，日本占 1.7%，中国占 1.6%。殖民地和远东地区只占全球出口贸易的很小一部分，这些地区几乎 80% 的出口产品都流向了英国、美国、德国和法国。如果将其他欧洲国家也算进来，那么这一时期世界其他地区之间的贸易就几乎微不足道了。这些数字来源于欧洲的统计数据，在某种程度上会扭曲人们对世界贸易的看法。但是，它们表明，经济网络充满活力，尤其是欧洲国家（包括北美洲）之间的经济网络。在 19 世纪后半期，欧洲与海外地区的经济关系总体较弱。当时的殖民主义宣传利用这种不平衡作为支持其殖民扩张主张的论据。反过来从非欧洲地区的角度来看，无论是在经济层面还是在生态环境层面，与欧洲的外贸历来具有更为重要的意义。

与商品贸易相比，第一次世界大战之前的资本流向更为单一。资本从资本筹集中心开始——最初一直是伦敦，后来也包括巴黎和柏林——流向经济发展的边缘地区。外国投资的重点从 19 世纪初的西欧和中欧转向南欧和东欧，然后转向独立的前欧洲殖民地，最后转向海外殖民地。相关数据，甚至在某些情况下外国投资的占比都无法确定，但在 1914 年之前，金融资本的流动性非常大。总的来说，对外国政府、城市、港务局发行的债券，尤其是铁路债券的证券投资多于对某个企业、矿山工厂、冶金工厂或种植园的直接投资。经济历史学家沃尔夫拉姆·费舍尔（Wolfram Fischer）认为，这是由于基础设施建设产生了高额的资本需求，吸引了投资人的资金。1865年至1914年间，伦敦证券交易所发行的海外证券中有近70%专用于铁路和有轨电车、电报和电话、燃气厂、电气厂、水利工程以及港口设施；仅铁路就占了41%的资本。最初伦敦的海外投资集中在欧洲大陆上，从19世纪中期开始投资重心开始向海外转移，投向美国、阿根廷、其他拉丁美洲国家和印度。相比之下，法国和德国的对外投资倾向于在欧洲内部进行。法国人最初在地中海地区和比利时进行投资。到了1914年，这种情况发生了变化，因为在政治支持和意图的推动下，从19世纪80年代起投资开始向俄国和一些东南欧国家转移。在欧洲之外，近东地区也是法国的投资重点，这不仅是因为那里的苏伊士运河工程。资本的流动性以及资本市场的一体化程度（在利率的趋同上就可见一斑）在第一次世界大战之前达到了一个在20世纪末期才再次达到的高度，其中某些部分至今还没有被超越。资本的交织以及商品市场的一体化，就像它们在外贸和价格变化中表现出来的一样，让一些历史学家从狭义经济学的角度认为它是"仍在持续的全球化时代"的开端〔科内柳斯·托普（Cornelius Torp）语〕。但这一概念不应掩盖19世纪全球联系的特殊结构与特征。欧洲的视角也不能被简单地与"全球的"画等号。

　　尽管殖民地在世界贸易中所占份额对欧洲经济发展的重要性相对较小，但它们却引起了人们的关注。当时，这是因为一些产品颇具异域风情，而且通往远方贸易地区的交通变得更为安全和有规律，最重要的是，相互竞争的国家对能在海外贸易中获取的个人和经济利益怀有过高的期望。此外，活跃于全球

114

115 的来自"西方"的主体，通常被笼统地认定，是它们造成了第一次世界大战之前世界其他地区的经济发展不力。这一点也引起了政治学家们的注意。如今还有一种观点认为，尽管生态变化对当时的全球经济意义相对较小，却产生了深远的影响。经济史学家王国斌（R. Bin Wong）认为，欧洲军事力量与工业资本主义的结合，在 19 世纪推动了全球性贸易，这对全球经济的进一步发展产生了决定性的影响。但是，关于欧洲的行为如何推动或者阻碍了本土以外地区的经济发展这一问题，王国斌有不同的看法。在他看来，这些地区直到 20 世纪初都未出现工业经济发展的原因很大程度上在于缺少先决条件。这些先决条件一方面包括银行、保险公司、司法系统和教育体系等能够促进贸易和生产力进步的社会机构，另一方面包括支持经济发展的国家政策。世界上很多地区都不具备这些条件，或是缺少发展出一种工业化形式的有利条件。

在人口稀少的东南亚，尽管贸易和主要以水稻种植为主的农业经济十分活跃，但这里的经济既依赖最大客户中国的资本和劳动力，也依赖欧洲对原材料开采的需求和投资。当地发展出了一种以出口为导向的商业农业经济，但生产率没有明显提高。欧洲需要主要用于制造自行车轮胎的橡胶。在这种需求的推动下，在马来西亚、印度尼西亚、锡兰和印度支那的雨林中形成了一种相应的种植文化。在亚马逊地区和刚果地区，自1880 年起人们就通过使用非自由劳动力和暴力对大自然进行116 掠夺式开发以获取橡胶。与这些地方不同，东南亚地区相继出现了欧洲种植园经济和当地小农经济。这两种经济的基础都是人们成功地在东南亚地区种植了由巴西引进的产量高、质量好的橡胶树品种。因此，这也是与咖啡和可可一样"在全球贸易过程中植物品种大规模迁移"［克莱·罗斯（Corey Ross）语］的一个例子。1910 年至 1914 年间，这些种植园的橡胶产量已经在经济上超过了野生橡胶产量；到 20 世纪 20 年代末，世界橡胶出口五分之四都来自英国统治的领土，即今天的马来西亚，还有荷属印度。在亚马逊和刚果地区，人们毫无顾忌地采伐橡胶树，这导致这些树木枯萎死去。而东南亚的种植则着眼于长期利用，但这一种植方式也造成了对雨林的大面积开垦。种植园的设置是"花园式"的，这伴随对其他植物群的消除和对动物生存空间的限制。同时，在艰苦的工作条件以及暴力惩治下从事种植工作的大量来自印度、中国和爪哇的劳动力定居于此，这也改变了这些地区的生态环境。尽管在种植与维护以及工作步骤和工作流程方面，大型种植园与从事工业生产的工厂相似，但种植园却很难控制环境影响和干扰因素。相比之下，那些由亚洲移民家庭经营的小型农场不仅生态侵略性更强，在世界市场上也具有长期的经济竞争力。

　　在撒哈拉以南的非洲，制约贸易与生产的扩张并限制其对宏观经济的长期影响的不仅是环境因素和稀少的人口。例如在西非，小农户们为了向欧洲出口而种植可可豆和花生，即便欧洲的卡特尔[①]控制着价格，这也能提高他们的收入。但是，这个例子中的生产者都是小农。这与阿根廷或者巴西的情况不同，那里的农业精英们将向欧洲和美国出口获得的贸易利润投资于工业企业，从而在拉丁美洲部分地区开辟了一条新的经济发展路径。

　　在南亚，首先出现的是欧洲工业化的负面结果。英国纺织厂的产品先是在英国和西非的出口市场上取代了印度棉织品，并最终占领了印度国内市场，从而摧毁了印度的手工业生产。这是一个殖民地因欧洲的工业化和统治而出现工业衰落（尽管没有完全毁灭）的例子。靛蓝生产、制盐和造船业也有

117

---

① Cartel，即垄断利益集团。——译者注

所衰退，这主要是因为政治决策。然而，丝织品生产、黄麻生产、茶叶种植和煤炭开采却增长了。到 20 世纪初，印度的纺织工业再度得到发展，甚至在长期内超越了英国的企业，但却没能像近一个世纪之前的英国纺织品制造业对全英国产生的影响一样，对印度全社会的发展起到助推作用。受东非消费需求的推动，在 1890 年之前都保持独立的桑给巴尔苏丹国的斡旋下，孟买自 19 世纪 60 年代起成为布料生产与加工中心，原因是美国内战导致北美面料供应困难。布料通过印度洋进入东非腹地，直到世纪之交，也有其他商品如大米、小麦、糖、家具和木料通过这条路径运输。这个例子表明，在前殖民和殖民时期，边缘地区的消费需求对其他地区的商品生产产生了影响，并形成了长距离贸易市场和联系，而这些并未完全受到殖民主义不对称权力关系的影响。在这一复杂的商品链中，有许多欧洲、非洲和印度的参与者，他们追逐各自的利益，同时也必须关注市场的各方势力。因此，19 世纪将全球市场连接在一起的绝不仅仅是欧洲的利益，还有"边缘的"需求和非西方的参与者。

在奥斯曼帝国，由于英国工业产品的影响，国内市场上的纺织业也出现了与印度相似的衰落。19 世纪，位于君士坦丁堡的统治中心不仅要应对帝国各地（如埃及）誓死追求自治或独立的精英，还要考虑欧洲大国的政治利益，尤其是巴尔干半岛，包括从 19 世纪 30 年代的希腊到 19 世纪 70 年代的保加利亚方面的利益。奥斯曼帝国为欧洲商人提供了良好的条件，没有设置关税壁垒。但是要建立具有竞争力的工业，需要克服的困难不止这些。与拉丁美洲国家的情况不同，只有很少的欧洲资本并且几乎没有来自欧洲的劳动力流向奥斯曼帝国。尽管数十年的改革努力试图改变国家的行政和军事结构以及社会，但内部和外部的政治及经济条件让奥斯曼帝国的经济难以发生深刻的改变。

总之，我们可以像王国斌一样得出这样的结论：19 世纪末欧洲的经济与政治活力创造了一种在全球范围内十分活跃的工业资本主义，"同时，它既没有阻碍也没有促使"世界其他地区以和欧洲社会同样的方式获得物质利益。因此，假如没有西方的工业化，没有国际贸易以及政治和军事霸权，世界各个地区是否会发展以及如何发展，都不清楚。这一假设并不是要否认欧洲在国际市场上的主导地位，而是指出了在世界各个地区或多或少制约了经济发展可能性的那些条件，例如欧洲原材料的贫乏和非洲原材料的富足。同时，这种假设也不应让人们忽视殖民统治带来的剥削和压迫，例如比属刚果的统治者就是在残酷的条件下通过强制劳动获取天然橡胶的。商人和企业家随处可见。他们当然关心自己的利润，或多或少贪婪地追逐自己的利益，应对所遭遇的不同的经济、生态、社会和政治条件，同时也培养了资本和投资的机会主义。他们通常能得到欧洲列强的政治和军事支持，并有效利用帝国新建立的技术、行政、法律和社会基础设施。南非的英国-南非钻石矿主和金矿主塞西尔·罗兹（Cecil Rhodes，1853–1902）等人出于商业利益和帝国主义意识形态的原因，系统地推动了欧洲霸权的扩张。1900 年前后的全球关系是不对称的，但这种关系在全球范围内既不一致，也并不总是一边倒地有利于欧洲人。

　　当时人们围绕自由贸易和保护主义进行了激烈的争论。经济史学家保罗·贝罗什（Paul Bairoch）总体上将其分为三个阶段：第一阶段持续到 1860 年，关税一直居高不下，但总体上不断下降；紧随其后的是 19 世纪 60 年代和 19 世纪 70 年代短暂的自由贸易阶段；最后是持续到第一次世界大战前的第三阶段，在这一阶段关税不断上涨。显然，进口税再度上涨的趋势对上述世界贸易的大幅增长几乎没有什么影响，在第一次世界大战之前关税增加的阶段，世界贸易的增长尤为迅速。英国在其中发挥了重要作用。自 19 世纪 40 年代中期以来，英国就

119

120

一直坚决执行自由贸易政策。此外我们还应注意到，关税具有两种功能：保护国内生产和为国家创造收入。这两种功能在理论上是相互矛盾的，但是人们在实践中总能在二者之间找到一种政治上的平衡，让贸易继续运行，使国家收入不会枯竭。关税的具体结构及其暂时或部分取消取决于多种因素。这些因素包括一个国家的经济发展水平、某些经济部门的发展水平、政治组织和一个国家对于自身利益主张的贯彻能力，以及政治传统。历史学家弗兰克·特兰特曼（Frank Trentmann）指出，当俄国、美国等其他国家完全倾向于保护主义时，自由贸易是如何成为英国民族主义不可分割的组成部分的。欧洲国家之间的全面竞争也对"保护性关税"的传播起到了推动作用，这些国家将保护主义措施视为关税"战争"。殖民主义者宣扬一种理想或者说必要性，即在自己的殖民地尽可能不受外部市场影响地获取原材料，这让殖民主义也沾染了保护主义的色彩。总体而言，19 世纪下半段的进口税对国家内部政治争端与权力关系——例如农业利益集团与工业利益集团之间、出口导向型经济部门与内部市场导向型经济部门之间，以及雇用劳动者与企业家之间——以及社会制度理念（农业国家或工业国家）的影响要比它对经济发展的影响更大。正如世界贸易的规模所显示的那样，全球经济联系并没有受到关税政策的影响。事实上，19 世纪末的保护主义可能甚至推动了全球经济联系的增强，因为保护主义让欧洲国家的内部政治局势稳定下来，从而最终在政治上使国际经济交流的增强成为可能。

工业资本主义、劳动和消费

从 19 世纪后半段开始才算是"资本主义的时代"［于尔根·柯卡（Jürgen Kocka）语］，尽管这个概念所描绘的经济和社会行为在某些领域已经在更早的时候就已显现，而且绝不仅仅在欧洲出现过。维尔纳·松巴特（Werner Sombart）等经济学家进行了分析，认为这一概念在这一时期才真正出现。这一概念在激烈的政治讨论后一直备受争议，直到冷战结束后较多地出现在社会学与文化科学的讨论中，而在经济学中较少出现。它的使用基于以下特点：首先，经济行为主体通过对市场与价格进行协调，将资源、产品、功能和机遇转化为具有货币价值的商品；其次，个人、团体或企业的个人财产权和分散的经济决策；最后，资本在经济活动中的基本功能，即筹集贷款以在未来获得利润，以及积累资本以实现增长与扩张。此外还有作为决策、行动和结算单位的企业，它拥有私有财产和处置权。在这里——在这个时期这一点最为重要——资本与劳动、企业家与不具有资本和生产资料的受雇员工，在契约的基础上共同发挥作用。说到企业这最后一个特征，我们需要回顾 19 世纪这一历史时期，在这一时期，这种现象日益普遍，资本主义经济活动开始——并直到今日——占据主导地位，成为最主要的实践标准，并在狭义的经济行为之外对日常生活和意识形态产生影响。与此同时，发达的资本主义制度始终饱受争议：有些人对发生变化的经济行为所带来的某些后果进行了批评，或试图通过改革来削弱这些后果；另一些人则发展出了替代性的经济模式，他们有时会参照被理想化的过去，以克服资本主义的不确定性和危机。

这个时代的一个特征就是"工业资本主义"，因为工业化通过技术革新和化石燃料彻底改变了经济方式。新型商业生产设施，工厂，推动了工业化的发展，但在 20 世纪初之前的几十年里，工业化也对交通、通信和农业产生了影响，并通过它的组织特点对公共和私营部门的管理产生了影响。其结果就是生产力得到了显著提升，经济持续高速增长，尽管会出现周期性波动。总体而言，尽管工业资本主义在其发展得以确立的地

122

方，长期内确实提高了整个社会的生活水平，但差距也在进一步扩大：穷苦的生活与奢华的生活并存，社会问题成为社会和政治焦点。在欧洲内部，与世界其他地区相比，上述经济差异日益明显。

资本主义经济遵循扩张原则，并且以未来和增长为导向，这包括"创造性破坏"（schöpferische Zerstörung）［约瑟夫·A. 熊彼特（Joseph A. Schumpeter）语］。旧的经济方式被取代；通过生产、物流和组织方面的革新，通过对新市场的搜寻以及新需求的产生，资本主义总是充满了变化。"破坏"以及对社会的副作用是在较长时间内逐渐产生的，而非突然发生的，因为革新通常由小规模的调整组成，其应用是在现有条件下进行的。然而，资本主义总会造就赢家与输家，将人们判定为拥有者和非拥有者。在 1914 年之前的数十年里，数据上颇为成功的整体经济也没有改变这一点。

资本主义经济活动在这个意义上也是扩张式的，它影响了狭义经济活动以外的许多领域，并且在此过程中呈现出不同的社会和文化特点。例如，在 19 世纪，金融市场对社会产生了深刻的影响。在巴黎证券交易所等证券交易市场，可以说"人人都在投机"［于尔根·芬格（Jürgen Finger）语］。金融投资的吸引力似乎跨越了阶层。它为小说家、新闻记者、讽刺漫画家提供了素材。那些官方和非官方的交易场所都被写进了旅行指南。尤其是当作家和记者将在官方证券市场之外进行交易的投资者的行为与那些职业投资者以及富有的投资者进行比较时，他们将这种比较与一种道德评判关联在一起。因此，参与非正规金融交易的女性，一方面被描写成那些靠不住的唯利是图者的受害者，另一方面被描绘成她们自身贪欲和不理智的受害者。因此，她们原则上被排除在由男性设计的金融交易之外。在股市之外的"灰色市场"中的交易，只要它还能在历史

上得以重现，就不仅证明了女性和男性小投资者一样积极参与
资本主义信贷经济，它还表明，金融市场并不是对所有人都是
平等的，而是根据财富、地位和性别进行区别对待。尽管已婚
女性有限的行为能力阻碍她们平等地参与投资的边缘业务，但
是无法阻止她们。在实践中，许多资金较少的小投资者通过共
同参与投资让金融资本主义合理化。

124

　　此外，资本主义思想与行为的深刻根基还表现在关于金钱
的教育上。"金钱教育"〔桑德拉·马斯（Sandra Maß）语〕
传授关于金钱的知识，提倡通过练习学会谨慎地对待金钱以及
相关的自我约束方式与个人技巧。自 18 世纪以来，这已经是
市民阶层儿童教育的一部分了，在 19 世纪这种教育得以在社
会上进一步普及，其范围也变大了。女孩由于要为日后成为管
理家庭财政的妻子做准备，也被纳入其中。个人记账和零花钱
等做法让人们能够对财产进行监管，并且也使出身于中产阶级
家庭的儿童和青少年可以进行消费。从 19 世纪 70 年代起，欧
洲成立了大量的学校储蓄所，大多由神父与教师负责，将个人
节俭教育与资本主义的国民经济说辞和对工人的政治安抚结合
起来。然而，对金融市场知识的传授在这一时期并没有起到重
要作用。此外，学校储蓄存折也没有以前的记账系统中常见的
让孩子们记录自己道德品行发展的记录栏。计算金钱的能力被
部分独立出来。与此同时，人们对消费行为的预期也发生了变
化：19 世纪初，零花钱仍被用于资产阶级慈善教育，人们希
望孩子们把钱用来做善事，而到了 19 世纪末，零花钱的主要
作用是让孩子们学会负责任地消费以及生产性地利用金钱。然
而，这也与道德期望有关，因为在资本主义经济的框架下，让
未来的成年人拥有生产性的生活方式，在道德上被视为一个值
得追求的目标。缺少财务独立性——从性别的角度来说——现
在有了一些不道德的特征。

125　　雇用劳动通常被视为资本主义劳动的主要形式，因为在这种形式中人们按照约定好的金钱报酬条件提供自己的劳动力。根据定义，劳资关系是自愿结成且可解除的。从历史上看，雇用劳动在 19 世纪并非新鲜事物，但是在欧洲直到 20 世纪初才成为核心的劳资关系——从数量上看是由于作为其组织形式的工厂和企业，从质量上看则是由于它在政治以及新闻和科学争论中得到了关注。雇用劳动主要出现在矿山、钢铁厂、纺织工厂、机械制造厂、后来的化工和电子工业，以及发展中城市的建筑工地和交通与供应基础设施的建设中。自 19 世纪农民获得解放和农奴制结束以来，农业中也出现了越来越多的雇用劳动。

　　但是，雇用劳动应当被理解成一种模式，它在 19 世纪才作为标准得以立足，在雇主、工人和国家机关之间有时会诉诸暴力的关系中渐渐得以规范和正式化。即便在现实中并非如此，雇用劳动作为一种模式，它的基础通常是从事全职工作并且用工资养家的男性产业工人和男性雇员。但是，19 世纪的资本主义事实上存在多种劳动关系。这些劳动关系只是部分符合甚至完全不符合雇用劳动的模式。女性往往受制于各种法律、社会和经济规定，其中一些规定只是作为对女性参与工厂劳动的应对措施才被实施的。此外，贫困阶层要保障自己的生活，富裕阶层要让财产增值，作为标准的雇用劳动还低估了家庭在这一过程中所具有的经济意义。它只让人们看到了在企业、手工业和农庄中长期存在的"提供帮助的家庭成员"这一统计学范畴。在德国各州，一直到第一次世界大战结束，仆役身份都

126　限制了农工以及佣人在劳动法下的自由。19 世纪下半叶，在家工作这一劳动方式从农村扩展到城市。由于妇女和儿童大部分都是在恶劣的条件下，在逼仄狭小的出租屋内生产服装，雇用劳动模式中工作场所与住所分离的原则并未实现。1900 年前

后，这种情况受到了社会改革家们的关注。这可以证明规范化的工业雇用劳动模式具有规范性作用。于尔根·柯卡（Jürgen Kocka）认为，对于与社会相适应的工业资本主义劳动组织方式来说，从长远来看起决定性作用的是生产力的进步和企业家对此的兴趣、国家（对劳动领域和社会保障的）干预以及独立工人运动（工会、合作式的联合会和其他关于未来的设想）的形成——这三点就是在 19 世纪下半段开始并且飞速发展起来的趋势。

总的来说人们可以确定，即便雇用劳动在欧洲得以普及并且为工业资本主义注入了活力，在第一次世界大战的欧洲还是存在各种混合劳动形式。这一时期资本主义的发展与各种各样的劳动形式都是相适应的。当我们将目光转向欧洲与世界其他地区的关系时，这一点也会变得清晰。欧洲国家在亚洲和非洲殖民地的种植园实行契约劳工制。在这些地方，半自由的非欧洲工人，即那些中国人或者印度人，为全球市场生产橡胶、烟草或棉花。雇用劳动与强制劳动在这里结合在一起。当时有组织的工人也感受到了不同劳动形式的变形。当苏格兰工会领袖、英国工党的共同创立者和首任党主席凯尔·哈迪（Keir Hardie，1856–1915）在 1907/08 年前往印度和南非时，他遇到了被乔纳森·希斯洛普（Jonathan Hyslop）称为"白人劳工主义"（White Labourism）的一种现象。它是指在澳大利亚、新西兰、加拿大和南非这些英属拓殖型殖民地以及商船队中出身于欧洲的工人所持有的态度。这些工人将激进的工会立场、反资本主义与种族主义和仇外心理结合起来。其背后是一种对自己的劳动力会被来自中国与印度的"有色"工人所取代的恐惧。当哈迪在印度表示支持该殖民地按照加拿大的模式进行自治时，这种观点很快让他在南非受到了猛烈抨击。新成立的纳塔尔工党（Natal Labor Party）和由

127

英国移民组成的德兰士瓦独立工党（Transvaal Independent Labour Party）不仅与工会一道力保将选举权限制在"白种人"的范围内，还强烈反对南非采矿业雇用中国合同工的计划。他们主张今后禁止雇用印度的合同工人，并在劳动合同到期后将已招募的印度合同工遣返回印度。哈迪建议将中国、印度和非洲工人也纳入工会组织，这样一来他们的工资就不能被压低并且最终也不能成为竞争者。他的这一建议在"白人劳工主义"者的圈子里并没有得到支持。这一事件一方面说明，19 世纪晚期工业资本主义中关于雇用劳动的冲突是跨境的并且是在帝国框架下进行的。其核心具体而言是身处一个世界帝国中的人们的公民权利问题。另一方面，这一事件表明，工人阶级的雇用劳动和团结在现实中可能会被仇外情绪或种族主义淹没。

工业资本主义主要在 19 世纪后三分之一到第一次世界大战的这段时间内促使欧洲很多地区的生活水平得以提升。这种现象超出了以工厂为基础的传统工业生产中心，影响了经济与社会的大部分领域。总体趋势（一直）服务于资本主义经济在政治上的合法化。受限于研究现状和资料来源的问题，尤其是在超地区发展的层面，有关增加的财产与收入的分配问题并不容易回答。历史学家哈尔特穆特·凯尔伯乐（Hartmut Kaelble）对有关收入与财富方面社会不平等发展的研究结果进行了如下总结：深入观察会发现，直到第一次世界大战，尽管有几个例子反映了差异的缩小，还有一些反映了差异的存续，但总体而言，差异一直在扩大。收入与财富的分配无论是在个体之间还是在家庭之间都更加不均衡了。就社会阶层和阶级而言，这一点同样如此。尤其是富裕资产阶级与小资产阶级之间的鸿沟进一步加深。至于当时争论的中心，即企业利润与工人工资之间的关系，有迹象表明由于日渐强大的工会与技术性岗位的增加，在工业化阶段的分化发展之后，临近 19 世纪末期，二者之间的差距得以稳定下来并且没有进一步扩大。在不平等现象普遍增加的背景下，不同的社会群体也有不同的经历，这取决于他们是工会成员还是非工会成员，是熟练工人还是非熟练工人，是蓝领工人还是白领职员，是男性还是女性，是公民还是外国人。按照地区情况的不同，欧洲国家内部以及欧洲各国之间收入与财富的不平等还在加剧。这反映上述欧洲各国经济与市场关系在经济上分化发展的趋势。

　　高速发展且日益不均衡的工业资本主义不仅在全局上，也在工作与家庭生活中对人们的生活状态产生了影响。对于消费史的研究表明，在 19 世纪需求与机会都在扩大。同时，社会边界也昭然若揭。谈到"消费社会"，我们不应将百货商店等新的销售形式或向中产阶级和普通城市公众宣传的众多产品等同于"丰裕社会"的存在。绝大多数家庭都过着节衣缩食的生活。工业资本主义也遭遇了系统性危机。人们在缓和或减轻经济周期或重大经济危机的影响方面做出了种种尝试，也取得了一些成功，然而，即便有些观察家在 1918/19 年之后回顾往事时仍认为那是一个充满确定性的世界，在第一次世界大战之前，欧洲的工作与生活的特点就是不确定性。这一时期的经历催生了一系列用自由雇用劳动取代工业资本主义的合作社式的、社会主义的或是国营经济的理念。在 20 世纪的某些地方，人们用这种或者那种形式，付出了巨大代价将这些理念付诸实践，效果却微乎其微。

　　德国国家经济学家维纳·桑巴特（Werner Sombart，1863–1941）作为当代见证人，在他于第一次世界大战期间开始的关于现代资本主义的重要论述中，将资本主义的发展分成了不同的阶段。从早期资本主义到最终在第一次世界大战之前形成的高度资本主义，不同的资本主义形式接踵而至：从现

129

金交易到信贷交易、从自主交易到代销业务、从专卖店到百货商场、从不做广告到宣传促销、从家族企业到证券交易监管下的公司。这种对资本主义经济活动在各个时间段的元素的描述让人恍然大悟。然而，正如历史学家弗里德里希·伦格（Freidrich Lenger）从更为客观的角度所解释的那样，目前的研究对经济形式在空间上的延伸更为感兴趣，而非它们的时间阶段，在研究欧洲与世界的关系以及社会分层时尤为如此。但是，随着工业资本主义在 19 世纪后半段的传播，有一个特点似乎尤为值得强调：根植于资本主义时间结构的活力。社会学家延斯·贝克特（Jens Beckert）提出了"想象中的未来"（imagined futures）这一概念，以此指出资本主义经济着眼于未来工程的鲜明导向性。这些未来工程对构造社会进行了全面的构想同时也产生了影响。就此而言，工业资本主义是让人们相信进步的可行性以及欧洲全球霸权的扩张性力量的基本要素。然而，我们不应低估经济发展的不稳定性和它所蕴含的危机，以及那些在历史上共同影响它的顽固势力。毕竟，工业资本主义对生态环境造成的后果至今影响着我们。

3　变化中的关系：乡村与城市

欧洲的城市化始于 19 世纪下半段。这一进程与欧洲内部的移民运动以及经济变革密切相关，并在 20 世纪从西北欧洲向整个欧洲大陆蔓延开来。城市化改变了欧洲社会的特点：从一个生活方式与节奏由农业经济的生态、社会与文化力量所决定的农村社会形态，转变为一个具有相应的环境负担、技术基础设施、全新的差异化社会结构以及自我认识的城市社会形态。城市为全社会树立了标准。文化批评家将城市视为"摩洛克神"（Moloch）[①]，另一些人则喜爱城市的活力，认为它带来了现代性。人们在乡村与城市之间的流动性，城市围墙的拆除以及城市向旧边界之外的扩张也表明，19世纪末乡村与城市之间在社会、法律与政治上的边界开始变得模糊了。两者的对立并没有全部消失，甚至随着城市基础设施发展的进步性而部分被恢复了。在关于一个已然遗失的或者要保存下来的乡村伊甸园的浪漫化图景中，这种对立仍然存在。在拓殖型殖民主义中，这种关于所谓圣洁之地的梦想在地理上被转移到了其他大洲。城乡关系以及城市之中和乡村之中的关系发生根本性变化的这种态势，不仅是人们在回顾历史时所认识到的，也是同时代的人们切身感受到的。如果我们想要了解第一次世界大战之前的欧洲，就有必要首先指出各个国家和地区之间的巨大差异，同时还不可忽视乡村生活方式一直具有的重要意义。发展和变化并不仅发生在城市，也发生在乡村。乡村不仅有传统的惯性，同时也证明了自己具有卓越的适应能力。

乡村人口

　　欧洲乡村社会持续发生变化却一直存在的重要意义可以粗略描述一下。统计数据反映，以前区分农村和城市的法律规定已被取消，也表明当时存在不同的城乡区分标准。在法国、德国和奥匈帝国，居民少于2000人的地方被称为"乡村"，在希腊和瑞士10000人以下的地方算作乡村，而在荷兰那些居民多达20000人的地方仍被统计为乡村地区。如果人们按照今天广泛使用的人口少于5000就是乡村地区的标准来衡量，那么在19世纪中期前后，欧洲约五分之四的人口，即欧洲人口的绝大部分，都生活在乡村。乡村人口占比最高的国家是瑞典、

<small>131</small>

<small>132</small>

[①]　摩洛克神是古代腓尼基人信仰的火神，象征残酷的暴力和毁灭。——译者注

奥地利和俄国（均超过 90%）以及匈牙利、德国和法国（均超过 80%）。当时乡村人口占比最低的国家是比利时、意大利和英国，这些国家三分之二到一半的人口不在城市生活。在城市化时期开始的时候，欧洲各国的差异就已经很显著了。同时，比利时和意大利的情况也显示出，基础条件是由历史因素所决定的。这些历史因素可以追溯到几个世纪之前，还对始于 19 世纪末的城市化进程产生了巨大的影响。

虽然在 1910 年之前的 60 年间全欧洲的乡村人口比例下降到了三分之二，但需要强调的是，乡村人口仍占欧洲人口的大多数。欧洲社会结构正在发生变化，农村人口正在减少，但这并没有消除欧洲内部的差异。乡村人口占比最高的国家仍是俄国、瑞典、奥地利和匈牙利（70% 至 80%）。法国以 61% 的比例处于欧洲平均水平，而第一次世界大战之前的德国仅有 51% 的人口生活在乡村，比利时和意大利的乡村人口比例则更小，英国的乡村居民仅占人口的四分之一。乡村生活的重要性开始下降。这一点不仅反映在居住方式上，也反映在人们的职业上。1910 年前后，即使在奥匈帝国和瑞典等国也仅有一半的劳动人口仍从事农业、林业和渔业。在德国和丹麦，1850 年前后仅有 56% 的就业人口在这些行业中糊口，1911 年这一比例就下降至略超三分之一。在英国这个欧洲的极端案例中，第一次世界大战之前只有 9% 的就业人口在第一产业工作。同时，随着乡村人口以及第一产业雇员比例的下降，对于不断增长的总人口的温饱问题而言，农业生产以及从其他欧洲国家和欧洲大陆以外地区进口粮食变得越发重要。

乡村生活以及乡村生活方式那不容置疑的主导地位受到了动摇。从这一点来说，19 世纪下半叶意味着欧洲社会的一个根本转折点。然而，对大部分欧洲人来说，乡村依旧发挥着重要作用，尤其是在欧洲大陆的东部、东南部和南部地区。与西欧和斯堪的纳维亚地区相比，这些地区的城市化程度较低或进度较慢。乡村的持续重要意义也体现在人口增长上。尽管有人选择迁出，乡村人口的绝对数量在增长。欧洲并没有无人居住的荒村。劳动力向城市迁移，尤其是季节性或周期性迁移，最终导致许多具有农业和乡村背景的人生活在城市，并且他们与自己的这种背景紧密相连。直到很长时间之后，决定人们城市生活经验的才不再是移居，而是出生。因此，除了乡村生活的重要性相对降低，城乡之间的对立逐渐减弱也是这个时代的一个标志。

乡村的传统惯性与适应能力

农村的情况如何？乡村社会具有哪些社会分化的特征？在第一次世界大战之前的几十年里，乡村生活方式发生了怎样的变化？那个时代的作家们的作品为人们展现了具体的情况。托马斯·哈代（Thomas Hardy，1840–1928）在其以英国西南部和南部为背景的小说《德伯家的苔丝》（*Tess of the d'Urbervilles*）中选择了一位挤奶女工作为主角。哈代借主人公的命运深刻地描绘出笼罩在乡村社会各个阶层之间的那令人窒息的氛围，以及乡村女工们的那种特殊依赖性。出版于 1891 年的这本小说由于动人地描写了一位年轻女性被迫违背资产阶级性道德的生活而备受争议。小说描写了季节性工作的增加，机器对人类劳动力的取代，以及现代经济活动对传统生计和生活方式的破坏。哈代的这本英语小说的背景是一个具有较强的市场形态、以雇用劳动为特点的相对现代化的农业社会，而奥斯卡·玛利亚·格拉夫（Oskar Maria Graf）在 1940 年至 1946 年间写就的名为《我母亲的生活》（*Das Leben meiner Mutter*）的回忆录中描述了雷瑟·海姆拉丝（Resl Heimrath）的故事。她于 1857 年生于上巴伐利亚的一

134

个农民家庭，并嫁给了格拉夫的父亲，一位穷苦的修车匠的儿子。这本书主要描述了围绕遗产展开的冲突以及在乡村社会中地产的核心作用。权威和暴力是人际关系的特点。与之相比，《德伯家的苔丝》中那种求而不得的情感追求显得几乎脱离现实。历史学家雷吉纳·舒尔特（Regina Schulte）不仅研究了德国南部同一个地区下层农民阶级的经济与社会压力，还从弑童、偷猎和纵火等入手研究了生活在乡村的人们产生这种行为与感受的多样背景：工作、村庄、家庭与家业。按照她的研究，个体在农村社会中的地位、女性与儿童的地位以及村庄的界线塑造着乡村的经验以及冲突，而这些因素无法通过市民的法律系统得到充分的解释。

决定 19 世纪欧洲农村生活的一些特殊因素长期未变。对自然条件的依赖仍然至关重要：土地质量和气候影响着人们的工作和社会组织形式。尽管在某些地区对机器的使用得以普及，但农业劳动还是以遵循四季的节奏在户外进行的手工劳动为主。阿尔卑斯山谷、比利牛斯山脉、喀尔巴阡山脉（Karpaten）等山区的农业条件与易北河东部的平原地区不同，也与受海洋气候影响的丹麦和荷兰不同。俄罗斯帝国的黑土地带的粮食种植、苏格兰的绵羊养殖、勃艮第（Burgund）或法耳次（Pfalz）的葡萄栽培都是在各自特殊的自然环境的不可预知性以及特殊的经济和社会条件下进行的。总之，值得注意的是，在 19 世纪 40 年代之后，由于粮食歉收而造成的供应危机，只在两个基础设施和劳动与财产秩序相对落后的地区（芬兰和俄国）引发了饥荒。

造成地方社会内部的差异以及欧洲范围内的差异的主要是土地所有权的获取和处置机会。19 世纪的人口增长几乎给所有地方都带来了或大或小的压力，这是因为它加剧了就业竞争，并最终导致很多人移民。人口因素带来的影响在爱尔兰、英国，德国、中东欧国家以及俄国等人口增长较快的地区非常明显，在法国却较小。由于人口众多，整个乡村社会和家庭关系的负担越来越重。在这种环境下，起决定性作用的因素除了性别和年龄，主要就是地产的分配和规模以及继承权。所有权、世袭佃权或限期租赁合同、大块地产或小农地块：与这些相关的经济与社会关系为产权所有者、佃户和雇工在市场力量的框架下提供了各种各样的行动可能性。随着 19 世纪下半叶改革的广泛实施，这些人开始受到市场力量的影响。无论是在不动产被分配的地区，即家族生产可以在一定程度上为更多人提供生活保障的那些地区，还是在那些实行庄园统治和世袭权的地区，人口发展都提高了乡村社会的人口流动性：在东北欧地区，从梅克伦堡（Mecklenburg）、波美拉尼亚（Pommern）、西普鲁士、东普鲁士到波兰和波罗的海诸国，乡村农民现在都通过向外移民来寻求更好的生活。

　　大部分国家早在 19 世纪上半叶就放松了地主和村社对乡村人口在法律上的约束，最迟做到这一点的是俄国。俄国在 1861 年随着农民的解放才迈出第一步，结束了农奴制。与欧洲其他地方一样，俄国并没有进一步对土地所有权进行彻底的再分配，从而形成在经济上独立的中层农民，也没有让俄国的下层农民阶级变成自由的雇用劳动者。事实上这并不是俄国政府的目的。在输掉了克里米亚战争之后，俄国政府试图让乡村社会以及乡村的生活方式稳固下来。曾经的农奴们只得到了一小块土地，而且必须长期偿还购地款。而地主尽管保住了他们的大部分财产，但是土地的清偿费不足以让他们还清债务，这里没有产生资本密集型自主经济的基础。另外一个阻碍人口流动的因素是俄国的村庄法。它将属于当地的人口视为纳税群体，并根据家庭规模定期对土地进行重新分配。直到 1906 年的斯托雷平改革（Stolypinsche Reform）取消村庄法，个体

136

才拥有了迁移自由。人们与村庄之间持续存在的约束关系也解释了为什么俄国的工业家们经常将工厂建在农村。这样一来，在城乡之间在法律上没有任何区别的俄罗斯，社会和经济界限也变得越来越模糊。俄国没有进行土地改革；长久以来形成的"土地短缺"问题也解释了俄国革命中土地问题的迫切性以及苏联早期的政策。

1905 年的农民骚乱推动了俄国的改革。两年之后，罗马尼亚爆发了一场大规模的农民起义。15 万名士兵才成功镇压这场暴动，伤亡惨重。这场暴乱的起因也是所有制结构以及其他收入来源的缺乏。在奥斯曼帝国的宗主统治下，一群有希腊特色的贵族（波雅尔）拥有土地。在巴尔干半岛大部分地区进行的从畜牧业向农业的转型过程中，这些贵族成员向罗马尼亚农民索要他们从 1831/32 年以来继承的所有权。在罗马尼亚逐步统一和取得独立的进程中，库扎亲王（Fürst Cuza）在 1863 年没收了教会的部分土地。但是向农民分配的土地过于分散，经济上不可行，因此在 1900 年前后在贫穷的乡村人口与住在城市中的罗马尼亚地主阶层之间，形成了最终演变成暴力事件的巨大分歧。

在邻国保加利亚并不存在类似的冲突。甚至在 1878 年之前，大规模地产就很少。而且，在前两年的血腥冲突之后穆斯林和土耳其地主被驱逐，随后他们移居国外，并将土地出售给农民，这些大规模地产几乎不再具有社会意义。和罗马尼亚一样，乡村地区的人种差异也随之消失。而在普鲁士的东部各州，波兰农民工的迁入填补了外流的德国劳动力的空缺，这导致从 19 世纪 80 年代起在乡村社会出现了新的种族冲突。在爱尔兰也一直存在这种现象。在爱尔兰，不同的人种和教派势力就财产权和租赁权所展开的斗争不仅影响了当地的政治，还影响了威斯敏斯特的议会。除了反复演变成暴力的争端之外，复杂的冲突也导致了爱尔兰土地同盟（Irish Land League）的政治动员。这个组织致力于改善爱尔兰小土地佃户们的处境与权利，这些佃户面对的往往是不亲自管理土地的英国土地所有者。1880 年，在与土地经纪人查理·博伊考特上尉（Captain Charles Boycott）的斗争中，诞生了名为"博伊考特"①的新的反抗形式。通过将土地问题与爱尔兰自治以及独立的政治诉求联系在一起，农村事务就具有了一种能够在第一次世界大战爆发前不久大规模动摇英国政治体制的潜能——并且这一切发生在英国这个单纯从数量上看乡村的重要性被削减得最为严重的国家！

乡村社会中的冲突与抗议在一个被视为尤为落后的欧洲地区以传统与创新相结合的形式被体现得淋漓尽致。与俄国和罗马尼亚的情况不同，在位于欧洲西南端，西邻葡萄牙、南接安达卢西亚（Andalusien）的西班牙埃斯特雷马杜拉（Extremadura），19 世纪并没有出现集体暴力冲突，尽管在那里对土地的分配也是单方面进行的。在安达卢西亚不仅出现了暴力抗议，在大地主、依附的佃户和农工之间存在明显对立的乡村社会中还出现了无政府主义和社会主义运动——这在第一次世界大战之前的欧洲是唯一一次。而埃斯特雷马杜拉表面上依然平静，没有任何变化。这一地区的特点是以畜牧业为主、资本投入较低的大地产经济。在这一层面，它反映了西班牙农业的整体情况。在西班牙人们通过没收修道院财产、拍卖乡镇公有土地以及取消贵族地产的不可分割性，在 1837 至 1895 年间对一半耕地进行了重组。这一所谓的充公的过程是由国家的财政危机推动的；从中受益的是以中产阶级为主的城市阶层。这造成的结果就是，中小佃户和广大的下层农民站在

139

---

① Boycott，即抵制、拒绝购买（或使用、参加）某物、某事。——译者注

了一小群不靠财产谋生的新旧地主的对立面。在经济上，尽管人们通过投入廉价劳动力扩大了土地的使用面积从而使得产量增加，却并没有提高生产率。

当西班牙的一些地区凭借出口葡萄酒、橄榄油和柑果等优质产品取得成功的同时，埃斯特雷马杜拉在 19 世纪最后 20 年也融入了跨区域市场。但是这一点不是通过对当地软木塞工业和采矿业进行扩充来实现的，而是通过增加粮食与肉类生产来满足西班牙其他地区日益增长的消费需求。这样一来，埃斯特雷马杜拉的农业特征被强化了。这一点是通过牧场和耕地的大规模扩张实现的，在这些土地上工作的是众多小佃户和廉价日工。乡村的下层人民成了改革中的失败者。由当地"头目"所控制的地方政策、独立司法体系的缺席以及地方宪兵部队，几乎没有给他们留下任何追诉权利甚至反抗的空间。在这一框架下，就像马丁·鲍迈斯特（Martin Baumeister）指出的那样，传统的反抗形式与现代现象重叠在一起。当面包价格上涨时，岌岌可危的基本保障总会导致传统形式的一些行动，即作为自救手段的偷盗行为、抗议游行和集体罢税。这些行动主要是由妇女进行的，并且大多数情况下都不是以暴力形式出现的。这些行动中所表现出来的不仅仅是人们纯粹的窘境，还有下层人民的法律及社会观念。这些人希望获得足够的收入，由地方的统治者代表给予他们足够的生活保障和援助。抗议并不是针对大规模土地所有权本身，而是要求大地主遵守当地法律并且在家长式统治的意义上履行财产对于公众福利的义务。从世纪之交开始，新的理念和相应的行动方式才得以传播开来，并且通常是同时进行的。它们可以被最贴切地被描述为劳资关系中的现代冲突解决方式。在共和思想的影响下，罢工诞生了。罢工的基础是跨地区联合以及一种从合同法角度对于劳动关系的理解。在西班牙那些经济落后甚至倒退但绝没有陷入停滞的地

140

区，极端的社会和经济不平等、地方的统治权力以及乡村民众对当政者的传统期待，都限制了人们行动与想象的空间。

乍看之下，在欧洲那些受到工业化影响的乡村社会中，变化似乎更为明显。工业基地周边的乡村世界的经济基础发生了显著改变。但是，那里的生活方式却绝没有发生如此剧烈的转变，并且也没有像人们通常认为的那样被工厂劳动所影响。与庄园经济不同，工厂中还能看到坚韧不拔和随机应变的结合，这尤其是人数不断增加的农村青年的行为和思想特点。安德里亚·格斯特里奇（Andreas Gestrich）分析了 1910 年一个位于施瓦本地区罗伊特林根（Reutlingen）附近名为奥门豪森（Ohmenhausen）的约有 1500 人居住的村庄中所发生的变化。居住在这个村庄中的主要是小农以及在纺织业和制衣企业中工作的手工业者。在 19 世纪下半叶的经济危机和动荡时期，自 19 世纪 60 年代起，从村庄出发步行一小时即可到达的罗伊特林根和贝辛根（Betzingen）的工厂提供了其他工作机会，许多人利用了这些机会。但是，对于家庭生计来说必不可少的工厂劳动却并没有让奥门豪森的村民们成为无产阶级。他们继续专注于农业劳动和自己的地产，尽管由于财产分配和人口增长，他们所持有的土地规模较小。男人白天去工厂工作，妇女则在家里的牧场和耕地劳作。这种分工让小农的自我认识得以存续。这种自我认识也反映在年青一代的社会化及习俗中。

工业劳动与思维模式之间的价值秩序［格斯特里希（Gestrich）语］的扭曲也表现在农村的时间制度上。对于男性来说，"钟表的语言"［阿兰·科尔宾（Alain Corbin）语］不再对他们生活的空间和领地产生影响。如今，精准划定的、由机械所指定的时间划分决定着一天中一半的时光，而农业劳动节奏的季节性变化只决定了工人从工业城市返回后仍在田间劳作的剩余白天时间。星期与年的节奏则仍然由教会活动与

141

农业中的关键日期来决定。在这一框架内，"乡村的"年轻工人绝不会在罗伊特林根的酒馆中与同事一起打发剩余的休息时光，而是在奥门豪森与按照性别和年龄进行区分的团体一起度过。对于生活在城市中的工人而言，同一年离开学校的毕业生之间的伙伴情谊一直是年轻男性之间的坚韧纽带，与此不同，带有教会或世俗色彩的协会团体却对乡村青年几乎没有任何吸引力。一个年龄层的年轻农民、手工业者和工厂工人在下班后就不分职业、不分阶层地聚在一起。由于年轻单身女性受到父母和教会的严密监督，年轻男女之间的接触被极大地程序化了，并且其目的就是为婚姻做准备。这就限制了个体之间的早期接触，从而限制了过早结婚与怀孕。几十年来，在附近城镇的工厂工作已经决定了农村的经济生活，而在这样的农村生活的年轻人在思想和现实中都以土地和家庭结构为导向。第一次世界大战彻底改变了这种情况。第一次世界大战打破了代代相传的行为模式，让上过前线的年轻男性开始质疑一直以来的生活方式。具有阶级性、跨越年龄并且在某些情况下跨越性别的协会所构成新的社交形式自1900年起就开始在极其有限的程度上显露出来了。在1918年之后，它对新一代年轻人的生活方式起到了更加决定性的作用。

在一切都在快速变化的背景下，乡村社会的发展同时具有顽固性与适应性的特点，尽管在不同的历史条件下，二者的关系不同，产生的结果也不同。在这一过程中的共性就是，19世纪后半段，只有在俄国的乡村地区，社会分化是由村民特殊的法律地位所决定的。尽管如此，法院和农村司法系统中不同的社会地位并没有完全消失，特别是在有庄园和大块土地的地区，占主导地位的还是类似于农村教会的地方领主。尽管人们拥有法律上的自由，但是地主的社会权力依然存在。人们仍然被束缚在土地上：所拥有的土地规模以及在当地或邻近地区是否有其他工作岗位决定了人们的生计、家庭和社会地位以及生活方式。尽管由于变卖和没收教会财产以及种族驱逐，财产所有权发生了变化，但乡村人口内部不平等的分配却几乎没有发生变化。在俄国、罗马尼亚、西班牙和爱尔兰等以农业为主的国家，土地不足的问题也引发了暴力事件，这些暴力事件让这些国家的社会在第一次世界大战之后陷入了公开的内战。

在乡村地区，不同性别和年龄段的人群所面临的障碍不同，所拥有的机会也不同。在欧洲部分地区和欧洲殖民地，种族差异起到了重要作用。在那些由于历史上的权力关系而在不同人种间进行差异化土地分配（如爱尔兰、罗马尼亚和保加利亚）或者由外来的统治者重新分配土地（如在殖民地）的地方，种族差异塑造了土地冲突的特点。在其他地方，农村向城市的移民活动导致人们追随家庭成员搬迁，"外来的"劳动力又形成了底层群体（易北河东部和丹麦的波兰农工）。

欧洲的农村社会经历了传统的抗议与反抗形式。在紧急时期或是在面对由市场所造成的适应压力时，下层农民用这些形式将自己对得到稳定收入——这是他们自古以来就有的权利——的诉求表达出来。但是，暴力并不总是对外的。女仆和日薪女工被指控弑婴的案件说明，个体在窘迫处境下，可能会因社会不平等和权力关系做出自残和伤害他人的行为。在 19 世纪和 20 世纪之交，出现了新的集体维权形式。这些形式部分基于人们对社会秩序的不同看法，但主要还是以工人跨地区的组织和交流为基础。在乡村，政治化和工会组织整体上都比较弱，但是它们却在爱尔兰和安达卢西亚等看似落后的地区得以发展。乡村的冲突行为、生活方式和习俗、对美好生活的期望与设想总体上受到了社会分化的影响。而社会分化又因 19 世纪末的人口变化和经济发展进一步加剧了。与其给乡村社会打上"落后"或"矛盾"的标签，不如将它看作一种非常扭曲

144　的秩序。它绝不是停滞不前的，社会群体一直在坚定不移地进
行调整。出于这个原因，尽管与城市相比乡村的重要性相对变
小了，但它对社会秩序的意义却不容小觑。

大城市化

如果说，当时的人们或者当我们回顾历史时产生了一种印
象，认为 19 世纪末欧洲社会的特点就是城市的发展和进步，
那么这当然部分是由于城市人口相对于农村人口的增长，以及
城市通过建设住宅与铁路等方式在经济上侵占了周边农村，并
通过改变对森林的利用方式和矿山开采在生态上向周边农村地
区大幅延伸。但同时城市居民的传统生活方式也发生了改变：
当时的人们经历了飞速的社会重组和分化［霍斯特·马特拉斯
（Horst Matzerath）语］；在文化上，不仅发展了公共市民生
活，还出现了大众文化。在这个意义上，大众传播之所以能引
起广泛关注，是因为它是一种城市现象，社会的自我表征主要
是从城市开始的。

城市发生了明显的变化。新的工业城市似乎从无到有、从
小到大，吸引了大量关注，欧洲的大都市也是如此。但是这种
城市数量很少——在世纪之交只有巴黎和伦敦，后来维也纳和
柏林等其他的国家中心才达到了巴黎和伦敦的标准。

对于欧洲市民阶层来说，这些城市和越来越多的其他大城
市是进步的体现——欧洲市民阶层对自己城市的发展、基础设
施的扩建、崭新的市政厅、剧院和博物馆深感自豪。大都市对
人们产生了一种矛盾的吸引力。对一些人而言，大都会意味着
145　一个激动人心的未来和乌托邦设想的对象，而另一些人则在其
中看到了混乱，感到受到了一个看似不人道的世界的威胁——
这些针锋相对的观点在第一次世界大战之后还引发了社会探讨
［彼得·阿特尔（Peter Alter）语］。为了从历史的角度理解

事态发展与人们的看法，我们需要摆脱这些陈词滥调，从分析的角度对作为城市发展的量性过程的城市化和作为主要涉及城市社会分化和大城市生活方式的质性过程的城市化加以区分。这两种过程携手并进，并且都是社会生活的空间集中、信息与商品的快速流通以及城市社会的动态秩序的基础。

19 世纪欧洲的城市化事实上是一种"大城市化"。城市化构成了欧洲城市体系的一部分，这种城市体系的特点是大中小城市（俄国除外）等级分明，城市之间的交流关系密切〔杨·德·威利斯（Jan de Vries）语〕。1800 年前后欧洲共有近两千万人口生活在城市，1900 年这一数字翻了五倍之多，超过了一亿——这是一种现象级的增长速度！但是按照不同的标准，情况也有所不同。观察所有居民人数超过 5000 人的地方就会发现，各国城市人口占比的对比情况与上述乡村人口比例的对比情况一样。按照这种标准，1850 年至 1880 年间，欧洲城市的总体人口增长率为每年 1.9%，随后到 1910 年的这几十年间城市人口增长率一直为每年 1.8%。如果观察对象是居民人数超过 2 万的城市，会发现这些城市的人口年增长率甚至更高，达到了 2.3% 至 2.6%。在这种标准下，欧洲各国的城市化程度似乎都很低，因此，除了乡村一直具有的意义，中小型城市的重要性和城市化的差异也得到了强调。但是，在欧洲范围内的对比中，各个国家之间的显著差别也变得更为清晰。遥遥领先的是英国。1910 年，英国近三分之二（62%）的人口生活在居民人数超过两万的城镇。荷兰以"仅仅"41%、德国以 35% 紧随其后。荷兰由于现代化发展较早，1850 年就已有 21% 的人口居住在大城市，而德国仅有 6% 的人生活在较大规模的城市中。到了 1910 年，德国的城市人口比例增长了六倍，其他任何国家都没有做到这一点；而其他国家的城市人口比例则增长了一倍至三倍。如果我们仅以人口超过 10 万的城市作为标准，那么向更大型城市发展的普遍趋势就更为明显了。19
世纪中期欧洲有 43 座这样的城市，到 20 世纪初这一数字上升
到 156 座。1850 年，居民人数超过 100 万的城市有伦敦和巴黎，
1910 年，柏林、维也纳、圣彼得堡、莫斯科和君士坦丁堡也
加入了这一行列。

对这些居民人数超过 10 万的地方进行观察，人们会看到
另一个差异。这是因为这一标准让人口明显聚集在大型城市的
国家凸显出来。除了英国、荷兰和德国，20 世纪初这一现象
也出现在丹麦、爱尔兰和法国。这种不平衡的内部分布并没有
统一的模式。在所有首都中，即那些具有政府职能的城市，哥
本哈根和伦敦因占全国总人口的 20% 而在各自的国家中具有
特殊的意义；而只有 2% 的西班牙人生活在马德里，1.5% 的
意大利人生活在罗马（少于那不勒斯或米兰的人口），柏林人
口占全国人口的 5.7%，巴黎占 7.4%。此外，港口城市和工
业城市的人口也高度集中。在格拉斯哥（Glasgow）生活着约
16.5% 的苏格兰人。阿姆斯特丹的人口占荷兰总人口的 8.4%。
此外，人口还高度集中在以新居民点为主的地区，这些地区与
鲁尔区一样，被称为工业区而非独立城镇更为恰当。

对持续的大城市化来说，有很多因素都至关重要。首先，
城市发展在不同程度上与工业化密切相关。对于当时的人们来
说，这种联系也已经十分明显，人们已经看到了在重工业中心
聚集着大量人口。然而，工业发展通过铁路网络的扩建也间
接地改善了对老城市的食物与原材料供给，同时用更低的成本
打开了工业产品在远方的销售市场。在后来的化学与电气技术
工业化阶段，人们通过网络与技术发展缩短了工业生产地与自
然原材料储备和能源在地理上的依赖关系，这样一来工业生产
也能在现有城市的边缘地区站稳脚跟并促进其发展，同时也可
以利用城市里现成的工业产品与服务。其次，从这个意义上来

说，工业引发的城市发展建立在早期现代出现的城市体系之上。这种城市体系在国家范围之内对城市的规模和功能都起到了结构化的作用。在这一过程中，港口城市在19世纪脱颖而出：港口城市受益于不断增长的原材料与商品贸易，不仅包括工业产品，也包括农业产品。它们成了独具那个时代特色的与欧洲殖民地之间的驿站：它们是商品的中转站、人们与外部世界交流的窗口，以及全球信息与知识网络的节点。得益于此的不仅包括伦敦、勒阿弗尔（Le Havre）、汉堡和马赛等国际港口，也包括曼海姆这样的国内港口。1911年，曼海姆这座城市的地址簿上共有23家殖民地产品批发商和376家殖民地产品贸易商。在那些加工企业落户的地方，在沿海城市中也出现了工业化。贸易城市、首都和居住城市这些早期形成的城市类型也在城市发展中起到了重要作用。通过发展工业实现的多样化，以及对其服务功能与国家管理职能的扩充给港口城市带来了与新定居点相同的蓬勃发展。有些城市没有工业化因素也可以发展起来，这里的一个例子就是在19世纪典型的沿海和温泉城市。这些城市服务于市民阶层的休闲与娱乐需求，可以乘火车到达。最后，移民活动和人口发展也对城市发展起到了重要作用。这股力量——与新兴的工业城市和工业区类似——吸引了公众的广泛关注。因为他们与人们的日常生活息息相关，并且以肉眼可见的方式改变着城市社会。

148

城市的流动性和社会分化

居民人数的增长来自人口的自然增长、移民与合并，其中人口、移民和法律行政因素以不同的方式结合在一起。伦敦和圣彼得堡是两个极端：伦敦新增人口中超过80%都来自人口自然增长，而在涅瓦河（Newa）畔的圣彼得堡生活条件如此恶劣，以至于死亡人数远远超过了出生人数。俄国这个大都会的人口增长主要归功于移民迁入，即得益于乡村地区的出生盈余。而在普鲁士的城市中，各个因素的比重更为均衡。人口增长的三分之一来自移民迁入，二分之一来自出生盈余，其余则是由合并带来的。具有历史意义的是，在欧洲的一些地区，城市人口的首次增长是由城市本身人口的自然增长而非主要由外来人口的涌入所推动的。[让·德·威利斯（Jan de Vries）语]。

出生盈余、移民和人口合并是总结性的概念，因此并不能恰当地反映进入城市、离开城市和在城市空间内发生的流动。与人们印象中从农村到城市的单向流动不同，历史研究表明，人们倾向于在亲缘关系式的、与出生地点紧密相关的、同乡会式的"重叠网络"[弗里德里希·伦格（Friedrich Lenger）语]中流动。人生某些阶段的先决条件、家庭关系、经济形势和季节性波动以及某种程度上的生存保障：这些因素决定了城市流动人口的迁移路径和经历。在 19 世纪后半段，大多数城市居民并非出生在他们的居住地。他们来到大城市后，也没有成为典型的"城里人"，因为居民人数随着农业生产的节奏发生季节性波动。这表示移民与出生地以及家庭所在地仍有联系。这一点也体现在移民通常来自城市周边地区这一点上。远距离移民主要流向欧洲的重工业城市地区，包括从北英格兰的泰因赛德（Tyneside）、比利时、法国西北部和鲁尔区到上西里西亚和顿巴斯的地区。进入城市通常只是人们人生中短暂的一段时光，踏上路途的更多是年轻的未婚人士，其中大部分是单身汉，但也不乏女性。她们直到结婚和成立家庭都从事着女仆的工作。在城市中落脚未必会提高她们的地位：许多人只能勉强维持生计。在工厂、家族企业以及市民阶层家庭中都存在对非熟练劳动力的需求。对下层移民来说，职业素养既不是必需的，也不是一个城市自然而然就会提供给他们的机会。

在城市内部，不仅迁入人口需要面对本土社会，因出身、社会地位和自我认识而不同的各个群体也毗邻而居。他们之间的关系也发生着变化：按照历史学家弗里德里希·伦格的观点，对 19 世纪下半段的城市社会而言，种族、民族和宗教信仰差异可能比阶级差异更为重要。民族多样性不仅是中东欧和东南欧城市的特点，但在这些地区尤为突出。例如，在里加（Riga）就生活着相当数量的立陶宛人、俄国人、德国人、波兰人和犹太人，而犹太人在这里并不被视为一个宗教群体，而主要被视为一个种族群体。在布拉格生活着捷克人、德国人和犹太人；在的里雅斯特（Triest）生活着意大利人、斯洛文尼亚人和德国人；在敖德萨（Odessa）生活着俄国人、白俄罗斯人、乌克兰人和犹太人。在 1913 年之前一直属于奥斯曼帝国的萨洛尼卡（Thessaloaiki），犹太人是最庞大的人口群体，紧随其后的是信仰伊斯兰教的土耳其人，然后是希腊人和保加利亚人。随着希腊接管这座城市，人口比例也发生了变化：在第二次巴尔干战争期间与希腊争夺这座城市的保加利亚人的比例降到了约 3%，而希腊人的人口占比却从 13% 上升到了四分之一。希腊人在人种比例上居于上风是在 1922 年之后。当时在希腊 – 土耳其的战争结束后，在小亚细亚的希腊人与土耳其居民进行了"交换"。此后从 1943 年开始，纳粹德国对犹太人进行了驱逐和杀害。

19 世纪末和 20 世纪早期愈演愈烈的民族化，不仅在萨洛尼卡，也在欧洲其他地区加强了已经存在的民族身份认同，这种身份认同一再与宗教与社会差异交叠在一起。例如在贝尔法斯特（Belfast），爱尔兰天主教徒和英国与苏格兰新教徒之间的对立决定了这座城市的社会与经济机遇。在哈布斯堡城市的里雅斯特，尽管中产阶级不管出身如何，都从这座港口和工业城市的经济繁荣中获益匪浅，但在世界大战前的几十年里，民

151

族间的裂痕也变得越来越深。仅仅有一小部分矛盾来自德国和奥地利统治精英的对立。主要矛盾来自意大利和斯洛文尼亚人的对峙。1911 年按照不同语言进行的人口调查，在 1918 年才被公布出来。普查结果显示，绝大多数人，即几乎三分之二的人口都说某种意大利语（可能是哈布斯堡或意大利的公民）。但是同时也显示，斯洛文尼亚人的占比由于移民的迁入而上升至四分之一。意大利小资产阶级试图与被视为外乡人的"斯拉夫人"划清界限，并以此形成一种身份认同，掩盖了的里雅斯特意大利人之间社会、出身与文化等方面的差异。斯洛文尼亚中产阶级的自我形象也经历了类似的发展。欧洲港口城市普遍具有的多样性在的里雅斯特的表现就是：尽管这里生活着大量其他群体，社区却被分为两个对立的人种－民族主义阵营。这种发展趋势促进了民族统一主义，并且为那些在第一次世界大战后留在被划归给意大利的这座城市中的斯洛文尼亚人必然会经历的意大利化准备了土壤。即便在大城市化的过程中不同群体间的分界线变得更加清晰或只是刚刚出现，已经存在的多样性也并不一定在所有地方都得到巩固。

在空间上，除了中东欧的犹太人聚居区或贝尔法斯特的宗教隔离区，欧洲大陆上的人种－民族和教派－宗教群体的形成并不完全体现在人们居住在相互分开的区域中，即便某些移民集中在城市的某些街区。在一些欧洲海外殖民地，情况有所不同。在欧洲殖民者与当地被殖民者之间存在二元对立的背景下，模板式且有代表性的新建外国人居住区与原住民城市之间的空间分离是一种理想的情况，但是按照于尔根·奥斯特海默（Jürgen Osterhammel）的观点，这种纯粹的形式和全新建造的殖民样板城市一样罕见。空间共存的案例包括英属印度的加尔各答（Kalkutta）和德里（Dehli），而在法属西非人们建成了达喀尔（Dakar）这个新规划出来的城市，在法属印度支那，人们在河内旧址上建立了一个法式城市。欧洲殖民社会与城市社会的其余部分关系紧密，其中民族－种族界限十分明确，并且以一方失去政治权利，另一方获得统治霸权为基础，不同欧洲人之间以及土著群体内部的社会分层也是如此。

　　在直到 20 世纪初的城市化进程中，欧洲的城市地理在社会空间隔离方面发生了变化。1850 年前后，城市还没有被泾渭分明地划分为"好一些的"或"糟糕的"区域，城市中普遍存在一种社会融合现象。这是由于大部分城市的面积较小，而且工作场所与居住场所的空间距离较小，甚至二者通常位于同一座楼宇之中。随着城市向城墙与边界的另一边扩张、工作场所与住所的分离以及公共交通的扩建，城市人口得以按照其社会属性更为明确地彼此分隔开来，生活在不同的区域中。最早且最明确的社会空间隔离发生在英格兰。在欧洲大陆上，社会空间隔离的范围十分有限，尤其是在那些以中小型城市为主的地方。在英格兰之外的地方，在新建成的临街小楼中的群体的分界线也是垂直分布的，即在德语称为"二层"（Beletage）的楼层居住着有钱人，在底层和其他更高楼层以及背街建筑中生活着那些不太富裕的人群。当工业在一个地方落脚并发展起来的时候，它就会促进城市空间的功能性分隔，因为工厂大多建在城市郊区，那里也为工人阶级家庭安排了居住空间。在曾经的城市边缘地带，新的大型屠宰场、墓地和医院以及兵营也拥有一席之地。而在城市中心则聚集着越来越多的市政管理大楼、商业场所、购物场所、休闲娱乐地点、餐厅与酒店。

153

生活方式的城市化

　　随着城市化与分化继续向前发展，世纪末的人们认为城市具有其特殊之处。在德累斯顿举办的一场城市展览上，哲学家和社会学家格奥尔格·齐美尔（Georg Simmel）谈到了"神经生活的提升"（Steigerung des Nervenlebens），这种提升来源于多种多样的刺激，在心理上塑造了"大城市中的个体类型"。为了对抗"大城市的强暴"，在那里生活的人们必须提升自己的"智商"，同时成为一个"自命不凡之人"。齐美尔认为，与城市中个人发展的特殊机遇相比，那些极为负面的特征微不足道。因为大城市的生活方式开辟了新的自由空间，而这种自由空间无论是在乡村还是在小城市都是不存在的。瓦尔特·本雅明（Walter Benjamin）在他的散文作品中借巴黎浪荡子的形象体现了紧张的城市关系："浪荡子的辩证法：一方面感觉自己是被所有一切和所有人注视着的男人，就像一名嫌疑人；另一方面，他又是完全隐形、被藏起来的人。"除了这种哲学 - 社会学的论断之外，那些研究贫困与住房条件的社会调查

154 也为 20 世纪对城市社会的科学研究与公共研究奠定了基础。英国贸易企业家、慈善家和社会研究者查尔斯·布斯（Charles Booth）的调查按照社会阶层绘制了 19 世纪 80 年代伦敦的街道地图。他主要以家庭收入为标准对城市进行区分，概括了从富有的上层阶级到在城市地图比例尺注释中被标为"品行不端"和"半犯罪"的"最底层阶级"。这项社会调查研究了三个领域，分别是工作岗位、居住条件和宗教生活。从这一点以及上文引述的注释，不仅可以看到市民阶层害怕犯罪行为与无神论会威胁人们的秩序，这种恐惧也催生了早期的社会学研究，还可以看到人对于改善卫生与经济条件的关注。布斯在结论中表示，超过 30% 的伦敦人生活在贫困之中，这远超他之前的估计。与当时一些人所设想的不同，成立城市警察机构以及在街道上建造新的煤气照明系统并没能解决这些问题。

绘制地图的尝试代表了个性化城市"自由空间"中存在的某些界限。这些界限不仅由社会阶层的特征决定。其中一个明显的限制与女性相关。正如历史学家黛博拉·爱泼斯坦·诺德

（Deborah Epstein Nord）用伦敦的例子所指出的，市民阶层女性只有在特定条件下才能在公共空间中行动；这些条件包括由男性或"年长女伴"（Anstandsdame）陪同、穿着体面，以及对某些地区和时间加以回避。可以说，妇女必须首先找到进入城市空间的途径。这一方面是通过慈善事业和追求社会福利实现的，这在当时被称为"贫民窟"中的工作。另一方面，女性通过在城市商场以及文化生活中扮演消费者来获得走向城市的合法途径。激进的妇女参政论者与警察的斗争表明，如果女性想要利用街头来达到政治目的，她们需要克服重重阻碍。尽管对男性和其他混合群体来说，利用街头并不是理所当然的事情并且也总是牵涉暴力冲突，但从罢工、示威到节日游行和葬礼仪式的丰富活动，让他们拥有讨价还价的余地，这使得他们可以在法律框架内或根据政治情况来利用城市空间。但是对于女性个人而言，她们要承受的道德风险非常高，尤其是从事某些职业的女性很容易被认为有卖淫的嫌疑。"品行高洁与卖淫"［雷吉纳·舒尔特（Regina Schulte）语］之间的界限是市民阶层想象世界中的重大主题，这也是因为卖淫作为一个出现在19世纪晚期的城市现象涉及很多女性和嫖客。人们围绕禁区和妓院的行政监管措施等问题展开了激烈的讨论。卖淫作为一个负面例子，说明了19世纪末与城市生活方式的发展有关的经济生计、医疗保障，以及想象中受到威胁的秩序等问题。

在更广泛的背景下，人们通过扩建城市基础设施来应对各种各样的问题。直到19世纪中期，欧洲城市中由传染性疾病带来的健康风险一直居高不下。直到19世纪末，就疾病与死亡率而言，城乡间差异以及城市中各地区间差异才逐渐缩小，尽管速度不同，但在不断缩小。对改善卫生条件起决定性作用的是城市排水系统和淡水供应系统的建立。当时，下水道的建立不仅是出于卫生原因，也是为了给新的耕地排水。此外，垃

155

圾处理以及集中化的屠宰场也有促进健康的作用。通过垃圾处
理，尤其是通过将污水排入河流以及城市污水处理厂，城市对
周围的农村地区产生了深刻影响。在人与动物的关系方面，人
们开始将肉畜从公众可见的空间中迁出，这一做法保留至今；
乳制品工业框架下的畜牧业也被迁移至城市周围的乡村；狗、
猫和鸟等宠物也经历了，如果你愿意这么说的话，"城市化"。
一直到 20 世纪初，在城市生活中，无论运送什么东西，马都
是最主要的驮畜，同时它们也产生了大量粪便。在很多地方，
墓地也被集中化了，并且被迁至城市边缘地带。城市公园的建
立部分也是出于卫生方面的考虑，但同时也具有教育功能。因
为公园同时还为公众提供一种在公共监督区域下进行的规范
的休闲活动，促使公众进行露天休闲娱乐活动而不是去黑暗的
酒馆。

19 世纪晚期，除了技术基础设施得以发展，城市中也开
始开展福利国家活动。这时的城市可谓是"新世纪实验室"
［克里斯蒂安·托帕洛夫（Christian Topalov）语］，因为出
现了一些社会问题的解决模式以及一些影响福利国家未来发展
的模式。这些改革举措的特点是矛盾重重。鉴于城市人口的流
动性，消除贫困的核心问题是应由原籍地还是现居住城市提供
帮助。由地方当局来承担这些成本绝不是理所当然的，因此直
到第一次世界大战之前，全欧洲范围内几乎所有的义务才从家
乡地区转移到了居住地。但是，广泛展开的由私人和教会出资
资助的贫困救助活动大大减缓了乡村与城市之间在财政平衡方
面的冲突。私营福利机构在资金和人员方面都发挥了非同寻常
的作用。在很多领域，市政机构与私营机构之间会因地制宜进
行合作与分工。对于市政议员和志愿者的自我形象来说，区分
他们服务对象中"真正需要救助的人"和那些在他们看来应该
进行自救的人，至关重要。这种态度往往有利于妇女、儿童和

老人，而不利于男性，因为男性面临更为严苛的标准。这意味着，援助通常与威慑和教育措施相结合。穷人很少能得到标准化的、有法律保障的权利。

地方当局的公共卫生措施通常侧重于普通医疗保障、预防新生儿早夭和肺结核，而不是针对在道德上有争议的现象，如酗酒和性病。为了防止后者的传播，人们形成了一些民间组织。城市中的青年工人作为特殊群体成为人们关注的焦点。这一群体有收入但没有家庭的约束，身体强壮、性成熟，但在人格发展方面被认为尚未成熟、易受影响，因此特别脆弱和危险。无论是地方当局还是各种协会都致力于约束他们，让他们融入社会。在工作方面，除了像根特（Gent）这样由地方当局出资补助工会失业救济金的城市，以及那些设有工商法庭的德国城市，欧洲城市几乎都没有起到积极的作用。

围绕着扩建排污、供应和交通基础设施以及改善扶贫和卫生健康领域的福利，一场关于公共责任与私人义务之间关系的国际辩论逐渐展开。城市社会主义这个关键词可以说明在很多城市中普遍实行的公共机构对水厂、煤气厂、电厂和交通机构费用的责任。问题在于，这种做法是否完成了一个必要的且别无他法的任务，改善了所有人的生活条件，从而有助于维护社会秩序。那些在很多方面主导了公共政策的资产阶级代表，就是从这个意义上理解自己的行为的。另一方面，公共机构以及救助设施也可以被理解为改变社会秩序的第一步。社会主义工人运动就更倾向于将它们从这个角度进行阐释。但是社会主义工人阶级在城市议会中常常是势单力薄的，以致不足以对事态的发展产生影响。

在实践中，除了一些代表看似激进的计划外，市政基础设施的扩建一直是一项改革计划，其直接进展令资产阶级代表感到自豪。弗里德里希·伦格尔（Friedrich Lenger）引

158

述了克雷费尔德市（Krefeld）自由党人阿尔弗雷德·莫雷纳（Alfred Molenaar）在 1880 年代初的宣言："我们可以对家乡在过去几十年中所取得的卓越发展感到心满意足了。居民人数在不断增长，宽阔通畅的街道不断向外延展，雄伟的建筑拔地而起，越来越接近天空……自来水管输送出清澈无菌的自来水，不久后，最后一台水泵和最后一个水壶将成为国家博物馆的藏品……我们的工业所产生的黑色浊流再也不像以前那样胡乱地流入周围……如今，污水安静地、不为人知地流向这座城市的百姓和高级官员为其指定的河床——莱茵河。很快，马车铁路就会横穿我们的城市，拉近居民之间的距离，让他们离郊区更近……"

这种关于进步的演讲蕴含着对未来的信念和愿景。然而，这也反映了人们塑造城市与环境的切实愿望，即全面改善生活条件、提高市民的财产与富裕水平。大量的公共与私人投资流向了基础设施扩建项目，我们至今仍在使用其中一些基础设施。在这里男性所表达出来的对自己城市的自豪感，在某种意义上也体现在女性从事的救济工作。这种自豪感也依靠欧洲城市之间的合作性竞争。人们在众多的国际大会和专门会议上探讨改革过程中的经验，并在报刊中加以宣传。因此，作为知识交汇之处的欧洲城市，也通过致力于自身发展而彼此紧密相连。人们把标准设定得非常高，就像曼海姆 1900 年为了庆祝有轨电车投入使用而在当地发行的明信片中的一首方言诗说明的那样："是呀，灯光，人们在这里乘坐电车敏捷穿行 / 在这里驻足真的非常值得。/ 外国人很快就会意识到 / 如今曼海姆就是小巴黎。"（Ja, Leutcher, dess is halt viel werth, / dass ma hier flott elektrisch fährt. / Die Fremde glaawe ganz gewiss, / dass Mannem's klee Paris jetzt iss.）尽管曼海姆和巴黎的差距不容否认，但是人们对于城市化的普遍设想还是在这首具有讽刺意味的诗中得到了体现。

　　生活节奏的加快、城市居民自我意识的改变，无论他们是紧张还是自由，这些感受都构成了城市生活方式的一个侧面。此外，还有资产阶级文化机构，如博物馆和剧院，它们在原则上（就算不是实际上）对所有人开放，还有大众流行文化。最后，19 世纪后半段，城市化主要体现在物质层面：城市基础设施以及公共救助项目使大都市发展成为城市生活空间，树立了新的标准。城市化的方方面面使欧洲内部以及欧洲之外的城市相互连接。同时，城市也与乡村分离开来，即便这种分离方式不同于以往的法律差异。因为随着人口流入和城乡之间往返活动的增加，以及城市建筑、基础设施、经济与环境影响向周边地带延伸，城乡边界被夷为平地，并且从人们向外寻求发展的 19 世纪开始，城乡之间并不总是显而易见或有意识的互动得到加强。但是，直到 20 世纪末，在不同的条件下，标杆式的城市生活方式才在乡村得以实现。在欧洲之外，在殖民地的中心城市和其他国家，现代欧洲城市的影响力在 20 世纪初就已显露出来。

160

4　社会新秩序：等级、阶级、家庭与人民

　　19 世纪，社会秩序与关于如何对社会进行管理的观念都发生了变化。这一过程始于 18 世纪晚期，在欧洲各个社会中并非同步发生。然而，从 19 世纪中期开始，这种变化在几乎所有地方都变得十分明显：阶级取代了社会等级，成为主要的社会划分原则。像市场能力、财产和教育这样的社会经济原则取代了在此之间举足轻重的因素，如出身、阶层特权和传统生活方式，这些曾经是决定人们属于哪些社会群体、拥有何种人生机遇的关键因素。但是，社会不平等绝没有随着结构性等级

秩序的解体以及阶层或阶级的形成而消失。新的决定性的区别因素被确立下来。市场机遇或市场依赖性、财富多寡以及教育的有用或不足够造成了人们能明确感知到的不平等。此外，这些社会经济原则还与其他特征交织在一起，根据情况和意图，这些特征的影响力和表现力可能超过阶层和阶级归属。在 19 世纪，区分特征还包括性别与信仰、地区出身以及后来出现的民族和种族特征。正如马克斯·韦伯（Max Weber）所指出的，"阶级差异……与等级差异之间的联系最为多样"。阶级社会并没有取代等级社会，但阶级地位与等级地位进入了一种决定性的紧张关系。因此，尽管消除社会不平等是新阶级的代表——工人的纲领性诉求之一，男性公民在法律上基本上实现了平等，政治参与的机会也得到了扩大，但社会秩序还是受到了社会不平等与差异性的巨大影响。

最终，其他社会秩序观念和与之相关的社会行为取代了瓦解了的等级秩序。一方面，等级共同体成员身份的消失导致社会的个体化。塞缪尔·斯迈尔斯（Samuel Smiles，1812–1904）于 1859 年出版的《自助》（*Self-Help*）一书就是这一趋势的典型代表，该书在作者去世前就已售出超过 25 万册。这位苏格兰的政治记者一开始致力于政治与社会改革，但从 19 世纪 50 年代起坚定地主张人们只有通过个人努力和个体进步才能够改善社会状况。其中凸显出来的是一种关于社会秩序的理想，即在自由平等的个体努力的基础上，实现整体进步。但是另一方面，在各种各样的协会和联合会中形成的新的社交形式，对这种观念起到了补充作用。与按社会等级区分的团体不同，这些协会和联合会是指那些人们可以自愿加入的、原则上对所有人敞开大门的协会组织。这些组织覆盖了社会生活、文化生活、工作领域、经济领域以及政治的方方面面，其形式包括工会、协会和政治党派。实际上，具体的协会并非对所有人开放，而是按照职业和社会地位、性别和宗教信仰形成不同的圈子，或者排斥某些群体，尤其是妇女和犹太人。但是作为一种社会秩序形式，这些组织还是在 19 世纪的进程中跨越了阶层与社会环境，传播开来。

19 世纪后半段的社会秩序不仅仅受到新的大型群体的影响，在家庭这种小型群体中的生活方式也发生了改变。对此产生影响的因素主要是人口增长、资本主义经济方式的实行，其次是国家干预，但最重要的是作为整个社会的理想典范的资产阶级家庭模式。实际上，欧洲并没有发展出统一的家庭结构。将家庭与婚姻理解成一种法律形式的趋势，使得对家庭和婚姻的社会 – 国家功能描述得以产生，这补充或取代了宗教 – 教会功能描述，同时也为关于家庭内部关系和社会 – 政治角色的新的对立观念提供了可能性。在 19 世纪末，种族观念越来越多地带有生物和自然历史的色彩，并开始对家庭与"人民"之间的联系产生影响。

市民社会

让我们遵循将这一时期称为市民时代的传统，从市民阶层和中产阶级的社会形态说起。市民并不是一个全新的阶层，而是一个在 19 世纪成长起来的阶层，它独立于所有内部差异，并对整个社会提出要求。按照不同的定义，在第一次世界大战之前，市民阶层在荷兰占总人口的 40%（1850 年前后约占总人口的 20%~25%）、在英国占总人口的 45%（1881 年前后已达 42%）。意大利在某种程度上代表了全欧洲范围内的差异性，因为根据当时的统计数据，1901 年意大利北部约有 55% 的人口属于中产阶级（1881 年约为 46%），这一比例在意大利中部甚至达到了 61%（1881 年为 55%），而在意大利南部为 41%（与 1881 年持平）。这些数据是基于对中产阶级的宽泛

163

定义得出的，在国家之间也没有可比性。它们反映出了不同的分类界定方法，但也显示出中产阶级在不断壮大，从统计数据的角度来看是以牺牲下层阶级为代价的。然而，单纯看统计数据，人们无法真正了解市民的社会阶层。

谁是市民？一些历史学家，尤其是在针对德国的时候，会用城市传统来定义市民阶层，并且相应地强调市民在法律和经济层面的意义。其他历史学家则更看重在某种程度上成为知识文化意见领袖温床的职业与教育，以及文化生活方式。因此，除了社会阶层，人们与国家以及——作为具有深刻影响、接纳性和排除性的一系列准则的——"市民性"的关系凸显出来。即便在一座小城市，市民在现实中也成了一种城市现象。这一阶层的男性成员从事的职业是商人、售货员、银行家、手工业师傅和工厂企业家。此外，他们也在那些以大学学历或类似教育资格为前提的职业中赚取收入：19 世纪后半段的市民阶层大多从事律师、牧师、医生、中学教师或大学教师、作家和记者等工作。起初，自营职业是市民阶层属性的一个重要条件，但到了 19 世纪，随着国家或公共职位的扩大，这些职业也在市民阶层中获得了声望。到了 1914 年，随着经济的大幅增长，企业中担任高层和领导职位的群体，尽管他们与中层职员之间的界限不甚清晰，也加入了市民阶层行列。因此，从早期现代过渡到 19 世纪以来，比较高的收入或较多的财产就是成为市民阶层的重要社会标准。而城市公民的那些传统法律特权，在法国大革命之后就被新的权利平等所取代；在政治方面，在君主制国家的框架下，臣民作为国家公民和城市公民的政治参与到 19 世纪都尚未永久确立。因此，一直到第一次世界大战之前的时期，才出现主要从社会意义上定义的市民阶层。

对市民阶层职业的具体列举体现了当时市民阶层在公共和经济领域在极大程度上是由男性主导的。确实，按性别划分不同领域可以被视为市民阶层生活方式的一个特征。这种特征出现在 19 世纪，直到 19 世纪末才受到了一些人的挑战，但是一直都没有被消除。另一方面，受人尊敬的市民阶层妇女则在家庭组织、儿童教育、与朋友和同事就文学和艺术展开的交谈中，按照规范展示她们的市民阶层身份。这些主要是在私人空间进行的。对于她们来说，公共活动领域仅限于为那些困苦之人和病人提供的通常带有宗教色彩的社会救济活动；除了救助和疗愈，未婚女性的另一个活动领域是作为教师的教育工作。事实上，即便并不明显，女性通过婚姻和社交在典型的市民阶层关系网中发挥着核心作用。而这种关系网正是男性获得职业和社会成就的基础，也是整个家庭物质丰裕、生活精致的基础。这一切都是女性在一个法律上不平等，面对男性时在经济自主性、继承权和离婚问题上处于下风的位置上完成的。以父权制为标志的市民阶层在促进平等时，还是在家庭和公共领域划定了明确的性别界限。

　　上面所描述的模式是欧洲的，但是在概念和社会的自我理解方面必须分开讨论。市民阶层（Bürgertum）、资产阶级（bourgeosie）和中产阶级（middleclass）的含义是不同的。在德语中，"市民"（Bürger）具有多重含义，它可以指阶层的和城市的，也可用来表达国家的和地区的。"国家公民"（Staatsbürger）是一个专业术语，表示臣民在一个国家中的法律地位，也可用于区分国民与外来居民。"市民阶层"一词在 1860 年之后才独立出现在德语词典中。这一单数集合名词几乎没有被用作社会描述性术语，而更多地用来指出公民态度和思想的特征以及期望。在整体社会秩序中，市民阶层被赋予了一种在贵族与工人阶级之间的调节功能。不同于德语引入的外来词资产阶级，市民阶层并不是表示阶级斗争的概念，而是表示追求和谐的词汇。

法语中的"公民"（citoyen）一词则具有跨阶层的意味，因为自法国大革命以来，它就指每个人都应享有的一般公民权利，无论其社会地位如何。只要选举权仍然受到财产、收入和性别的限制，那么它就是一个暗示着政治诉求的概念。资产阶级一词则是一种经济意义上的称谓。在资产阶级内部还可以区分小资产阶级（petit）和大资产阶级（grand bourgeois），并且这个概念将利益冲突定义为阶级冲突。与具有多重含义的德语词 Bürger（市民、公民）相比，这种在相应的法语领域中所使用的政治–社会语言更为强烈地表达出冲突的意味。相反，在英语社会语言中，占主导地位的是具体的描述性词汇。传统术语被用来客观描述职能分工（贸易商、制造商）或命名政治角色 [平民（commoner）意为下议院的成员]，描述政治角色的那些概念由于其具有的特殊地位，在阶级方面是中

166

性和开放的。绅士（Gentleman）指的则是一套行为规范和一定的教育水平，它被用来排除下层阶级，但是这一概念既包括市民阶层也包括贵族。中产阶级（middle-classes）这一复数表示其所属群体的内在复杂性和流动性。中产阶级成员资格当时与财产、收入和教育水平等特定条件相关联。在社会秩序的框架下它体现了个体的渗透性。"市民／公民"这一概念在上述三个国家的民族语言中的含义明显有细微的差异，这种现象在其他社会中也能观察到。莱恩哈特·科赛莱克（Reihnhart Koselleck）、乌尔里克·施普雷（Ulrike Spree）和威力巴德·施坦麦茨（Willibald Steinmetz）认为，这表明在欧洲形成了不同的市民世界，其中人们通过语言上千差万别的方式描述它们各不相同的经验，从而使这些经验以不同的方式在社会以及政治上发挥作用。

如果说语言呈现出了欧洲千差万别的市民社会，那么直到 19 世纪和 20 世纪之交，我们还能观察到一种普遍的趋势：市

民阶层社会多了种族和民族属性。这种现象在社会内部以及各个社会之间造成了分裂，削弱市民阶层对公共利益的诉求。波罗的海港口城市里加（Riga）就是一个很好的例子。1867 年，里加的居民人口接近 10 万。1913 年这一数字超过了 50 万，里加也一跃成为俄罗斯帝国第三大城市。在这一时期，市民在总人口中的占比攀升，1900 年前后，这一比例与德国城市中市民的占比相仿，达到了 8%（不计亲属）和 36%（计入亲属）。19 世纪中期之前的里加市民社会以僵化的等级秩序为特点，这一点在社会界限和人种界限的紧密联系上得以体现：市民阶层主要是德国人。1867 年，按照日常所用语言对全体人口的人种属性进行划分，人口的 43% 是德国人、24% 是立陶宛人、25% 是俄国人、5% 是犹太人。由于拉脱维亚人从乡村地区迁入里加，1913 年起他们的占比达到了 40%，而同期德国人和俄国人的占比分别下降至 16% 和 22%。同时随着城市化的进行，社会地位与民族出身之间的紧密联系被割断了。1881 年，公务员和自由知识分子这两种市民阶层的典型职业中，德国人仍占 65%，拉脱维亚人只占 7%。俄国人则占 18%——从 18 世纪开始，这座城市就属于沙皇统治范围，但直到 1891 年俄语才在俄罗斯化的背景下取代德语成为官方语言。到了 1913 年，公务员和知识分子的人种构成发生了根本性变化：现在这些职业中只有 28% 是德国人，但是拉脱维亚人的比例达到了 25%。在其他市民阶层职业群体中，情况也大抵如此。因此，以种族为特征的等级秩序的解体为拉脱维亚城市居民提供了通过市民化提高社会地位的机会。在社会发展过程中，人们的族群属性不再决定人们的职业和社会地位，但它却划定了社会内部的分界线。

　　在里加并没有出现共同的市民社会。相反，这个波罗的海商贸城市中的市民社会却发展出了泾渭分明的"共同性的界

167

限"〔乌尔里克·冯·贺舍豪森（Ulrikevon Hirschhausen）语〕。民族圈子的形成不仅体现在政治方面，也体现在地方的社会化中。在 19 世纪 60 年代，这座城市的大剧院以"德国剧院"的形式落成。在 19 世纪上半期，推动协会组织的只有德国人。在 19 世纪下半期，这种市民社交形式在拉脱维亚人、俄国人和犹太人中间也传播开来。1914 年，这座城市有了近 700 家协会。出现如此多的协会是因为在多种族市民社会中存在内部竞争。由于社会特征几乎无法区分，市民们按照种族进行自我区分。下列两个事例说明了这种多层次的互动。1802 年成立的"文学实践公民联盟"（Literärischpraktische Bürgerverbindung）致力于城市公益，不论受助者的族裔如何，而 1905 年成立的"德国协会"（Deutscher Verein）则致力于支持德语学校与教育事业，提升德国人的经济福祉，以及弘扬德语和民间社交活动。这种以民族为基础的协会组织可以被视为一种对逐渐形成的拉脱维亚民族主义和国家俄罗斯化的反应。另一方面，里加的"拉脱维亚协会"（Lettischer Verein）早在 1868 年就已成立。该协会的成员最初包括德国人和受德国文化影响的拉脱维亚人，想要通过传播知识、进行启蒙教育从拉脱维亚农民中创建一个国家公民社会。因此，协会成员都抱有社会解放的期望，但是这些观点都间接地针对由德国人组成的上层阶级。随着拉脱维亚社会中中产阶级的发展，拉脱维亚协会在社会上孤立于下层阶级和不再被视为这个民族一部分的犹太公民。现在，拉脱维亚人的这个协会成了拉脱维亚律师、地主和企业家市民阶层交际活动中具有社会排斥性的一部分，充其量在言辞上保持着民族包容性，同时与德国人、俄国人和犹太人的协会划清了种族界限。虽然拉脱维亚人和德国人都信奉新教，这在初期让拉脱维亚人更容易进入德国人主导的中产阶级，但是宗教作为另一种对市民社会进行结构划分

的维度，长期以来在里加并没有起到统一的作用。到了 1900
年，这种共同的宗教信仰已无法克服种族界限。宗教从一开始
就强化了信奉东正教的俄国人和犹太公民之间的种族界限。

在 19 世纪，种族作为一种结构化特征，对市民阶层社会的
影响愈发强大，与职业、财产和教育、宗教信仰以及性别等其他
影响因素并列。这种现象并不是里加独有的，而是一种存在于全
欧洲的现象。按照乌尔里克·冯·贺舍豪森的观点，种族是中
东欧最基本的特点。布拉格也是一座有着类似种族划分的城市。
1882 年，布拉格大学甚至分裂成了一所捷克语高校和一所德语
高校。此外，解决多民族问题对于东南欧中产阶级的发展也很重
要，这里还生活着来自奥斯曼帝国的民族和信奉伊斯兰教的民
族。比利时和爱尔兰也是多民族国家。由于犹太市民阶层的标志
不是宗教而是种族，因此欧洲许多地方的犹太市民阶层也面临市
民阶层群体的边界问题。最后，在贸易中心和伦敦等帝国大都市
的市民社会形成过程中，民族身份认同也产生了影响。

在 19 世纪下半段，市民社会摒弃了出身等级秩序，市民
人数增多，而且它也具有了越来越重要的社会意义，但欧洲的
市民社会没有超越粗略的社会分层特征和已有的模式。尽管欧
洲各个社会的形式相近，社会间交流密切，但欧洲出现了截然
不同的市民社会。它们在社会、文化、宗教和民族方面都受到
制约。这些结构化维度以何种方式组合在一起对各个群体的形
成及其行为产生影响，取决于它们在具体社会环境中的关系。
人们并不会因为归属于市民阶层，拥有相应的生活方式就抱持
某种特定的社会政治立场或党派政治态度。即使是今天被许多
人视为公民社会标志的公共领域社会组织的自组织①，也并不总

169

---

① 自组织（Selbstorganisation）在社会科学中也称为自发秩序，是指最初的无序系
统中的各部分之间局部相互作用，形成某种整体秩序的过程。——编者注

能解决争端。就像里加和其他很多地方的例子证明的那样，自
组织在多样性的背景下甚至会产生激化矛盾的效果。在第一次
170 世界大战之前的半个世纪里，欧洲的市民社会认识到并发展出
了许多边界，这些边界大大制约了这些市民社会的共同性。

工人阶级与下层阶级

19 世纪后半段，在所有欧洲国家中，有一个群体迅速壮
大了起来。他们的生存特点是雇用劳动与依附性工作，而非财
产、独立性和较高的受教育水平。因此，这一时期绝非一个市
民阶层时代。从下层阶级中发展出了一个工业体力劳动者阶
级。说起这一阶级，人们会想起矿山、钢铁厂或机械工厂工
人。他们生活在新兴工业城市中，受过职业技能培训，是某个
工会充满自信的成员，投票支持某个工人政党，这些政党在议
会，有时甚至在议会外为政治解放和社会解放而斗争。在这种
工业劳动"英雄"形象的背后，是当时的一些人和一些马克思
主义历史学家所抱有的一种思想，即职业和社会形势的变化将
在工人中唤起阶级意识，这种意识将促成跨越国界的联合整治
行动和团结。然而，历史发展充满了不确定性，这种思想不仅
忽视了工人阶级和下层阶级中的妇女，还淡化了复杂的社会状
况、多样化的生活方式和不同的组织程度。在第一次世界大战
之前的几十年间，欧洲社会秩序的特点是雇用劳动与男女工人
对工作的依赖性，以及围绕着行使国家权力产生的冲突。但是
这些特点并没有发展成人们所期待或是所惧怕的阶级斗争。

在 19 世纪中期之前，工业劳动岗位显著增加，尤其是在
171 英国。1851 年，英国是唯一一个一半以上劳动力都从事工商
业的国家。在法国，资本主义的生产和劳动方式逐渐渗透到
了工商业，改变了传统的劳动条件和生活条件；在德国这个
手工业中技工过多的国家，则还没有出现这种情况。与其他

地方一样，直到 1848/49 年的革命之后，真正的工业劳动形式才在这里得到普及。直到第一次世界大战前不久，法国有近三分之一、德国有 40% 的劳动力以工业为生。在比利时和瑞士，这一比例分别是 47% 和 46%。这些数字只是近似值，但表明了上述国家现代劳动力培训所依据的结构变化。此外，哈布斯堡王朝的波希米亚、摩拉维亚，以及俄属顿涅茨克盆地（Donezk-Becken）都是工业行业较为强盛的重点地区。欧洲其他地区，例如瑞典和荷兰，也发展了工业和商业生产，但并不具备这种集中程度和规模。所以直到第一次世界大战之前，在这些地区都谈不上工业经济对全社会产生影响。

　　与依靠工资的工业劳动相伴而来的就是城市中特殊的、新的生活方式。这种生活方式的特点就是工作场所与住所的分离；但是与女性相比，这一特点更适用于描述男性的情况。工人自己的居住区是由私人建筑企业修建的，公共住房几乎是不存在的。工人们在大城市中几乎从未拥有过自己居住的房子，如果有也只是在那些小城市中。租来的公寓的质量通常很差，空间狭小又拥挤。在居家工作的地方，住所与工作场所的根本性分离并没有实现。享有某种隐私空间的主要是那些具有一定技能且收入更高的工人及其家人，很多人生活在一种半开放的家庭结构里。一种由协会组织、教育机构和娱乐场所组成的独特的文化生活发展起来。在很多地方，工业人口形成了一种社会圈子。这种圈子完全可以——但并不必需——是由属于工人阶级的这种观念所决定的。以代表利益为目标的政党和协会也属于这种社会圈子，是发展中的大众政治（Massenpolitik）的一部分。与社会方面的情况一样，国家和雇主对于工会和党派政治活动的镇压与阻碍，也至少促使人们形成了一种工人意识。围绕参政产生的冲突以及反对社会排挤的斗争在很大程度上促进了政治动员以及工人阶级的身份认同。

172

　　然而，并不存在统一的阶级形式和意识，因为工人内部的分层也是多种多样的。在纺织厂或火柴厂等轻工业企业中工作的女性工人的处境就与在矿山或钢铁冶炼企业中的工人不同。从事化工业和机械制造业的大型工厂中的情况，也与中小企业不同。正如格尔哈特·A. 利特（Gerhard A. Ritter）和克劳斯·滕费尔德（Klaus Tenfelde）所说，工业工人内部就存在从多个角度进行划分的不同群体。一个最基础的划分标准就是工人的性别。工资差异、劳动环节中所处的位置、技术能力：从所有这些标准来衡量，女性的状况都劣于男性。此外，男性以及大多数工会都不太尊重女性的工作，而女性自己也往往认为自己的工作是临时的。但是，通过自己所坚持从事的"副业"，女性还是为工人家庭提供了十分重要的收入来源。此外，不同的职业形象以及与此相关的工作也进一步强化了这种工人内部的不均衡性。当一种有手工业背景的工作发展成为技能型工作时，它会要求更高的资质，并带来更多的酬劳以及更高的声望。而一个历史不甚悠久、以沉重的体力活和脏活为主的职业，则会引发相反的评价。总体上看，职业中的技术含量是工人内部最重要的划分标准。地区条件则造成了工人内部的其他差异。一个工业区离大城市多远、是否还存在与乡村生活方式的联系、人们是否还拥有少量房产、从哪里来以及从属于哪个族群，都对工人内部的群体形成产生影响。此外，宗教信仰与政治倾向也在工人的内部分化中产生了影响；在德国中央党这个天主教主流党派中，这两点甚至产生了直接影响。

　　最后，有一个因素在很大程度上阻碍了工人中形成社会群体：工业化地区中较高的人口流动性。很多工人，尤其是重工业从业者，无论从哪个方面看都是异乡人；他们从波兰进入鲁尔区，从意大利来到洛林，或是仅仅从乡下进入工业城市。他们年轻、单身，并不愿意安定下来，经常换工作和城市。繁重的工作让他们对于酒馆之外的消遣活动无多余精力。要组织协会以及工会，在这种条件下困难重重。在不断发展的城市中，工作、居住和生活条件的日益稳定都有助于巩固工会或协会的组织结构。与工业化初期和19世纪中期以后的动荡发展阶段相比，得益于上述改变和普遍的社会繁荣，整个工人阶级在世纪之交的地位相对稳定，尤其是在已经工业化几十年的地区。如今出现了越来越多的"天生的无产者"。这是指那些除了在出生和成长的工业世界中从事资本主义雇用劳动，再也没有其他家庭和生活经历的人，这种情况与1850年前后不同。

174

　　然而，尽管整体的生活境况得以改善，工人群体的个人生活状况仍然变化无常。工作与收入取决于经济景气，工会很少提供失业保险，也很难保证长期生活来源。工作场所存在健康威胁、家中卫生条件欠佳、营养不良且医疗资源不足，因此疾病轻而易举就能打倒每个人，限制人们的劳动能力并造成额外的支出。对于老年人和劳动力减弱的人群而言，一直不存在任何保障。但是在19世纪下半段情况开始变得更好，这在很大程度上是由于实际工资收入的增加。虽然大多数欧洲社会的收入差距扩大了，但总体水平却提升了。因此处于下层的人们总体上也能感受到生活水平的提升。此外，尤其是那些熟练的产业工人，通过相互合作来抵御生活中的变故，这也使情况得到了改善。在那些工作岗位和家庭相对稳定的地方，这些措施在某种程度上发挥了作用。公共机构和国家立法机关首次尝试调整公共救济措施以适应工业时代今非昔比的生活与劳动条件，以此让人们有可能获得些许帮助。尤其是法定社会保险的引入，对未来具有举足轻重的意义。无论是自助还是公共福利政策，尤其是以缴费和自我管理为基础的政策，都反过来促进了阶级的形成，因为工人通过这些措施和政策形成了一种具有凝聚作用的归属感和责任感。例如在德国，工人还被视作一个独立群体，这也增强了他们作为工人的身份认同。

175   将工人当作个体去观察还不足以让我们理解他们的生活处境。如果人们将工人放在家庭关系的背景中去研究，就会发现一个相对富裕与贫穷之间的生命周期，这种周期在工业社会中十分典型。工人的收入会经历不同的阶段。境况最好的是那些具有职业技能的年轻单身汉们，因为他们的工资相对较高，并且除了食宿他们也几乎没有其他必要的支出。他们会将钱花在衣服和娱乐上，储蓄很少。这一无特殊支出的高收入阶段出现在 18~20 岁单身男性以及 27~29 岁的新婚男性身上。年轻女性也会经历一个类似的阶段。但是由于女性的报酬更少并且女性结婚的年龄更早（25~27 岁）这一阶段更短且收入更低。着眼于未来的家庭，女性似乎也更愿意进行储蓄。工资水平并不取决于年龄，而是取决于技能与工作能力。在 40 岁之前，工人的收入都处于较高水平，尤其是计件工资。然后，根据职业、计酬方式和身体状况的不同，工资就会有所下降。

但是，对于生存而言，婚姻与孩子是决定性的时刻。因为二者的出现都会产生教育、成立家庭、食品和住房等方面的开销。就女性一方而言，这通常意味着工作受到限制或只能做那些薪水较少但能让自己照顾家庭和料理家务的工作。对于母亲来说，这一生存阶段是持续不断地操劳、拥有较少发挥空间且几乎没有休息时间的时期。家庭收入取决于孩子的数量，也取决于孩子们何时能自己工作，并在尚住在家里的时候为家庭做出经济贡献。一旦后代成立自己的家庭并且因此不再为原生家庭的收入做出经济贡献，最后的生命周期阶段就宣告开始了。

176 这一阶段的特点是收入越来越少，这主要是由劳动能力下降和频繁生病造成的。到这一阶段，男性的工资也开始减少，因为他们无法跟其他人一样工作或是必须调换到不那么辛苦但酬劳也更低的岗位上去。这一阶段在 19 世纪大多数以死亡为结尾，因为工人几乎从未退休过。年事已高的工人并不是没有工作，只是现在只能做那些更为轻松、技术上没有过多要求的工作。在第一次世界大战前的几十年间，公众就已经认识到了老年贫困的问题并在当时就此展开了讨论，因为当时工人阶层的寿命比 19 世纪中叶时要长。

工人家庭的收入曲线是周期性的，取决于成立家庭和人生变故发生的时间点。作为最重要的基础，主要收入通常是指一家之中父亲的工资——这反映了男性在工业生产过程中的地位及其市场价值。同时，这也表现出工人组织中的工人也遵循的一种主流模式。按照这种模式，男性的工资是保障家庭生存的主要来源。而女性所挣的额外工资以及她们无酬的家庭劳动则决定着一个家庭能否过得相对宽裕一些。工人几乎没有任何余地购置资产，以备不时之需和养老，因此，有困难时只能去当铺或变卖家具、手表和其他动产。

第一次世界大战之前，工人的生存条件在欧洲各处都较为艰苦。贫困并不是一个令人意外的现象，对于大多数人来说它只是周期中的一个阶段。尤其是在 19 世纪 70 年代之前，很多人都做着季节性工作，在那个没有社会保障的时代，反复出现的失业会直接导致人们失去收入。在年景"好"的时候，小花园、蔬菜地、饲养鸡或是猪也会被当作一种改善家庭收入的手段。然而，也许部分是由于工人的生活状况越来越不稳定，组织起来的工人作为一个阶级，在概念上将自己与下层人民区分开来。将历史视为阶级斗争史的意识形态观念也发挥了作用。无论如何，将人们划分为辛勤工作、生活俭朴的好工人和曾经被称为"群氓"的威胁社会秩序的底层人的，不仅仅是那些来自市民阶层的评论员。那些将自己自动归入工人阶级的人，也与更底层的人划清了界限。就马克思主义指导下的运动将"无

177

产阶级"（Proletarier）当作一个积极的自称而言，"流氓无产阶级"（Lumpenproletariat）在语言上起到了向下区分的作用。那些具有阶级意识的工人绝不属于最底层的社会群体，而是属于一种"工人中产阶级"（Arbeitermittelstand）或是"工人贵族"（Arbeiteraristokratie）。有组织的工人运动的生活以及文化并不代表社会的全部底层人民。上文所描述的产业工人形成阶级形式的社会现实与生命周期的相对富裕阶段都是由那些专业工人的价值观与行为方式决定的。这些专业工人收入较高、生活在稳定的家庭关系之中，与其他群体泾渭分明：向上，他们与占据统治地位的市民阶层不同；向下，他们与"底层无赖"也不可同日而语。因此，组织起来的工人阶级也可以被称为"圈子中的圈子"（Milieu im Milieu）[沃夫冈·卡舒巴（Wolfgang Kaschuba）语]。从社会方面来看，即便工人阶级周围的人都认为他们在社会和文化上具有举足轻重的意义，但工人阶级与那些处在更不利情况下的社会阶层之间的区别通常比较细微。

总体而言，工人阶层的特点是雇用劳动。工业、商业和涉及手工劳动的服务行业中的男女，都在从事这样的工作。城市中出现了新的居住形式和生活方式。属于这个阶层的人们成立了自己的协会、联合会和党派。他们的集体认知和个人的自我认知在多大程度上符合"工人阶级"的认知并不是确定的。在19 世纪后半段，阶级意识和阶级行为一直是一种选择[约翰·布雷利（John Breuilly）语]。在 1789 至 1848/49 年间，这种阶级意识和行为的语言和组织形式就已经形成，现在人们可以进一步发展它们。尤其是在向上和向下区分工人阶级和其他社会阶层时，阶级意识和阶级行为尤其具有冲击力和说服力。而在具有性别、职业、地区、人种和宗教信仰差异的工人阶层内部，情况并非如此。

贵族与贵族地位

与市民阶层和工人阶级不同，贵族仅与下层民众相区分。我们也可以用研究领域的术语描述这一情况：19 世纪的贵族通过不懈努力成功地维护住了自己的"上层阶级"地位。法国大革命的平等观念及其具体落实以及市民的广泛参政直接威胁到了当时依然享有特权的贵族群体的利益。经济发展使得经济活动不再局限于那些普遍以贵族阶层财富资源为基础的农业领域：更广泛的阶层可以在工业、商业和银行业获得极为可观的新财富。值得注意的是，虽然此时阶级结构已经发生变化，但直至第一次世界大战贵族仍然能够在一个运转良好的阶级社会中保住自己的优势地位，并且也没有放弃其在价值观和生活方式方面的文化特性。如果出身和法律特权不再是决定性因素，那么哪些因素还能使得贵族可以"留在上层阶级"（Obenbleiben）[鲁道夫·布朗（Rudolf Brown）在维尔纳·桑巴特（Werner Sombart）之后提出了这一概念]，可以在社会、经济和政治上保住自己的领先地位？此外，是哪种行为使得这种"共存"（Zusammenbleiben）[约瑟夫·马采拉特（Josef Matzerath）语]成为可能，让贵族阶层作为一种拥有特殊价值观的社会形态在现代社会中得以留存？

首先要指出的是，贵族在整个社会中是一个占比非常小且比例逐渐变小的群体。1800 年前后，法国、英国和普鲁士约有 1% 的人口属于贵族，俄国的贵族占比为 1.5%；在拥有更多小贵族的波兰和匈牙利，这一比例要高几个百分点。当人口增长时，贵族的占比却没有增加，这使得 1900 年前后贵族在总人口中的比例在各地都有所下降。此时普鲁士王国的贵族只占总人口的 0.5%，而所有德意志帝国成员国的贵族加起来只占 0.1%，波兰的这一比例在 1% 和 1.5% 之间。总体而言，尽管部分人被谨慎地提升为贵族，但这并没有弥补贵族在人口中

179

比例的相对下降。从绝对数量上来看，拥有上议院席位的英国贵族只有几百个；如果算上拥有更为宽泛的社会和法律地位的低级地方贵族，大约有超过 2 万人。在俄国——这个由孩子继承父亲头衔的国家，超过 100 万人拥有贵族身份。因此，仅通过对比数字很难得出具有说服力结论。此外，欧洲相对富裕的贵族和相对贫穷的贵族之间的差距十分显著。例如，贝德福德公爵（Herzog von Bedford）的年收入是大多数东普鲁士骑士领地价值的 5 到 20 倍。英格兰的高级贵族和普鲁士的容克地主（Junker）的状况与住在城市出租公寓中的贫困潦倒的"楼层贵族"（Etagenadel）大相径庭。

180 　　贵族安身立命的根基是地产。法律特权的终结在欧洲的贵族历史中起着举足轻重的作用，但这并没有引起翻天覆地的变革；无论地产规模大小，土地所有权依旧没有被波及。在这一基础上，贵族可以从统治阶层发展成为地区精英 [海因茨·莱夫（Heinz Reif）语]。继承法确保了家庭（而非个人）与土地的紧密联系，从而保障财产尽可能不被分割。法律规定对长子最为有利。只有法国的情况有所不同。因为在法国，自 1830 年的七月王朝以来，法律废除了继承法中长子的特殊地位，以实现继承人之间的平等性。但是法国的贵族家庭也努力避免土地因遗产分配而变得四分五裂。贵族与有产市民（die besitzenden Bürger）一起形成了一种占据领先地位的名流社会。该社会的特征包括大量土地的所有权、紧密的家族联系（通常不包括贵族和市民之间的通婚）以及地方和区域性关系网。在欧洲其他地方，贵族家庭依旧停留在自己的圈子里。只有在经济困难的情况下，贵族才会与出身市民阶层但家庭富有的女性结为夫妻。这种形式的联姻在某些英国贵族家庭迎娶美国女性时尤其受到关注。市民阶层的男性无法通过这种途径成为贵族，即他们无法通过迎娶出身贵族家庭的女性来获得头衔。

欧洲的贵族虽然调整了自己的经济形式以适应新的市场条件，但没能充分利用新的市场条件所带来的潜力。只有在特殊情况下，贵族才会涉足现代的工业行业；即便涉足，通常也与其土地和地产相关。因此，就不难理解上西里西亚的"大贵族家族"（Magnatenfamilie）将其矿产和木材资源从庄园经济转移至与煤炭开采和铁制品相关的重工业企业。其他一些利用土地资源、木材和水的工业活动也发展起来，如锯木厂和造纸厂、烧酒厂和啤酒厂、采石场和石灰坑、砖窑和水泥厂。总体而言，贵族在工业、商业和金融行业的活跃度较低。他们的经济基础仍然是农业和林业。约 50% 的乡村地产和超过一半的大地产掌握在贵族手中。在英国、俄国、匈牙利、罗马尼亚和意大利，情况也是如此。虽然直至第一次世界大战前，许多市民买家购入了大量地产，此时也有更多的地产进入市场，但这并没有引起剧烈的变化：该过程较为缓慢，且并不意味着贵族资产被有效转移。例如，在东普鲁士，贵族通常拥有两个或多个庄园，而市民在大多数情况下只拥有一个较小的庄园。因此，贵族家庭仍旧是最重要的土地所有者，这使得他们在当地的经济、政治和社会领域仍然占据主导地位。在欧洲的一些地区，例如爱尔兰、西班牙和意大利南部，他们更倾向于将自己的庄园交由他人管理，自己则在首都定居；在其他地方，如英国、普鲁士和俄国，贵族选择夏天在乡村居住，冬天则返回城市。从总体上看，繁荣的农业经济支撑着贵族的经济基础。尽管面临来自海外农产品的挑战，但他们的经济基础依旧没有被削弱。

除了那些对工业抱有兴趣的庄园主，很多贵族也用现代的方法成功地管理或是托管自己的农场。那些以传统方式经营、注重自己阶级生活方式的贵族并不符合当时对落后容克贵族的

181

描述，也很少出于对政治利益的考虑而为贵族的覆灭担忧。然而，接受经济变化或怀疑现代经济方式，这两种不同的态度导致贵族内部出现了新的社会分化。这种分化与贵族之间的身份高低、宗教信仰或特定的贵族领地无关。然而，在接受与否认之间做出的选择所带来的后果，直至 20 世纪 20 年代的农业危机中才显露出来。

贵族资产通常集中掌握在一个人手中，而该资产管控者需要照顾年轻的后代和未婚的女儿。对于那些只拥有小块地产的人来说，这可能会导致负债。因此，在地方或是地区的管理部门以及在军事和外交领域谋求职位（在天主教国家还包括谋求教会职位），对于很多贵族而言具有至关重要的意义。尽管在 19 世纪，这些领域中的职位逐渐开始对人们的教育背景有所要求，贵族却仍然能够维持自己的生活方式和价值观，即从事有收入保障的职业。尤其是在欧洲的一些贵族群体中，头衔及其对于生活与行为方式的要求不仅对长子而言尤为重要，而且对于所有男性后代而言均非常重要。其原因在于：大使或军官的身份尚可被接受，但从事工业和商业领域的工作并不符合贵族的自我认知。在英国这样的地方，贵族头衔和贵族地位只能由长子继承。其他子女在形式上无法获得同样的头衔和地位，他们更多在非传统领域"谋生"。

欧洲贵族在乡村管理和政府职位上发挥的作用依旧不可替代，这基于他们在当地经济和社会中的优势地位。在很多地方，贵族也通过赞助教会及获取当地教区职位的方式巩固自己的地位。贵族在国家以及国家直属行政部门中的巨大占比，主要得益于君主立宪制。特别是在外交岗位上，使节在外国宫廷获得认可，贵族式的行为方式决定了外交活动的专业性，以至于在 1871 年之后仅存的大共和国，法国，仍然长期高比例雇用贵族外交官。第一次世界大战之后，君主制终结，这些以贵

族为中心的行政制度同宫廷一起被废除，而在 19 世纪，它们
在一定程度上确保了贵族男女在社会上的优越地位。

如果说，此时贵族阶层作为整体成功保住了自己的优越地
位，那么到了 1900 年前后，其成员很难仅凭贵族出身保全地
位。庄园产业和其他商业副业必须以盈利的方式经营下去；而
在国家行政部门中的工作又要求他们具有相应的能力并且遵
守官僚规则。一开始，在外交和军事领域，贵族的行为方式还
能很容易地与这些职业的要求相契合。但是最晚在第一次世界
大战期间，成为军官也意味着要祛除那些贵族习气。贵族如果
想要保持其上层地位，就要适应变化，必须在许多领域满足目
前这个按功能分化的社会的要求。他们并没有在所有方面都做
到这一点——这也体现在他们疏远某些市民职业的态度上。其
原因在于，他们同时还想要保留自己的特点，即维持其上层地
位。因此，除了保住地产，在贵族家庭中，维护特殊的身份荣
誉、家族荣光，以及维持相应生活方式等问题也获得了新的意
义：它们不再仅仅用于规范贵族阶层内部，而且在贵族阶层与
市民阶层的价值观和生活方式的相互竞争过程中逐渐成为贵族
阶层得以区别于市民阶层的标志。这种社会竞争、新兴的城市
文化生活和社交场所，以及新兴的消费型社会使得贵族的影响
范围在整个社会中不断被缩减，仅剩较为核心的方面：他们的
地产、留下来的侯爵宫殿、外交与军事领域。

贵族处于防守态势，在经济、政治（例如，1911 年的《议
会法案》削减了英国上议院的权力）和文化方面均是如此。在
这种局面下，一些贵族试图通过就构成贵族的核心成分以及
在新局势下如何对贵族进行革新展开讨论，使他们在社会、政
治领域的领导地位合法化。他们着重强调贵族某些明显有利于
社会的美德，如骑士精神、自我约束意识，职责感（这一点在
君主制国家体现得尤为明显）。德国公众对此展开了讨论。该

184

讨论始于第一次世界大战爆发几十年前，在战后时期变得尤为激烈。在讨论中，"贵族"失去了部分特质。这部分特质变成了一种可塑的社会秩序观念、一个不再仅与贵族社会形态相绑定的多样化社会形态类别。在反抗现代、寻求未来方案的框架下，"贵族主义"（Aristokratismus）[由艾卡特·康策（Eckart Conze）等人提出] 的理念为新型精英的模式奠定了基础。这些模式在概念上与贵族相关联，因此具有不民主的色彩。尤其是在 20 世纪上半叶，这种特点对政治权力产生了影响，或许也为不平等秩序的建立奠定了基础。

关于欧洲贵族社会或旧秩序存续的说法低估了许多在 19 世纪下半叶引起变化又造成分裂的重要因素。对于大部分拥有地产的贵族而言，他们与地区和领土的联系依然是最重要的。因宗教或领土关系而对立的贵族群体仍然存在。那些因经济利益或其他原因必须进行跨区域活动的贵族群体，在民族国家君主制的框架下活跃在行政与军事领域。在这个时期，活跃在国际上的外交官并非那些更换雇主的专家，而是各个王国的代表。只有少数贵族群体，如曾经具有主权的领主或南德意志哈布斯堡贵族，进行跨越边境的活动。通过充分利用时代发展所提供的经济机会，贵族内部出现了新的覆盖传统差异的新分化。因为贵族身份已成为特定习俗，贵族也因此获得了特殊的价值。符合贵族身份的行为或许能够帮助所有贵族阶级求同存异，维护其贵族特性。将保守贵族和已经发生变革的新贵族团结在一起的努力在社会和经济领域受到了限制。这一点在法国体现得尤为明显。在法国，随着共和国的建立，市民阶层的民主力量取得了最为长久的胜利。尽管贵族在家庭和地产方面具有共同点，也与天主教会联系紧密，但这并不能保障法国贵族在政治上的长期团结。这是因为正统主义者、奥尔良主义者和波拿巴主义者因相互冲突的王位主张而形成了不同的阵营，这导致他们在政治上产生分歧。

关于该如何创造社会精英以及社会精英应该包括哪些人的广泛争论，对贵族的特性构成了威胁。同样，某些特定行为，如贵族的标志性行为——打猎（一种以世界旅行或狩猎之旅的形式进行的跨境社交活动），到了 1900 年前后已不再适合代表贵族的独特性了。这些社交活动仿若精英话语的秀场。在这些场合，经过商定，社会地位得以发生变化，新的精英阶层得以形成。在这一过程中形成的价值观在社会语言中是可以转换的：所谓"贵族"的，也可以被称为"市民"的，或在多民族背景下，例如在波兰，也可以被称为"民族国家"的。自 19世纪 90 年代以来，在德国就"新贵族"展开的讨论中，旧贵族的作用仅仅体现在他们似乎具备某些时代要求的领导能力。也就是说，那些想要在未来跻身贵族的人，就有必要让自己符合这些设定。虽然在右翼社会论述中，"家庭概念的生物学化"[丹尼尔·梅宁（Daniel Menning）语] 强调血缘和祖先而非家庭教养，这一点显而易见，但对于作为封闭社会形态的贵族而言，这已不再适合作为区分标准。这些特征并不能区分贵族。随着种族主义和民族主义思想的传播，在某种程度上，这些特征反而是"可民主化"的。在新的秩序观念和社会实践中，贵族地位作为社会领导阶层的传统地位的终结早在 20 世纪初期就已经开始显现。

家庭秩序

家庭是欧洲社会的一个基础单位。它对人们的生活以及对人们的社会秩序观念产生了重要影响。家庭是最小的社会关系形式，但它的形态并非一成不变，在欧洲范围内的表现形式也不尽相同。一些长期的模式和行为方式仍然继续存在；同时，自 18 世纪以来，一些改变家庭的变化趋势也依旧存在。

186

在这样的大背景下，在 19 世纪，新的劳动组织形式对不同阶层的家庭结构和家庭生活产生了影响。人口流动性的不断增强使家庭的功能发生了变化：在某些情况下加重了家庭负担，但就亲缘关系而言也提供了新的机遇。此外，社会变革也引发了一场关于家庭应承担哪些社会任务的辩论；该辩论中有很多相互对立的观点。

从 18 世纪开始，在社会中已发展出一种长期趋势：人们不再从宗教的角度理解家庭与婚姻，而是将家庭与婚姻当作一种法律形式，即从世俗的角度看待它们。这种趋势在西欧各处持续存在，甚至在某些国家与教会之间引起了重大冲突。只有在西班牙，以伴侣双方之间的民事合同法为核心的婚姻法还没有得以贯彻。在一些国家，如法国、比利时、意大利、匈牙利、荷兰、瑞士和德意志帝国，到了 19 世纪 70 年代，缔结民事婚姻已成为结婚的强制性要求。在其他国家，如奥地利、丹麦、斯堪的纳维亚国家、西班牙、葡萄牙和俄国，当由于教会原因，例如双方信仰不同、曾离异或信奉没有被国家赋予特权的宗教，无法经由教会结成婚姻关系，且国家并不禁止其结婚时，人们还可以缔结"紧急民事婚姻"。随着世俗化，家庭被赋予了社会和国家维度的意义。此时，这些功能补充或取代了宗教教会所赋予的功能。自旧制度终结以来，一方面，家庭内部的个人权益，尤其是妇女和儿童的权益，得以扩大；另一方面，国家的规定也渗透进家庭之中。法律革新促使这两种发展趋势之间出现根本性的紧张关系。尤其是自 19 世纪下半叶，国家和地方的社会政策建立以来，这种紧张关系一直是欧洲家庭社会行为领域的特点，且至今如此。

随着社会变迁，家庭概念也发生了变化。对立的观念逐渐显现出来，并为家庭内部关系和社会政治干预提供了反向的视角［安德烈亚斯·格施特里希（Andreas Gestrich）语］。天主教会将婚姻视为圣礼之一，而新教，尤其是虔诚主义运动希望人们的整个人生都以灵魂救赎为目标，这些都与民事契约婚姻的观念相悖。将家庭和婚姻视为服务于社会利益的主要场所，无法满足神学和宗教的要求。此外，19世纪初的浪漫主义者提出了一种新的家庭观念。这种观念与基于理性、法律或宗教的家庭观念相对立，并且将男性、女性和孩子之间的关系建立在爱的情感基础上。这种理想的观念在整个市民阶层时代引起了广泛的共鸣。它促进了以配偶为中心的、个性化的家庭形象的形成；但在缔结婚姻和组建家庭等问题上，也加剧了因现实中持续存在的家庭利益以及父母权威而产生的冲突。

即便将辩论内容仅仅局限于世俗对家庭的期待，人们也存在相互对立的观点。一方面，自法国大革命以来，人们就开始从根本上批判由父亲所主导的家庭。而与资本主义社会相反的社会主义模式以及女权运动内部相应团体所提出的解放女性的要求，都对作为资本主义体系一部分的家庭展开了攻击。按照他们的观点，家庭就是对女性进行压迫的地方，而这正是经济剥削的基础。弗里德里希·恩格斯于1884年在其《家庭、私有制和国家的起源》(*Der Ursprung der Familie, des Privateigenthums und des Staates*) 一书中，预告了未来无阶级社会的到来，同时也预示了父权统治的终结。这些是将社会秩序和家庭观念相互联系的政治论证，其影响持续至20世纪。这些观点虽然以女性的平等权利为基础，但同时也坚持性别差异性——就这一点而言，工人运动中的大部分人都赞同当时主流的市民阶层保守信念。

另一方面，19世纪也出现了一种观点：家庭是人类社会的自然基础和道德基础，家庭应该成为"市民幸福"［卡尔·冯·罗特克（Karlvon Rotteck）语］的保障，从而在快速变化的时代中起到稳定社会和国家的作用。这种占据主

导地位的家庭观念，得到教会、政界、文学界和早期社会研
究的广泛支持，其基础是男性在女性和儿童面前的权威。它

189 被视为一种反提案，其目的是限制个人权利对家庭团结产生
的影响。德国的民俗学家威廉·海因里希·里尔（Wilhelm
Heinrich Riehl，1823-1897）将过去的德国家庭视为家庭
模范。他在 1855 年的《民族自然史——德国福利政策的基
础 》(*Naturgeschichte des Volkes als Grundlage einer
deutschen Social-Politik*)一书中写道：在现代，人们不再认
可……"整个家庭"这一友好、温馨的概念，它不仅包括家庭
自然成员，也包括所有自愿为家庭服务的人（他们过去被统称
为"家仆"）。在"整个家庭"中，家庭的幸福也延伸到了那
些没有家庭的群体中，他们通过收养等方式被纳入听从和尊重
长辈的道德关系中。这对于所有民众的社会稳定具有极为深刻
的意义。19 世纪的保守派代表希望这里宣传的传统家庭的功
能在市民阶层的家庭模式中得以继续保留。

与此对立的家庭观念于社会变革的背景下出现。工业化
和发生了变化的劳动组织方式、城市居住方式和生活方式、不
断增强的流动性以及变化了的再生产方式均对家庭和家庭结构
产生了影响。在欧洲内部，这些变化过程在不同时间、不同程
度上影响着不同类型的家庭，而这些家庭的特征具有更深远的
历史根源。"西方"家庭，即在地理上位于圣彼得堡—特里斯
特一线以西的家庭，其家庭结构在近代早期已趋向于核心家
庭。其特点是男女双方结婚年龄较晚，他们在结婚时通常会选
择与原生家庭分开居住。就家庭团结和继承权而言，父母双方

190 的亲缘关系同等重要。这一模式十分契合 19 世纪的经济与社
会发展，同时也符合市民阶层的家庭理想，以至于 20 世纪的
家庭社会学也将其宣布为整个欧洲及其他地区的发展目标。当
时，这种家庭模式也是将妇女送往殖民地的依据。按照该模式

她们应与在当地生活的欧洲男人建立家庭。其他家庭模式则没有受到人们的关注或被认为是落后的，尽管它们也许在经济和文化上是合适的，而且就基本特征而言，"西方"模式的历史更为久远。"南方"家庭模式的特点为女性结婚较早，而男性结婚较晚，且成年子女与男方原生家庭共同居住的时间更长，因此这种类型的家庭结构更为复杂，以父系为主。"东方"家庭模式出现在上述地理界线以东。那里男女双方的婚龄都较小。但是它区别于其他类型的主要特点在于其亲缘关系是父系确定的。因此，在所有男性后代享有平等继承权的情况下，女儿和妻子处于不利地位，具体表现为她们无法继承地产。儿子们，尤其是在巴尔干半岛上，与父方家庭一起组成了"多元"家庭；嫁入的女性亲属无法干预家庭团结和子女教育。在这种"男性统治"之下〔卡尔·卡塞尔（Karl Kaser）语〕，女性的法律地位明显要比在"西方"家庭模式中糟糕。因此，"西方"家庭模式很可能为女性平等权利的发展提供了更为有利的前提条件。

这种从地理的角度对家庭模式进行的分类仅仅在大体上与史实相符，应按照地区和家庭发展周期进行进一步区分。模式划分有益于强调亲属关系和继承权对家庭地位和人生的重要意义。这两点与经济以及自然环境条件共同决定了家庭经济形式的复杂程度、采取何种婚姻策略以及社会交际网络状态。需要强调的是，即使是在 19 世纪的欧洲，也没有形成统一的家庭模式。在不同地区和不同阶层，不同的家庭模式并存。虽然在继承方面，尤其是在中欧和西欧，出现了一种平等对待所有子女、在法律上不偏袒任何后代的趋势，但是在东欧和欧洲东南部，例如在意大利，直至 20 世纪父权制的继承体系和亲缘体系仍占主导地位。要求平等对待所有子女以及规定男女平等的立法提议从法国开始，在全欧洲传播开来；但就乡村地产而言，实际情况与这些法律要求相反——财产还是通过某些方式集中在一个人手中。利益受到损害的通常不仅是次子以及其他后出生的男性后代，还有女性家庭成员。用来"把控财产"的手段包括催逼别人放弃继承权、有目的的联姻或自愿保持单身，以及通过教育资助或嫁妆等方式进行补偿。在城市中，尽管人们追求平等法律待遇的趋势比在乡村更为明显，但手工业企业、工业企业以及银行为了经济利益也采用了类似的做法。此外，只有在贵族阶层中，地产的不可分割性和不可变卖性仍然受到法律保护。

在 19 世纪下半叶，家庭财务与商业生产相分离的现象逐渐普及，私营经济和公共管理部门的职位也有所增加（这些工作从一开始就不是在家庭中进行的），家庭的社会功能发生了巨大的变化。受到影响的主要是城市家庭，但由于工业时代开始之前家庭手工劳动的减少，乡村地区的居民也受到了影响。这种分离使家庭生活获得了私密性，人们更加关注夫妻的共同生活以及子女的教育。在当时人们对现代社会中家庭的衰落展开的争论中，这些话题也备受关注。但是，将家庭与工作场所的分离视为家庭的解脱是不太恰当的，因为实际上家庭仍然与生产紧密相连。丈夫在家庭之外赚取工资和收入的前提，通常是妻子在家完成家务。此外，在不那么富裕的阶层中，女性还要赚钱"补贴"家用；在商业或零售贸易中女性还要"帮忙"。这些没有报酬的劳动是维持家庭生活水平与消费能力的基础。

通信技术的改进和人口流动性的提升也对家庭以及家庭经济结构产生了影响。人们离开农村地区，从出生地的家庭中脱离出来，并在城市中组建起因住房短缺而产生的复杂的新型家庭形式。通过这种方式，他们可能会抛弃出生地家庭生活的习俗和传统，因此上述家庭类型对这些流动人口而言意义不大（尽管可能他们因为缺乏财产本来就不属于这些家庭模式）。

但由于移民也依赖亲缘关系与社会关系网络，对其产生的影响不应被过分评估。在某些情况下，如果一些家庭模式能够适应新的现实环境，那么这些模式也会被延续下来。

　　通信手段和人员流动性为很多家庭提供了机会，尤其在跨国领域为较富裕的阶层创造了有利的新机遇。众多欧洲家族企业中，西门子家族就是一个具有代表性的例子。大卫·萨比恩（David Sabean）分析了维尔纳·西门子（Werner Siemens，1816–1892）身边七个兄弟的亲缘网络是如何跨国运作的：西门子兄弟把公司从柏林开到了英格兰 [威尔海姆（Wilhelm），后来称威廉（William）]、圣彼得堡 [卡尔（Carl）]、第比利斯 [沃尔特（Walter）]、德累斯顿 [汉斯（Hans）] 和波希米亚 [弗里德里希（Friedrich）]（仅列举几个重要的例子）。其成功的关键在于：一方面，作为长兄的维尔纳将公司的集体利益完全置于自己和弟弟们的个人利益之上。另一方面，他们之间有一种强烈的归属意识。尤其是家族中的女性，通过密切通信、组织家庭庆典和定期聚会的方式，维护了这种意识。对家族谱系的研究以及西门子家族基金会的成立也增强了这种凝聚力。他们对于谁属于这个家族，谁不属于，有着清晰的观念，这也是这张亲缘网络的特点：只有那些姓氏为西门子的人才被包括在内。也就是说，亲缘关系明显被定义为父系亲缘。此外，该家族以内部通婚为基础，即在同代或隔代的不同亲疏程度的表亲之间通婚。这是 19 世纪特有的家庭结构。在此之前长期实施的禁止近亲通婚的规定自 18 世纪中叶开始放宽。这种模式，包含父权导向在内，也出现在乡村、地区和国家层面的家族亲缘关系网络中。当然，这些家族也会与其他"外来"家族联姻，但是西门子兄弟总是将此类联姻视为实现某些特定利益目的的战略行动。通过婚姻进入西门子家族的男性以及嫁入西门子家族的女性的父兄在这个家族企业内部并不享有话语权。

亲缘关系圈的作用是培养男性家族成员，促进其发展，并将他们安排到公司的各个岗位上。其主要目的在于筹措和运用经济资本；同时，他们也力求在所属领域增加政治和文化资本。维尔纳、威廉和卡尔分别在普鲁士、英国和俄国获得了贵族头衔。西门子家族成员通过各自的商业伙伴和社会关系将当地的情况反映给各个地方的分公司，这也有益于新的商业计划。通过观察西门子家族的运作方式，我们可以发现：实际上，以夫妻和孩子为中心的家庭模式，其发展趋势同与其紧密相连的动态亲缘关系网络息息相关。这种关系网的出现也改变了人们当时对于小型家庭的看法。家庭与生产紧密联系在一起，即使它们在空间上是分离的。在西门子式的家族中，没有出现平等对待父系与母系亲属的发展趋势：父权传统以及公司的整体利益主导了一切。

西门子的家族结构和亲属体系促成了这家全球性家族企业的跨国扩张。维尔纳·西门子家族既受到文艺复兴时期富格尔家族（Fugger）的影响，也受到同时代的罗斯柴尔德家族（Rothschild）的启发。西门子家族形成了一个自己的跨国"帝国"，并借鉴其他国家的"帝国"结构，如大不列颠、俄国、奥匈帝国和奥斯曼帝国。在特定情况下，西门子家族甚至还构建了必要的技术基础设施。欧洲大陆上的帝国以及海外帝国也曾创造特有的"帝国"家族。伊丽莎白·布特纳（Elisabeth Buettner）在英属殖民地印度的案例中展示了，从世纪末开始，管理殖民地行政、军事和经济部门的中高层人员如何通过往返于欧洲和殖民地之间的家庭生活形成了一个独特的群体。该群体历经数代，直至英国殖民统治结束。他们也因此将英伦三岛与次大陆紧密相连。对于这些男女及其子女而言，在等级精细划分的殖民地接触区保住自己"欧洲人"的

194

地位要付出一定的努力。"欧洲人"的身份所包含的不仅仅是出身和身体特征，还有其所属阶层、职业和生活方式以及是否定期回国居住。在英格兰或苏格兰的学校上学能确保其职业前途和欧洲"种族"属性。让孩子们在印度的某所英国学校中接受较为廉价的教育，会威胁到他们的声望。在当时人们的观念中，种族归属绝不仅仅是由生物特征决定的。

族群与"种族"

1900年7月，第一次泛非会议在伦敦举行。代表们在会上通过了一项有关世界种族的决议。其中写道："20世纪的问题有关肤色界限。"这句话是由美国社会学家和民法专家 W.E.B. 杜波依斯（W. E. B. Du Bois，1868–1963）提出的。当时他就读于哈佛大学历史系，曾在1892年至1894年间在柏林大学和海德堡大学访学。在19世纪下半叶，"种族"这一概念，尤其在殖民地区，发展成为歧视性社会秩序和政治秩序的基础。此外，这一概念对于欧洲从社会角度进行的自我描述具有重要意义。但是由于人们自然而然地认可"白人身份"，"种族"这一概念仍然经常被忽视。无论是一个社会内部的秩序还是不同社会之间的关系，往往都是从种族的角度进行解释的。"种族"这个术语较为古老，且并不具有明确的定义，但现在却被赋予了更多生物学以及自然历史维度的意义。现代研究更倾向于使用"族群"（源自20世纪60年代的另一个"灵活概念"）来描述基于文化、历史、出身、宗教或语言特点混合形成的群体的自我认知以及外部对其的感知。相对于生物属性、出身等不可改变的因素，"族群"强调文化和历史方面可改变的因素，但并没有从根本上否认那些不可改变的因素。因此，在19世纪，"族群"与更为古老的概念——"人民""民族"以及"种族"之间存在意义重叠。

当时，"种族"概念在特定背景下对某些群体产生了强烈的影响，其吸引力可能在于这一术语在使用过程中具有一定的模糊性："种族"概念在使用过程中与"阶级""宗教""民族""性别"等其他现有的秩序观念杂糅在一起。种族理念对个人或社会群体的影响尚无法确定。在某些情境下，与"种族"相关联的理念表现为种族主义，即一种基于出身的歧视[弗朗西斯科·贝森科特（Francisco Bethencourt）语]，而在另一些情况下，"种族"则无关紧要。鉴于 20 世纪基于种族动机的种族屠杀，我们不应单方面地从一条发展脉络看待第一次世界大战前的种族观念。作为一种具有推动力的行为动机，种族主义极少单独发挥影响，但更容易让人们采取排挤、迫害，甚至种族灭绝等行为方式。例如，1904/1905 年，在非洲西南部的德属殖民地对赫雷罗人（Herero）和纳马族人（Nama）的屠杀中约有 8 万人丧生。

在近代早期，"种族"这一概念就已经被用于描述社会群体。自此以后，它既被用于区分不同民族，也被用于泛指人类种族。在 19 世纪之前，"种族主义"具有的歧视性的社会等级意义已经十分明显。虽然其具体表现形式无法完全由此得到解释，但实际上，在西班牙对犹太人和毛摩尔人（Mauren）的排挤中、在欧洲之外的拓殖型殖民地上以及在跨大西洋的奴隶贸易中已经有所体现。将人类群体根据种族进行分类、层级化，并涉及身体特征的理论科学基础是在启蒙时期才出现的。语言学关于语系的新发现也可以与种族意义上的大型群体联系起来，例如日耳曼人、拉丁种族或斯拉夫人。"种族"这一术语有时与其他术语交替使用，有时与"族群""民族""国家"等概念并用。19 世纪，"种族"在概念上仍然具有模糊性。但在美国奴隶解放运动的影响下，以及欧洲殖民大国不断扩张的背景下，"种族"经历了意识形态化过程。对现代种族主义的主导地位起决定性作用的是，自19世纪中叶始，社会达尔文主义将其生物学化。社会达尔文主义的代表人物将查尔斯·达尔文的科学进化论应用于社会领域［波利斯·巴特（Boris Barth）语］。生物本质主义主要（尽管不完全）是政治右派的立场，它与将历史解释为社会内部以及不同民族或族群之间的种族斗争并行不悖。作为一门学科，"人类学"在"将种族主义视为社会科学化的形式之一"方面做出了巨大贡献。以弗莱堡大学的尤金·费舍尔（Eugen Fischer，1874–1967）教授为代表的科学家们，在考察旅行中对非洲的民族群体进行了研究，以求为他们的种族理论提供实证支持。医学机构会在起义被镇压后将人体器官用于教学和科研。民族学博物馆展示了殖民地的原住民。在这些展览中，民族文化角度的分类和人类生物学角度的分类相互交错，互为补充。在科学体系下，对"外来"种族的展示间接强化了欧洲人作为"白种人"的种族优越感。

　　欧洲社会内部也从特殊的、自然历史的角度理解种族主义：欧洲社会将某些病人群体视为低价值人群，因为他们的疾病有可能是遗传性的。"优生学"家争论着如何阻止这些病人群体生育后代。关于"优质"与"劣质"的科学理论也被用来解释底层人民的社会行为。同时，人们也害怕犯罪或酗酒会使"国民体质"变差。在欧洲各处，尤其是在西欧和中欧地区普遍存在的反犹太主义逐渐因种族主义的观点而增添了新的色彩。与此同时，传统的反犹形式仍然存在。反犹太主义同对亚美尼亚人的迫害一样，说明了宗教偏见在种族主义中的重要作用。在"人民"与"民族"之间的思想争论中，从某种意义上来说，种族生物学的观念最终被国际化：这些观念不仅与民族主义相关联［正如克里斯蒂安·格伦（Christian Geulen）所说，民族主义在某种程度上算作种族生物学观念的"近亲"，

198

并赋予种族生物学观念某种特殊的说服力]，而且还与殖民主义相关联。

随着与欧洲大陆之外的社会接触日益频繁，19 世纪末欧洲种族主义的第二个重要格局形成，在这一背景下，种族主义拥有了不同的表现形式。此时，一些人用生物学上的种族特征来解释殖民者所感受到的以及自我设定的优越性。尽管并不需要以种族主义为由进行欧洲殖民统治以及处理与当地被殖民者的关系，但是种族主义的"理由"却更有利于对原住民实施奴役、歧视和迫害。因此，种族主义与政治经济利益紧密相关。但这不是唯一的视角。因为在这种基于统治地位稳固性的观点的对立面，也存在另一种期待：目前处于劣势的民族不会一直处于劣势，长期来看，他们也会被文明化。这种文明传教的背景以及殖民地实施的精细分级的、具有多种特征的种族差异化做法，同生物学上理解的种族主义一样，对 19 世纪末欧洲"白人"自我认知的传播产生持久影响。"族群"（民族性）也对非洲的"部落形成"产生了影响。这一概念在前殖民时期并不存在，直至非洲人参与殖民地管理才开始形成。原住民参与殖民地管理有助于间接统治的实施，其长期影响可能一直持续到后殖民时代。招募"战斗种族"，如旁遮普（Punjab）的锡克族人（Sikhs）、尼泊尔的古尔哈斯人（Gurkhas）和苏格兰高地人（Highlanders），进入殖民地军团服役也起到了类似的作用。对这些不同构成的群体的选择具有一种"男性"内涵，与之相对的是与"女性气质"有关的种族。与此相反，将印度视为种姓社会、将人口分为印度教徒和穆斯林的观念也是英国统治的特点，这种观念是建立在社会和宗教类别的基础上的，这些类别被认为是自然的、永久性的，但也不需要种族论证。

19 世纪下半叶，"种族"成为一种意识形态化的概念，尽管模糊不清，但也正因如此，它可以被多方应用。无论在殖民地还是在欧洲内部，它都为在政治上塑造社会关系、家庭以及个人的身体提供了一个看似具有科学依据的基础。在一些衰退设想中，运用特定的社会规则或法律规则，例如关于所谓跨种族婚姻的规范，似乎有利于保障未来的进步，或者至少可以维护某些民族自认为的优势地位。在世纪之交前的几十年间，宣扬种族理论和等级制度的种族主义，是作为一个积极正面的概念出现的。其特点是以自然科学为理论基础，将出身视为绝对性特征。这种"种族主义"在第一次世界大战前在殖民地，并在战后与欧洲民族国家的社会政策相结合展现了其全部的破坏性潜力。19世纪末，以种族主义为基础的歧视与迫害通常与阶级、民族或宗教等类型的社会秩序相结合。同时，一些群体的自我认知也体现在出身与文化特征的关联中，这些群体借此界定自己的特殊身份，维护自己的独特性，并在某些情况维护自己作为少数群体的权利。无论这种族群自我认定是如何构建起来的，它们都不需要建立在等级制度、自然历史优先顺序的基础上，而且在接纳新成员方面，相较于基于种族的分类更为灵活。然而，自19世纪以来，很少与涵盖现有社会差异的"出身论"相提并论，似乎已成为这种社会秩序观念的典型特征。在社会实践中，当个体和社会群体——如罗姆人、犹太人、非洲人或亚洲人——被按照种族分类的时候，一些肉眼可见的身体特征，如肤色，就决定了他们的潜力、前景和机会。

200

201

第三章

确定性与不确定性：英雄主义、制度与大众市场中蕴涵的欧洲文化

从 19 世纪和 20 世纪之交的先锋主义的角度来看，19 世纪并没有创造出任何独立的成果，而仅仅是积累了一些"死"知识。早在 1873 年，弗里德里希·尼采（1844~1900）就在其著作《历史对于人生的利弊》（*Vom Nutzen und Nachteil der Historie für das Leben*）中对此进行了尖锐的批判："我们的现代教育不是……鲜活的……它根本算不上教育，而仅仅是关于教育的知识……我们现代人自身一无所有；只有用其他时代的风俗、艺术、哲学、宗教和认识充实自己，并且尽可能把自己充实得满满当当——即变成'行走的百科全书'，我们才可以赢得别人的尊重。"哲学家尼采这段充满讽刺的评价指出了一种缺乏活力的现象，但这段评价同时也存在过度模仿和学识过剩的弊端。基于尼采的观点，美国的历史学家詹姆斯·希恩（James Sheehan）发表了自己的见解。他认为，19 世纪的特殊贡献并不在于其创造力，而在于如何将早期的各种思想汇集在一起并使其得到进一步发展。他的观点与历史主义的观念紧密相连，即每个时代都具有其独特性且都受到了一种理念的引领。如果缺乏这种理念，这个时代会在某种程度上显得不完整。历史思维的讽刺之处在于，这种对世界的特殊历史性理解具有决定性意义的时代，恰恰是最不符合伟大期望的时代。

如果人们不是在寻找一个统一的、具有时代特点的理念，那么，于 19 世纪下半叶提出的（或者说受到质疑的）有关确

定性与不确定性的问题，便是一种使文化变革本身成为历史考察对象的方式。这里的"文化"指的是广泛意义上的文化。它不仅涵盖带有市民阶层特色的高等文化（Hochkultur），也包括当时正在兴起的大众流行文化。各种各样的思想潮流在一个充满活力的政治、社会和制度环境中得以发展。这一环境又对文化观念、文化产品和文化认知产生了影响。当然，这种影响是相互的。19世纪欧洲文化的一个特征是，市场力量在其中发挥日益重要的作用。文化从业者便是在这个契机下应运而生的。文化产品的分配通过广泛的市场关系进行，其成败由消费者决定。与此同时，公共文化机构得以建立和发展。根据情况的不同，其管理者可能是国家机构或民间社会团体。这些公共文化机构在一定程度上依赖于国家，同时在很大程度上独立于教会运作。在宗教的某些特定领域，国家与教会关系的变化引发了激烈的冲突。伴随而来的是文学家和艺术家对宗教意义的探寻以及民间虔诚信仰的兴起。此外，在这一时期也形成了一种分化的、有制度支撑的科学体系，极大地增强了欧洲人对世界的解释权。作为一种思想，也作为一种形式，"进化"成了这一时期文化的特征。人们汲取前人的成果；各种流派与风格相继飞速发展，并被同时采用。进化的思潮甚至使一些知识分子意识到，自己必须成为先锋并与大众文化区别开来。

203

1　男英雄与女英雄：作为公共事件的文化

在这一时期，社会与经济的多样性成了欧洲哲学家、作家和艺术家的研究主题。他们在变革中寻找确定性，寻找值得被保留的事物以及可能提供方向的新思想。同时，艺术作品、知识和科学产物也有了更加广阔的市场。当然，这一切都基于人们财富的日益增加、学校教育的普及、新的印刷技术和通信技术的出现以及城市中心的发展——这些因素也有利于大众流行文化的兴起。到了 19 世纪下半叶，文化成为面向不同社会阶层受众的公共活动，这些受众也通过各种形式和物品联系在一起。为了赢得观众的好感，许多或多或少取得了成功的文化创作者以及一些顶级明星人物会进行相关的宣传，其影响甚至超越了国界。

知识分子的争论文化

面对社会的全面变革，一些人相信可以从昔日的英雄身上找到精神的指引。因此，在 1841 年，托马斯·卡莱尔（Thomas Carlyle，1795–1881）出版了自己创作的以《论英雄、英雄崇拜和历史上的英雄业绩》（*On Heroes, Hero-worship, and the heroic in history*）为题的演讲稿集。这位苏格兰散文家是一位在政治上保守、对传统基督教信仰持怀疑态度的知识分子。他受到了德国唯心主义的影响，曾翻译过歌德的著作，并且出版了一部有关法国大革命作为一段成功历史的著作。在法国大革命——这一现代历史中里程碑式的事件中，他看到了大众为了权利、自由和祖国等无限神圣的理念而进行的盲目斗争。在上文提到的演讲稿集中，卡莱尔研究了能够体现这些理念的英雄类型。在他看来，伟大的男人是世界史的化身：过去所取得的物质成就代表着那些英雄所倡导的理念的实现。卡莱尔想向自己所处的这个不确定的时代展示英雄主义的意义，说明"伟大男性"与其他人之间的神圣联系。他简要描述了十几位英雄，并将其分为六类：神［奥丁（Odin）］、先知（穆罕默德）、诗人（但丁和莎士比亚）、牧师（路德和诺克斯）、作家（约翰逊、卢梭和伯恩斯）以及国王（克伦威尔和拿破仑）。他做出的选择显然是从新教教徒以及苏格兰人

204

的视角进行的，但是在某些地方显然不够正统。例如，他认为穆罕默德是一个改革者，他在很短的时间内成功地让阿拉伯游牧部落转变为一个从格纳那达（Granada）到德里的文明社会。他将杰里米·边沁（Jeremy Bentham，1748–1832）的功利主义与这位先知（穆罕默德）所倡导的、履行义务的神圣理念进行对比。边沁将美德仅看成对于得失的计算，仿佛将世界等同为一台没有生命的蒸汽机。

　　卡莱尔认为，只有男性才能成为英雄是理所当然的。他对群众的反民主观念以及对被选举出的领导者的看法在欧洲范围内得到了接纳，并间接地对意大利、德国和西班牙的法西斯主义产生了影响。1945 年 2 月，戈培尔（Goebbels）和希特勒还曾用卡莱尔在 1858 年至 1865 年间撰写的腓特烈大帝传记来鼓励彼此。由于在当时社会混乱的局势中，卡莱尔的观点承诺为人们带来秩序，并且将国家以及帝国主义的统治要求合理化了，所以在当时很受欢迎。这些观点在 1865/1866 年的一场被历史学家史蒂凡·科里尼（Stefan Collini）称为维多利亚时期公共生活中的"道德地震"的争论中也有所展现。这场争议的焦点是加勒比海岛屿牙买加镇上对一场黑人民众起义的镇压。负责的总督爱德华·艾尔（Edward Eyre）对起义者采取了残酷的镇压手段，卡莱尔则为其辩护。他的论据基于一篇于 1849 年发表的文章。在这场辩护中，他批判了大英帝国解放奴隶的做法，并且从根本上质疑黑人进行自主决策的能力。在他看来，对于黑人来说，与其追求个人自由，继续处于被奴役的状态可能更为合适。而总督（爱德华·艾尔）如今已经平息了岛上的动乱，并借此在某种程度上维护住了帝国正常的等级制度。同卡莱尔持有相同立场的还有一些著名人士，例如约翰·拉斯金（John Ruskin）、查尔斯·金斯莱（Charles Kingsley）、查尔斯·狄更斯和阿尔弗雷德·丁尼生勋爵

205

（Alfred Lord Tennyson）。

　　而他们的反对者则要求追究总督的责任，因为他未经正当程序就下令处决了策划起义的嫌疑人，并且解散了地区议会。在这些反对者看来，英国的标准也应该适用于殖民地和有色人种。批评者由自由主义的政治哲学家约翰·斯图尔特·穆勒（John Stuart Mill，1806–1873）领导；其中主要包括查尔斯·达尔文（1809–1882）、赫伯特·斯宾塞（1820–1903）和托马斯·H. 赫胥黎（Thomas H.Huxley，1825–1895）。正如凯瑟琳·霍尔（Catherine Hall）所指出的那样，在这场论战中，殖民地和边缘地区的事件与国家和大都会的事件联系在了一起。19 世纪 50 年代至 19 世纪 60 年代的欧洲后革命时代、规模更大且被残酷镇压的 1857 年印度起义（Indischer Aufstand von 1857）、与美国内战相关的外交立场、1867 年之前关于选举权改革的辩论、欧洲力量平衡的变化以及帝国的角色：所有这些事件和进程都直接和间接地成了知识分子争论的主题。英国的自我认知与欧洲的自我认知在这些争论中表现出矛盾的一面。在本尼迪克特·斯塔提（Benedikt Stuchtey）看来，这场公开争论以批判殖民主义为焦点。这种批判的焦点在于自由主义的道德观和人道主义与反动的阶级意识和公开的种族主义的碰撞。因此，我们可以确定此时发生了从自由的世界帝国到种族帝国的转变。与广泛传播的"女性化的"殖民地形象相对应的是卡莱尔反对性别解放、种族解放和阶级解放的观点。这种反对观点虽然遭到了少数人的质疑，却得到了多数人的肯定。在自由与权威之间的权衡中，即使是自诩进步的英国，似乎也在努力维护现有的秩序。

　　卡莱尔保守的时代观点颇具争议——但正是凭借这一点，卡莱尔同其他一些人成了这一类知识分子的典型代表，甚至能够让他以此为生：卡莱尔为一个舆论市场提供作品，即他的书籍、小册子和文章需在该舆论市场上实现售卖。"知识分子"这一概念直至19世纪末才出现，但是早在19世纪初被归为"知识分子"的群体就开始崭露头角并逐渐发展起来了。在1848/1849年的革命之后，知识分子的数量增加了，从事文化事务的机构的数量也有所增长。知识分子在公共生活中发挥的作用越来越重要，因此在第一次世界大战之前的几十年间，人们可以观察到"知识时代"的端倪。但是对于"知识分子"的界定，在当时还不够明确，即便在现在也不够明晰。对这一概念的界定体现了各个国家知识分子不同的形成过程，也体现了这些被称作知识分子的人不断变化的自我认知和外部认知。从社会历史学的角度来看，"知识分子"主要指从事文化生产与文化传播的职业性群体，如记者、私人学者、时事评论家、大学教师、作家和艺术家。从这个角度看，19世纪的"知识分子"形象似乎以男性为主导，尽管实际上女性在文学和艺术领域表现得尤为活跃。英国杰出的知识分子之一，玛丽·安·伊万斯（Mary Ann Evans，1819–1880），曾临时担任《威斯敏斯特评论》（*Westminster Review*）的编辑，并且是一位成功的小说家。为了得到人们的尊重，她曾使用男性化的笔名"乔治·艾略特"发表小说——这一点也体现了知识分子中的性别限制。文化专家数量的增长，在制度上得益于教育体系的扩大——从中小学人数以及大学毕业生数量的增长上就可以窥见一斑。这些脑力劳动者可以通过销量激增的书籍、多种多样的杂志和报纸传播自己的观点。他们的社会地位，按照国家的不同，最初更多是由文学和出版市场所决定（例如在法国和英国）或是通过国家授予的职位得到保障（例如在德语国家、西班牙或是俄国）。到了1900年前后，虽然各领域中就业岗位的增加平衡掉了这些差异，各个国家知识分子文化的独特性却并没有被消除。

207

撇开 19 世纪下半叶（时间上可能略有偏颇）欧洲国家总体上被放宽或废除的审查制度不谈，知识分子的"自主决策权"始终是相对的——尽管在他们的自我认知中，拥有"自主决策权"是他们的核心特征。因此，那些在物质上与教会有所关联的知识分子，虽然在某些人看来（尤其是在涉及类似"文化斗争"中机构的公共法律地位时）他们处于一种特殊地位，但他们同样被视为那个时代的知识分子。毕竟他们可以从超验的角度证明自己世俗上的独立性。"自主决策权"总是涵盖着一些主观维度，例如个人使命、严肃认真的态度以及确保真实性的义务。因此，面对自己所处的时代中的不确定性，许多知识分子都有一种近乎先知的洞察力。"被认可"构成了另一个补充性的维度：知识分子在社会范围内赢得了一种权威。这不仅仅是因为他们所拥有的开诚布公地对现实问题进行反思的特殊能力，同时也仰仗于他们在某一个文化领域（例如文学、艺术、科学、宗教）中所取得的专家地位，这种身份让他们在专家圈子之外也备受关注。但是，知识分子得到的认可也有可能被否定；因此从一开始，在所有国家中"知识分子"这一称谓也包含了一种负面的、含义不同的评价。在 19 世纪和 20 世纪之交，在某些地方，人们喜欢从反犹太主义的角度抱怨犹太知识分子的数量太多了。最后，知识分子的"自主决策权"也包括围绕相关主题展开争论的特定形式：一种知识分子的辩论文化和争论文化以及超出这些知识分子所属专业领域的群体的形成。当然这些群体中也诞生了一系列领军人物。理性作为一种公认的标准，绝不排除同朋友与对手的情感关系所产生的情感承诺和动力。

除了社会与文化特征外，与公众的关系对于知识分子的发展而言也至关重要。并不是每个从事精神或文化工作的人都是知识分子。为了在学者、文学家或是普通编辑的地位基础上更上一层楼，这些岗位上的男性和少数女性都必须就与社会或政治有关的事务发表自己的看法，并且要有将自己的看法传达给感兴趣的公众的意愿。19 世纪文化领域的热点问题是道德与宗教、社会困境、两性关系、自然与文明之间的关系，以及知识分子自身的角色和在社会与政治中的作用。对于重大争议问题所采取的立场是以价值观为基础的。它们以整体为导向，不一定主张普世价值观。因为对于特定行为方式或是社会群体、种族群体、宗教群体进行排挤，是最常见的争论主题。其他的一些"情况"，尽管没有被明确说明，但至少也被考虑在内。

"对参与公共事务的渴望"在这里被有意识地宽泛定义。其目的是将这种宽泛的定义与那些仅将对政治领域的干预视为知识分子特征的定义相区分。这种狭隘的概念主要来源于法国知识分子的一种特定的自我认知。该自我认知起源于德雷福斯（Dreyfus）事件的神话。"Les intellectuels"（知识分子）这一概念在当时具有集体称谓的特征。该概念在 1898 年围绕被错误定罪的阿尔弗雷德·德雷福斯（Alfred Dreyfus）上尉而进行的争论中，获得了一种影响深远的政治意识形态属性：德雷福斯是来自阿尔萨斯的犹太人，1894 年，军事法庭根据捏造的证据宣布德雷福斯为德意志帝国的间谍，判处他终身监禁，并流放到法属圭亚那的魔鬼岛。在军校校园内对他进行的公开降级引发公众高呼"犹大之死，犹太人之死！"。最初人们暗中为他脱罪的尝试均以失败告终。直至 1898 年 1 月，某些迹象表明瓦尔辛·埃斯特哈齐（Walsin Esterhazy）少校才是真正的叛国者，而该少校却在一次秘密军事审判中被法庭昧着良心无罪释放——这相当于再度间接判定德雷福斯有罪。作家爱弥尔·左拉（Emile Zola，1840–1902）为此于 1898 年 1 月 13 日发表了一封致共和国总统的公开信，标题为《我控诉……！》（J'accuse …！）。在信中，他指控情报局以及那些压下无罪证据、伪造其他证据的普遍做法。几天之后，左翼共和党的报纸《黎明报》（*L'Aurore*）发表了一篇题为《一场抗议》（Uneprotestation）的相关支持性短文。众多作家、学者、教师和高校毕业生在该文上联合签名。这些签名按照学术资质进行排序。编辑乔治·克里孟梭（Georges Clemenceau）在其随附社论中将这一行动称为"知识分子的抗议"（la protestation des intellectuels）。然而，这个术语的实际有效定义是由其反对者提出的，即由保守派爱国主义文学家莫里斯·巴雷斯（Mauris Barrès）在《日报》（*Le Journal*）上提出，以及《两大陆评论》（*Revue des Deux Mondes*）的编辑费迪南·布吕内蒂埃（Ferdinand Brunetière）提出。他们将左拉及其支持者贬义地称为"知识分子"，并且认为这些"知识分子"没有任何权力凌驾于军事权威和国家权威之上。巴雷斯挑衅地说道，他更愿意成为"聪明人而非知识分子"。布吕内蒂埃写道，"一个研究西藏的教授"或者一个对"奎宁特性有独到见解的人"没有权力统治他人或者要求别人听命于自己。这些"反知识分子"的知识分子已经发表了自己的看法。围绕德雷福斯的争论就这样使"知识分子"这个概念有了双重涵义。

210

在接下来的数年里，人们不再仅仅围绕"知识分子"的作用展开激烈的争论。法国社会分裂为德雷福斯的支持者与反对者两派。在政治上，左翼与右翼阵营也相应地重新洗牌。在捍卫道德正义、法律正义以及普遍人权的过程中，中间派共和党人与社会主义者和无政府主义者联合成为"左翼"。而"右翼"中则聚集了天主教徒、君主主义者和反对议会的激进分子。他们拒绝接受"共和制的公民权"概念，想要将共济会会员、犹太人和（基督教）新教教徒排除在外。他们高度重视对法国传统的维护以及对国家纪律的宣传。德雷福斯事件也引发了新型社会政治动员。法兰西行动党（Action française）或者与之相对立的人权联盟（ligue des droits de l'Homme）以及诸如此类长期存续的组织应运而生。德雷福斯于 1899 年被特赦，并于 1906 年得到平反。其支持者的这一最终胜利，也确定了知识分子的自我认知。如今，在这些"胜利者"传统的自我认知中，"知识分子"在某种程度上代表了那些能够对政治和社会进程进行理智分析的人，他们在发现问题时，在积极参与的同时能够以普遍价值观为依据进行政治干预。

但是，历史学家路斯·哈雷斯（Ruth Harris）指出，当时的争论过程缺乏理性因素的指导：早已形成的信仰基础以及个人关系在这次争论中发挥了很大的作用。德雷福斯事件导致社会情绪高涨，而这种"高涨的情绪"在普通女性和男性公民写给著名思想领袖的信件中得以体现。群体的形成途径并不仅仅包括男性竞争者的公开发言，两个对立阵营中的女性通过组织大量的沙龙活动所进行的社交也在其中发挥了重要作用。此外，德雷福斯的支持者中也出现了反犹太主义的观点。就连 1908 年骨灰被迁入巴黎先贤祠的知识分子代表人物左拉，自身也并不是完全没有反犹太主义观念的。只有当人们能够充分认识到现代派固有的矛盾性时，才能将那些法国知识分子称作"现代派的先驱"［克里斯托弗·查尔（Christophe Charle）语］。否则，人们就很难对站在德雷福斯对立面的以雷诺阿（Renoir）、罗丹（Rodin）、塞尚（Cézanne）或是德加（Degas）为代表的现代派艺术家进行分类。

思想先驱者的政治干预只是众多方面之一，让我们再次将目光投向作为公共事件的文化。19 世纪下半叶不仅见证了受教育者以及不同规模知识分子数量的增长，而且还拥有了自己的英雄：我们可以将其称为"文化英雄"。但是，与卡莱尔的观

211

点不同，这些"文化英雄"与群众并不处于一种精神上的、在某种程度上近乎神圣的关系中。他们的卓越地位主要基于某些特定的前提，因为他们是在社会与制度的关系中采取行动的。无论在国内还是在国外，他们都是有影响力的欧洲人物。他们的性别决定了他们行动的可能性和局限性。这些"文化英雄"涵盖了从干预政治但不一定带有政治动机的作家到某些以社会问题为主题、受控于国家的艺术家，以及那些服务于大众主流市场、以自己为主要内容的明星，再到那些杰出的、广受公众景仰的科学家。下文我们就以作家列夫·托尔斯泰、作曲家吉塞佩·威尔第（Giuseppe Verdi）以及演员莎拉·伯恩哈特为例，说明这一时期主要的文化发展背景。

212

追寻社会道德意义的作家

列夫·托尔斯泰伯爵（1828~1910）在 30 岁之前过着典型的俄国贵族生活。由于父母早逝，19 岁时他继承了一座庄园，附带周围的村庄和 300 名农奴。在那之后，他中断了大学学业，挥霍了相当一部分财产。1851 年，他以候补军官的身份参加了俄国对抗高加索车臣人的战争。后来他参加了克里米亚战争。在其军事生涯中，他以那些让自己深受触动的经历（尤其是那些在萨瓦斯托波尔的经历）为题材，开始创作，并出版了自己的短篇小说。自 1865 年始，托尔斯泰在杂志上连载自己的小说《战争与和平》，并于 1868/1869 年将这部小说以书籍的形式出版，他也因此在俄国一举成名。在这部作品中，他从贵族家庭的角度出发，史诗般地描述了从 1805 年到 1812/1813 年法国入侵的这一时期。托尔斯泰在这部小说中将虚构事件与历史史实、私人生活与公共生活融合在一起，使得这本小说既属于文学作品同时又具有历史记述的特点。因此，他本人更愿意将《安娜·卡列尼娜》看作自己"第一部真正意义上的"小说。在这部作品中，托尔斯泰探讨了 19 世纪许多作家共同关注的一个核心社会话题：男人与女人之间的情感关系及其对家庭稳定的意义。这本小说也重点讨论了私人生活与公共生活之间的关系、个人幸福与道德秩序之间的关系。1857年，古斯塔夫·福楼拜出版了一部引发丑闻的重要小说《包法利夫人——外省风俗》，讲述了一位出轨女人最终自杀了结的故事。特奥多尔·冯塔纳（Theodor Fontanes）的《埃菲·布莱斯特》（*Effi Briest*）于 1896 年前后出版。在这本小说中，妻子的不忠却仅仅导致了离婚以及社会舆论的谴责。相反，托尔斯泰的小说展示了从女人因丈夫的不忠而遭受的痛苦到离婚再到女性的自杀的一系列过程。这些故事情节并不能被视为对于女性在婚姻中寻求解放的支持。

　　这些小说在当时之所以会引起轰动，是因为它们就婚姻和家庭作为欧洲社会的核心之一展开了辩论。公共法律秩序与个体满足之间的紧张关系中存在潜在的不确定性，这让男性知识分子感到不安，同时也引发了很多女性读者的思考。在 19世纪下半叶，文学成了一个论坛，和哲学、法律与政治辩论一起，谈论同样的话题。值得一提的是约翰·斯图尔特·密尔的文章《妇女的屈从地位》（1869）——该文章是由密尔与妻子哈莉耶特·泰勒·密尔（Harriet Taylor Mill）合作撰写的，旨在呼吁取消妇女在社会以及公民权利上受到的限制。亚历山大·小仲马的立场则完全不同。他的父亲——亚历山大·大仲马（Alexandre Dumaspère）是《三个火枪手》（*Les Trois Mousquetaires*，1844）以及其他一些历史小说的创作者；小仲马的祖父，曾官至法兰西革命军的将军，出生于圣多明各（Saint-Domingue）（今海地），是一位法国贵族和一位非裔加勒比海克里奥人（Kreolin）的后代。小仲马创作了小说《茶花女》（*La Dame auxcamélias*，1848）。这部小说讲

213

述了一位身患痨病的妓女的故事。1852 年，《茶花女》作为一部舞台剧取得了巨大的成功，并且成了威尔第《茶花女》（*La Traviata*，1853）歌剧剧本的文学草案。1872 年，小仲马在一篇论战性文章中评论了法国一个法庭案件的审理结果。在这个案件中，尽管一个男子已经被证实杀害了他的妻子（他的妻子在他离开之后变得"不忠"），但他也仅仅被判处了五年监禁。媒体认为，现行法律会助长此类事件的发生，因此应当废除现行的离婚禁令。小仲马却在其论战文章《男人女人》（L'homme femme）中捍卫那个"惩罚了"妻子的男人的权力。托尔斯泰对这些事件以及人们的相关公开辩论以文学的形式进行加工，写成了小说《安娜·卡列尼娜》。但是，与那些社会哲学出版物不同，现实主义小说以一种不同的方式触动了人们的心灵：因为即便这些小说通常以女性的悲剧结尾，但它们还是让人们对女性的处境产生了同情。

214 　　文学与社会密不可分，这一点在俄国体现得尤为明显。因为在专制体系下，小说这种虚构的媒介面临的限制相对较少，在政治压制下拥有相对的言论自由。因此文学拓宽了"可言之物"的空间。甚至当时的观察学家对此评价道：文学是一种社会力量。圣彼得堡大学的俄国文学史研究者以及 86 卷《勃洛克豪斯与杰弗朗百科全书》（*Brockhaus-Efron-Enzyklopädie*）中文学内容的责任编辑——谢苗·A. 文格洛夫（Semjon A. Wengerow）在 1899 年指出，俄国文学的新近历史受到"社会生活与文学之间的相互作用"的影响。在这一背景下，随着《安娜·卡列尼娜》一书的出版，托尔斯泰似乎不再是一位误入激进政治领域的小说家，而是——正如他的传记作者罗莎蒙德·巴雷特（Rosamund Barlett）所述——继续探索着个人层面以及公共层面的意义。从 19 世纪 80 年代开始，随着托尔斯泰的作品被翻译到国外，这位俄国作家在欧洲也声名鹊起。

他的书籍在国际上获得了巨大的销量，甚至连文格洛夫都曾表示，"这位伟大的俄国作家的一字一句都备受瞩目，以至于最后人们都十分怀疑，他在哪儿更出名、更受欢迎——是在他的祖国还是在国外"。人们几乎是朝圣般地前往托尔斯泰的乡村庄园：在那里，托尔斯泰只穿着简单的农民服装，向大家宣扬体力劳动是通往心灵平静的道路。在生命的最后 20 年中，托尔斯泰亲自接待了成千上万人：有时每周有两到三个追随者，有时一天甚至多达 35 人；他总计收到了超过 5 万封信件，其中近五分之一来自国外。托尔斯泰的追随者们用他的照片代替了自己房间里的宗教神像。

　　托尔斯泰整合了自己早期的一些思想和实践方法。如今他已经不再仅仅是一位小说作家，他成了一名人道主义活动家。1882 年，他以人口普查助理的身份目睹了莫斯科贫民区的悲惨境况。之后，他便致力于为最底层的人民提供教育。1891/1892 年他投身于对伏尔加地区饥荒中灾民的救援工作。在这次饥荒中大约有 80 万人失去生命。托尔斯泰在施汤处工作，并且通过撰写报纸文章动员国际社会施以援手。他的社会活动理想基于实际的个人贡献，而不是建立制度化的国家或个人福利机构。托尔斯泰首先是一位宗教与道德意义的追寻者：他由此产生的对于教会、国家和社会的批判使他成了一位远超俄国、在国际上被广为接受的公共知识分子。从某种意义上来说，他也代表着时代转折点（19 世纪末和 20 世纪初）的良心。19 世纪 70 年代末，托尔斯泰在转信东正教，并对其进行深入研究后，发现该宗教无法满足自己的精神追求，于是失望地放弃了东正教信仰。他也研究了佛教、道教的教义，关注了美国的宗教派别，并且阅读了大卫·弗里德里希·施特劳斯（David Friedrich Strauss，1839）和欧内斯特·勒南（Ernest Renan，1863）的《耶稣的一生》（*Das Leben Jesu*）

以及牛津宗教学者马克斯·穆勒（Max Müller）关于印度哲学的著作。他将基督教福音书翻译成现代俄语，并呼吁人们遵循基督教的教义并遵守相应的生活准则。他以一种近乎新教教徒的行为方式，成了俄国东正教教会的一名尖锐批判者。这最终导致俄国东正教教会以其第三部小说《复活》（*Auferstehung*，1899）为由，于 1901 年将他逐出教会。然而，托尔斯泰的受欢迎程度却并没有因此减弱：画家伊里亚·列宾（Ilja Repin）画了一幅以光脚的托尔斯泰为内容的肖像。在同年于圣彼得堡举行的一次展览上，该画像四周被托尔斯泰的崇拜者们摆满了鲜花。

托尔斯泰对于宗教意义的追寻并非出于个人爱好——人们必须在俄国社会宗教背景以及更为广泛的欧洲社会宗教背景下理解其意义。19 世纪末，俄国出现了一场宗教繁荣：具体体现在人们开始踏上修道院的朝圣之旅，以及越来越多的人参加宗教游行。但是，无论是东正教会还是大学，都没有提供神学讨论的平台（在这种情况下，托尔斯泰的出版物便以替代品的形式占据了一席之地），国家教会也缺乏一支受过良好教育、受人尊敬的神职人员队伍。因此，同时期也出现了许多传播民间信仰和迷信的教派。以圣经教义为基础的福音派团体拥有了大量的追随者。此外，由于帝国扩张，东正教的主导地位虽然在法律上没有改变，但是在数量比例上已经发生了变化。在 1900 年前后，有近三分之一的帝国人口信仰伊斯兰教、犹太教或其他宗教。托尔斯泰关于道德和宗教信念的警告赢得了受教育者的认同——这不仅发生在俄国，在其他地方亦是如此。其原因在于，托尔斯泰对于自我探索、谦逊和体力劳动的宣扬，为与此相反的科技现代化和权力集中提供了替代模式。因此，托尔斯泰追求基督教真理的过程，顺理成章地在 1894/1895 年鼓励了年轻的印度律师圣雄甘地，使甘地在南非殖民地反抗种族歧视的非暴力运动中变得更加坚定。意大利语版和法语版的《天国在你们心中：基督教作为一种新的人生观而非神秘主义教条》（*Das Reich Gottes ist in Euch: oder das Christentum als eine neue Lebensauffassung, nicht als mytische Lehre*）于1893年首次印发，1894年德语版本、英语版本以及缩略形式的俄语版本也随后发行。在该书中，托尔斯泰以基督之名，既反对教会，也反对施行战争暴力的国家。直至1910年去世之前，托尔斯泰都还与甘地就反抗英国殖民统治的话题保持着通信。

轰动性的文化以及民族神话构建

如果说在俄国和欧洲其他地区，小说拓宽了讨论社会政治的可能性，那么在意大利，歌剧也起到了类似的作用。相比之下，歌剧几乎主导了意大利的文化。然而，当时的文学批评家以及曾在1861年之后多次担任教育部部长的弗朗切斯科·德·桑克提斯（*Francesco De Sanctis*，1817–1883）却对音乐剧的先锋作用作出了负面的评价。因为就意大利民族意识的形成而言，他希望文学能够发挥更大的作用。他以莎士比亚和歌德为衡量标准。与之相反，在此之后的马克思主义哲学家安东尼奥·葛兰西（Antonio Gramsci，1891–1937）认为歌剧属于文化范畴。在他看来，民族性恰恰体现在歌剧中。早在18世纪末和19世纪初，外国观察家，如歌德和司汤达，就已表示：意大利的歌剧反映了意大利这个国家的"灵魂"以及其人民的"灵魂"。

朱塞佩·威尔第（Giuseppe Verdi，1813–1901）进一步定义了歌剧与民族之间的关联，因为他是在民族神话的背景下成为公共人物的。歌剧史学中的一个传说是，《纳布科》（*Nabucco*，1842）和《伦巴第人》（*I Lombardi*，1843）中

217

的合唱部分激励了民众奋起反抗"外来"王朝的统治。此外，《假面舞会》（*Un ballo in maschera*，1859）遭到的审查或许也印证了威尔第的政治行动计划。自该剧首次公演以来，"威尔第"这个名字就被频繁地用作一个隐秘的呼吁，其目的在于让意大利人团结在撒丁·皮埃蒙特王国（Sardinien Piemont）的国王，即来自萨伏伊家族（Haus Savoyen）的维托里奥·埃马努埃莱（Viktor Emanuel）的统治之下："威、尔、第、万岁！"（Viva V.E.R.D.I.）其含义为："万岁！意大利国王维托里奥·埃马努埃莱！"（Viva Vittorio Emanuele Re d'Italia）。事实上，在当时，并没有证据表明剧中囚犯们的合唱"去吧！思念，乘着金色的翅膀"（Va, pensiero, sull' ali dorate）具有反叛意味，也没有证据表明其中的合唱数字1848/1849 具有革命意味。威尔第将《纳布科》献给了奥地利的阿德尔海德（Adelheid）公主［当时阿德尔海德公主已经嫁给了撒丁王国的王储维克托·伊曼纽尔（Viktor Emanuel）］。显然，与反抗哈布斯堡王朝这个外来政权相比，宫廷的眷顾对于威尔第而言更为重要。比尔吉特·保尔斯（Birgit Pauls）的研究显示：尽管那不勒斯和罗马当局在 1859 年对此提出了异议并要求威尔第更改作品，但是遭到了威尔第的反抗。然而，威尔第的反抗是基于艺术美学的考量，且主要与著作权的问题有关。威尔第不断对审查要求提出抗议。主要矛盾在于教会的反对意见、威尔第自身不可知论的态度及其反对教会干预政治和社会生活的立场。直至 1875 年，威尔第和维托里奥·埃马努埃莱国王的故事才开始被颂扬，这种积极的氛围一直持续到 1901 年威尔第去世。事实上，在意大利取得政治统一之后，威尔第才被纳入意大利统一运动的行列（在此之前或是在此期间，威尔第纳并没有被纳入其中）。这（将威尔第纳入意大利统一运动的行列）并不是为意大利实现政治统一而进行的文化层面的准备，而是旨在对根基尚未稳固的意大利民族主义进行内在的、文化政治上的塑造。

在文学家伊玛科拉塔·阿莫迪欧（Immacolata Amodeo）看来，"歌剧"与"民族国家形成"之间的关系以及意大利歌剧与欧洲小说具有类似功能的问题，都可以从社会历史的角度得到解释。同时，这些问题也基于"轰动性文化"。因此，"歌剧"在其中起到了"融合"的作用：它将不同的甚至是相互对立的群体融合在一起。这些群体在社会意义上包括贵族阶层和大市民阶层（Großbürgertum）的昔日精英、刚刚接受教育的市民阶层以及崛起的中产阶级。鉴于意大利文化与语言的多样性，文学不太适合为这个仅仅在政治上取得统一的国家提供一个用于展示自我和认识自我的文化场所。因为除了小规模的统治阶层自文艺复兴以来还在使用佛罗伦萨方言，在日常生活中，人们主要使用的还是众多的地方方言和少数民族语言。与德国或者英国这些国家相比，意大利人民的读写能力较为低下。因此，在意大利统一运动时期，并不存在一种能够被跨区域的人们广泛接受的标准语。直至 20 世纪，通过广播，尤其是通过电视，才真正实现了标准语的普及。因此，在 19 世纪也就缺少一种形成文学色彩较为浓厚的公共文化的基本前提条件：一方面，人们无法就哪种可供选择的方言或语言应该成为意大利的民族语言达成一致；另一方面，意大利并不存在有效的教育体系。在 19 世纪，与西班牙、葡萄牙以及东南欧各国一样，意大利的文盲率在欧洲处于较高水平。1861 年意大利的文盲人数占据了总人口的四分之三。到了 1910 年前后，意大利仍然有近三分之一的男性以及超过 40% 的女性不能读写；而在法国，不能读写的男性和女性的比例分别仅为 10% 和 14%。自 19 世纪 30 年代末，以亚历山大·大仲马和查尔斯·狄更斯为代表的作家撰写的连载小说在翻译成法语或英语后，

219

均取得了巨大成功，却不存在相应的意大利语版本。在某种程度上，意大利的歌剧填补了这一"空缺"。

如同欧洲其他地方的小说一样，威尔第的歌剧并不是一个具有"革命性"内涵的体裁。歌剧最初迎合的是贵族市民阶层的品位，1860 年后，该阶层越来越呈现出市民阶层大众的特征。在这一时期，随着时间的推移，人们在已有歌剧院的基础上，又在城市中新建了一些剧院。在欧洲范围内相较而言，意大利半岛上剧院的密集程度是非常高的。音乐剧作为社会活动的一种形式，其魅力到底有多大，可以从一组数据看出：1860 年的狂欢节期间，在都灵这座拥有 20 万人口的城市中，共有九家剧院上演了 46 场歌剧。歌剧作为媒介的焦点在于"轰动性"的传统［伊玛科拉塔·阿莫迪欧（Immacolata Amodeo）语］，因此，意大利文化交流的特点包括：以视听形式为主，在公共场所（例如广场、咖啡馆、剧院和天主教堂）进行，以群体表演形式策划和执行。自 19 世纪中期开始，歌剧融入了意大利的语言、社会和政治现状。歌剧不必以一种共同语言为前提，而是可以通过音乐、肢体动作和舞台布景被人们所理解和接受。通过这种方式，歌剧在不同地区、不同政治领域甚至（一定程度上）也在不同社会阶层间承担起了桥梁的作用。

歌剧的题材来源于欧洲，它们将历史公共话题与社会中的个人故事融合在一起。威尔第的歌剧涉及政治、阴谋、道德、爱情、婚姻和家庭等话题——恰好涵盖了市民生活的核心领域。就这一点而言，安塞姆·格尔哈特（Anselm Gerhard）在谈到巴黎时，提到了"歌剧的城市化"。这也说明了威尔第除音乐品质之外所取得的成功。而且这种成功无须与政治上的意大利统一运动相关联。歌剧为社会沟通提供了场所——这也为威尔第在 1870 年之后成为民族政治的代表人物奠定了基础。此外，威尔第将自己塑造为农民形象（他的崇拜者也将其出身描述为普通民众的儿子）。在 19 世纪晚期，威尔第歌剧中的旋律凭借印刷乐谱、乐队、管风琴乐手以及（在 1900 年前后只为少数人所使用的）留声机也被划入了流行音乐的范畴——它与民歌共同演奏，而这些民歌最初却并非出自歌剧的自有曲库。在这个地区、经济、社会以及政党政治都没有得到统一的民族国家中，威尔第同他的音乐一起逐渐成了理想共同体的神话。在大规模冲突的背景下，如社会动荡和罢工、部分血腥镇压、意大利殖民军队在埃塞俄比亚阿杜瓦遭遇的惨败以及 1900 年国王翁贝托一世（Umbertos I.）被无政府主义者盖塔诺·布雷希（Gaetano Bresci）谋杀的事件，人们对民族文化中"英雄"角色的需求不断增加。当威尔第于 1901 年去世时，他非常适合被赋予这样一个身份（民族文化英雄）。各种配图的杂志纷纷为此发行特刊，许多城市都为他举行了悼念仪式。在佛罗伦萨，作家加布里埃尔·邓南遮（Gabriele D'Annunzio）为他进行了以"致青年"（Orazione ai giovani）为题目的演讲。在讲话中他呼吁青年人要像在日常生活中从面包中汲取营养一样，从威尔第的神圣热情中汲取精神营养。在米兰的斯卡拉（Scala）歌剧院，由阿尔图罗·托斯卡尼尼（Arturo Toscanini）担任指挥，伟大的重量级歌剧女星们与年轻的恩里科·卡鲁索（Enrico Caruso）共同合唱了威尔第的咏叹调。在 1913 年威尔第百年诞辰之际，维罗纳（Verona）的古竞技场公开为其举办了庆贺活动：威尔第这位已故的歌剧作曲家满足了人们对于民族文化角色的需求，并跨越不同历史时期，在意大利民族传奇中的轰动性流行文化领域占据一席之地。因此，在 19 世纪，人们可以通过这种方式让出色的艺术家成为意大利人、德国人、法国人等，或者这些艺术家自己也可以成为意大利人、德国人、法国人等——我们

221

只需想想在民族审美风格上与威尔第对立的理查德·瓦格纳就明白了。不仅那些接受过学校教育、服过兵役的农民被要求肩负起民族国家的责任，文化创造者也是如此。

公共的"轰动性文化"作为 19 世纪的文化形式，尽管在意大利的表现形式（歌剧）极具特色，但这种文化形式并不是意大利独有的。除了意大利的歌剧历史，历史学还强调了 19 世纪下半叶的另一个特征：在政治领域和大众文化中的"表演性公共事件"。在 1914 年之前的几十年间，欧洲国家间的政治十分具有戏剧性，当时"象征性的行为"具有根本性含义：因为在媒体化的国家体系中，政治领袖希望保留对自己的行为进行解读的权力。这一现象与大众政治公共领域的发展密切相关，同时也与首都发展起来的商品型与消费型社会形态密切相关。国家君主、作曲家、歌剧中的英雄形象都出现在锡罐包装和宣传海报上。"轰动性的现实"还包括定期举办世界博览会：仅仅是巴黎，就分别于 1855 年、1867 年、1878 年、1889 年和 1900 年举办了四次世博会。在一些规模略小的城市中还存在一些巡回举办的民族展和动物展。19 世纪的典型场所包括蜡像馆、全景画和立体画展、自然科学展馆以及于 19 世纪和 20 世纪之交出现的电影院，甚至配有与社会事件、政治事件、自然灾害、技术成果或意外事故有关图片的插图杂志也可算入其中。在巴黎，即使是在林荫大道上也有值得一看的景观。在 1864 年至 1907 年间，人们甚至可以参观公共的太平间：在这里，身份不详的死者被放置在玻璃内展示，以便公众识别认领。事实上，这种特殊的太平间展览已成为巴黎休闲活动和旅游景观的一部分。有时，每当媒体报道一起死亡事件，在短短数天之内就会有数以万计的人到访太平间：随着社会的发展，视觉效果也得到不断提升。太平间的参观者也络绎不绝。因为在某种程度上，太平间提供了一种无需门票的"真实剧场"

（当时的一些评论家就作出了这样的比喻）。这些被展示出来的死者以及相应的轰动性事件，成为媒体和公众在现实生活中的讨论话题。总体而言，当时存在丰富多样的文化场所。这些文化场所跨越了或细微或明显的社会界限。而这些日常生活中的真实事件通过娱乐领域市场的加工，促成了"观众社会"的形成。歌剧中也经常上演死亡场面，但歌剧院仅仅是这些典型文化场所中的一种。

　　威尔第作为一位作曲家所取得的成就，以及他在民族文化领域的影响，已经超越了意大利的范围，构成了欧洲音乐剧的重要组成部分。威尔第是 19 世纪下半叶众多在国内和国外均取得成功的艺术家之一。继 1842 年歌剧《纳布科》在米兰取得成功之后，威尔第接下来的作品《伦巴第人》不仅在米兰上演，也于 1845 年在敖德萨、巴萨罗那（Barcelona）、布加勒斯特（Bukarest）、柏林和圣彼得堡上演，于 1847 年在纽约上演。19 世纪 50 年代，《弄臣》（*Rigoletto*，首演于威尼斯）、《吟游诗人》（*Il Travatore*，首演于罗马）和《茶花女》（首演于威尼斯）这三部歌剧不仅在欧洲上演，而且很快也在那些位于南美、南非和澳大利亚的欧洲拓殖型殖民地的音乐厅上演。《命运之力》（*La forza del destino*）于 1862 年在圣彼得堡进行了首演；《阿依达》，这部耗费巨资为埃及总督定制的作品，于 1871 年在开罗歌剧院首演［该歌剧院是伊斯梅尔·帕夏（Ismail Pasha）1869 年于苏伊士运河开通之际下令修建的］。但是，衡量欧洲歌剧作曲家艺术成就的地方，却是巴黎。威尔第于 1847 年至 1848 年、1853 年至 1855 年以及 1866 年至 1867 年间，都曾在巴黎暂居（他每年会定期在巴黎度过大约两个月的时间，这种习惯一直持续到 1885 年）。他的多部歌剧遵循了"大歌剧"（grand opéra）的形式，即将歌剧演出分设为五幕，在其中融入芭蕾舞演出并为其配置歌剧奢华的舞

223

台布景，以力求获得法国首都舞台的认可。

　　威尔第的歌剧事业能够在欧洲取得经济上的成功，得益于版权的发展。自 19 世纪 40 年代起，威尔第就从意大利内部的各种协议、意大利各公国与哈布斯堡王朝之间签订的条约以及后来 19 世纪 60 年代的多种欧洲国际条约中获利（尽管，1856/1857 年，威尔第对一名未付版权费就演出其两部歌剧的巴黎演出商提起诉讼，以败诉告终）。在维克多·雨果以及 1878 年成立的国际文学艺术协会（Association Littéraire et Artistique Internationale）的推动下，《伯尔尼保护文学和艺术作品公约》（Berner Übereinkunft zum Schutze von Werken der Literatur und Kunst）得以签署。随着这一公约的出现，艺术家和出版商得到了更多的法律保障。在某些领域，例如，在德国蓬勃发展的小说翻译行业，这一国际公约却阻碍了现存的、频繁的跨国交流。但是，对于威尔第这样功成名就的艺术家来说，这些协议还是大有裨益的：他的出版人里科第（Ricordi）因此可以在国外收取稿酬和授权费，并得以与著作人签订相应的高价合同。当 1891 年托尔斯泰放弃其作品的所有权时，这不仅让为其操持家庭生计的妻子索菲亚（Sofja）大为震惊，同时也与 19 世纪保护知识产权的潮流理念背道而驰。在这一方面，威尔第则更好地体现了那个时代的艺术家与知识分子优渥的物质生活。他并不是什么意大利革命家或社会革命家，而是一位出身于欧洲市民阶层的艺术家，他的收入主要用于为自己舒适的城市生活买单，同时也用于购买和扩建自己位于阿加塔（Sant'Agata）的乡村庄园——就这点而言，威尔第和托尔斯泰都有着相似的、具有时代特色的追求：他们都对乡村生活具有的安全感与所谓的田园生活充满渴望。

跨越文化界限的偶像

歌剧和音乐行业，除作曲家和出版商之外，还涉及其他职业群体：作词人、经纪人、歌手以及大量的手工从业者和服务人员。在剧院的世界里，女性也有机会成为女英雄：女性不仅可以担任主唱或者扮演主要角色，甚至可以成为受万众追捧的明星。最为著名的例子莫过于法国演员莎拉·伯恩哈特（Sarah Bernhardt，1844–1923 年）。在她的人生历程中，虚构的角色与那个时代女性的经历紧密地交织在一起。威尔第在《茶花女》中赋予了妓女维奥莱塔（Violetta）一种独特的、音乐上的情感表达，并如同托尔斯泰对待安娜·卡列尼娜一样，赋予了维奥莱塔独特的个性。在比才（Bizet）1875 年的歌剧《吉普赛人》（*Zigeunerin*）中，吉普赛女郎卡门是一个在香烟工厂工作的女工。她自由地与男人交往，并遵从自己的心意适时结束这些关系。当然，这两个人物的命运都以悲剧结尾。相比之下，自 1880 年始，莎拉·伯恩哈特出演小仲马的剧作《茶花女》的女主角的次数高达 3000 多次。她不仅赋予了这位妓女角色独特的声音，在与众多男人有过无数次关系的前提下表演出其自身的独立性，而且还通过这一角色在国际上取得了成功。她以独立演员和剧院经理的身份站稳了脚跟。莎拉·伯恩哈特在其有生之年就已成为人们的偶像。她游走于性别界限、社会阶层界限、文化表现形式的界限以及欧洲国家界限之间——并且，她总能不断跨越这些界限。

莎拉·伯恩哈特的母亲（一位来自荷兰的犹太人），是巴黎的一位社交名媛。据推测，莎拉·伯恩哈特的父亲是一位来自勒阿弗尔（Le Havre，法国西北部的一个城市，位于诺曼底地区，靠近英吉利海峡，是法国重要的港口城市之一）的市民。莎拉·伯恩哈特 9 岁时就被送入修道院接受教育，并且

225 在那里接受了天主教的洗礼。在她母亲的情人——拿破仑三世同父异母的兄弟莫尔尼公爵（des Duc de Morny）的帮助下，1859 年莎拉·伯恩哈特成功被表演音乐学院录取。1862 年她进入了法兰西喜剧院（Comédie Française）工作，但是却在几个月后因与一位资深乐团成员发生争执而被辞退。她在巴黎风流社会的边缘苦苦挣扎，并于 1864 年生下了一个儿子——这个孩子很可能来自她与一位比利时高等贵族的风流韵事。1866 年，她再度在别人的帮助下，获得了法国第二大国立剧院——奥德翁剧院（Théâtre de l'Odéon）的工作机会。这一次，她在表演上取得了成功，并赢得了评论家和观众的喜爱。她的伟大事业也由此开始。

在 19 世纪 60 年代末之前，莎拉·伯恩哈特在戏剧舞台上一直不温不火。表演艺术被看作上流社会的边缘职业。尤其对于女性而言，舞台与上流社会的边缘之间的界限在现实中是模糊不清的。由于演员很少能找到长期的演出工作，而且为小型剧院演出时必须自备服装，他们面临经济压力，而这种经济压力总是会导致卖淫行为的发生。莎拉·伯恩哈特对其男性资助者（包括同事、剧场经理或其他追求者）的依赖经历可被视为典型例子。这个圈子中的女性通常都有孩子，但没有丈夫。在莎拉·伯恩哈特的经历中，她的母亲为了让她接受教育而将她安顿在修道院之中，以及让她作为新生力量被招募，这些事件都表明：她的母亲已经竭尽所能为她提供了较好的条件。在 19 世纪中期的几十年间，舞台为女性提供了一种机会：她们能够在工厂劳动或女佣工作之外赚取独立收入；同时，在这一过程中，她们不仅能够保持相对的自由，也能够拥有职业发展的前景。

莎拉·伯恩哈特抓住了这些机遇。19 世纪 70 年代，她的事业在巴黎戏剧界蒸蒸日上。有两件事情让她备受瞩目，并塑

造了她热爱祖国的公众形象：当巴黎于 1870 年 9 月至 1871
年 1 月期间遭到围困之时，莎拉·伯恩哈特在奥德翁剧院中设
立了一个军事医院。后来，她在德国军队撤离十周年纪念日
的一次演出中，未经预先告知，身着蓝白红三色服装，在管
弦乐队音乐的伴奏下，朗诵了《马赛曲》。在此之后，莎拉·
伯恩哈特以 70 多岁的高龄在第一次世界大战期间（甚至是在
1915 年她不得已截去右腿后——也许恰恰在这种背景下显得
尤为合时宜）的军队娱乐活动中扮演了重要角色。1872 年奥
德翁剧院重新上演的《吕布拉斯》（*Ruy Blas*）也与莎拉·伯
恩哈特的戏剧工作直接相关：维克多·雨果（1802~1885），
于 1838 年完成这部作品的共和派作家，刚刚结束 19 年的逃
亡生活成功回到法国。莎拉·伯恩哈特不仅征服了雨果，也征
服了观众：她凭借西班牙王后的角色取得了前所未有的巨大成
功。同年，她也回到了法国的第一舞台——法兰西喜剧院进行
表演。

　　莎拉·伯恩哈特是一位努力工作的演员。从 1870 年起，
她的"广告天赋"让她更加大放光彩。美国作家亨利·詹姆
斯（Henry James）于 1880 年对她作出评价称，伯恩特是这
个时代的基本象征。莎拉·伯恩哈特懂得通过塑造自己的形象
来提升自己的明星地位。在技术意义上，自摄影技术发明至
第一次世界大战期间，她可能是被拍摄最多的女性。在世纪之
交之后，莎拉·伯恩哈特参与了第一批晚间长篇无声电影的
制作。她所穿的服装或佩戴的珠宝引领时尚。由阿方斯·穆
哈（Alfons Mucha）于 1895 年为她的演出制作的宣传海报
被视为青春风格视觉呈现方面的代表作。穆哈也借此实现了突
破。1873 年，莎拉·伯恩哈特让人拍摄了她躺在棺材中睡觉
的照片。自此，她每晚都睡在这口棺材之中，并且在巡演的时
候也会带着它——这引起了公众的巨大反响。莎拉·伯恩哈特

作为茶花女在舞台上"死去"了数千次。她为了理解该角色，还参观了巴黎的太平间。她所表演的这种舞台上的死亡，非常受城市观众的欢迎，因为这一幕与他们的日常经历和忧虑密切相关：莎拉·伯恩哈特在掌声中再度站起来了！莎拉·伯恩哈特拥有一个小型动物园，该动物园中有一只名叫达尔文的猩猩和一头猎豹。她众多的男性伴侣展示了她的另一种形象。她的私生活是公开的，同时也成了人们热议的话题。她不遵守公认的准则。她甚至也没有遵循传统的性别角色界限：例如，她与巴黎的著名女同性恋者合影，还扮演男性角色——她于 1899 年扮演了哈姆雷特。然而，这种逾矩行为并没有影响她取得成功。这些行为反而促进了她的成功。原因在于：一方面剧院具有道德讲堂的功能；另一方面演员可以通过进行自我宣传促进个人事业的发展——这两点在莎拉·伯恩哈特身上互为补充。按照玛丽·路易斯·罗伯茨（Mary Louise Roberts）的观点，莎拉·伯恩哈特符合当时人们对女演员的刻板印象与期望。作为女性，她既是偶像和道德诱惑，也是慈爱的母亲和不可靠的情人。在她面前，男人可以表现得英勇无畏，也可以显得懦弱胆怯。

莎拉·伯恩哈特最终成为一个蜚声国际的文化创造者的决定性转折点，是她于 1880 年决定再度离开法兰西喜剧院自立门户。同年，她开始了她的第一次美国巡演。随后，可能在美国进行了另外八场巡回演出。她还前往南非和澳大利亚，进行了为期数月甚至长达数年的戏剧演出之旅。她还在纽约以及淘金者聚集的城市，在那些欧洲的定居者的殖民地，在当地居民发家致富并且希望一睹欧洲文化的所有地方，进行客串演出。在美国，莎拉·伯恩哈特乘坐豪华的普尔曼专用车厢旅行，她的随行人员则乘坐便宜的普通车厢。这些事件使得莎拉·伯恩哈特如同在国内一样，在国际上也总是因道德和美德方面的问题而成为激烈争论的焦点。在信奉天主教的蒙特利尔以及在俄国，莎拉·伯恩哈特成了反犹太主义攻击的目标。全球的戏剧巡演为她带来了高额的收入。

　　但是莎拉·伯恩哈特还是会经常回到巴黎。在那里，她会创作剧目并且在众多剧院中亲自参演，直至 1899 年她购买并拥有了自己的剧院——莎拉·伯恩哈特剧院（Théâtre Sarah Bernhardt）：她的名字就是剧院招牌。作为剧院经营者，她又承担了一个在本质上属于男性的角色。莎拉·伯恩哈特是一位精通文化市场与营销的国际巨星。因此，她脱颖而出，同时也成为城市中市民流行娱乐产业发展过程的组成部分。在 19 世纪下半叶的戏剧行业中，她成功地在最大程度上利用了所有以女性作为英雄角色的机会。许多人或多或少成功地效仿了她。例如意大利女演员爱莲诺拉·杜丝（Eleonora Duse）也获得了与她类似的声名；同时，杜丝也试图开辟出一种较少使用夸张情感的表演风格。莎拉·伯恩哈特的国际职业生涯主要属于电影时代之前的时期。因为在第一次世界大战之后，电影就在这方面超越了戏剧。1923 年莎拉·伯恩哈特去世时，巴黎按照 1885 年维克多·雨果逝世的悼念仪式为她策划了悼念仪式。但是，莎拉·伯恩哈特不仅仅是一位国家偶像，她的影响力早就远远超出了巴黎和法国。1980 年，她还与西格蒙德·弗洛伊德、阿尔伯特·爱因斯坦、弗兰茨·卡夫卡等人一起，入选安迪·沃霍尔（Andy Warhol）的"20 世纪十位犹太人肖像"。

　　当我们回顾文化领域中的男英雄和女英雄时，我们可以识别出一些发展特点。在 19 世纪下半叶，一个独立的文化领域已经被全面建立。不同的英雄人物所扮演的角色因国家和地方条件的不同而各异。决定性因素包括社会的相对富裕程度、普遍教育水平、城市化结构的存在、国家和教会行为的权威性与

228

229 统摄力量，以及日益增长的市场力量。从根本上说，性别差异决定了谁是文化领袖，扮演什么样的角色。一种公共的争论文化由此产生。其中有一些男性自诩为当前时代问题的思想领袖。他们声称干预政治和社会事务需要基于文化领域的专业知识——而在这方面他们再合适不过。在描述社会苦难及其后果以及婚姻和家庭的危机时，小说作家也属于公共道德的捍卫者。无论是对生命意义的探寻、教派分裂和边缘化，还是与教会权威的对抗，宗教问题都非常重要。因此，文学、视觉艺术和表演艺术构成了一个展示因变化的不确定性而产生的冲突以及"好"或"坏"的潜在解决方案的场所。这些主题不仅与时代的现实紧密相连，而且为文化塑造 19 世纪的世界提供了途径。总体而言，19 世纪下半叶，受教育人数和文化领域的从业人数大幅增长。然而，这种成功还没有成为定局，许多人的生存依然得不到稳定的保障。一些杰出人物的影响跨越了欧洲的界限——这得益于交通和通信技术的革新为他们提供了机会。无论有没有特定文化英雄的直接或间接推动，民族化显然都不会阻碍他们跨越国界的成功。市民阶层的公众完全有能力理解翻译作品并且有选择地接纳。保护知识产权的国际协议为国外的著作人在经济利益和艺术权益领域提供了更大的安全保障。19 世纪独立的文化从业者通常在他们的代理人或者出版商的帮助下，学习如何利用宣传规则。在这个意义上，欧洲文化也

230 成了一种公共事件。

2　科学信仰：机构与历史性转变

科学家也属于文化英雄的范畴。尤其是那些已经成为公众人物的自然科学家。他们受到人们的爱戴和尊敬，当然有时也会受到人们的抨击。例如，查尔斯·达尔文、鲁道夫·魏尔肖

（Rudolf Virchow，1821–1902）、路易斯·巴斯德（Louis Pasteur，1822–1895）、罗伯特·科赫（Robert Koch，1843–1910）、威廉·康拉德·伦琴（Wilhelm Conrad Röntgen，1845–1923）和玛丽·居里（1867~1934）——这个名单可以列得像百科全书一样长，因为 19 世纪下半叶实际上是属于科学的时代。在这个时期，各种专业科学领域得以确立，并主要在大学中得到稳固的发展，为我们今天的科学研究奠定了结构性基础。一种细分的、由机构支撑的科学体系由此形成。这极大地增强了欧洲人探索世界的能力，并覆盖了几乎所有的生活领域。此时，欧洲科学领域也越来越多地延伸到了欧洲大陆之外。随着专业化和专业体系的建立，向更广泛的大众传播知识的社会需求也在同步增长。在欧洲所有国家，接受高等教育以及学习科学知识成为人们追求的目标。这与社会政治问题、技术经济变革以及文化意识密切相关。这一时期的经验主义和实证主义与人们对于世界观的基本思考息息相关。因此，世俗认知的问题和宗教信仰的问题与实验室的实验同等重要。

科学机构和教育机构

19 世纪，科学经历了一场组织结构上的变革，人们可以将其描述为一种扩张式的进一步细分。传统机构得到了扩建和改造。与此同时，为了满足变化的社会需求和国家需求，新的机构应运而生。从传统的神学、哲学、法学和医学分类中衍生出了许多具有多样化分支的新学科。科学家及其学生的数量有所增长，大学入学的机会被有限度地开放。随着规模的扩大，科学工作者也实现了职业化：人们规定了取得资质的途径；专业代表成立了相应的科学联合会；专业技能确保了收入和地位。正如我们看到的那样，科学机构的扩张、多样化、开放和

231

专业化，既不是一个单向驱动的过程，也没有形成一个统一的欧洲知识生产模式。这一过程更多地取决于国家的要求、社会的力量以及机构追求相对独立性的影响。1900 年前后，虽然欧洲各地已经存在一个扩大了的、看似细分的科学体系，并由跨国界进行专业交流的科学家运作，政治家、政府官员、教授和学生也密切关注其他地方的情况，然而，科学机构的组织结构的具体形式因国而异。这个欧洲科学的时代，更确切地说是这个欧洲科学取得巨大成功的时代，恰恰是建立在科学机构的多样性而非其统一性的基础之上——当然也仰赖于人们为其大规模投入的资源。

欧洲大学和高校的职工几乎全部是男性。以下数据表明了其扩张的情况：1864 年约有 1500 人（不包括私人讲师）在德国大学授课，在法国这一人数为 900 人，在奥匈帝国这一人数为 760 人（1871 年），在俄国为 500 多人，在英国仅为 330 人。在第一次世界大战前不久，德国的这一人数达到了 3800 人，是原来的两倍多；在法国这一人数增加到了 2200 人；此时，奥匈帝国也达到了这一数量，授课教师的人数为原来的三倍。俄国的发展也与此类似。1909 年，在英国有超过 2300 名大学讲师在职，这一数字是 19 世纪中期的七倍之多。这些数据仅仅为我们提供了一个粗略的参考，因为它们仅仅涵盖了部分教职人员，并没有考虑到大学之外研究机构中教职人员的数据。但是，从绝对数字中，我们不仅能看出德国高校教职队伍中人员数目的持续增长，同时也能看到其他国家大学的扩建。19 世纪 60 年代，欧洲的几个大国中，只有英国（不包括苏格兰）在大学领域相对落后，但是到了 1900 年前后英国已明显迎头赶上了其他国家。

我们也可以从大学生人数上看出科学教育有了更多的意义。同时，这些数字也表明：19 世纪的这一发展虽然显著，但在社会和性别方面却是排他的。1860年，德国约有1.2万名大学生；这相当于现今一个中小型大学的规模。在法国有8000名注册了学籍的大学生，俄国有5000名，英国有3000名。从19世纪70年代和19世纪80年代开始，这些数字大幅增长。在第一次世界大战爆发前，德国的大学生人数达到了接近7万人，在法国这一数字为4.1万人，在俄国为3.7万人，在英国为2.6万人。在其他欧洲国家，与之前相比，此时也有更多的年轻人接受大学教育：在意大利有2.9万名大学生接受大学教育，这一数字甚至超过了英国；在西班牙有1.6万名大学生接受大学教育；在奥匈帝国这一数字为1.26万。这些数字再度表明了德国的突出地位和所有其他国家的扩张进程。在与人口的对比中，这一情况也得到了证实：1900年前后，德国每818名居民中就有一个大学生，在法国和英国分别每1384名和每1470名居民中有一个大学生。

　　如果我们将登记在册的大学生人数与20岁至24岁这个年龄阶段的人口数量进行对比分析，那么从总体上就会看出大学准入在某种程度上的开放性。但是如果我们在国家之间进行对比分析，那么就会发现这一情况与上述数据呈现出的情况略有不同。在世纪之交，这一年龄段（20~24岁）的大学生比例在0.7%至1.4%之间，1870年这一比例在0.4%至0.7%之间：各处的大学都开放了入学途径，只不过这种开放还是有限度的。在瑞士和尚未独立的苏格兰这一年龄阶段的入学率最高。包括德国在内的其他国家，这一年龄阶段的入学率在0.7%至0.8%之间浮动。瑞士大学之所以具有较大的开放性，是因为外国留学生的比例较高，而不是因为瑞士学生的入学率较高。苏格兰的数据显示：相较于英国，苏格兰更重视大学；同时也反映出医学专业对于非苏格兰人有着特殊的吸引力。这两种情况都表明：地方和区域的情况造就了欧洲科学领域的特殊性。因此，必须结合某些知识和交流领域来看待大学环境，而这些领域并不一定与民族国家相对应。尽管如此，大多数国家相对接近的招生比例［葡萄牙是唯一一个负面的例外，该年龄段（20~24 岁）的招生比例只有 0.2%］表明：在 19 世纪下半叶，就开放程度而言，各处的大学相差不大。德国在这一方面不再具有特殊地位，并且按照历史学家弗里茨·灵格（Fritz Ringer）的说法，与法国相比，至少从 1871 年开始，德国在这一方面不再具有特殊地位。

　　然而，必须指出的是，就总体而言，欧洲大学的开放程度仍然十分有限。虽然大学生的社会构成确实发生了一些变化，但是，将 1914 年之前的变化称为"地震式转变"（seismic shift）［康拉德·雅劳什（Konrad Jarausch）语］似乎有些夸张。由于现有数据不完整，且各个国家的情况不同，很难对这些数据进行比较。变化始于 19 世纪六七十年代。在德国，直至此时，大部分大学生的父亲都接受过学术教育，他们在公共管理机构中担任要职或是从事律师、医生、牧师等工作。直至第一次世界大战，市民阶层在教育中占据的主导地位才开始下降。相应地，来自更广泛中产阶级的学生占比有所增加：他们的父亲是低级公务员、中小学义务教育学校的教师以及新兴市民经济的代表。尽管这种变化值得注意，但它只发生在每个年龄段中不足 1% 的极小部分人群中。此外，那些来自受过教育的市民阶层的男孩们，与其他人相比，上大学的机会仍然要多出几倍。另外，专业分化起到了进一步的限制作用：相对的社会开放性主要体现在文科领域——这些学科的学生最终会从事教师职业，而医学专业和法律专业继续得到了受过教育的市民阶层的偏爱。只有新教神学——这门同样也受高级中产阶层偏爱的学科，成了那些来自下层中产阶级的学生提升社会阶层的一种选择。毕竟，工人的儿子根本上不了德国的大学，而女性也只是在 1900 年至 1909 年间才被大学录取。因此，这里谈到的开放与进步十分有限。

　　人们在法国的中产阶级内部也能观察到类似的社会扩张。在这一过程中，大学校（Grandes école）的大学体系，从制度上对不同群体进行了更为严格的细分。来自下层中产阶级的男孩越来越多地进入巴黎高等师范学校（该校于 1808 年作为教师培训学校成立）就读。那些培养法国领导精英的巴黎机构主要从巴黎本地超比例招生。在法国国内的大学院系中，同德国的情况一样：上层中产阶级聚集在法国高校的特定专业（尤其是法学专业）中。在英国，这种分层最为明显。同欧洲几乎所有地方一样，在牛津大学和剑桥大学，来自拥有土地的贵族家庭的大学生的比例下降，来自生活条件较好的中产阶级且出身于牧师家庭、律师家庭和医生家庭的男孩更容易被大学录取，同时来自经济市民阶层的大学生数量也逐渐增加。但在 1854 年或 1856 年之前，大学生必须加入英格兰国教教会（die anglikanische Staatskirche），1871 年之前，教师也必须加入该教会。那些来自同一社会阶层但经济条件较差的家庭以及非国教教徒（nonkonformistisch）、天主教教徒或犹太教教徒可以将自己的孩子送入 1828 年成立的伦敦大学学院，从 19 世纪 70 年代开始可以送到北部新成立的省级大学。在 19 世纪的欧洲，位于苏格兰的大学，其学生的社会背景最为广泛：有的学生来自中产阶级，也有相当一部分学生——约占学生总数的四分之一——来自工人家庭或乡村。苏格兰的大学学费和生活费都很低，同时大学与当地教会保持紧密联系，并为贫困学生提供各种奖学金。因此，出身于苏格兰纺织工人家庭的美国钢铁大亨安德鲁·卡内基（Andrew Carnegie）在 1900 年成立了一个基金会，用来资助需要帮助的苏格兰大学生。

235

从 19 世纪 70 年代起，与之前相比，欧洲的大学在社会上更广泛地向中产阶级开放，但在总体上没有改变社会职业的再创造，而是仅仅在特定领域开辟出了新的机遇。招收女性大学生的情况也与此类似。在欧洲范围内，大学对女性的开放，自19 世纪 60 年代开始，持续了将近 50 年。但在大学中占主导地位的仍然是男性。在录取女性的大学中，对女大学生的隔离通常是通过机构或通过专业划分的方式进行的。某些领域，特别是对于国家服务和公共秩序而言至关重要的法学领域，仍然完全将女性拒之门外。为争取女性受教育权利而斗争的个别女性先锋者的勇气和成就令人印象深刻。在当时的某些观察家看来，她们的入学不亚于一场革命。但是，站在历史的角度，"女性入学"看上去并不是一蹴而就的，而更像是通过缓慢的进步实现的。通过观察各个国家中分级录取的招生情况，可以直观地看出其中（或多或少）不利的前提条件和限制。在这一过程中，赋予女性权利的决定性因素并不是大学在某一年首次招收女性的"突破"。在历史学家罗伯特·安德森（Robert Anderson）看来，决定性因素包括女子高等院校的设置规划，女子中学的存在和课程设置，中产阶级家庭期望的变化，教会的角色以及国家、就业市场和学术研究之间的关系。

共和制的法国，继 19 世纪 60 年代的初步尝试之后，自1880 年起开始设立国立女子中学。但是，这些学校并不授予法国高中毕业文凭，而获得该文凭却是大学录取的前提。人们在塞夫勒（Sèvres）专门成立了一所学校，以满足对女教师的需求。直至 1985 年，即在该校建校 100 多年之后，这一学校才与一直只招收男性的巴黎高等师范学校（École normale supérieure）合并。这样就形成了一个闭环：女子中学的毕业生可以进入女子师范学院学习；在毕业之后，如果她们想工作，可以回到女子中学任教。公立学校打破了天主教修道院的垄断，主要吸引了那些来自新教家庭和犹太教家庭中具有共和思想的女孩子。这些学校的教育目标是提高女性的知识水平，从而让她们为未来的家庭生活做好准备，并不具有什么解放性。同欧洲许多地方的女子学校一样，学校的课程设置中不包括拉丁语的内容，但是拉丁语的知识储备又是进入大学学习的条件。从 1868 年开始，法国的大学向女性开放了医学专业。但是，这主要吸引了外国女学生。因为只有少数法国女性满足入学条件，即拥有高中毕业文凭。而且这些女生是通过私人教学而非公立学校获得高中毕业文凭的。1910 年，法国女性大学生的占比为 9%，其中拥有法国国籍的女性与外国女性的比例约为 4：3。此外，大学校仍然没有对女性开放。

在 1910 年的意大利，尽管当地没有设立公立的女子中学，且高等教育主要掌握在教会手中，女性学生的比例仍然达到了17%，明显高于其他地方。女学生占比较高的原因显然并不是1875 年开始的大学招生，而是在大学教育之前女孩和男孩所接受的共同教育，尤其是自 19 世纪 90 年代起，越来越多的来自中产阶级家庭的女孩与男孩一起在公立中学准备授予资格证书的毕业考试，这与法国或者比利时的情况有所不同。女医生玛利亚·蒙台梭利（Maria Montessori，1870–1952）是那批（早期通过这种方式）于 1896 年获得博士学位的人之一。意大利的例子表明，在大学之前的教育中的性别隔阂被消除的前提下，天主教的落后性与世俗主义的结合在某些情况下可能会为人们提供更多机会。

数据显示：在第一次世界大战前不久，英国大学生中女性的占比还要更高，甚至超过了五分之一。这一现象背后隐藏着巨大的内部差异：苏格兰（24%）和威尔士（35%）的女大学生占比相对较高，而在牛津和剑桥女大学生仅占 9%，在英国其他地区这一比例为 20%。这些数字反映出，大学在培养小学女教师，伦敦国王学院（Londoner King's College）以及卡迪夫大学（Cardiff）提供有关家政学的学习课程。此外，1900 年以后，在女子教学中，文法学校（Grammar Schools）对女教师的需求增加了。英伦群岛上新成立的大学机构提供了专门针对女性的课程，而与此同时，牛津大学和剑桥大学——这两所英国的传统大学却几乎没有对女性开放。在牛津大学和剑桥大学，于 1866 年成立的女子学院在大学内形成了一个独立的世界。这两所大学中的男性权力阶层继续将女性排除在外，这一点可以从以下事实中得到说明：尽管这里的女大学生完成了考试，但是在 1920 年之前的牛津大学、1948 年之前的剑桥大学，这些女性都没有被授予相应的学位。因为如果这些女性毕业生获得了学位，并在此后被聘为大学讲师，那么她们就会在大学委员会中拥有表决权。因此，不为她们授予学位这一措施可以有效地阻止她们进行自我管理。

考虑到前文介绍的各个国家中各式各样的入学限制与分类，德意志各邦较晚才开始招收女生上大学这一现象（巴登从 1900 年开始招收女大学生，普鲁士直到 1908 年才开始招收女大学生），就显得没有那么不同寻常了。到第一次世界大战时，德国大学生中的女性占比也迅速达到了与法国相当的水平。而德国的教授们之所以态度坚决地反对这一比例的提高，很可能是因为，与法国的大学校或英国的大学不同，德国的大学体系没有排除女性、仅仅面向男性精英的学科。因此，一旦女性获得了大学入学资格，也就得到了拥有社会政治权力的机会。此外，由于那些女子高中聘用的教师以男性为主，所以对于女大学生而言，毕业后的就业前景也不容乐观。而且，年轻女性很晚才被允许参加高中毕业考试，例如，巴登州 1891 年才开始允许女性参加高中毕业考试。在世纪之交之前，女性只能以少数旁听生的身份出现在德国的大学中。女性在被大学正式录取之前就可以获得博士学位①，却不能参加国家考试。德国女性只能在国外学习在女性中颇受欢迎的医学专业。

按照社会学家伊尔莎·科斯塔斯（Ilse Costas）的观点，我们可以对逐步招收女生这一现象做出一般性的解释。在那些大学学位由国家管控，因此有声望且收入丰厚的职业的准入渠道（如德国的医学、法律或教师资格国家考试）也由国家控制的地方，接纳女性可能会对男性构成威胁。此时，一些反对者可能会提出这样的疑问：女性通过大学学习能取得什么成就呢？至于这些疑问（或者说是忧虑）是基于直接的竞争思维，还是基于认为女性智力较低的观念抑或人口减少的情况，这并不重要。然而，在英国、瑞士等中产阶级职业的准入渠道不由国家管制的国家，大学更容易向女性敞开大门。在大学毕业之后，人们可以通过这些职业的自我管理机制有效地将女性排除在关键岗位之外。

与此同时，对妇女高等教育历史的研究也揭示了另一个普遍存在的问题，即对妇女的限制和妇女得到的有限机会反映了大学为男性提供的机会和条件：通过正规的资格认证和人际关系网络，获得职业、收入和地位。在很大程度上，大学和特殊的教育机构是欧洲国家和社会培养未来领导人的地方。此时，这些潜在的领导力量来自更广泛的市民阶层。在传统意义上，这（培养未来领导人）在很大程度上发生在行政、法律和医疗领域，以及国家会做出相应安排的地方，也包括教会。但是现在，这些院校也越来越多地为中等教育系统的需求培养后备力量，或者同伦敦经济学院（London School of Economics）、

239

---

① 在德国大学正式录取女性之前，如果女性想要获得博士学位，需要满足特定的条件（例如德国皇帝的特批许可），并通过考试或完成博士论文。——译者注

高等商学院（École des hautes études commerciales）或德国的商贸学校一样为工业领域、经济领域和政治领域培养人才。在这种情况下，人们并不打算赋予女性什么重要的角色。如果说大学学业对于来自中产阶级的女性有什么意义的话，那便是：随着人们对于女性在家庭教育和婚姻中的作用有着越来越高的期待，女性可能会在专门为女性设立的学校体系中担任教师，或从事医疗工作。尽管，我们从今天的角度看来，这一切依旧充满了限制，但当时的女性能做到这一点就已经非常不易了。并且，在当时的人们眼中，这是在为女性赋予权力，并在一定程度上对男性构成了威胁。

240

大学在成为高质量教育机构的同时，与相关机构一起共同构成科学研究中心，从而发展出了一种更具革命性的功能。这一功能的基础早在启蒙运动晚期以及浪漫主义时期就已形成，但直至 19 世纪中期才开始真正发挥出相应的作用。对许多人来说具有决定性意义的组织模式是在德国经过一段较长的时间发展起来的。早在法国大革命之前，德国就已经开始就大学改革展开讨论。伴随拿破仑带来的变革，大学改革也在德国多地开始实施，这是由于各州必须重新组织和改进对公职人员的培训。在被法国战败后，普鲁士的改革家和思想家将这种务实的想法与具有长期影响力的概念基础结合起来。威廉·冯·洪堡（Wilhelm von Humboldt，1767–1835）、约翰·戈特利布·费希特（Johann Gottlieb Fichte，1762–1814）和弗里德里希·施莱尔马赫（Friedrich Schleiermacher，1768–1834）将理想主义和新人文主义的思想置于思想体系的中心。他们认为，大学应该为具有自主意识的独立个体提供正规哲学教育。这种以古希腊文明观念为导向的自我修养，在大学之前的人文主义文法高中就已经开始了：这种修养是抽象的，并明确不涉及对物质世界的经验探索。按照这种教育模式培养出来的人将能够在未来的领导职位上不受直接压力的影响做出正确的决策。这似乎是一条振兴国家和人民、引领他们走出当前困境的道路。在某种程度上，1810 年新成立的柏林大学哲学系为所有学科提供了上层建筑。那里的教授对自身有着较高的要求，致力于在精神自由的基础上推进知识的进步，从而实现道德目标。

　　但是，19 世纪德国大学取得的成功主要得益于人们在实践中偏离了这些理想。然而，正如安德里亚斯·道姆（Andreas Daum）不久前所强调的那样，将道德革新的思想转化成一种研究动力仍然是有效的：大学必须提出新颖的观点，而不是简单地传递已知的知识。如果能将研究与教学自由而紧密地联系起来，就能最好地实现这一目标。随后，在大学中，教授与学生之间的紧密合作通过研讨会和实验室的形式得以建立，并取得了成功。但与人们所想象的不同，德国的大学实际上并不是"自由的"。大学要接受国家的监管，依赖公共财政，并且教授也都是由部委任命的。只有（或者说至少）在这种背景下，学术自治才能存在。官僚对大学进行监管，并负责制定（尤其是考试方面的）标准。19 世纪中期前后，大学开始转向对"实际问题"的研究。其推动者之一是一位名叫尤斯蒂斯·李比希（Justus Liebig，1803–1873）的自然科学家：他首先私下设立了一所化学实验室，随后该实验室被并进吉森大学（Universität Gießen）。在这个实验室中，学生们致力于实践和物质研究。其他自然科学家——以海德堡的罗伯特·本生（Robert Bunsen，1811–1899）为代表——和大学也紧随其后。因此，在 19 世纪下半叶的大学教学背景下，基础研究设施得到了大幅扩建，其中一部分建筑至今仍在使用（虽然其用途可能已经发生了变化）。在德国大学内部形成了一种类似于企业的分工研究模式，其中包括主管教授、助理博士生、讲师、普通职员以及进行实践学习的大学生。化学家路易斯·巴斯德（Louis Pasteur）和让·巴蒂斯特·杜马（Jean Baptiste Dumas，1800–1884）等法国自然科学家，和他们的德国同行一样，在科学政策方面也很活跃，早在 19 世纪 50 年代和 60 年代，他们就开始要求法国政府出资资助类似的机构。

德国大学中自然科学研究的发展，并不是自然发生的，而是在激烈的人文主义理想争论和频繁的人文主义论证下逐渐实现的。这主要发生在大学之外，即早在 19 世纪初期就已建成的理工学校之中。而这些学校，以 1877 年成立的达姆施塔特为例，在 19 世纪后三分之一的时间内，变成了高等技术学校。这一过程的艰难以及大学标准的重要性体现在：普鲁士直至 1899 年、其他地方直至 1901 年才准许这些学校授予博士学位。现代社会对高等教育的其他需求体现在商学院的建立上。商学院恰恰能满足人们对高等商务教育的兴趣、提升社会地位的需求以及各个城市想要提升自身价值的愿景。最初，在科隆（1901 年）、法兰克福（1901 年）和曼海姆（1907 年）等地，这些机构替代了当时尚不存在的大学，并为后来大学的建立奠定了基础。这些机构得到了私人和公共资金的支持。这两种资金来源也支撑了 1911 年威廉皇帝学会（Kaiser-Wilhelm-Gesellschaft）研究机构的建立，而该机构的理念与一百年前的理想相去甚远。威廉皇帝学会设立了许多研究机构（这些研究机构位于大学之外），致力于单一领域的研究。这些研究领域包括化学、物理化学、电化学、生物、煤炭研究、劳动生理学和脑科学（截至 1914 年，这几大领域的研究机构均已建成）。当我们研究科学组织时，我们的目光不能仅仅局限于模式化的德国大学。总体而言，在现代社会，机构架构的灵活性对于科学理论与科学方法的成功具有决定性作用。其他国家的发展清晰地说明了这一点。

当我们将 1850 年至 1890 年间的德国大学体系与另一种在当时同样备受关注的法国大学体系进行比较时，德国大学体系作为科学机构的吸引力就彰显出来了。在法国大革命期间，法国的大学因其团体性质被解散。直至 1885 年（从名字来看是直至 1896 年），法国只存在一些孤立的、由中央统一管理的院系。在很长一段时间里，法学院和医学院是重点院系；直至 19 世纪 70 年代，人文科学和自然科学的院系才开始吸引更多大学生。这些院系在很长一段时间内都在忙于处理获得高中毕业文凭的人数减少的问题，同时还要为具有一定教育程度的公众开设公开的讲座。大革命期间，在拿破仑的领导下，除了这些院系，一些专门职业以及特定领域的高等教育机构也建立了起来：首先是 1794 年成立的巴黎综合理工学院（École polytechnique），该校教授数学、物理和化学，最初服务于军方；随后建成的是其他一些"大型学校"，例如上文提到过的巴黎高等师范学校（1808 年）。与大学不同，这些学校的学生是通过竞赛选拔出来的。在 19 世纪，这些出类拔萃的学校培养出了国家的领导精英，而且这些精英的选拔并非基于出身和特权。这些机构继承了开明专制主义的传统，体现了通过专业技术知识和开明思想造福社会的理念。但是无论是这种理念，还是法国的这些院系，都没有为科学研究提供场所。科学研究集中在国家的研究机构里。这些研究机构是在法国旧君主制度下的早期机构的基础之上建立的，并不招收学生。其中首屈一指的便是法兰西学术机构（Institut de France，1795 年成立）以及国立学院（Collège national）。法兰西学术机构在 1870 年更名为法兰西学院（Collège de France）。在 19 世纪早期，对于亚历山大·冯·洪堡（Alexander von Humboldt，1769–1859）这样的学者而言，巴黎的这些学术机构具有极大的学术吸引力。但是，从某种程度上来说，这些学术机构在本质上与自然科学领域的、在一定程度上与企业组织相似的、基于实践和合作的研究机构并不相同。

其实早在 19 世纪 60 年代，尤其是在 1870/1871 年普法战争战败后，法国就开始效仿德国通过科学家与政府推动改革。1868 年，公共教育部部长维克多·杜卢伊（Victor Duruy，1811–1894）成立了巴黎高等研究实践学院（École pratique des hautes études）。该学院的教授们在研讨会和实验室中与年轻科学家一起进行实践研究，但并不授予学位。在某种程度上，实践学院的地位仅次于或者甚至高于大学机构，并且几乎可以为所有学科的研究提供资源。1885 年至 1896 年，为了按照德国的模式更加紧密地融合教学与研究，人们将迄今为止独立的院系重新整合成综合性大学。当时，索邦大学（Sorbonne）作为巴黎大学的所在地被重建起来，并且与 19 世纪几乎所有的欧洲大学一样，拥有了新的、具有代表性的建筑。在 19 世纪末，法国出现了由私营经济与政府共同倡导创建的、为特定目的服务的学校和研究机构。这些学校和研究机构大部分都得到了政府的支持或者被政府接管，例如在巴黎的巴黎高等商学院（Handelshochschule，1881）、高等电子技术学院（die Elektrotechnische Hochschule，1882）和一所高等殖民地学院（1880），以及在南锡、格勒诺布尔、里昂、里尔和图卢兹等各省会城市的类似机构。总体而言，这一始于法兰西第二帝国时期的改革，在共和国时期推动了法国的学校和研究机构在功能上与德国的科学培养体系和大学教育体系相适应，但同时也保留了法国在组织结构上的独特性。反过来，德国则部分借鉴了法国的模式，推动成立了专业化的、位于大学之外的研究机构。

德国和法国的发展在欧洲范围内备受瞩目。其他国家和城市在 19 世纪后三分之一的时间里也努力改革自己的大学体系和科学体系，在向德国和法国这样的榜样看齐的同时，也根据当地的具体情况和可实施性进行了调整。在英伦群岛上，以贵族教育和牧师教育为主的英国大学，在国家的支持下进行了改革和新建，将其原有的教育体系转变为一个旨在确保精英教育和科学研究的教育体系。自 1889 年起，公共资金除了流向牛津大学和剑桥大学，也开始资助大学机构——这一做法在苏格兰早已是理所当然的事情。在世纪之交的改革辩论中，人们对于"国家生产能力"的担忧、对于国家在工业竞争中所处地位的担忧以及对于帝国间竞争中本国所处地位的担忧发挥了重要作用，这也使国家出资支持自然科学研究和医学研究的想法得以合法化。与其他欧洲帝国强权不同，英国没有为进行殖民管理而专门创建教育机构。在德国，1908 年在汉堡建立的殖民学院为 1919 年大学的创建奠定了基础。相应的需求体现在"东方国家的"语言学、人类学、热带医学和（德国）林业科学等学科上。在大英帝国，主要是"白人"拓殖型殖民地的学生和来自印度的学生前往英国求学；而在英伦岛屿上，主要是那些对研究很感兴趣的人喜欢去德国读大学。

除德国和法国的大学外，奥地利、瑞士、意大利和比利时的大学也吸引了外国学生，东欧和东南欧的学生表现得尤为积极。他们掌握了德语和法语，也学习了英语和俄语，这使得他们能够接触到前沿科学家的研究成果。即便他们的祖国也成立了大学，情况依旧如此。然而在某些地方，语言仍然是冲突的焦点。因为，一方面，大学尽管具有国际性，但同时也是民族国家的象征或是相应追求的表达［克里斯多夫·查尔勒（Christophe Charle）和杰克斯·福格（Jacques Verger）语］；另一方面，大学也为学校、行政机关、法院和医院培养人才。这些殖民地国家都以不同的形式考虑到了此种情况。例如，赫尔辛基的大学有芬兰语的平行课程。在布拉格的一所历

245

246

史悠久且完全德语化的大学里，从 19 世纪 60 年代开始在过渡阶段设置的使用捷克语授课的教席，导致该大学于 1882 年在组织架构上分裂成一个德语大学和一个捷克语大学。在位于波兰奥地利属区的加利西亚，克拉科夫（Krakau/Kraków）和利沃夫（Lemberg/Lwów）的德语大学于 1869 年都开始改用波兰语授课。而与此同时，在波兰的普鲁士属区和俄国属区，波兰文化却遭到了压制。

在这一时期的欧洲，在大学内和大学外的自然历史和民族学博物馆藏品构成了范围涉及全球的知识宝库。这种全球知识包括通过集收藏、保存、科学研究与公众参观为一体的形式脱颖而出。人种学和动物学这样的学科依赖于这些收藏。首先是这些藏品的拥有者创造了这些学科，然后它们也反过来证明了科学与欧洲扩张之间的紧密联系。此外，恰恰是在自然探索领域，人们能观察到，尽管 19 世纪的大学提供正式教育，对专业进行了细分，大学本身也因此得到了发展，但科学并不是一项仅局限于学术界的活动。历史学家安德里亚斯·道姆（Andreas Daum）指出，即便是在德国这样科学研究的机构制度已经非常稳固的地方，业余爱好者也可以通过参与协会、机构和商业性活动以及阅读出版物提高自己对自然科学的认知。对此感兴趣的人主要来自市民阶层，但不局限于市民阶层。因为从 19 世纪 60 年代开始，有组织的工人运动也建立了包括图书馆在内的类似教育机构。在大众科学界（Populärwissenschaft），人们主要争论的是唯物主义与唯心主义、进化论与宗教等议题。无论是通过强调民族成就，还是作为政治参与的替代形式，或者是通过提出社会教育方面的要求，这些活动都具有一定程度的政治属性。在 19 世纪下半叶，科学与教育的目标是满足人们的社会要求——这种要求不限于功能性的精英教育以及可以被直接应用的先进认知。在大众领域，这一点不仅体现在轰动性事件和商业中，也体现在人们的参与中。

　　总而言之，在欧洲，法律专家、医生、自然科学家、工程师和教师的教育对于国家的运行和进步至关重要——这是决定学术型大学机构发展的一个关键因素。此外，学术型大学机构在发展中也会得到公共财政的支持，并或多或少受控于国家。从此，国家公共领域的所有岗位都需要相应的专业知识以及附带考试的正式培训——并且这也是获得许多私营经济和自由职业领域高级职位的必要条件（虽然这一情况直至20世纪才更为普遍）。它们取代了以阶级为基础的社会化和归属感以及仅仅基于通识教育的知识，并且渐渐地取代了经验的地位。自此，大学生活成了男性社会职业网络构建中的重要一环。大学体系扩展的第二个因素是对科学知识的探索。个人的内在动机固然重要，但机构的发展也与对进步和国家竞争力的渴望紧密相连。国家竞争力与科学的跨国性并不矛盾，二者相辅相成。成为通过出版物和会议形成的国际研究界的一员，对个人在国家的地位和整个国家的地位而言都是有益的。尽管人们仍然能够以私人学者的身份从事科学研究，并且在大众科学领域，其社会基础显得更为广泛，远远超出了大学生的小圈子，但是在第一次世界大战前的几十年间，科学工作主要在机构中进行，同时需要依赖图书馆和实验室，甚至那些授予博士学位的、以研究为导向的科学工作也被设置为大学学习的一部分。总体而言，这种知识生成和传播的特殊形式是在一个尽管存在激烈的世界观和利益冲突但多样化、具有一定灵活性的体系中展开的。同时，这也为欧洲短暂的全球霸权奠定了基础。结果，无论是在各国内部还是在欧洲范围内，都没有形成一个同质的或统一的科学和大学体系，而是形成了一种细分的、在制度上有所差别的架构〔R.D.安德森（R.D. Anderson）语〕。虽然这

248

种架构在原则上是开放的，但在具体实施过程中却严格按照社会地位和性别进行筛选和排除。

变革是确定性：历史主义和进化论

1913 年，神学家恩斯特·特勒尔奇（Ernst Troeltsch）在回顾历史时称："19 世纪的精神是由各门单一学科所决定的"。学科逐渐变得专业化——这在专业期刊的出版方面体现得淋漓尽致：在 1800 年前后有 100 种专业出版物，在 1850 年前后约有 1000 种，而在 1900 年前后有多达 10000 种。"科学专家制度的活跃和成功"源于人们实际使用的需求。这与教育的科学化、教育机构的组织以及科学作为一种旨在解决问题、批判性地验证问题并不断提出新问题的活动特性息息相关。19 世纪，自然科学与人文科学的分离逐渐确立，二者变得相互对立且界限分明。自然科学和技术专业也在努力争取获得大学以及社会的认可。特勒尔奇从专业分化的角度谈论了这两大领域，并区分了不同的分化方法。在他看来，教育"不再以美学为主，而是以实用科学和历史为主"。这里的"历史"指的是一种特定的理解方法，这种理解方法不仅在历史学中被广泛应用，还在语言学和包括神学在内的其他领域都得到了普遍应用。与之相关的术语"历史主义"指的是那个时代的一种总体思维方式，在某些方面，这种思维方式在自然科学理论中也有所体现。而"实用科学"指的则是基于实验的、自然科学的、实证主义的方法。

历史性变革无处不在，历史无处不在：当时的人们经历了如此迅速的科学变革和技术变革，以至于人们亲身体会到了过去与现在之间的巨大差异。这种发展将会走向何处？人们能够赋予它什么意义？过去的什么东西应当被保留？历史主义作为一种试图从过去的角度解读现在和未来的思维方式，为这些问题提供了答案，并且提供了将过去保存在公共记忆中的可能性〔奥托·吉哈德·奥克斯勒（Otto Gerhard Oexle）语〕。例如，艺术要从各种历史风格中做出选择：建筑师以新巴洛克、新文艺复兴或新浪漫主义风格设计大型建筑；博物馆收集不计其数的、来自世界各地的历史物件——包括海外土著群体的物品，与它们所宣称的时代进步相比，这些物品被归类为属于"落后时代"的物品——并且将它们展示给公众。人们在纪念日庆祝他们的历史，尤其是他们声称属于自己民族的那部分历史。为了纪念往昔的英雄，各地都为英雄们建造了纪念碑。从19世纪初开始，历史学本身就成了一门科学学科，基于源头批判的方法得以发展并得到了制度化的确立和发展。甚至在自然科学中，查尔斯·达尔文也曾解释说，大自然的现状是历史性的，遵循进化机制。欧洲人在殖民扩张过程中遇到的其他民族也被历史性地分类，分类标准在文明史和自然史范畴之间摇摆不定。面对多样性和快速变化，历史主义赋予了19世纪一种面对变化时的确定性。

250

历史主义的核心思想是将个性化的观察与发展性思维联系在一起〔弗里德里希·耶格和约恩·吕森（Friedrich Jäger und Jörn Rüsen）语〕。与启蒙时期关于"人"的理念不同，历史主义的代表人物强调人类存在的不同形态，并且高度重视历史个体的内在价值。同时，个性的有机发展和成长不仅涉及个体，也涉及民族或国家等集体。在历史主义中，这种受浪漫主义启发的思想在反思过去和汲取经验的过程中演变为一种科学的方法。19世纪上半叶，普鲁士国家史官利奥波德·兰克（Leopold Ranke，1795–1886）就已经在德国乃至德国以外的其他国家产生了重大影响。他反对从历史哲学的角度对世界进行解读，主张采取历史阐释学的方法解读世界，即将自己设身处地地带入过去的历史时期，并用该时期相应的价值观理解当时的历史人物。按照这种观点，历史记录描述了历史事件如何发生，并将其与某个特定时期的典型特征相联系。作为一门科学的学科，历史阐释学逐渐发展出了专业要求，例如：陈述须有来源支持，因此应是可验的；陈述应客观，有批判性判断，但不应偏袒任何一方——这些要求直至 20 世纪仍然适用。

历史学家对过去进行了筛选，只保留了那些于现今而言仍然具有借鉴意义的事件，因此，人们对过去的了解不断增加，这带来了有益的认知进步。对于历史学家来说，历史变革的推动力在本质上属于精神层面，国家与权力也被视为理念。因此，历史学与历史性思维也具有社会功能，同时，在如何面对蓬勃发展的工业化社会以及君主贵族制政权的问题上，为普通的、受过教育的中产阶级提供了方向。人类经历了一个历史进程，在该过程中，自由的理念在各个独立的政治文化单元中具体化。在 1789 年至 1848 年间的革命动乱后，以及在拥有财产并受过教育的市民阶层参与政治统治并获得国家认同后，植根于过去的、当下时代的意义似乎就显现出来了。这样，历史知识在政治上就具有了保守自由主义的意义。各个民族的进步决定并且推动着历史编纂者的历史性记述。

历史主义作为一种思维方式，在 19 世纪下半叶得到广泛传播的同时，也遭遇了危机。作为一种科学方法，历史主义不仅影响了历史学，也影响了文学和艺术学——这些学科当时正从文学和艺术批评中走向学术化；此外，它还影响了神学、法学和国民经济学；而且这些影响远远超出了德国的范围。正如特勒尔奇（Troeltsch）在 1922 年谈到这个问题时所说：历史主义导致了"我们对人类、人类的文化以及人类的价值观所进行的所有思考全部被彻底历史化"。在他当时所处的时代背景下，各个生活领域都充满了变化。同时，从进步的意义上来看，这些领域都是可以被塑造的。因此，根植于历史主义的现代历史思维，使历史变得更加充满活力。这种观点在世纪之交遭到了批评：一方面，对于各个时代，人们要按照其特性进行分别理解。这也就意味着人们必须分别为每个时代制定特定的标准，而不是将不同时代随意混为一谈。这种观点否定了一种跨界的、普遍适用的价值体系，并且向相对主义敞开了大门——这令很多人感到不安。另一方面，"完全以相对主义的方式复兴任意的过去形式"［特勒尔奇（Troeltsch）语］，于当下而言似乎无法创造太大的价值。对事实的堆砌被认为是"死气沉沉"的（尼采），人们抱怨它与当下并无关联。因此，在人文科学中寻找自然科学所追求的规律，对一些人来说，似乎是一条出路。

252

　　上述历史主义人文科学思想的广泛要求也可以部分解释为什么人们将 19 世纪称为"人类的新时代，也可以称为自然科学的时代"（这种声明在某种程度上与历史主义人文科学思想相对立）。这是维尔纳·冯·西门子在 1886 年举办的德国自然科学家与医生学会第 59 次会议上的宣言。他认识到，知识的进步是面向未来、充满可能性的，因为"我们越是深入了解自然力量这种充满奥秘的存在，就越是坚信，我们对科学的探索仍然十分有限。我们面前还有一片无边无垠的科学领域亟待探索"。他期待能够将自然科学领域的研究结果应用到经济领域和社会领域，从而改善人们的生活条件。在聚集一堂的自然科学家面前，他说道："随着获取物质生存资料的难度越来越小，人们必须投入的劳动时间越来越短，相应地，人们便拥有了提升精神修养以及享受精神生活的时间；随着人们深入了解自然力量所发挥的巨大作用，人们对身体健康状况的认识也会不断得到提升，这将促进未来人类身体上和精神上更为健康的发展；就艺术创造而言，越来越完善、越来越简单的机械化复制也将让艺术走进寻常人家。

美化生活、提升文化素养的艺术将服务于全人类，而不是像此前那样，只有那些特权阶级才能拥有艺术！"在西门子看来，在未来，具有道德影响的物质进步将发挥社会整合作用。对于当时的人们来说，自然科学认识与社会政治领域直接相关。

253

19 世纪，人们对自然科学领域的基础知识有了新的认识，并且这些新的认识往往与伟大的男性科学家有关：电磁学领域的奠基人迈克尔·法拉第（Michael Faraday，1791–1867）、发现能量守恒定律的詹姆斯·普雷斯科特·焦耳（James Prescott Joule，1818–1889）、研究物种进化的查尔斯·达尔文、微生物学家路易斯·巴斯德（Louis Pasteur）、证实了电磁波存在的海因里希·赫兹（Heinrich Hertz，1857–1894），以及发现了铀的放射性的亨利·贝克勒尔（Henri Becquerel，1852–1908）。这些自然研究者的成就毋庸置疑。同时，对于科学研究而言，这些自然研究对大学机构和非大学机构的整体制度化也起到了十分重要的作用。科学研究的核心地点位于实验室——历史研究将其称为"实验室革命"［海尼西·施密根（Hennig Schmidgen）语］。在实验室中，化学家或物理学家以团队的形式相互配合，在实践中学习，使得教学与科研紧密地结合在一起。同时，为此新建立的机构也成为科学家进行社交的场所。在过去，从事自然研究的是一些经历过手工业培训的人或者是业余科学家，其中也包括一些像达尔文这样的时代名人。但不久之后，从事科研工作、加入研究者圈子、发表出版物或从事自然研究必须具备学术资质。这一职业化过程以及学科专业化过程，巩固了男性在自然科学领域的主导地位。在很大程度上，女性被排除在外，以至于女性充其量只能像莉泽·迈特纳（Lise Meitner，1878–1968）一样担任"女助手"的角色。又或者，尽管她们在事实上取得了独立成就，但仍会被当作"助手"对待和介绍。此外，职业化、准入限制和科研空间的独特性塑造了自然科学家的自我认知，并且增强了他们的自信心、强化了他们的公共角色。

20世纪出现的"生活领域的科学化"［赫伯特·施奈德巴赫（Herbert Schnädelbach 语）］起源于19世纪晚期：在学科形成过程中，学术变得制度化，自然科学也具有了一定的社会要求。从一般自然哲学中发展出了我们如今所熟知的物理学、化学、生物学、医学各分支等学科以及机械制造、电气工程、土木工程和建筑学等技术型专业。与法律等传统专业不同，这些专业并不以服务国家为宗旨，而是面向工业、经济和社会领域。部分自然科学和技术科学的知识直接影响了人们的日常生活，例如我们生活中常见的人工肥料、化学染料、电力或是健康保健和卫生。与受历史主义影响的人文科学一样，自然科学也并不局限于科学本身（即纯粹为了获得基于实验的知识而存在）。这体现在，不仅以西门子为代表的人对自然科学寄予了社会政治期望，科学家自己也认识到了"自然科学对人们的世界观所产生的影响"（特勒尔奇语）。唯物主义引发了人们对自然与精神、身体与灵魂之间关系的激烈争论。自然科学观念也被直接应用到社会领域和政治领域。其中影响最为深远的例子便是达尔文的进化论。

生物学家达尔文在进化论中融入了许多属于当时那个时代的著名观点，例如：用有关地球持续的地质变化以及有关地球发展史中物种变化的见解来解释物种的起源及其发生变化的特殊机制。他在"自然选择"中找到了这一机制，这也是1859年他出版的书籍的标题：《物种起源》［全称：《论依据自然选择即在生存斗争中保存优良族的物种起源》（*On the Origins of Species by Means of Natural Selection, or the Preservation of Favoured Races in the Struggle for*

254

Life）]。达尔文在大量观察的基础上提出了自然选择进化论。

255 作为经济独立的个人研究者，他在 19 世纪 30 年代进行了为期五年的环球研究之旅，并对自己的观察进行了详细记录。达尔文发现，即使食物资源是有限的，生物通常还是会制造出过多的后代，且每个后代都是独一无二的。不同生物在"繁殖成功"的表现形式方面也各不相同。达尔文从这些观察中得出结论：同一物种的不同个体之间相互竞争，在这种竞争中最适合的个体会存活下来并且繁衍后代。正如生物学家和科学理论家弗朗茨·M.乌克提茨（Franz M.Wuketits）所解释的那样，进化论使用的术语，尤其是在各种翻译版本中，产生了解释性后果。在它首次被翻译成德语时，标题中的"自然选择"（natural selection）被译为"自然育种选择"（natürliche Zuchtauswahl）。后者指的是一种类似机械作用的力量，这种译法使得解释物种变化的超验力量变得多余。"生存斗争"（struggle for life）被译为"为存在而战"（Kampf um's Daseyn），这也让人们联想到了"致命的冲突"，而它英文版本的翻译则是指"竞赛"和"竞争"。达尔文从哲学家赫伯特·斯宾塞（Herbert Spencer）那里借用的表达"适者生存"（survival of the fittest），描述的是"最适合的"，而非"最强大的"或是"最能干的"。按照达尔文的说法，并不是单一物种中的个体经历了进化变化，因为进化首先在"种群"的层面上显现出来。这种概念性的误差并没有影响社会达尔文主义理论的流行。

达尔文理论最大的意义在于，它改变了主流的世界观。在这一点上，达尔文理论和历史主义不无相似之处。它促使人们摒弃了认为事物一成不变的观念，转而关注真实的、个性化的变化。具有独特性的不仅仅是人类，动物和植物也具有这种特点。从另一个视角来看，物种的起源自然也包括人类的起源，由此人类被生物化了。达尔文在 1859 年并未明言这一点，直至 1871 年他才在《人类的由来》（*The Descent of Man*）一书中表明了此观点。毫不意外，教会对达尔文的理论进行了抨击。达尔文从自己的角度否定了造物主创世，并且声称地球发展的历史要比圣经的历史更悠久，并且似乎也否认了上帝对于生命的安排。1864 年，教宗皮乌斯九世（Papst Pius IX）在《谬误纲要》（*Syllabus Errorum*）中列举了那个时代的种种错误，他在该纲要中的第一条就对"自然主义"进行了批判。但是，这并没有阻碍达尔文理论的传播。从 1859 年达尔文出版《物种起源》到他去世为止，该著作仅在英国就已经历经六次再版。达尔文的观念也被一些人继续传播、强化和升华。例如托马斯·H. 赫胥黎（Thomas H. Huxley）就自称"达尔文的斗犬"，恩斯特·海克尔（Ernst Haeckel，1834—1919）则致力于研究将进化发展应用于人类，并且解释了人类源自灵长类动物的进化发展。达尔文的理念通过自然历史展览、各种联合会和社团以及博物馆、年度集市和动物园得到普及。人类学家和古生物学家也参与其中。在关于灵长类动物和人类之间"缺失的一环"的争论中，1856 年，尼安特德人的发现以及波恩大学教授赫尔曼·沙夫豪森（Hermann Schaaffhausen，1816—1893）对尼安特德人进行的归类起到了重要的作用。当然，荷兰古生物学家及地质学家尤金·杜布瓦（Eugène Dubois，1858—1940）对爪哇人遗骨的发现和展示也发挥了重要的作用。

将生物学上关于进化的知识不仅应用于人类这个物种，也应用于人类社会，产生了深远的影响。很多人相信，"生存竞争"的进化原则也适用于政治领域、社会领域和经济领域，在该过程中，更为强大的人通过筛选得以胜出。一种连英国生物学家达尔文自己都未曾倡导的社会达尔文主义被应用在了民族冲突、国家冲突与世界强国之间的冲突之中。从 1856 年开始，修道院神父格雷戈尔·孟德尔（Gregor Mendel，1822–1884）通过实验提出了遗传理论，但该理论直至世纪之交才被重新"发现"并得以传播开来。生物选择理论与遗传理论结合，似乎也为如何对待人类个体提供了标准，并且为促进"优良"遗传特征的延续，阻碍"劣质"遗传特征的发展提供了可能性。着眼于改善人类整体或改善个别"种族"的优生学思想，在 20 世纪给全体人类带来了灾难性后果。这种思想根植于两种信念：一种是人们想要全面应用自然科学知识的信念，另一种是将自然科学方法运用到其他科学领域的信念。

在 19 世纪和 20 世纪之交，崭露头角的社会科学家和一些人文学者也试图像自然科学一样做出预言并改善社会。在这一过程中，他们借鉴了奥古斯特·孔德（Auguste Comtes，1798–1857）的实证主义哲学。孔德认为社会像自然界一样，都是按照可以实证的法则运作，而形而上学的解释并不符合事实。埃米尔·涂尔干（1858~1917）从中发展出了社会学研究的基础。在历史研究中，可以将政治历史领域中类似的研究方法应用到社会行为领域。在法律实证主义中，法律的基础不再是上帝或自然法则。这种在某种程度上将世界、自然和社会绝对化的认识以合乎经验的科学为基础。它在各个学科内部、各个学科之间以及在知识分子的争辩中并非毫无争议，而是成了 19 世纪末对文化确定性产生怀疑的、相互矛盾的众多思想观点的特征。例如，对特勒尔奇而言，当时"自然主义决定论的瘫痪效应与历史相对主义同样令人无法忍受的效应"结合在了一起。

3　冲突中的宗教：世俗化与宗教信仰

在 19 世纪，宗教仍然是对文化、社会和政治领域有强大影响力的根本力量。也就是说，宗教并不是一个与世隔绝的领域。19世纪下半叶甚至被称为"文化斗争"（Kulturkampf）的时代［克里斯·克拉克（Chris Clark）和沃尔夫拉姆·凯泽尔（Wolfram Kaiser）语］。从更严格的意义上来看，"教会与国家的冲突"这一说法适用于信奉天主教的欧洲以及宗教信仰混杂的国家。但在信奉新教和东正教的国家，情况并非如此。对于犹太教信徒而言，"文化解放"与"文化适应"或者"文化同化"才是他们的主题。而在这个时期，位于东南欧的穆斯林则遭到了驱逐。从文化斗争中诞生了一种更加"世俗化"的观点。按照该观点，不仅国家最终会（或者更严谨地表述为"最终可能会"）与教会相分离，宗教也会失去其社会意义，从而演变成一项个人事务。显然，这些假设并不符合19世纪的情况，因为国家与宗教并没有发生全面的分离。恰恰相反，宗教信仰经历了某种"复兴"，并在社会上产生了密切的群体联系。从更广泛的意义上讲，"宗教与教会"确实处于斗争之中。换言之：在冲突中，一方面，宗教与政治之间的界限和关系得以重新界定；另一方面，科学与社会的界限和关系也得以重新界定。在这个过程中，各个基督教团体之间的紧张关系，以及各个基督教团体内部的紧张关系，加剧了这些冲突。而在海外的传教活动中，以及在对全球范围内的知识进行获取的过程中，在大部分除欧洲大陆以外信仰基督教的地方，欧洲人最终接触到了那些陌生的宗教思想。

259

世俗化与教会化

"世俗化"理论认为，一个长期的分化过程将使得欧洲的宗教与政治、教会与国家分离开来；在此过程中，随着宗教的私人化，其公共意义也逐渐丧失；而理性的科学将揭开世界的神秘面纱，并拥有最终的解释权，取代它一开始所质疑的宗教的解释权。在历史社会学以及部分历史科学中，19 世纪长期被视为"一个继启蒙运动和法国大革命之后取得决定性进步的时代"。相较而言，当今流行一种观点，即承认宗教的力量发生了变化，但也认为这种力量经久不衰，并将其归因于世俗愿望和日益增长的宗教性以及教会主义进程的相互推动。

实际上，"世俗化"理论源自 19 世纪本身的冲突。因此，这种所谓的解释本身就是需要解释的部分内容，是当代世俗化冲突中的一种特殊立场，有些人追求世俗化，但大多数人并不希望世俗化，而且世俗化冲突无处不在。历史学家马努埃尔·伯鲁塔（Manuel Borutta）以瑞士、德国和意大利为例，展示了从 19 世纪 30 年代起，自由派政治家和学者如何在关于政教关系的辩论中形成自己的观点，即如何将宗教划分为一个独立的类别，与国家、经济和科学分开。在 19 世纪下半叶，人们多次尝试通过法律途径和行政管理途径实施这一理念。自由派人士将"天主教会"以及"信众们的虔诚"称为"中世纪的"或者是"东方的"——即落后的，而不是进步的。在探寻国家与教会之间应追求的关系时，他们分别赋予了国家与教会两种相反的性别特质：男性化的国家和女性化的教会应该建立一种符合市民阶层婚姻理想模式的等级关系；在这段关系中，教会负责管理私人的内部空间，而国家则负责管理公共空间——但同时也有权对教会管理的领域进行决定性管控。这一观点基于对过去的解读，并对未来进行了预测。该观点认为，只有依靠世俗的力量才能实现进步。也就是说，只有依靠那些在经济上和政治上十分活跃、行为理性的、来自市民阶层的男性才能实现进步。1900 年前后，这些理念被引入正在形成中的社会学。当时的社会学还在深入地研究宗教在欧洲内外的作用（马克斯·韦伯和埃米尔·涂尔干）；后来，社会学将"教会与国家的分离"以及"宗教意义的丧失"称为"欧洲现代化的标志"。人们可以用政教关系的历史发展状况评估各个国家，甚至最终可以对全世界进行评估。

　　尽管对于现代社会分析的理论建构而言，自由主义关于当时宗教与进步之间关系的观点在理论上取得了成功，但是，在现实中的实践却经常以失败告终（并且在实际应用中往往产生相反的效果）。就形式标准而言，19 世纪的发展情况似乎仅仅在表面上印证了这种理论，因为从一些主要的新教城市可以看出，教堂出席率、参加主的晚餐和教堂婚姻的减少绝非普遍现象。尽管在一些德国城市中，宗教活动确实有所减少，但是一些英国的城市却迎来了宗教繁荣：英格兰和威尔士的工业区成了不同宗教信仰（非国教派）的重点活动区域。相反，在信奉天主教的西班牙，却可以在大城市中看到明显的反教权主义行为。而在移民迁入的过程中，很多地方的教堂、教会社区和慈善机构都成了移民的落脚点。尤其是当像鲁尔区的波兰人或是利物浦的爱尔兰人这样的流动人口，来到一个宗教、民族都不同的环境中时，宗教祈祷活动能够增强这些移民的团体凝聚力。在欧洲，即使在教会仪式方面，也不可能有世俗化的城市社会。无论如何，从这些外部迹象几乎无法推断出人们的信仰。如果我们将注意力集中在被认为是"进步的"城市生活，就完全忽视了宗教和教会在乡村社会中所起到的作用。例如，在法国中部和西班牙南部，人们很少去祈祷或参加其他的教会仪式。而在巴斯克地区、布列塔尼（Bretagne）、阿尔萨斯（Elsass）以及在爱尔兰和波兰——这些教派归属感与宗教意识、民族意识紧密相关的地区，去祈祷或参加其他教会仪式的人却很多。

　　第一，我们可以确定的是，在那些有大量移民迁入的地方，宗教信仰的多样性也有所提升。第二，这并不一定与民众的去教会化或去基督教化有关，而在很大程度上取决于神职人

261

员和教堂建筑的配置情况以及宗教环境、民族国家的环境和政治环境。第三，在 19 世纪下半叶也存在一些对宗教或教会漠不关心的个体和群体，他们甚至像许多社会主义工人政党一样，持拒绝的态度。然而，这种态度不会理所当然地得到人们的认可，而是经常会导致人们形成四分五裂的阵营或者遭到种种阻碍。查尔斯·布拉德劳（Charles Bradlaugh），1866 年成立的国家世俗协会（National Secular Society）的联合创始人之一，于 1880 年公开"承认"自己是无神论者，在被选入英国下议院时，曾因拒绝对王室进行宗教宣誓在几年后才得以顺利就职。在当时，布拉德劳是英国某共济会分会的成员——他的这一身份也引发了一场关于无神论者能否成为共济会成员的争论。根据约阿希姆·贝格尔（Joachim Berger）的观点，欧洲的各个共济会团体在这个问题上意见不一。其中，西班牙、法国、比利时和意大利的共济会较明显地代表了不可知论、科学主义和部分无神论的观点。而与此相比，在信奉基督教的、斯堪的纳维亚国家中的联合会中，或是在受自然神论影响的英国共济会中，不可知论、科学主义和部分无神论的观点则相对较少。但是，共济会中假定的但往往并不存在的反宗教甚至反基督教的观点引发了教会的反对行动。例如，1896 年，在教宗利奥十三世（Papst Leo XIII）的支持下，于特伦托（Trient）举行了"第一届全面反共济会大会"，参会者超过 300 人。第四，恰恰是在天主教地区，世俗信念和教会宗教信仰在相互排斥的过程中相互加强。与"压制宗教"的说法相比，"充满冲突的对立与共存"更好地描述了这种发展。最后，在这些"世俗化"的时刻，民众中的宗教信仰得到了强化，这一点将在后文中解释。

就国家与教会之间的法律关系而言，19 世纪的国家教会制度在延续 18 世纪的国家教会政策的同时，自身也得到进一步壮大。在沃尔夫冈·莱因哈特（Wolfgang Reinhard）看来，国家的教会统治在这个时期才达到了顶峰。它最具标志性的特征并不是来自市民阶层的激进自由主义者所主张的明确的分离，而是国家对教会控制范围的扩大以及对宗教少数派歧视的逐步消除。人们经常着重关注法国。因为在 1793/1794 年的法国大革命期间，基督教与国家的联系曾通过法律途径被短暂地完全切断。在镇压措施逐渐弱化之后，1801 年的协约重新建立了双方的联系，教宗承认了国家教会秩序。之后，在 1905 年，当法国宣布自己是一个"世俗的共和国"之时，教会与国家彻底分道扬镳。这些事件似乎非常适合被用来讲述"世俗化"过程。但仅仅简单地关注 1793/1794 年和 1905 年的事件本身，容易忽略很多内容，尤其是，人们结束了对那些信仰国教之外的宗教的信徒的法律歧视。

　　实际上，在 19 世纪，国家与教会的关系主要涉及两个方面：其中一个方面是国家对教会的监管，另一个方面是对于不同宗教信仰和宗派的平等认可（但不包括排挤其他宗教信仰和宗派）。正如教会历史学家休·麦克劳德（Hugh McLeod）所指出的那样，这些规定并没有遵循统一的模式或是趋势。但就这两个方面而言，法国算得上是先驱者：因为早在拿破仑一世统治时期，神职人员就已经得到了国家的资助。（此外，教会和修道院的财产并没有被归还。在其他国家，从巴伐利亚到西班牙和罗马尼亚，在 19 世纪，国家政府也曾利用这笔"财富"来克服预算危机。）自 1801 年始，天主教不再是唯一的国教，而仅仅是一门为大多数民众所信仰的宗教。这是由于法国的新教教徒和犹太教教徒得到了国家的认可，并且具有了像天主教会一样、由枢机教会和国家共同决定的组织结构。在荷兰，在同样处于革命时期的 1796 年，国民议会宣布所有教会具有平等的权力。但实际上，直至 1848 年，当时受到王室更为严密监管的荷兰归正会（Niederländisch-Reformierte Kirche）显然仍旧占据优势地位。其他的新教派别，例如严格意义上的加尔文教派和天主教派，直至 1853 年才在（基督教）新教群体发动的、时而暴力的抗议中得以恢复自己的教派等级制度。然而，随着选举权的扩大，这些教派才通过相应的政党形式获得对特权教派精英的政治影响力，从而在 1889 年获得国家为教会学校提供的支持。在法国，从 1879 年起，共和派势力就对教育系统进行了"世俗化"改造。与法国截然不同，荷兰则在国家范围内平等地促进所有具有宗教特色的教育机构的发展。人们并没有推行一种将教会与国家进行严格分离的政策。在英格兰，直至今天，英国圣公会仍是国家教会；但在爱尔兰，这一特权地位于 1869 年被废除，在威尔士于 1914 年被废除，在苏格兰则是在第一次世界大战后被废除。同时，人们也逐步取消了限制其他教派或宗教成员担任公职的歧视性规定——但是，这并不适用于王位继承人。英国圣公会在爱尔兰和威尔士失去优势地位，其实是一种政治绥靖行为，而不是反教会措施。它说明了在第一次世界大战之前，这两个地区的宗教——天主教和持不同政见的新教——与政治是多么紧密地交织在一起。

宗教和教会在意大利的发展，其影响超越了国界，对欧洲具有重要意义。因为，在意大利，民族国家的成立以反对教宗的世俗统治为背景。教宗先是在 1861 年失去了他的部分国家领土，然后在 1870 年又失去了包含罗马在内的拉齐奥大区（Latium），只剩下梵蒂冈城的一小部分领土。其他国家摆脱了与教会的特权关系，而意大利教会却失去了它的国家。意大利民族国家具有强烈的反教会的特点。同时，教宗统治的特点也因此发生了变化。因为自那时起，教宗必须把自己的统治视为不具有固定领土的教会统治。人们废除了旧政权下国家教会的结构——即法国的高卢主义和德意志民族神圣罗马帝国中的教会统治。这加强了教宗对宗教权威的跨国诉求，使其不得不在教会事务上与欧洲各国政府直接对抗，并达成各种协议。在这些协议中，人们对有关教会自决权、税收、任命以及与国家机关的合作等问题（这些问题直至 20 世纪仍然存在争议）进行了规定。总体而言，在那些世俗的或是有意进行政教分离的，以及主要信奉新教的国家中，天主教会以及天主教信众也逐渐与国家政权保持了一定距离。因此，在第一次世界大战之前，在很多情况下人们都无法和谐地达成一致约定。同时，在天主教内部，在个人或者群体不愿意遵守罗马教宗规定的地方也出现了紧张局势。例如，1864 年发布的《谬误纲要》（Syllabus Errorum）和 1870 年关于教宗永无谬误的教条引发了这种问题，后者适用于教宗在任职期间宣布的有关信仰或道德问题的裁决。当罗马的神学保守主义与本国的政教冲突叠加在一起时，自由派的天主教徒的处境变得尤为艰难。教宗极权主义（越山主义），即信奉"山的另一边"① 的教宗中央权威，被占据主导地位的势力视为一种保障，以对抗国家对教会斗争中的民事婚姻、教育问题、主教和神父任命的干预以及来自知识分子的和社会的敌意。随着意大利教宗领地的丧失和 19 世纪地区教会关系的解体，天主教会的跨国性在结构上变得更加强大，而国家争端进一步促进了这种跨国性。

　　人们试图在扩大国家监管力度的同时，将国家与国家教会进行分离，形成一个与教会社区不同的公民社区。这些举措为增强基督教教会的独立地位，以及它们在社会和文化中施加特殊影响的愿望提供了条件（尽管这种增强在某种程度上是反向

---

① 此处的"山"是指阿尔卑斯山。这一说法来源于"越山主义"，即罗马天主教会沿着维护教宗的最高权威这一方向发展。因为从欧洲的北部和西部看，教宗所在的罗马在阿尔卑斯山的另一边。——译者注

的）。神学家与宗教社会学家卡尔·加布里尔（Karl Gabriel）在谈到天主教时，提到了 19 世纪的"教会化"。"教会化"的一个重要因素是，发生了变革的教宗统治使得基督教教会的教义在教会学说以及教会神学中被确立下来。新教与天主教之间不断加强的界限，被称为"信仰分化"［奥拉夫·布拉什克（Olaf Blaschke）语］，就支持了这一点。传教活动的繁荣等现象表明，在民众中，充满活力的宗教信仰也成功地与教会联系在了一起，这也促进了教会的发展。历史学家卢西安·赫尔舍（Lucian Hölscher）在对德国新教信仰的虔诚度进行描述时，还提到了一个"教堂时代"（Zeitalter der Kirchen）。因此，所有的宗教观念与行为方式，都集中在作为制度空间与精神空间的教堂之中。在教堂内，个人、团体和教堂相关机构形成了各自的社会认同。因此，19 世纪的冲突也间接地为教会从国家中"解放"出来奠定了基础，20 世纪末独立社会组织的趋势也是如此。与新教官方教会相比，天主教会在文化斗争中被迫更早地朝着这个方向发展，而新教官方教会在历史上与国家和地区教会监管的结合要紧密得多。最后，人们的担忧，即在社会部分领域教会行为和宗教行为不断减少，以及经常被解读为道德缺陷的社会问题，促进了多种教会机构的扩建以及与教会相关的慈善类、教育类和传教类机构与协会的制度化发展。

依据休·麦克劳德（Hugh McLeod）的观点，随着教会与国家的发展，可以总结出欧洲宗教与政治之间一般关系的几种模式。在法国等国，政治和社会的两极分化十分严重，1900年左右，右翼和左翼立场可以根据人们与天主教教会的关系来确定。教会与各种各样的正统派、贵族和大市民阶层都团结在右翼一方，他们支持教会成为国家机构并且参与维持社会秩序；而左翼则聚集了共和主义者、激进自由主义者和社会主义的反对派——以新教徒、犹太人、反对教会干预政治的人和自由思想者为主。就整个欧洲而言，将自己视为无神论者、不可知论者或世俗人文主义者的自由思想家组织得最好的地方可能是法国。法国的自由思想家与志同道合的比利时人一起，于1880年成立了市民阶层的国际自由思想者联盟。而其他国家的特点是，教派的柱状化（Versäulung）以及社会圈层的形成。例如，在荷兰和德国都出现了与宗教团体联系紧密的党派。这些党派不同的宗教信仰或者某种坚定的反宗教立场，不仅在很大程度上决定了选民的投票行为，也在议会谈判中发挥重要作用。政治组织与各个宗教的社会圈层以及各个宗教协会紧密地联系在一起。相比之下，英国是一个典型的具有多样化教派和宗教信仰的国家。在这个国家中，"两极分化"和"宗教政治形态化"都没有占主导地位。然而，宗教在道德立场而非神学信仰的意义上对政治言论和社会规范产生了强烈影响。

　　在帝国主义的背景下，政治与宗教的关系具有复杂性。一方面，在英国、俄国、哈布斯堡王朝和奥斯曼帝国，尽管统治者必须与英国国教、东正教、天主教或伊斯兰教进行相应的"捆绑"，但要想获得权力，就必须在其多宗教帝国中容忍其他宗教。另一方面，在爱尔兰、波兰等国家，民族宗教的要求导致了以教派政治为特征的冲突。在第一次世界大战初期，年轻的土耳其民族主义者将矛头指向了信仰基督教的亚美尼亚人——这种"针对"甚至在1915年演变成了种族屠杀。在那些仍然处于奥斯曼帝国统治下的东南欧国家，民族运动（在民族国家独立的情况下）也经常与某种宗教信仰紧密相关。东正教教会于1833年在希腊（直至1855年才得到承认）、于1885年在罗马尼亚成立了自主管理的教会——这种自主管理的教会已经在保加利亚和塞尔维亚存在了很长时间。在东正教国家，并不存在"教会与国家保持距离"（例如，从天主教会的角度）、"党派的政治影响力"或"多样性"的问题。最终，帝国主义在欧洲之外的扩张，导致了欧洲的国家与教会不仅同其他的"世界宗教"产生了冲突，而且也同那些所谓的基于基督教、教会观点的"自然宗教"产生了冲突。

重新焕发活力的宗教、世界宗教与传教活动

"世俗的努力"和"教会化"之间的辩证关系，不仅在宗教与政治的关系中得到发展，在很大程度上，也在宗教信仰的"复兴"中得到发展。这种"复兴"，并不是 19 世纪后半期才开始的，而是可以追溯到 18 世纪和 19 世纪早期。英国及其北美殖民地的新教复兴运动后来不仅发展到了美国，19 世纪也在欧洲大陆上的斯堪的纳维亚、德国和瑞士引起了反响。这些新教复兴运动以强调个人的罪责、个人的忏悔以及情绪和精神上的强烈情感为基础。要获得仁慈的救赎，依靠的不是外在的仪式，而是内在的觉醒。在大多数情况下，这一运动的追随者都是在宗教场所之外实现信仰觉醒的。普通教徒活跃在众多慈善机构和协会之中，致力于改善那些他们认为需要帮助的弱势群体的道德状况和物质状况（这些弱势群体包括：罪犯、娼妓、穷人、孤儿以及海外地区的奴隶）。他们认为，这些弱势群体也应得到同样的精神拯救——一种强烈的传教冲动便由此产生：人们通过传教士、印刷圣经和宗教宣传册传播相关思想。"传教"最初是针对欧洲社会的，旨在让欧洲社会的个人基督教信仰再度获得生机；同时，其部分目标也在于让犹太教徒皈依基督教。但是在 19 世纪，新教徒们开始更积极地在欧洲之外的地区进行传教。自近代早期的扩张以来，这些地区曾一度信奉天主教。

269　　在法国大革命以及修道院被解散和征用的过程中，天主教徒的宗教信仰受到了猛烈冲击。在接下来的几十年间，人们对教会结构与教会机构进行了重建和长期扩建。在此过程中，宗

教生活经历了显著的繁荣发展。特别是女性也加入了那些致力于社会工作的宗教团体，如养育孩子、教育、照料穷人和护理病人的组织。在那些自 19 世纪 30 年代起成立的女护士院中，信奉新教的女性也以同样的方式将她们的精神需求与社会工作结合在一起。天主教"第三会"（Dritte Orden）很受欢迎，这些修会的平信徒从事各自的工作，并参与到各个修士院或修女团体的精神生活。天主教的宗教信仰体现在修会生活中，与新教的复兴运动相比，它与官方教会的联系更为紧密；同时，由于之前发生的变革，它与罗马也有所联系。由此，教宗的统治也得到了强化。

信众的宗教信仰程度不仅在教会的发展上有所体现，而且在朝圣行为中也体现得尤为明显。其中最为著名的例子便是德国三月革命前时期①的特里尔（Trier）圣衣朝圣：1844年，多达数十万人参加了特里尔的圣衣朝圣（此次朝圣在普鲁士的教会冲突得以解决之后得到了国家的允许）。而在这之后的 1876/1877 年，又发生了一场前往萨尔地区（Saargebiet）的马尔平根（Marpingen）的朝圣运动：当时正值教会斗争时期，据称还有几次圣母显灵事件，普鲁士政府投入了大量警力和军事力量镇压了此次朝圣活动。值得注意的不仅是不同政府因不同地区和国家的时局而采取的不同态度，还有民众的宗教思想。19 世纪，圣母玛利亚显灵事件频繁发生，以下事件被教会认定为超自然事件：1830 年，在巴黎的贝克街，一位来自圣文生·德·保禄（Hl. Vinzenz von Paul）创立的慈善修女会的慈悲修女——凯瑟琳·拉布尔（Caterina Labouré）传达了圣母玛利亚的显现；1846 年，在伊泽尔省（Isère）的拉萨莱特（La Salette），两位牧童传达了圣母玛利亚的显

---

① 三月革命前时期指的是 1815 年至 1848 年的时期。——译者注

270 现；1858 年，在比利牛斯山边缘的卢尔德（Lourdes），一位年轻的牧羊女传达了圣母玛利亚的显现；1877 年，在位于东普鲁士埃尔姆兰（Ermland）的吉尔特兹瓦德/迪特里希瓦德（Gietrzwałd/Dietrichswalde），两位说波兰语的女孩传达了圣母玛利亚的显现；1917 年，在葡萄牙的花地玛（Fátima），三个牧童见证了圣母显灵。此外，还存在一些有关其他的显圣事件的报道，但这些显圣事件并没有被认定为超自然事件。随着在教堂、祈祷室和家庭中崇拜圣母的人越来越多，人们完全可以将这个时期称为"玛利亚时代"（鲁特·哈里斯语）。1854 年，圣母无原罪始胎的教义促使教宗庇护九世（Pius IX.）认识到，有必要将这种民间虔诚形式纳入教会的信仰教义并加以推广。

最为突出的例子就是卢尔德（Lourdes）。在很多方面，卢尔德的发展情况都具有典型性。14 岁的显圣见证者贝娜黛特（Bernadette）生活困苦。她所接收到的显圣信息并不完善（"我是无玷之始胎"，显现的圣母这样对她说道）。这件事在充满神秘意味的同时，又具有教会政治方面的现实意义。最初，地方政府以及上级政府试图压制这一事件，各级教会也对此持怀疑态度。这个事件还需要一位男性保护者和推动者。在卢尔德，担任这个男性角色的就是当地人阿贝·多米尼克·佩拉马莱（Abbé Dominique Peyramale）。那些见过圣母显灵的人通常会在事件发生后不久就被接纳进修道院：贝尔纳黛特就被接纳进了讷韦尔（Nevers）的一家修道院。1879 年，她于该修道院因结核病去世。在拿破仑三世寻求与天主教会和选民的友好关系时，卢尔德作为一个朝圣之地经历了繁荣，许多病人都在这里得到了治愈。欧仁妮皇后（Kaiserin Eugénie）也对卢尔德表现出好感。在 1862 年，负责的主教认可了卢尔德奇迹般的疗效。1866 年，铁路线的开通，为大量的朝圣者前往这个位于法国西南部的偏远地区创造了条件。此外，路易斯·弗约（Louis Veuillot，1813–1881）的支持也非常重要。弗约是一位支持教宗极权主义的记者，他在他的杂志《宇宙》（*L'Univers*）中，既反对世俗主义者也反对持有自由主义立场的主教团，倡导信徒与教宗联合在一起的、大众化的天主教信仰。因此，卢尔德也被卷入了当时那个时代的教会斗争。直至第三共和国时期，情况依然如此。1908 年，即在国家强制实行世俗主义三年后，有超过 150 万朝圣者前来庆祝圣母显现：这些朝圣者就是反抗世俗主义和共和主义的象征。

271

　　但是在历史学家鲁特·哈里斯（Ruth Harris）看来，卢尔德代表的不仅仅是法国的教会政治、制度和意识形态紧张局势。凭借朝圣地的声名和与之相关的信仰，卢尔德尤其吸引了很多女性。她们在各种形式的、发生革新的宗教信仰活动中，不仅找到了为上帝和他人服务的实践机会，也收获了精神上的满足感与组织上的归属感——在当时普遍缺乏医疗保障的时代背景下，这与减轻身体疾病（如果不能治愈）所带来的焦虑密切相关。在卢尔德，自然科学领域的医学绝没有站在奇迹信仰的对立面：卢尔德的医疗机构——医学确认办公室（Bureau des constatations médicales），在医学上对那些生病的朝圣者进行精确的检查，以区分真正的痛苦与幻想出来的"癔症"，这样人们能够通过科学的方法证实真正的奇迹。人们关注的重点并不是进步与所谓过时的传统之间的思想和政治斗争，而是无处不在的苦难，以及对超验的救赎和实际帮助的追求。圣母玛利亚为人们提供了母亲般的保护与照顾——这种照顾正如女性信徒在家庭中所期望得到的那样；反过来，这些女性信徒在慈善工作中所提供的照顾也正是如此。

　　总体而言，人们可以将 19 世纪下半叶的朝圣运动视为宗教女性化的标志。在法国的政治生活中，这导致直到 1944 年，人们以女性"不理智"且"服从神职人员"为由剥夺了女性的选举权。然而，在教会和宗教领域，女性在全欧洲范围内都扮演着重要角色——这绝不应被视为"退步"的现象，而应被视为1900年前后现代社会的特征之一。这一特征既体现在女性从事的慈善活动中，也体现在她们的精神世界中。这种充满活力的宗教性也是个性化的一种表现形式，这既不会削弱其与教会的联系，也不与其社区建设的作用相抵触。尽管，这些都对已有的教会构成了挑战。在1901/1902年，当时的美国哲学家和心理学家威廉·詹姆斯（William James，1842-1910）在爱丁堡大学的多次讲座中强调了与"理性神学"和"仪式化形式"相对应的"宗教情感方面"。这些讲座以《宗教经验种种》（*The Varieties of Religious Experience*）为书名出版成书。从"显圣幻象"到"精神恍惚"，从"身体上的感受"到"精神上的神圣启发"，不同的宗教经历为人们提供了自然科学无法提供的体验，且由于其功效和内在的权威性，这种体验并不逊色于自然科学。首先，感情构成了个性的基础。因此，宗教作为情感体验，是个体"完整生活"的组成部分。这种从分析角度进行的解释与西格蒙德·弗洛伊德的精神分析法有相似之处，也有助于理解世纪之交将"精神"与"肉体"联系起来的生活改革运动。

在19世纪下半叶，宗教多样性，无论多么矛盾和界限分明，不仅在宗教体验的形式上，而且在非基督教宗教所引起的关注上，都变得显而易见。一个著名的例子就是斯瓦米·韦委卡南达（Swami Vivekananda，1863-1902）。这位来自加尔各答（Kalkutta）的印度教僧侣和学者，对印度教在欧洲和北美洲的传播做出了重要贡献。1893年，他作为印度教的代表出席了在芝加哥世界博览会期间举行的世界宗教会议。此后，直至1896年，他都在美国和欧洲暂居——在这里，斯瓦米·

韦委卡南达与各个领域的科学家们会面，举办讲座、吠檀多①研讨会以及瑜伽研讨会，并且获得了大量的追随者（包括男女追随者）。斯瓦米·韦委卡南达回到印度后，成立了罗摩克里希那传教会（Ramakrishna Mission），包含修道士团体与平信徒组织，它与欧洲的天主教"第三会"和女护士院不无相似之处：将精神感受与为穷人、病人、孤儿和灾民提供的社会服务结合在一起。斯瓦米·韦委卡南达还反对殖民统治。通过在印度进行的宗教改革努力以及与西方基督教观念的接触，斯瓦米·韦委卡南达在 19 世纪末首次将印度教从各种印度教流派中提炼出来，让其作为一种世界宗教发展起来。

各种世界宗教，作为具有宗教多样性、思想性和等级性的秩序，被描述为 19 世纪的一项发明［增泽知子（Tomoko Masuzawa）语］。基督教内部对世界宗教之间关系的看法存在分歧。1893 年，世界宗教议会的美国新教发起人试图联合所有宗教对抗无宗教信仰者。但是，他们对于共性的追求及其所隐含的、所有宗教具有同等地位的观念明显引起了人们的反对。例如，坎特伯雷大主教（Erzbischof von Canterbury）就声称：基督教在其他宗教面前应当享有更高地位。他的这种观点可能也反映了许多欧洲人对待伊斯兰教、犹太教、印度教、佛教和儒教（它们通常被归类为"特定文明和世界地区的宗教"）的态度。即使是在这场跨宗教会晤中，各教代表人也未必能够完全理解彼此。就博览会而言：从欧洲或西方的视角来看，那些外来宗教代表们的表现具有某种展示性质——既展现了他们的异国情调，也展现了他们的落后。因此，在这些场合，欧洲基督教的自我认知，即"自身所固有的、具有优越感的进步性"，也得以表现出来。

---

① 印度六派哲学的重要分支，吠檀多派的经典是《吠檀多经》。——译者注

在 19 世纪的传教活动中，欧洲人不仅在日常生活中，也通过媒体的传播，感受到信仰观念的多样性。考虑到活跃的传教士和传教的社会新基础，传教运动也可以被视为重新焕发活力的宗教信仰的表现形式之一。近代早期的天主教传教活动是由教宗授权、由西班牙和葡萄牙皇室进行资助的。新教传教学家古斯塔夫·瓦尔内克（Gustav Warneck，1834–1910）在《新教传教史概况概要》（*Abriß einer Geschichte der protestantischen Mission*）一书中，将这个时代称为"传教的世纪"。和天主教的传教活动不同，这一时期的基督教传播是一场广泛的、由信徒推动的运动——新教分支和天主教分支也一样，尽管在结构安排上它们与基督教有所不同。此时，新教的传教运动也紧随天主教修会之后，在全球范围内进行扩张。进行传教运动的主体并不是有地域限制的地区教会，而是自 18 世纪 90 年代起自发成立的众多传教协会。这些协会募集资金，对传教士进行培训，将传教士送往海外并且对其工作进行监管。新教传教运动的倡议大多数由复兴运动的追随者以及那些非官方的信仰团体发起。而"荷兰、英国和丹麦在 18 世纪的海外扩张"，随之而来的"欧洲共同在亚洲、大洋洲和非洲实施的殖民主义"以及"帝国主义"构成了传教运动的强权政治背景。在丹麦 – 哈勒斯传教团（Dänisch Halleschen Mission）首次成立之后，自 1706 年以来，丹麦的改革派、哈勒斯的虔敬主义代表以及印度的英国基督教知识促进会（Society for Promoting Christian Knowledge）代表进行合作。其他重要的传教团体包括伦敦传道会（London Missionary Society，1795）、英国海外传道会（Church Mission Society，1799）、崇真会（die Basler Mission1815）、莱茵传教会（die Rheinische Mission，1828）和北德意志传教会（die Norddeutsche Mission，

1836）。

1850 年之后，天主教成立了一些新的修道会，这些修道会致力于在非洲传播天主教信仰。意大利神父达尼埃莱·孔伯尼（Daniele Comboni，1831–1881）就是创建者之一。19 世纪 70 年代，他开始在苏丹从事传教工作，并得到了教宗的支持。他建立了一个修道会和一个修女会，并且最终成为喀土穆（Kahtum）主教。南希·查尔斯·拉维杰里（Nancy Charles Lavigerie，1825–1892）——法国神父和主教，在阿尔及利亚总督麦克马洪（MacMahon）将军的支持下，于 1868 年被任命为阿尔及尔的主教。同年，他在阿尔及尔成立了非洲传教会（die Société des missionnaires d'Afrique）；由于传教士会袍的颜色是浅色的〔这种长袍借鉴了柏柏尔人（Berber）的服饰，由此也表现出了传教会在文化适应方面的努力〕，传教会拥有了更广为人知的名称——"白袍传教士会"；同时期成立的女传教士团体被称为"女白袍传教士会"。这些传教士从北非开始，很快就活跃于东非和非洲近赤道地区。拉维格里被教宗提拔到了在迦太基（Karthago）重新开设的大主教职位，拥有了枢机的身份；最终他获得了"非洲首席主教"的头衔。

尽管天主教的传教活动以修道院的组织结构为基础，并接受梵蒂冈的指导，但同新教的传教活动一样，它在社会上的广泛传播是通过欧洲的传教协会来实现的。同时，这些欧洲的传教协会也为天主教传教工作提供了资金支持。在 19 世纪晚期，资金募集、使用图片的讲座、传教杂志和其他出版物向欧洲乡村与城市中的广大公众传播了有关非洲或亚洲的具体知识。一种全球性的世界观影响了欧洲基督教的自我认知，同时也让欧洲基督徒意识到了宗教的多样性。这种世界观不仅形成于传教士之中，也形成于欧洲的信众之中。但是，欧洲的宗教观念也会在与其他宗教的接触以及自身的传教过程中发生变化，并根据不同的情况，通过接受或摒弃某些观念或习俗，加深或改变人们的宗教信仰。

传教运动有明显的女性色彩。但是在历史编纂过程中，由于人们一贯关注那些大胆的男性——例如，戴维·利文斯通（David Livingstone）在传教的同时还对非洲部分地区进行了探索，女性通常为人们所忽视。女性在传教协会中十分活跃，她们在组织、社交和沟通方面做出了贡献。她们以妻子的身份与新教传教士一起在海外当地工作。她们还加入了女性传教团体，在这些教团中，人们能在传教场所很清楚地看到"女性的跨界"（Schwesterliche Grenzüberschreitungen）[卡特琳娜·施多尼西（Katharina Stornig）语] 并认识到她们的局限。从表面上看，这涉及从"欧洲"到"海外"的地点变换，但是，更为重要的是女性离开封闭的修女会，为世界范围内的社会工作做出了贡献。传教修女认为，实际工作，特别是男性传教士无法接触到的妇女和母亲保健以及儿童基督教教育方面的工作，是一种既能拯救灵魂又能救赎自己的使命。在男性主导的教会等级秩序中，修女们基于自己的宗教信仰，并紧密围绕自己的宗教信仰，构建了自己的行动空间。但是这个行动空间通常不包括神职人员职责的核心部分。通过这种方式，女性使当地的传教活动具有了性别差异，同时，也为欧洲女性，往往是那些来自乡村的女性，开辟了职业领域。这看似与"争取女性大学入学权"或"争取女性选举权"的斗争相去甚远，但也构成了"处于持续变革中的女性生活方式"的组成部分（尽管这种变革伴随矛盾与冲突），并展示了宗教情感和宗教信仰能够带来的巨大动力。

男传教士和女传教士在欧洲人了解世界的过程中发挥了关键作用。与他们的传教活动一样，这些活动也有赖于与土著居民的密切合作——这种不可或缺的"合作"经常被公众忽视，并被描述为"对当地人的援助服务"。传教士必须学习当地人的语言，这样才能向他们传达"上帝的话语"。后来，传教士积累了有关不同民族宗教、历史、文化和日常行为的知识。传教士在那些没有书面记录的地方，将"口头知识"记录下来；在那些有书面记录的地方，则翻译"书面知识"。他们为欧洲的博物馆和大学收集物品。他们也将自然环境，植物、动物和地理记录下来：这不仅是因为这些研究有益于传教士自己和后来的传教士的生存，还因为传教士和当时的人们一样，对经验知识充满了求知欲。他们的工作为新兴学科奠定了基础，这些学科包括：非欧洲语言学、人类学、人种学、地理学和生物学以及社会学、宗教学和传教学。在广义上的传教活动中，科学与信仰并不相互对立，欧洲的宗教活跃分子绝不仅仅局限于宣传宗教，他们还吸收知识并且将它们带回欧洲。

19 世纪基督教在全球的传教活动呈现出了多样性的特征。这一方面是由于当时主要传教地区的政治和宗教条件各不相同：印度一开始处于英国东印度公司的管辖之下；随后，自 1858 年始，印度成了直辖殖民地；1858 年至 1860 年间，中国是一个受到条约约束的、拥有主权的封建王朝；在 19 世纪下半叶，非洲则被欧洲列强瓜分，分而治之；最后，还有西伯利亚和中亚，它们是东正教沙皇帝国的一部分。然而，这种"多样性"或"复杂性"同样来源于新教地区的私人组织形式以及来源于基督教传教协会、修道会和枢机会议（Kongregation）之间的宗派竞争。从这个角度来看，我们提到的"宗教的全球网络"［蕾贝卡·哈珀马斯（Rebekka Habermas）语］中的"宗教"不能是单个宗教。不过，的确存在某种拥有共同使命的意识——这种意识在作为学科的传教学中也有所体现。这种意识也完全符合其他领域的国际主义，在 1910 年爱丁堡举行的、约有 1200 人参加的世界宣教大会（World Missionary Conference）上也有所体现。

此次会议召开之时，基督教的自我意识达到了顶峰。当时，信奉基督教的欧洲国家和北美国家统治着世界。这次大会的与会人员认为，欧洲扩张的动力来源于基督教——至少来源于新教。人们所受到的限制源于一个基本问题：人们如何理解传教。在此次会议召开之前，人们已经就这个问题进行了许多艰难的谈判：传教活动是应该涉及天主教徒、东正教徒和东方基督教团体成员，还是仅局限于非基督教信徒和犹太人？由于大部分与会代表都是新教教徒，考虑到他们的利益，最终人们决定采用第二种方案（尽管罗马天主教徒和东正教基督徒并没有参会）。关于世界宗教多样性，与会人员普遍认为"基督教在所有宗教中处于最高地位"，而那些"万物有灵论宗教则处于最底层"。同时，人们还认为，传播基督教信仰也是传播文明——这种观点，又再次体现了欧洲和北美地区进步主义被视为理所当然的基督教核心。爱丁堡会议的主席、美国平信徒传教士、长期担任基督教青年会秘书长和世界基督教学生同盟秘书长的约翰·R. 穆德（John R. Mott, 1865–1955），于 1910 年在会议报告中总结道："非洲的福音化不仅意味着将基督教福音引入既有的社会生活方式，它还意味着引入教育、书写文字、农业和工业、基督教婚姻以及对生命和财产不可侵犯性的正确认识。教会所承担的任务是创造一个非洲的基督教文明。"这段话中显而易见的傲慢源于拯救异教徒灵魂的宗教使命，对基督教和世俗的欧洲普世主义产生了重大影响。

（新教）基督教于 19 世纪下半叶开始全球化，但并未实现在世界宗教中占据主导地位的愿景。在世界大战之前，在一些像世界宣教大会这样的集会中，依旧被广泛视为欧洲独有的、基督教的普世教会运动出现全球化的端倪——这也被认为是 1948 年成立世界基督教会联合会（World Council of Churches）的必经之路。无论如何，在 19 世纪后期的传教活动中，宗教信仰在其全球化进程中起到了不容忽视的作用。在这一过程中，基督教作为一个相对独立的因素发挥作用，尽管它也被纳入大国的政治框架和经济利益之中，并且在很多情况下也构成了欧洲霸权合法化的基础。在人神肖似性中，在教育和医疗护理的实际工作中，以及在民间的、跨国的和跨殖民地的传教运动的组织独立性地位中，基督教与殖民主义和帝国主义的关系也是辩证的。这种辩证的关系可能会产生"不和谐"的影响，从而使人们能够对殖民政权进行批判或是为其臣民辩护。"欧洲基督教的优越感"总是与"对于宗教形式的重视"不谋而合——这些宗教形式似乎具有"原创性"，值得被保护，且不应当遵循欧洲现代化的路径发展。因此，19 世纪的传教活动也为世界上非欧洲基督教的发展奠定了基础。

4　不确定性：先锋与大众文化

1900 年前后的几十年里，一些在上个世纪被视为理所当然的世界观受到了质疑。1886 年，尼采宣扬要"重新评估一切价值"。批评的声音始终伴随文化的发展。那些在报纸和杂志上对文学、绘画、建筑、音乐和戏剧进行评价的评论家，实际上同就社会和政治问题进行争论的知识分子一样，都是这个时代的典型代表。此时，不仅观点变得更加多样化，而且一些基本的"确定性"也在动摇。向更好的方向发展不再被所有人视为理所当然。对于一些人来说，大众社会和大众文化意味着衰退以及水平下降。同时，大众政治似乎也变幻莫测。

市民文化中的批判与怀疑

在当时的人们审视或鼓吹"价值观的相对化""形式的分裂"和"观点的分裂"时，对"进步的信念"遭到了市民阶层文化的质疑。历史学家詹姆斯·希恩（James Sheehan）认为，这是现代主义的特征之一。现代主义的代表人物将自己视为先锋，这在欧洲大都市的文化精英中普遍存在，在维也纳、巴黎和柏林表现得尤为明显——这种现象在文化批评、众多改革运动以及现代艺术和科学中都有所体现。弗里德里希·尼采、约瑟夫·康拉德、西格蒙德·弗洛伊德和阿尔伯特·爱因斯坦都是哲学、文学和科学观点革命以及新自然观的典范，尽管最初只有少数人认识到这一点。

弗里德里希·尼采在 1844 年出生于一个信奉新教的牧师家庭。尼采最初在巴塞尔大学担任古典语言学教授，他于 1879 年辞职，并在 1889 年精神崩溃之前发表了很多哲学和文化批判著作。在 1873 年至 1876 年间出版的《不合时宜的考察》（*Unzeitgemäße Betrachtungen*）一书中，尼采就对当时的政治道德的价值进行了历史化分析。尼采将 19 世纪的市民阶层文化描述为"空洞的"和"死气沉沉的"，是"一种历史上的负担"，并且呼吁对其价值进行重新评估。基于对传统哲学、科学、艺术和宗教的批评，尼采进一步批判了基督教和犹太教影响下的道德，并于 1882 年在《快乐的科学》（*Fröhliche Wissenschaft*）一书中宣告"上帝已死"。他在 1883 年至 1885 年间创作的诗歌体裁著作《查拉图斯特拉如是说》中，让一位来自公元前时期的古伊朗宗教学者查拉图斯特拉以先知的方式阐释了如何战胜善与恶的道德分歧。查拉图斯特拉在书中进行阐释时也持有一种与世无争的、深思熟虑的态度——他认为佛祖具有同样的态度。他提出了一种积极的人格类型：健康且强壮，充满活力与渴望。他将这种人称为"超

281

人"，并认为这种具备权力意志的"超人"在将来会取代那些现在正走向毁灭的人类。

　　尼采书中的查拉图斯特拉在传播自己的学说时遇到了困难，并且几乎找不到听众。这在一定程度上反映了这位深受健康问题困扰的哲学家的个人状态，但也反映了一位先知的远见卓识。然而，在世纪之交，这一孤独的传教者形象及其文化批判的思想却引起了广泛的共鸣。例如，在1896年，理查德·施特劳斯（Richard Strauss）以尼采这本书的书名命名了一部交响乐作品，并且将尼采书中的章节标题用于命名交响乐的各个乐章，例如"彼岸论者""极度的渴望"和"康复者"。关于超人的段落可以用社会达尔文主义进行解释，并且可以反向地将其理解为：当下并非适者生存，而是只有平庸者和弱者才能生存。因此，社会政治干预是合理的。尼采激进的文化批判，质疑了即将结束的市民阶层时代的传统价值，削弱了承诺秩序与提供导向的科学制度与宗教制度。他宣告的未来愿景是针对英雄般的个体的，而不是针对社会群体的。

282

　　作家约瑟夫·康拉德对于欧洲的看法在某些方面上是悲观的。康拉德的一生始于东欧，而后他又漂洋过海来到英国。他出生于波兰，在波兰的俄属地区和奥属地区长大。17岁那年，他从马赛出发，先是乘法国的商船，后来又换乘英国的商船出海，然后于1894年在英国定居（在这之前几年他已成为英国公民），并且开始创作长篇小说和短篇小说。他用英语写作（这是他在20多岁时才学会的语言）并对20世纪的英语文学产生了重要影响，尤其是在叙述技巧方面——他采用交替视角和主题而非按时间顺序进行叙事。他的作品常常以"决定命运的决策的失败"为主题。康拉德在其1902年出版的小说《黑暗的心》（*Heart of Darkness*）中，精辟地表达了自己对欧洲"进步信念"的矛盾看法。这本小说的灵感来源于一次前往比属刚果的旅行。这次深入非洲内陆的旅行，同时也象征着一次走向现代欧洲人内心世界的旅行：那里除了黑暗与恐怖，什么都没有。在小说结尾，第一人称叙述者沿河而上找到了一位许久未见的白人站长，他用这样的话语描述了这位站长的死亡："当时他脸上出现的变化，哪怕与这种变化略有点近似的情况，我也从来没有见到过，并且希望永远也不要再见到了。哦，我并非感到悲伤。我只是完全着魔了。仿佛是一块面纱忽然被人撕开了。我在他那象牙般的脸上看到了一种混合着阴沉的骄傲、无情的力量和胆怯的恐怖表情——一种强烈的全然无望的表情。在那恍然大悟的决定性时刻，他曾细致地重温自己的一生，连同一切欲望、诱惑和屈服吗？他耳语似的对着某一神像，某种幻影发出叫喊——他一共叫了两声，那声音只不过像喘息一样微弱：'太可怕了！太可怕了！'"小说在结尾写道："我抬起头来。远处的海面横堆着一股无边的黑云，那流向世界尽头的安静的河流，在乌云密布的天空之下阴森地流动着——似乎一直要流入无边无际的黑暗深处。"[1]

康拉德的这部小说，为 80 年后（1979 年）弗朗西斯·福特·科波拉（Francis Ford Coppolas）的电影《现代启示录》（*Apocalypse Now*）提供了故事原型。小说的主题涉及欧洲殖民统治下的剥削行为及其意识形态理由。小说的第一人称叙述者是一艘商船的船长；濒临死亡的站长为一个贸易站工作，这个贸易站使用残忍的手段获取象牙和其他自然资源。对于那个时代的人而言，不难发现，小说是以真实的比属刚果政权为背景的。在传教士协会和批评家的支持下进行的人道主义运动使比属刚果成为丑闻。在这部小说中，康拉德不仅像其他一些人那样对殖民主义扩张进行批判。他还利用文学手段

---

[1] 译文摘自黄雨石（译）《黑暗的心》，2018 年，人民文学出版社。——译者注

激发了人们对于欧洲人"进步信念"的强烈怀疑，在当时，大多数欧洲人没有过这种怀疑。欧洲人的发展似乎是倒退的：在小说中，所谓的文明优越性仅仅在一些片段中得以体现。在叙述中康拉德将这次前往"黑暗"大陆的旅行以及与危险的当地人的接触，转变为对欧洲人精神世界的探究，其中似乎只剩下恐惧与空虚；或者，按照雷纳特·魏格豪斯（Renate Wiggershaus）的表述，这是"一次通往内在异乡的精神之旅，即弗洛伊德所说的潜意识之旅"。

在 1900 年前后，通过对精神世界进行探索，医生西格蒙德·弗洛伊德对欧洲文明提出了批评性的观点。弗洛伊德从医学专业毕业之后，在维也纳综合医院工作。1885 年他在巴黎师从神经病学奠基人之一让·马丁·沙可（Jean Martin Charcot）学习催眠术，以治疗那些看似没有器质性病因的精神疾病。1886 年，他开设了自己的私人诊所，并在那里进一步发展他的治疗方法。1896 年，弗洛伊德用"精神分析"一词来描述自己的临床方法和相关理论。弗洛伊德也曾在维也纳大学任教，他先是在 1902 年被聘为编外教授，然后在 1920 年成为正式教授。"精神分析"的演变体现了一门学科的形成过程。精神分析理论以及治疗形式来自星期三心理学会（die Psychologische Mittwoch-Gesellschaft）。星期三心理学会最初是由弗洛伊德与其他精神病学家共同组成的一个非正式的小范围讨论组。随着 1908 年维也纳精神分析学会以及其他地方类似协会的成立、国际会议的举办以及报纸和杂志的发行，精神分析理论及其治疗形式也传播开来。

弗洛伊德的医学著作从一开始就引发了超出一般科学讨论范围的争议，因为这些著作涉及通常不被公开讨论，甚至在私人家庭中也很少谈及的问题，如女性和男性的癔症、儿童性欲可能导致的后期障碍等。弗洛伊德在《梦的解析》（1899）中

284

对潜意识的探索引起了人们对人类行为理性的怀疑。尽管可以从科学的角度对人类的本性和情感进行分析，但是与当时依托实验室医学的许多其他领域相比，这些认知并不能提供相应的治疗方法。在大多数情况下，人们能做到的似乎最多就是缓解症状。弗洛伊德揭示了个体需求与欧洲文明要求之间的基本紧张关系。这也体现了他社会批判思想和宗教批判思想的雏形——弗洛伊德在 20 世纪 30 年代之前的不同著作中一直在发展这些思想。

285

1913 年弗洛伊德出版了《图腾与禁忌》(*Totem und Tabu*)。该书的副标题"原始民族与精神病患者在精神生活中的一些相同之处"展现了当时广为流传的一种基本观点，即认为研究"原始"民族可以让人们认识欧洲的文明史。因为人们（根据某些信息）认为这些原始民族处于欧洲社会较为早期的发展阶段。这一论点听起来与 1910 年的传教会议上流行的、关于宗教具有不同等级的观点相似。此时，弗洛伊德首先将现代神经病患者的个体障碍与"原始"民族假定的集体状态等同起来，并在选择性引用人种学出版物的基础上，提出了他关于乱伦固着、情欲本能、全能信仰和谋杀攻击的压抑和升华的论点。文化的发展进化源于蕴含这些力量的社会机制。基于达尔文的假设，即在一个"原始部落"中最强大的雄性会驱逐部落中的其他雄性，弗洛伊德提出了"儿子谋杀原初父亲"理论。这种侵略行为，后来引发了对原初父亲的认同感和悔恨的罪恶感，而这些情感在后来演变成了面对父亲时的顺从以及崇拜，还有后代之间的彼此认同。

因此，道德规则、宗教和社会秩序是从暴行中发展而来的。弗洛伊德认为，在他所处的时代，"魔法的全能"和"神的全能"被科学取代。科学通过自然法则解释世界。科学认为，成熟的状态意味着个体不再受兴趣的支配，而是会适应现实并在外部世界中寻找自己的目标。根据弗洛伊德时代对精神病患者的诊断，他们之所以患病，是因为他们没有顺利经历典型的精神发展模式，没有完成必要的脱离与升华。因此，个体心理发展与文明进化史之间的联系意味着，人类的本能与文明之间的矛盾关系不仅对病患产生了影响，也对所有社会成员的行为产生了影响。因为，现代欧洲人也生活在这种紧张关系之中。"文明及其不满"（Unbehagen in der Kultur）——也是弗洛伊德后来一本著作的书名，是一种根本性的不满。因此，精神分析学家弗洛伊德对被视为进步的欧洲社会及其看似理性的文化展开了批评。后来，历史学家总结了当时对神经衰弱的普遍关注，随后将这个时代描绘为"神经质的时代"（Zeitalter der Nervosität）〔约阿希姆·拉德考（Joachim Radkau）语〕，并对世纪之交的文化和历史给出了自己的解释。

286

弗洛伊德与达尔文分别以各自独特的方式革新了关于"人类本性"的观念，康拉德让他的读者们窥见欧洲人精神世界的深渊。同时，阿尔伯特·爱因斯坦（1879~1955）也开始颠覆人们对自然界的认知。爱因斯坦出生于乌尔姆，15岁时移居瑞士，曾在伯尔尼的知识产权局工作多年。他的职业生涯通常被描述成是"一段充满困难且被低估的经历"。然而，从专利局到获得伯尔尼大学任教资格，再到获得苏黎世大学的理论物理学编外教授职位，再到1914年被任命为威廉皇帝物理研究所所长并在柏林当选普鲁士科学院院士，爱因斯坦所工作过的这些机构，也恰恰是19世纪末科学体系的组成部分。爱因斯坦35岁时，在研究领域获得了顶尖地位。在此后的一年，即1915年，他在自己于1905年提出的狭义相对论的基础上，又提出了广义相对论。

爱因斯坦提出的物理理论的意义在于它们颠覆了人们对于时间与空间的观念。这些理论奠定了一种自然科学的观点，而这种观点并不符合当时大多数人的日常经验。此前，维也纳物理学家和哲学家恩斯特·马赫（Ernst Mach，1838-1916）已经声称关于绝对空间和绝对时间的传统假设并不成立，因为这一假设无法验证。就"空间"而言，1901年在索邦大学任教的数学家亨利·庞加莱（Henri Poincaré）就指出：只有一个三维空间存在的观点是站不住脚的。此时，爱因斯坦转而关注对"时间"的测量，并发现"时间的流速"与"观察者在空间中的位置"及"其运动状态"有关。也就是说，这涉及一个坐标体系。因此，时间是相对的，并不存在唯一的时间，而是根据"观察地点和运动状态的不同"而存在多个时间。1915年，爱因斯坦通过广义相对论改变了人们对空间结构的看法。在世纪之交前不久，英国物理学家约瑟夫·汤姆逊（Joseph Thomson，1856-1940）通过实验证明了电子的存在。由此，原子不再被视为最小的物质单位，而物质可以被描述为能量的一种表现形式。这使得区分"物质"和"真空"成为一个难题。由此可以得出：宇宙由许多能量场组成，"空间"也被证明是"相对的"。

爱因斯坦等人共同提出的有关自然界的新观点引发了一场自然科学革命。但是这些新观点的影响远不止于此。因为，它们颠覆了人们对于物质世界的常规认知，瓦解了宇宙秩序稳定的刻板印象。这令人感到不安，并引起了反对的观点。"关于广义相对论的争论"［佩德罗·费雷拉（Pedro Ferreira）语］与其说是源于科学争端，不如说是源于物理理论世界观与人们的感性经验之间、自然科学家与传统的哲学、宗教和艺术世界观阐释者之间出现的鸿沟。具有固定结构的秩序似乎被一个多维世界取代了。世界的面貌取决于众多方面，世界不再拥有清晰的轮廓和稳固的实体。现今，如果人们回忆一下那些被归类为经典现代派的文学、绘画和音乐作品，就会发现自然科学变革在新的"时间与空间文化"［史蒂芬·科恩（Stephen Kern）语］中也有所体现。将这种视角的改变体现得最为淋漓尽致的也许就是立体派的画作了。并非所有人都拒绝改变视角：普鲁斯特、毕加索、斯特拉文斯基（Strawinsky）以及许多其他显然自封的先锋派，他们希望自己的艺术形式撼动当时流行的传统形式。这些代表人物反映了一种精英的危机意识，并从对19世纪末市民阶层文化的不满出发，解释了现代文化的矛盾性。

　　尼采对于自己所处时代的评价是："这个时代没有产生任何独立的成果，而仅仅是积累了死知识"，这在某种程度上是失之偏颇的。因为这种评价没有考虑到科学在制度上的扩张所带来的动力，也没有考虑到对文明普遍发展的历史性理解与知识和科学的批判能力相结合所带来的动力。在世纪之交细致观察并对此敏感的人，就会预料到一场具有社会性后果的文化危机即将到来。如果我们将生活改革、素食主义或自然保护理解成对物质进步观念的批判以及文化精英之外对资本主义的批判，那么这场文化危机的范围会变得更加广泛。尼采、康拉德和弗洛伊德为这场关于危机的争论提供了思想素材。然而，更具代表性的是理查德·施特劳斯对《英雄的生涯》（Ein Heldenleben）的看法，这一主题让人们想起了贝多芬的《英雄交响曲》。这部于1899年首演的交响诗以英雄的启程开篇。在第二章，出现了"英雄的对手"（Des Helden Widersacher），即英雄的批判者，在声音上表现为具有感染力的、无调性的曲调。"英雄的伴侣"（Des Helden Gefährtin）一章则是温和舒缓的旋律与浪漫的主题，用女性的情感安抚了英雄。接下来，英雄前往"战场"（Walstatt）并取得了胜利。"英雄的和平努力"（Des Helden Friedenswerke）一章则完全引用了施特劳斯自己的乐曲作品。这首交响诗以"英雄的荣休和功德圆满"（Des Helden Weltflucht und Vollendung）收尾。这首作品究竟蕴含了施特劳斯多少自我崇拜和自我嘲讽，尚存争议。但是，它表达出了 19 世纪末一位文化创作者的自信——热衷冒险、富有男子气概、百战百胜、用和平的方式发挥创造力，同时还怀有超验的追求。而现实则更为冷静也更为多样。在 20 世纪初，人们就以批评的态度关注着那些尚未持续太久的"确定性"。

帝国时代流行的大众文化

19 世纪与 20 世纪之交的先锋派不仅对文化的确定性提出了质疑，还对现代性的矛盾和冲突进行了探讨。在第一次世界大战爆发之前，欧洲一直被一种几乎支离破碎的自我形象所主宰，这种自我形象在很大程度上来源于欧洲与世界其他地区的隔阂和帝国主义的盛行。历史学家约翰·麦肯锡（John MacKenzie）认为这是一种"意识的殖民化"和"内化的帝国主义"，它们广泛且深刻地渗透到欧洲的社会与文化中。19 世纪下半叶，富有远见的期待和多种多样的实践交织在一起，强化了一种以欧洲为中心的世界观。此外，正如瑞士的例子所证明的，这并不需要在海外拥有独立的领土。这种世界观建立在随时准备使用暴力的帝国统治之上——这种统治被视为一种权利和义务，并且具有种族主义的特点：把"白色"与"有色"人种区分开来，并伴随一种普遍的优越感。尽管有个别对帝国主义的思维方式和行为方式进行批评的声音，尽管有部分知识界和艺术界的先锋也陷入了自我怀疑，但在与海外世界划清界限的过程中，全球霸权与进步信念的结合形成了这一时代的基本特征：广义上的帝国主义文化大行其道。

我们在这里讨论的并不是欧洲思想在其附属地区的传播，也不是当地社会与欧洲思想的积极互动，而是欧洲与海外附属地区的联系在欧洲内部的广泛影响（这种影响几乎无所不在）。这已经在食品消费的日常文化中有所体现：茶、糖、咖啡显然和巧克力与烟草一样都是殖民地商品。这些商品通过视觉和文字进行宣传，提及其遥远的异国起源，在第一次世界大战之前就已经失去了其以往的社会排他性。同样引人注目的是女性帽子上的羽毛，尽管它们是按性别和社会地位区分的。这些羽毛来自大洋洲的天堂鸟，当地居民受欧洲人的委托猎杀这种鸟类。随后，这些羽毛通过欧洲的贸易公司来到裁缝手中，并最终戴在城市女士的头上——这随后引发了有关自然保护的辩论以及改良相应服装的呼声。另一个不甚显眼但与外交和经济政策相关的例子是人们在纺织品中使用的棉花。与此相关的例子还有：在全球范围内人们将植物送往新获得的种植区，其中包括剑麻（Sisal）。剑麻，龙舌兰科天然纤维作物，被应用于制作绳索、缝纫线和地毯以及用于生产橡胶制品（如汽车轮胎）需要的生胶。在欧洲，当人类和大自然遭受的剥削以丑闻的形式公开时，如在比属刚果，消费者并非没有注意到，但一般只认为这是一种滥用。将棕榈油用于生产保持个人卫生的肥皂，在人们看来是理所当然的事情。用桃花心木制成的橱柜、桌子和椅子也在市民家庭中占据了一席之地，并且也没有被视为"外来"的。象牙制成的钢琴琴键自然也成了欧洲文化的一部分，当理查德·施特劳斯、吉尔伯特（Gilbert）和沙利文（Sullivan）的音乐或是当酒吧歌曲响起时，人们通常也不会特别提及这些琴键来自非洲动物，尽管这已经广为人知。

291

　　上文提到的殖民地商品在个人和家庭生活中的体现，与其在出版物、活动和学术交流中的公开存在相对应。前文已经提到了传教出版物的重要性。在教会领域之外，报纸、杂志和插图刊物也对发生在殖民地以及其他广阔世界中的事情进行了报道。探索和研究之旅、动植物、异国生活方式、战争和起义以及工人运动，这些报道的主题十分多样，它们的读者群体十分广泛。然而，这些主题通常被放在一个狭隘的解释框架中。"异域风情""野性"或（更委婉的）"原始性"，尤其是"人类史和文化历史的远古时期"，这些名词或多或少带有威胁性地成了另一些名词，即"家乡""秩序""文明"以及"无论如何都具有进步性的现在和未来"的对立面。虽然，这并不一定意味着在政治上赞同殖民政策的具体制定，但表达了一种基本的精神态度。欧洲人就算自己不是商人、士兵、传教士或旅行者，也可以在民族展上"目睹"来自世界其他地方的人民。在自然历史博物馆和人种博物馆中，参观者可以在科学框架内了解通过帝国基础设施进入私人收藏的物质文化。这种框架会让人们忽视取得这些物品的暴力手段以及殖民地中的权力关系。正如前文所提到的那样，科学研究本身也与海外领土有多方面的紧密联系。医生罗伯特·科赫（Robert Koch，1843—1910）就是一个例子。他是柏林大学卫生学教授、普鲁士传染病研究所所长，于 1905 年获得了诺贝尔奖。从 1883/1884 年开始，科赫就常年在埃及、印度、南非、东非、爪哇和新几内亚旅行并进行了关于霍乱、牛瘟、嗜睡症和疟疾的研究。这些地点不仅体现了欧洲与海外的紧密联系，也说明了他的研究领域跨越了各个帝国。因为，这位德国细菌学家没有将自己的研究局限在德国的殖民地，也在英国和荷兰的殖民地进行了研究。无论全球政治竞争如何，文化帝国主义在实践中和概念上往往都具有泛欧性质。

在当时那个时代，盛极一时的帝国主义的影响范围并不局限于各个殖民强国的大都会——无论是在英国、法国、俄国和德国，还是在更小一些的国家，如荷兰、比利时和意大利，或是在更为古老的国家，如西班牙和葡萄牙，情况都是如此。这种影响甚至延伸到了远离海岸的内陆地区，例如德国西南部的斯图加特或科恩塔尔（Kornthal）。个人和机构性质的殖民纠葛、对海外征服的幻想或殖民态度并不为某国独有。它们既存在于欧洲内部的哈布斯堡王朝，也存在于瑞士这样的小国。这甚至不需要一个民族国家的存在，正如波兰的例子所示：波兰的科学家们不仅参与了对西伯利亚的研究，还前往喀麦隆进行远征考察。他们在俄国、德国和奥地利的自然科学和民族学机构中进行学习和工作，并将自己的研究成果发表在波兰的专业杂志和面向公众的机关刊物中；华沙和克拉科夫都举办了民族展，那些波兰人收藏的物品，例如"原始民族"的头骨，进入了跨国物品贸易。这个例子进一步表明：帝国主义文化在各自的情境中具有特定的形态。波兰本身分属三个帝国管辖，因此，它将自己视为外来政权的受害者。但它是否会因此对殖民地民族产生更多的同情，仍有待商榷。这是因为，在那些殖民强国中，一些活跃分子也同样呼吁对那些受到威胁的民族进行保护并对他们怀有同情。但是，至少波兰的民族学家们在与欧洲边缘地区的异族人打交道时，通常感受到了在"白人"文明等级秩序中被视为低等的（政治和文化）地位［玛利亚·罗德（Maria Rhode）语］得到了提升。因此，参与欧洲的传教活动，可以成为一种在文化上宣誓自己民族主权的手段。这一点不仅适用于波兰人。将文化帝国主义与其他身份特征——民族、种族、教派或性别——联系起来是 19 世纪晚期的总体特征。如今，全球化的商品文化仍然存在，人们也依旧超越民族国家的界线来创造新的知识。但是，这些发生在与当时不同的统治条件下，而且与 1900 年前后相比，人们对于欧洲优越性的自我认知也不再那么强烈。"帝国文化的权力关系"以及"作为欧洲中心的优越感"作为 19 世纪下半叶的主要特征，其影响力一直持续至后殖民时代，而且这种影响至今存在。

第四章

参与和统治变化中的国家政权

在 19 世纪下半叶的政治历史中，民族国家长期发挥决定性作用。传统的历史叙述从 1848/1849 年革命的失败、1861 年意大利王国的建立开始，跨越 1871 年德意志帝国的建立，延伸至 1878 年塞尔维亚、黑山、罗马尼亚、保加利亚（直到 1908 年才完全独立）和 1912 年阿尔巴尼亚摆脱奥斯曼统治并成为东南欧民族国家。在对 19 世纪民族运动所进行的叙述和历史描述中，这一发展看似一个自然而然的过程。然而，实际上这也是一个对于政治领域的"参与性"与"多样化"进行构建与重塑的持续过程。其中的"参与者"主要围绕"君主统治界限和政治参与界限"进行了争论——这甚至超越了国家的边界。查尔斯·麦尔（Charles Maier）将这一过程描述为"一种领土化的形式"。在这一过程中，各方力量都试图让"国家的管辖范围和权能范围"与"社会的忠诚度"协调一致。在人们努力追求相应政治秩序的过程中，（例如为军队、行政机构以及在较小程度上为福利机构进行征税的）"物质资源的动员"与"社会政治动员"相辅相成。为了扩大国家的权能以及提高人民的忠诚度，需要社会上有影响力的群体通过议会和组建政党参与进来。然而，对于个体而言，"参与"则体现在选举权以及对于公民权利的保障上。这种"参与"增强了被管理者的国家归属感，但同时也将某些特定的人群排除在外。这种"参与"不仅在政治机构中进行，也通过"形成意识形态上的归属感"而发挥作用。

民族主义以及其他政治或宗教性质的意识形态纽带在这里尤为突出。而"欧洲帝国"以及"海外帝国"成为另一个激烈讨论统治、政治参与和归属问题的空间。除"民族国家"之外，"帝国的国家政权"也是这一时代的重要特征。

1　君主立宪制：围绕"政治参与"的争论

以"君权神授"观念为基础的君主制统治，在向 19 世纪过渡的过程中就已经被彻底动摇了。法国大革命及其对欧洲，尤其是君主本身，产生的影响在 1814/1815 年的维也纳会议上大规模地解散、转移、整合了领土主权。到了 1900 年前后，几百个独立的政权仅剩下 20 个左右。因此，胜利者在 1815 年"神圣同盟"中对传统合法性的诉求是空洞的，尽管这些诉求在随后的几十年中引起了许多官员、教会代表、政治团体和思想家的共鸣。此时，君主制主要依赖于"合法统治"的政府形式。按照马克斯·韦伯的观点，这意味着：一方面，要制定宪章，即宪法，确立统治者与被统治者的权利；另一方面，要以合理目的或合理价值为导向，包括建立官僚机构。

有两个重要因素决定了这一时期的政治冲突：选举权的扩大以及宪法对于君主制国家权力的限制。尽管选举权覆盖的范围逐渐扩大，但是这种普遍、平等、无记名且直接的选举权即使对于男性而言也并不是在所有地方都能得到贯彻。虽然在第一次世界大战之前大多数国家都实行这种选举权，但即便是在经历 1884 年改革之后的英国，通过人口普查，出身较贫穷阶层的人仍被排除在选举权之外，其中包括多达三分之一的成年男性。对于普遍选举权的反对意见总体上源于以下两个方面：一方面，源于政党和统治者的政治考量，即哪些社会阶层可能会为他们投票；另一方面，源于对选民物质独立性和精神独立

297

性的基本考量——这是选民能够在政治上做出理性且负责任的行为的必要前提之一。虽然，在推动公民法律平等的进程中，对普遍选举权的反对意见减少了，但是那些拥有选举权的人经常会捍卫自己的特权。这样一来，只能逐步扩大选举权。就女性而言，女性直至1903年才在当时的俄属芬兰大公国中获得了选举权，1913年在挪威获得了选举权，之后在1915年的丹麦获得了选举权；而在欧洲的拓殖型殖民地新西兰和澳大利亚，女性分别于1893年及1902年就已经实现了政治平等。

　　总体而言，由于存在各种各样的限制，欧洲的政治参与度还没有达到全面民主的程度，在1914年之前，这甚至只是人们对未来的一种期望。此外，在许多国家中，除了由人民选举产生的议会外，还存在第二议院，其成员是根据阶级特权（而非经过选举）确定的。实际上，直到第一次世界大战结束，欧洲才出现了大量的民主国家，而欧洲大陆直到第二次世界大战后才开始民主化，并且这种民主并没有覆盖欧洲的所有地区，而是主要集中在西欧。在1914年之前，君主立宪制仍是主要的宪法准则。君主与议会之间的权力分配比重是不同的。从19世纪30年代起在英国、1879年起在法国、1884年起在挪威，拥有独立统治权力的议会立宪制才得以贯彻。而共和国政体仅存在于瑞士、法国（1870年起）、葡萄牙（1910/1911年起）以及小国圣马力诺（San Marino）。因此，从国家角度来看，19世纪是一个君主制的时代。

后革命时代的立宪制

　　君主制是19世纪的政治宪法形式。这一点适用于已经存在的国家，所有新组成或成立的国家，例如罗马尼亚，其国王也都出身欧洲王室。然而，在19世纪下半叶，各国的君主决策权都受到了宪法的限制。继利奥波德·冯·兰克（Leopold von Ranke）之后，历史学家弗兰茨·施纳贝尔（Franz Schnabel）在 20 世纪 20 年代提出，19 世纪受到了君主制与人民主权之间因政治参与而产生的冲突的影响。他强调：宪法思想如同现代科学和技术一样，是由市民阶层推动的。市民阶层以所拥有财产和所受教育作为理论依据，主张其男性成员享有政治参与权。尽管市民阶层的要求确实发挥了重要作用，但从另一个角度看，君主制统治不仅被证明是可行的，而且在立宪制框架下对基本政治秩序的形成起到了重要作用。

从广义上讲，立宪主义是指通过（成文的）宪法法律对一个国家中的政治统治者进行限制。在 19 世纪，立宪制主要体现为君主制和总统制（及其衍生模式），较少体现为议会制或指导制（及其衍生模式）。从 19 世纪中叶到帝国主义时代的这段时期内，君主统治的相似之处尤为突出，尤其是君主们试图保住自己地位的手段极为相似。这不仅基于相似的政治与社会问题，以及他们彼此观察和效仿，也基于在国际政治中存在一个欧洲共同的行动领域——在该领域中，统治秩序与国家体系处于相互影响的互动关系之中。国王自然而然地成为新民族国家的领袖也证明了这一点。

关于君主与议会之间的核心关系，马丁·基尔希（Martin Kirsch）将"君主立宪制"描述为一种在那个时代普遍存在的、跨越国家界限的类型（几乎没有例外）。因此，各个国家之间的差别不是根本性的，而是逐渐产生的。在革命之后，一些大国中经过加冕的君主必须与选举产生的代表机构打交道，包括还没有发生革命的英国、此前就已建立强有力的议会并且受到资格性选举权（Zensuswahlrecht）严格限制的法国，以及尚没有制定宪法的普鲁士。哈布斯堡的君主制曾在 1852 年至 1861 年间短暂恢复专制统治。只有在俄国，沙皇还保持着自己的独裁统治，直至对日战争失败及 1905 年的革命之后，才由代表大会对这种独裁统治形式进行宪法限制。在这种君主立宪制的框架下，可以识别出几种国家类型：君主至上的立宪制国家、议会拥有决定性权力的立宪制国家以及波拿巴主义形式的立宪制国家。在第一次世界大战之前，各个国家的具体组织形式一直存在争议，并且只能在危机和逐步变化之中发展。

300

在 1848/1849 年后的后革命时代，欧洲的君主制面临着一种特殊的合法性压力。然而，从长期来看，君主制表现出了极强的适应能力。革命引发了立宪热潮，1850 年后，立宪热潮才局部消退。马丁·基尔希将立宪的成败分为四类。第一类要提到的是那些要求建立自己的国家却完全没有成功的民族。在 1830/1831 年起义之前，被普鲁士、哈布斯堡王朝和俄国瓜分的波兰（至少在与俄罗斯帝国进行私下联合的波兰王国）有一个由贵族主导的议会，即众议院（波兰议会），但是这个议会在军事失败后就被解散了。随后，无论是 1848/1849 年的革命，还是 1863 年另一场同样遭到镇压的起义，都未能成功建立起一个独立的波兰国家。同样，处于哈布斯堡王朝治下的斯拉夫人也未能在帝国框架内建立起议会代表制。1848 年革命期间于布拉格举行的斯拉夫国会，本应是一次国民会议，但还是成了一次国籍会议。该会议由捷克裔的市民代表主导，会议期间各代表无法在"将波希米亚现有的行政单位融合成一个捷克民族国家"和"按照民族归属对各个群体重新进行政治领土安排"这两种可能性之间做出抉择。即使是后来的构想，即在帝国框架内形成（由克罗地亚人领导的）捷克人和南斯拉夫人的宪法解决方案（类似于 1867 年的奥匈协议），也没有成功。

第二类国家最初在 1848/1849 年后经历了宪法的倒退。这些国家包括意大利各个邦国（皮埃蒙特除外）、奥地利、匈牙利和德国。曾在德国的法兰克福圣保罗教堂召开的国民议会就

体现了这一点。在匈牙利，由于革命被军事镇压，宪政化遭遇 `301`
失败；在德国和奥地利，联邦结构阻碍了国家层面的进一步宪
政化。直到哈布斯堡帝国在针对意大利（1859 年）和普鲁士
及其盟国（1866 年）的战争中战败之后，这个帝国的宪政化
才得以重新开始。与这种暂时发生倒退的发展不同，皮埃蒙特
（未来意大利王国的政治权力核心）、普鲁士和丹麦都建立了稳
定的君主立宪制，构成了第三类国家。这类国家在 1848/1849
年之前并不存在宪法。在普鲁士，君主保持着强势地位。在
1859 年至 1866 年间，普鲁士国王在围绕为军队改革提供资
金发生的宪法冲突中极力维护自己的这一地位——为军队改革
提供资金是国王统治的重要领域之一（仅次于外交政策）。在
丹麦，国王在一场基本和平的国内革命中兑现了先前的宪法承
诺。这样一来，绝对的统治形式在 1849 年转变为一种相对自
由的秩序。然而，在丹麦于 1864 年输掉对普鲁士和奥地利的
战争之后，这种秩序朝着保守的方向发生了变化。直到 1901
年，保守的、民族自由主义的第一议会与农民和社会民主党主
导的第二议会之间的冲突升级之后，第二议会引入了无记名投
票的方式，使反对派在第二议会获得压倒性多数，从而大大推
进了丹麦政府的议会化进程。在皮埃蒙特，为了巩固议会，对
于宪法的解释早在 19 世纪 50 年代就已经发生了转变。而这种
发展，与在普鲁士的情况不同，是由自由主义和宪政贵族所支
持和推动的。

　　第四类国家是那些在 1848/1849 年革命之前就已经拥有
宪法的国家。在君主制的荷兰、卢森堡以及委员会制的瑞士联
邦，宪法在接下来的几十年中得到了巩固。然而，在法国，这 `302`
种进一步发展并没有使君主立宪制保持长期稳定——在当时君
主立宪制盛行的背景下，这一案例引起了极大的关注。一开始
从革命中诞生了一个共和国，但是在 1848 年 12 月，拿破仑一

世的侄子路易·拿破仑·波拿巴获得了总统职位。他分几个步骤，最终通过 1851 年的一次政变，再次将宪法制变回了帝国制。波拿巴式的立宪制形式吸引了当时人们的注意。它似乎为普鲁士等国的保守势力提供了一条摆脱守势的出路，因为它促使保守派的领导阶级与民众以及教会结成了一个反对自由派议员的联盟。甚至有一些自由主义者也发现了波拿巴主义的某些优点（尤其是当他们对议会工作的结果感到失望时）。

作为法国人的皇帝，拿破仑三世必须通过全民公决来保证自己统治的合法性。但是当选举出的议会反对他的统治时，他不能一直对其置之不理。19 世纪 60 年代，随着反对派日益壮大，拿破仑三世允许对该独裁宪法制度进行自由化——于 1870 年就此举行了另一次公民投票表决。然而，这位皇帝于 1870 年的普法战争中战败被俘，逐步议会化进程也由此戛然而止。就此而言，以投票的方式获得合法性的帝制面临的危险变得显而易见：战争的失败威胁到君主制政府的统治形式，并可能导致王位的丧失。虽然保守派（其中君主主义者占多数）在 1871 年赢得了新共和国的首次选举，但他们未能就三个不同团体中的哪一个应将他们的候选人推上王位达成一致意见：是出身贵族并且受到教会支持的波旁王族正统派，还是得到市民阶层支持的奥尔良派，抑或是社会基础分散的波拿巴主义者。1875 年达成的宪法折中方案让两股势力分庭抗礼：一方面，议会由直接普选产生，政府对议会负责；另一方面，强有力的总统有权任命政府和解散议会。直至正统派总统麦克马洪（MacMahon）加剧这种局势的危机之后，共和党派才在农民地主的支持下，在 1879 年的选举中战胜了保守的君主主义者，从而确保了共和国政体的长期稳定。

法国引起了人们的额外关注。因为在 1871 年，法国出现了一种激进的替代方案——公社，但遭到了共和派领导的政府

的残酷镇压。一月向德国人投降后，巴黎爆发了起义，起义
得到了工人和小资产阶级的支持，他们在经历了漫长且威胁生
命的城市围攻后，起初只是反对取消债务和贸易账单的延期偿
付。他们在三月份选举出来的公社委员会随后宣布巴黎独立，
并且颁布了有利于城市底层阶级的社会改革法令和措施。位于
首都之外的法国政府派出军队占领了巴黎，并且毫不犹豫地处
决了 15000 名至 35000 名起义者。在共和党人阿道夫·梯也
尔（Adolphe Thiers）领导下的法国政府，不仅是在陈兵巴黎
的德国人眼前，也在欧洲公众的面前，用血腥的方式表明他们
不会容忍共和国政体的社会革命变种。

　　除了法国，只有葡萄牙的国王失去了自己的王位。自
1876 年以后，葡萄牙就一直存在一个共和党。共和党在选民
和议会中确立了自己的地位，而另外两个大党则在国王的帮助
下定期轮流执政。葡萄牙国王在 19 世纪 90 年代开始的雄心勃
勃的非洲殖民计划失败了，并因此备受批评。为了遏制具有民
族主义与帝国主义思想的共和党人的崛起，之前实行的扩大选
举权的政策于 1895 年取消。然而，由于对立日益加剧，主要
政党之间的轮换执政很快就停止了。当国王卡洛斯一世及其王
室继承人于 1908 年遇刺身亡时，危机进一步加剧。1910 年在
军队的支持下，共和党人成功发动了政变。葡萄牙和法国共同
成为欧洲的特例。在其他地方，君主立宪制仍然存在或正在进
一步扩张。

东南欧民族国家形成过程中的宪法变化

　　从 19 世纪 60 年代开始，在东南欧建立的国家全部都采取
了君主制形式。除了自 1830 年起就存在的希腊王国和罗马尼
亚的摩尔多瓦和瓦拉几亚公国（公国内有类似贵族的波雅尔阶
级存在），1848/1849 年的革命几乎没有在东南欧引起什么反

304

响。东南欧的核心势力包括：奥斯曼帝国、半自治公国、完全自治公国以及欧洲大国。限制王侯统治权力的斗争使小范围的精英阶层相互对立，因为一方面没有更广泛的市民阶层，另一方面农民阶级在社会中占据着强大的统治地位，而社会又以各种方式分裂。宪法的发展遵循了西欧模式（法国和比利时的宪法）。尽管在将东南欧宪法的发展与西欧宪法的发展相比时，人们并不会将东南欧宪法的发展视为存在缺陷的历史，而是将其视为一种宪法综合体，即将外来的模式与自己国家的元素结合在一起，但东南欧宪法的发展仍然是一段"跌跌撞撞的历史"［赫姆·孙德豪森（Holm Sundhaussen）语］。

305 　　那些致力于引入宪法的人（他们通常在国外长大或接受教育），面临巨大的挑战。他们无法依靠普通民众来对抗奥斯曼王侯广泛的统治权。并且他们所面对的社会是一个民族多样、宗教多样、语言多样且文盲率极高的社会。王侯的反抗、农民起义和精英阶层之间的冲突在政治发展中发挥着重要的作用。在所有的东南欧国家中，宪法规范与宪法现实之间存在巨大的差距。尽管国王仍保有广泛的权力，而且某些权利（如集会和新闻自由）在很长时间内仍存在争议，但人们在形式上实现了对于君主统治权力的议会制约，公民在法律面前的平等也得到了保障。由于缺少阶级和领土方面的早期经历，新宪法建立在中央集权制的基础之上。最终会有一个多数民族发展成为国家民族（Staatsnation），在这个过程中对于少数民族和少数宗教的保护就没有那么明显了。在罗马尼亚的宪法中，国家公民权与基督教信仰联系在一起（这是一种针对犹太人的规定）。这一规定在 1878/1879 年举行的柏林会议上由众欧洲大国强制废除。

　　在总体上，东南欧国家的政治生活的特点，与其说是"选举"以及"议会和政府的规范工作"，不如说是政治帮派之间的争端、议事规程上的花招、选举操控（此外，在很多欧洲国家中，这种操纵都是以"官方"候选人的形式出现）以及政变。尽管在规则与现实之间存在鸿沟，但宪法的发展也改变了这些国家的政治统治，推动了宪政化，并为男性普遍选举权的广泛实现、经济法的调整等开辟了空间。此外，它还为进一步实现女性的法律平等、对少数群体的保护和出版自由等一直存在但尚未得到满足的要求提供了方向。这些并不是东南欧国家独有的问题，而是欧洲各地都在讨论但很少充分实现的政治权利。在这个意义上，东南欧国家并没有落后于其他国家。然而，想要在这些国家限制君主统治权、加强政治参与、赢得政治和社会自由，所受到的阻碍往往更大。

　　在第一次世界大战前不久，奥斯曼帝国也经历了一种形式上的宪政化。早在 1876 年，奥斯曼帝国就已经首次颁布了一部宪法。该宪法规定要通过选举组建一个众议院以及一个由苏丹任命的知名人士议会（Notablenversammlung）。然而，统治者仍然保有广泛的权力，如休会和解散议会的权力，单独发起立法倡议的权力以及选择、任命和解雇政府首脑及各部长的权力。法律行文中对于苏丹权力的限制较小，禁止集会、禁止结社和禁止结党等各种规定也阻碍了政治的公开化发展。事实上，1876 年登基的阿卜杜勒·哈米德二世（Abdülhamid II.，1842-1918）在短时间内又（于 1878 年）再度废除了宪法，让议会休会长达 30 年，并继续实行专制统治。那些支持实际立宪的力量只能以秘密结社的形式在国外活动。"统一与进步委员会"（Bewegung der Einheit und des Fortschritts）就是这样一个团体。该团体的拥护者也被称为"青年土耳其人"（Jungtürken），他们要求实现议会君主制。他们在军队中获得了支持，并在世纪之交于奥斯曼帝国的欧洲部分，鲁梅利亚，举行了大量的集会与会议。当奥斯曼帝国在 1908 年面临

306

307 瓦解的威胁时（根据英国国王和俄国沙皇在里加会晤结果的传言），帝国内部爆发了起义。苏丹被迫重新实施 1876 年的宪法，并于 1909 年退位。宪法经历了根本性的修订。修订后的宪法类似于比利时的议会君主制。"青年土耳其人"最终成了执政党。从 1913 年开始，该政党几乎以独裁的方式统治国家，致力于改革奥斯曼帝国，并在许多领域延续了 19 世纪初以后的许多努力。

奥斯曼帝国的例子表明（与沙皇俄国的情况类似）：对君主采取宪法限制已成为欧洲各地的基本原则，即使是少数专制政权也无法阻挡这种趋势。此外，它也表明，外交政策的威胁、战争和失败为宪法的根本性改革提供了决定性的动力（这一点在俄国、法国、哈布斯堡帝国和意大利都有所体现）。最后，奥斯曼帝国的这段历史也揭示了成功扩大政治参与所需要具备的条件与所面临的阻碍。有利条件包括：有改革意愿的开明君主及其顾问、市民阶层或贵族支持者群体（尽管这些支持者也可能会阻碍政治参与的扩大）、阶级议会制度的传统或相应典范的存在、政党的形成、普选权，以及公民平等的落实。在奥斯曼帝国，除了缺乏税制改革，缺乏上述几种有利条件也成了最大的阻碍之一。实现所有公民在法律上的平等之所以失败，不仅因为这一尝试遭到了穆斯林代表的反对，还因为基督徒和犹太人不愿意放弃自己的某些特权（例如通过缴纳某种税

308 费来免除自己的兵役）。

大众政治的挑战

在第一次世界大战爆发前的 30 年间，欧洲并没有出现像之前那样广泛影响各地的宪法变革浪潮。"宪法成为政治体制的一部分"已经在各地确立为常规（甚至在世纪之交后的沙皇俄国和奥斯曼帝国也是如此）。这一时期的主要特征是进一步

发展现有的宪法制度。第一，选举权在进一步扩大：1884 年
的英国（仅限于在最低租金线以上的男性户主）、1893 年的
比利时（有教育背景和财富的男性拥有多张选票）、1896 年的
荷兰（选举条件与比利时类似）、1907 年的奥地利（所有男
性，但是基于财产调查按照税收比例确定帝国议会中的议员代
表比例）、1912 年的意大利（所有男性，但 30 岁以下未完成
小学教育者除外）。没有任何限制条件、普遍、平等的男性选
举权只存在于瑞士（尽管在州一级的选举中存在例外）、法国
和德意志帝国（但普鲁士的三级选举制度除外）。关于妇女选
举权的争论则更为激烈。英国也为此发生了激进的抗议和非法
活动，包括示威、绝食抗议和监禁——但都没有成功。总体而
言，直至第一次世界大战之前，人们争取普遍的、平等的、秘
密的选举权的斗争远未结束，各式各样的限制仍然存在。

　　第二，显然，同样尚未完成的还有君主制国家的议会化
进程。议会化主要在英国、意大利、瑞典、挪威、丹麦、比利
时和荷兰盛行。在其他大多数国家，选举出来的议会对于组建
政府并没有决定性的影响。议会的选举要么由君主决定，要么
明显依赖于君主的信任。德意志帝国就是这样一个例子。皇帝
坚决捍卫自己的任命权，并且不愿接受要求帝国首相对帝国议
会负责的宪法修正案。尽管议会和君主之间就组建政府产生了
不同意见或者说存在分歧，但必须强调的是，预算权在欧洲各
地成了议员控制和参与组建政府的有力手段。在英国，上议
院在 1909 年至 1911 年间多次驳回了下议院自由党政府多数
派通过的预算，从而阻碍了为社会政策改革提供资金的所得税
的引入，这导致了选举产生的下议院和按照等级制决定的上
议院之间的宪政冲突。直到自由党在接下来的两次选举中获胜
并威胁要为上议院任命大量新成员，上议院才通过了一项宪法
修正案。该修正案禁止贵族组成的议会对预算方案进行驳回或

改动，并规定上议院对于所有法律仅有一次进行延期否决的权力。这些争论表明：议会的预算权，以及由于更广泛的选民基础而有所扩大的合法性，构成了增强议会力量的核心因素。

第三，选举结果的变化也与选举权的扩大密切相关，且意味着在世纪之交，立宪制得到了极大发展。在 19 世纪下半叶，除了自由党和保守党，社会主义工党也几乎在各地出现，并在议会中获得了更大的影响力。人们通常会将 1912 年德国帝国议会选举中社会民主党的选举结果看作未来的征兆：当时，社会民主党凭借 110 个议员席位成了最大的议会党团，尽管选区划分有利于农村地区和小城镇而非大型工业城市。这一结果给欧洲其他国家带来了希望，但同时也引发了反对者的担忧。然而，这与特定的社会和宪政前提条件密切相关，例如：有组织的男性工人阶级的存在、被国家允许的结社自由和集会自由，以及普遍选举权的存在。然而，这些前提条件并不是在整个欧洲都普遍存在。许多地方的经济结构主要以农业和小型手工业为主，社会主义者的政治活动受到国家的镇压，选举权与人们的财产或是收入相关。政党制度的差异也意味着德国和类似的例子并不能作为欧洲的典范。以英国为例，除了选举权在 1884 年后仍受到限制，自由党和保守党还能吸引不那么富裕的选民站在自己一边，工党甚至直到 1906 年才参加下议院选举。然而，人们也清楚地看到，民众的政治参与逐渐扩大的趋势已经势不可当——这不仅适用于工人，也适用于其他社会群体。例如，在丹麦，除了工党，农民党也在第二议会中占据了很多席位，以至于政府无法再对他们采取行动。在 1884 年议会与政府之间的冲突中，议会获胜后，农民的政治代表权在挪威也发挥了重要作用。政府开始对其负责，成为选民的门槛也被降低了。在德国和意大利这样的国家中，国家、自由党派与教会之间的冲突也对党派的历史产生了深远的影响。

　　总体而言,"选举权"与"议会机构的宪法作用"构成了政党发展的框架条件。由于各国的党派组合不同,欧洲的政党体系也相应有差异。除了自由党、保守党和社会主义党派,还存在一些以宗教信仰为基础的党派,例如德国的中央党;还有一些代表特定社会经济阶层的政党,例如上文提到的农民党;或是按照民族进行区分的政党,例如在哈布斯堡王朝中的情况就是如此。这些党派与同样形成于 19 世纪下半叶的各种利益团体一起,共同为社会的政治自我组织做出了贡献。这些政党并不像英国和德意志帝国那样具有组织稳定性,前者拥有历史悠久的传统议会政党,而后者与社会各界的联系则起到了巩固的作用。在其他国家,报纸和知名人物成了亮点所在——这导致立场方向的频繁转变以及新的政治团体的形成。

311

　　这就引出了宪法发展的第四个关键因素,即在第一次世界大战之前的 30 年间,政治大众的形成。政治大众对政府和议会产生了影响并且在某种程度上与政党纠缠在一起。这种更为广泛的公众得以形成的核心条件有两个:其中一个条件是人口识字率的提高;另一个条件是城市化使得大量读者能够聚集在一起。此外,新闻法也允许人们或多或少地自由表达自己的政治观点,这样在舆论市场上既有支持政府的出版物,也有与政府处于竞争关系的反对派出版物。总体而言,选举权的扩大发挥了关键作用,因为它促使各个党派从市民阶层有社会影响力的团体发展为试图赢得广泛选民支持的组织。

　　19 世纪末,在所有符合上述要求的国家,印刷品的数量都在增加,舆论的范围也在扩大。约克·雷克阿特(Jörg Requate)在对英国、法国和德国进行比较后指出了三国在新闻法、自我认知和新闻在各个国家政治舆论中所发挥的功能方面的典型差异。在 1848/1849 年的革命之后,德国各城邦一开始只是废除了预先审查制度,但是政府仍然可以通过颁发许可

312

证和各种其他措施继续压制那些自己不喜欢的机构。1874 年颁布的《帝国新闻法》（Reichspressegesetz）虽然确保了新闻自由，但是政府仍然保留了查封的权力作为一种可能的压制手段。《反社会主义非常法案》（Sozialistengesetz）在 1878 年至 1890 年间笼统地禁止了部分媒体的出版自由。事实上，在此之后，刑法仍然是国家通过司法手段打击报纸的工具。政府可以通过以下两种方式打击报纸：一方面是强制性作证，即国家试图强迫记者说出其信息来源（这主要针对政府机构中的告密者）；另一方面是侮辱皇帝或大法官以及公司机构和当局等罪行。这些手段提供了大量刁难记者的机会。在法国，新闻自由的决定性转折出现于 1868 年——在拿破仑三世统治末期的自由化进程中。随后于 1881 年，新闻自由在第三共和国的新闻法中得到了法律上的确认。法国政府多次尝试重新约束媒体，但都无功而返——除了一个例外：1893 年，在一场无政府主义袭击事件发生之后，法国通过了一项法律。该法规定了为谋杀、纵火和其他重罪进行辩护也会受到惩罚。总体而言，法国的刑法实践具有明显特征：与德国不同，法国的法庭和检察官并没有试图通过刑法反对新闻界。

英国的情况也类似。自 19 世纪 30 年代起，英国对于媒体的限制主要通过征税的方式进行（该税种直到 1861 年才被废除）。英国媒体的代表们自 19 世纪 80 年代起就大肆宣传，自己是与行政、立法和司法地位并列的"第四种权力"。他们声称要做公众意见与政府之间的纽带。因此，媒体并不是政治中议会参与制的组成部分，而是独立于议会中各个政党的存在。这种理念与欧洲其他地方的普遍发展有所不同：在其他地方，报刊首先都是围绕政治党派形成的，并成为随后建立的各个党派的喉舌。在英国，出版商在宣称独立的同时，也为自己创造了一种新的经济基础：他们以超越党派的立场瞄准了大众读者和更高的销量，并且从广告中得到了额外的大量收入。然而，他们所主张的政治独立在很多方面仍然只停留在概念层面。一方面，记者和党派代表之间形成了紧密的关系网。而以读者的兴趣为导向的做法也导致报刊与政府的关系越来越近，因为尽管政府会轮换，每届政府均须在议会制政府体系中拥有多数选民的支持。另一方面，商业化促使新闻报道倾向于制造轰动效应，而这些制造轰动效应的新闻报道与成为宪政上重要力量的主张关系不大。媒体所揭露的政治丑闻，不仅展现了商业利益，还展现了记者与提供情报的政客之间的亲密关系和政治意图。

在法国和德国也逐渐形成了一种面向更广泛群众的新闻媒体。但在不同的政党制度和政治自我认知的背景下，"第四种权力"的概念并没有在这里引起什么反响。在法国，报纸为那些流动性强、不断进行重组的党派提供了媒介，新的团体也得以形成。此外，它们也为那些不确定支持哪个政党或尚未找到合适党派的人提供了另一种选择。在这样的背景下，法国的新闻业仍然与政治保持着密切关系，但并不是作为党派喉舌，而是在政治舆论形成方面发挥作用。在法国，努力成为一名具有斗争精神的新闻工作者，是记者们的自我认识。而在德国，对某个政治思想拥有坚定的信念则是记者们的职业道德之一。其原因一方面在于报刊受到的党派资助，另一方面在于自由派媒体在争取议会权力、反对君主制政府的斗争中所起到的历史作用。19 世纪早期和中期的宪法冲突对媒体风格产生了深远影响。在 1900 年前后，作为一种大众报刊，商业性综合报纸也与政治阵营建立了联系，不过为了避免自己的市场受限，它们不会与某个党派关系过于紧密。

总体而言，这些例子都表明了，在第一次世界大战前的几十年间，媒体在欧洲各处大众政治舆论形成方面都发挥了重要

314

作用。在政治上，媒体的发展依赖于选举权的扩大、绝大多数君主制统治的日益议会化发展以及党派体系的建立。因此，根据各国不同的情况，欧洲各国的出版商和记者的自我认知也有所不同。媒体的角色可以在批评、监督和支持政府之间交替转换。作为"公众意见"的表达者，媒体也成了政治主体筹划与行动中的考虑因素，即一种不包含上文那种自我认知的"第四种权力"。媒体所制造出的大众舆论是政治参与的表现形式，同时也促进了广泛的政治参与，甚至超越了个别的宪法规定。在所述条件下，与19世纪中叶所发生的后革命时期的各种冲突相比，1900年前后政治上的挑战也发生了根本性的变化。在第一次世界大战之前，大众政治的时代到来了。

2 秩序资源：行政、财政与国家权力

在19世纪的进程中，欧洲国家对管理一般事务的需求不断增加，其相应的职能也在不断扩大。它们调动了组织资源和财政资源，以求能够应对各种问题并加强对社会的管控。原则上，国家行政范围的扩大应当取代此前以（尤其是贵族和在地方上具有影响力的其他群体的）阶级特权、自身特殊利益或自身多方利益为导向的管理结构。改革者们试图在全国建立起以抽象标准为导向的合理程序。他们想要在官员选拔和行政实践方面实现对所有公民和下级官员的平等对待。此外，到19世纪末，公共部门在社会保障领域、（包括中小学和高等教育在内的）学校教育领域、文化领域以及国家和地方的自主经济领域的行政范围都有所扩大，这使得一种积极的管理理念得以展现：国家和地方政府为社会服务。行政作为统治工具的模式（与形成中的绩效管理模式相对立）被采用的情况有：军队和警察暴力镇压罢工的工人；许多地方较低级别的司法权和管理

权仍长期掌握在地主手中；消费税对于低收入群体造成的影响
要大于其对高收入群体的影响。以效率和超个人标准为中心、
受法律监管的行政管理成为一种榜样的同时，官僚制度也建立
了一套程序，用来在经济与社会发生根本转变时帮助人们确保
社会权利并维持一定的秩序。从旧政体过渡到新政体，虽然国
家和社会可以被看作两个独立的领域，但它们的影响仍然紧密
相关。

316

欧洲国家的行政管理模式

国家行政改革的历史可以追溯到启蒙时期，并于1800年
前后的动荡中取得了根本性的进展；这种"进展"奠定了第一
次世界大战之前的发展路径。路茨·拉斐尔（Lutz Raphael）
提出了对其他国家具有一定程度影响力的四种模式。这些模式
塑造了19世纪国家行政改革的方向（这些改革是在"通过行
政进行统治"意义上进行的）。这四种国家管理模式分别是：
拿破仑模式、德国君主管理模式、英国特色"自治"模式以及
俄国的官僚独裁模式。作为欧洲国家帝国特征的一部分，殖民
行政管理将对其进行补充。

欧洲范围内，统治结构与行政结构最为引人注目的突破首
先发生在法国的革命期间。随着拿破仑政权的建立，新组织起
来的国内国家秩序通过征服、帝国依附和政治战略模仿等方式
向法国以外地区施加影响。19世纪初，在政府层面诞生了一
些后来成为典型的国家部门，包括内政部、司法部、财政部、
外交部和国防部。此外，在特殊培训机构的支持下，还形成了
一些服务于特定领域（例如道路建设和矿山开采等）的专门行
政部门。与其他行政部门一样，在这些领域以及其他管理部
门，工作人员逐渐形成了一种特殊的团队精神。从这个意义上
讲，法国模式并没有一个"统一"的行政机构，而是由不同的

"政府部门"（Ministerien）[克里斯多夫·卡勒（Christophe Charle）语] 构成，它们在威望方面相互竞争。不是存在"一种"管理，而是存在着不同组织形式的、相互竞争的"国家部门"同时进行的管理。就整个国家而言，法国模式的另外一个特征是三级集中管理制度；这一制度将不同部门和地方政府置于政府各部门之下。但是与此相反，地方自治的形成进程就显得十分缓慢。直到第三共和国时期，从 1876 年开始，法国各地方才被允许独立选举市长，但首都巴黎除外。1794 年之后，巴黎仅仅在 1848 年和 1870/1871 年短暂地选举过市长，其余时间都是由塞纳的行政长官履行巴黎市长的相应职能 [这个职位由巴伦·奥斯曼（Baron Haussmann）担任了近 17 年]。直到 20 世纪晚期的 1977 年，巴黎才再度选举产生了一位市长。各个行政区的行政长官使得法国政府在原则上可以直接管理人民。民法典以及改革后的司法制度构成了某种制约或制衡。但是，由于政权频繁更迭，直到 19 世纪末，民法和司法制度才真正摆脱了政治干预，实现了独立。直到 19 世纪 70 年代末，第三共和国的政权才得以稳定下来，但高层法官以及公务人员中经常发生政治"清洗"现象。此外，各个行政区的行政长官们通过在当地的利益联盟中斡旋以及为执政党宣传的方式影响着议会选举。行政机构在政治上绝不是中立的。机构中的精英，从社会出身来看，都来自受教育人群、富裕市民阶层或是贵族。

　　法国的多级中央集权政府组织模式非常适合统治者获得新领土并试图废除历史特征的情况，例如旧帝国解体后的巴伐利亚和其他中型德意志邦国。然而，在这些地方，直到 1848 年革命，国家管理及其公务员体系才取代贵族的共同治理，在下层管理中得以贯彻，特殊权力也被废除了。在 1812 年至 1874 年间，中央集权的行政改革也成为西班牙的典范。在意大利，各个城邦早在拿破仑时期就已经吸纳了一些法国模式的要素，并且在 1861 年新王国成立之时再度采用了法国模式，以便在管理上更好地整合整个国家。

第二种模式，即德国君主管理模式的发展，可以追溯到 18 世纪的一系列改革尝试。之后，德国在军事上败给了进行革命的法国，这迫使其加大改革的力度。1848/1849 年的革命、19 世纪 60 年代的各种冲突以及随之而来的德意志帝国与奥匈帝国的成立，最终又再度推动了改革。与法国相比，这种现代化的德国国家管理模式的形成进程则更为缓慢，并且即便逐渐受到制约，这种组织形式也让人们能够相对长久地保留贵族的阶级利益以及流传下来的领土秩序。在中央层面上，普鲁士在军事上输给拿破仑的军队之后，就在 1808 年建立了专门的部门。1815 年普鲁士将其领土划分为 9 个省级行政单位，并且由国家任命省长（1866 年又新增了石勒苏益格 - 荷尔斯泰因、汉诺威和黑森 - 拿骚）。各省级行政单位下辖的行政区域数量各异，但都接受省长的领导。最小的单位就是区，并且设有区议会。不同于法国，普鲁士还有一些独立于区进行自治的自由城市。在 19 世纪末期，这些城镇的市长是德国主要城市市长中影响力最大的。总体而言，普鲁士新的行政划分更多地考虑到了曾经或即将属于霍亨索伦家族的地区，给予了更多考量。在 1847 年之前拒绝召开全国性的阶级大会的做法也同样考虑到了这一点。除了考虑到传统的领土划分之外，普鲁士模式的首要特点是贵族们在较低层级的地区仍然参与着共同治理，尤其是在东部各省的（直接管辖乡镇的）区中。当拿破仑时期的结构在普鲁士西部的领土继续发挥作用时，在普鲁士东部地区贵族地主们在很长时间内仍然保有对警察的控制权、领主裁判权，继续参与区级的治理并且享有免税权。在普鲁士以及很多其他德意志城邦，地主们在较低层级地区的司法权在

318

319

1848/1849 年或 19 世纪 50 年代才被废除，直到 1877 年《德国法院组织法》颁布才在德国全境内被完全废除。

在普鲁士，高级行政岗位一方面为那些出身市民阶层的年轻人提供了上升机会，另一方面，由于法学学位是成为公务员的门槛，出身贵族阶层的申请人员也会去努力获取相应资质。虽然对贵族的优待和贵族与其人脉圈抱团取暖的现象依然存在，但由于所受教育相同、官僚阶层在社会上的等级特殊性及其职业道路也相同，即所有申请者都须参与行政区政府主席和政府各部门的考试与培训，因此，最终形成的官僚群体无论在社会阶层还是政治层面都比较同质化。19 世纪下半叶，官僚群体对政府更是忠心耿耿。1872 年，在县议会层面，那些在各县当地拥有土地的贵族也被纳入了国家官僚体系中。而自 1848 年实行议会选举以后，各县县长（类似于法国省长）一直影响着当地政府的利益构成，普鲁士不平等、间接、公开的三级选举制度更是为此创造了条件。总体而言，直到第一次世界大战之前，普鲁士的官僚体系始终扮演着国家支持者的角色，且具有明显的君主制特色和政治同质化特征。

哈布斯堡王朝的管理模式同样可算作君主制管理模式，但该王朝的管理模式发展得更为缓慢，且更注重地方利益。1867 年之前实行的新专制主义改革政策不能持续保护社会上层阶级的特权。1849 年哈布斯堡王朝战胜匈牙利之后，匈牙利同奥地利公国一样，地主阶级的领主裁判权和行政参与权也被取消。而与此同时，行政管理及官僚体系架构的改革及基于新的社会、经济基础的适应性改革受到了阻碍。行政管理受到政治与宗教思想的严格控制和贵族阶级的持续影响。路茨·拉斐尔强调，至少该王朝在扩建高效司法机构方面取得了进展，但这也仅仅是再次废除宪法情况下的替代之举。尽管尚有欠缺之处，但这一举措使行政管理及政府事务与法治原则相结合。随

320

着 1867 年奥匈折中方案的达成，依照宪法，哈布斯堡王朝特定地区的利益得到了保障，这一点至少在匈牙利的例子上就可见一斑。奥地利和匈牙利共同组成一个帝国，即奥匈帝国，双方在外交、国防和财政方面统一交由中央政府管理；然而，奥地利和匈牙利的议会是分开的，双方会委派各自的议会代表团——奥地利帝国议会委员会和匈牙利帝国议会委员会——同时召开会议，但会议地点分开。此外，这两个分别以维也纳和布达佩斯为首都的国家统一由说德语及匈牙利语的联合中央政府管辖。这就彰显出了奥匈帝国的帝国属性。在其他德意志邦国、1859 年之前的意大利邦国及西班牙，普鲁士及哈布斯堡君主制管理体制的元素也有相应体现。

　　第三种模式是英国的议会君主制管理模式，其特点是：君主权力受限、中央机关权限范围扩大、地主贵族在地方上掌握强大的自治权。英国并不像法国或德意志邦国一样，国家管理体系并不由多个行政等级构成。相反，直到 19 世纪的后三分之一时期，其管理体系划分为多个不同的领域，各领域之间联系不甚紧密。从 18 世纪起，中央机关就专注于那些对组织作战、为大量战争筹措资金而言必不可少的工作，并建立了一套高效的军事财政国家制度。而国家的内部管理却被掌握在地主贵族的手中。直到 1888 年，这些贵族都是当地的法官，在各自的领地掌管行政及司法事务。由于地方税收权并不在国家手中，一开始中央政府对这种由当地贵族进行地方管理的状况束手无策。但是，通过对城市自治的逐步改革以及 19 世纪 30 年代施行的《济贫法》，中央政府开始逐渐加强对地方的管控。这种管控并不是通过一次系统性改革而是借由大量新设立的行政岗位实现的，例如，内政部新设立了负责监督地方健康、卫生、济贫及教育事业的视察员岗位，其他地方性或区域性的特殊机关也得以成立。1871 年，随着地方政府委员会的设立，英国政府才得以跨越地区的界限，开始在制度上将地区行政统一起来，而原本的城市管理则成了住户或地主的职责。

18 世纪，中央机关管理权限范围扩大，这与议会和国王之间、各个政治党派之间的权力关系紧密相关，其核心建立在一种庇护主义的体系（Patronage und Klientelsystem）之上，在殖民地管理和印度公务员制度中更是如此。19 世纪，对于公职人员的选拔一直以资历与成绩为标准。直到 1870 年，随着行政制度的全面改革，才引入了英国高级公务员准入考试。但与法、德两国不同，英国这门考试并不是为法学生量身定做的，相比起来，牛津和剑桥的毕业生才更受青睐。这些毕业生都接受过通识教育，大都学习过古希腊文化和语言。直到 19 世纪末期，英国的行政管理模式在组织架构上都更接近大陆国家的管理模式，但无论如何，其政治框架仍迥然不同。

322

第四种模式即俄国管理模式。在很长一段时间内，它在东欧和东南欧国家的管理模式中都尤为典型。鉴于俄国管理模式追求实现官僚统治、推行普遍适用的法律标准，无论是当时的观察家还是历史著述都将其视为后来居上者。俄国官僚制度的特殊之处在于，直到 1905 年，俄国都没有议会来监管行政，因此沙俄政权无异于一项压迫工具，在其他欧洲国家中，它更是因其行政专权而声名狼藉。然而，政治上的"落后"并不代表政治发展停滞不前，因为自 18 世纪以后，沙皇政府就不断进行改革，且常常借鉴西方模式。在俄国，警务管理权、裁判权和地方管理权掌握在当地地主的手中，这一现象在欧洲近代早期，甚至到 19 世纪时都屡见不鲜，但由于俄国幅员辽阔、地广人稀及通信条件落后，这种情况持续了很长一段时间。即便在 19 世纪 60 年代的改革之后，村社作为自治单位和强制性经济组织，在某些经领土扩张而来且有军队驻扎的地区仍具有十分重要的意义。但与英国不同，俄国贵族在地方的管理并未催生出地方自治，这归因于沙俄独断专权的行政体制。此外，大多数想要飞黄腾达的贵族都会前往圣彼得堡，因为在那里他们的职业道路才最具前景。

与普鲁士和奥地利一样，沙皇政府的高层也建立在服役贵族的基础之上。19 世纪时，尤其是在克里米亚战争失利等危机发生后，这些服役贵族试图自上而下地推行行政改革。虽然在 1861 年之后，俄国政府的管理似乎已延伸至乡村，但改革派官员内部的政治矛盾、行政机关之间的竞争及孱弱的财政基础在第一次世界大战前始终限制着俄国中央领导层的施政能力。就农业经济结构、匮乏的教育设施、地方行政岗位吸引力不足和政治改革积极性低等方面而言，俄国与东南欧国家、意大利、西班牙和葡萄牙的部分地区十分相似，唯一的不同仅在于上述这些国家和地区设有议会。此外，只有国家部门中少量接受过大学教育和西方教育的精英和县级或州级地方自治单位的学术性工作者（如工程师或医生）会以官僚政权及其普遍实行的标准为导向。纵然从 19 世纪 60 年代起，让农奴免受地主暴力的农奴解放运动催生了一系列的改革和必要的管理变动，但旧的管理体制依然贻害无穷。在这样的管理体制下，同一人脉圈内政治团伙滋生，"管理者"与臣民之间一再讨价还价，相互争执。在 1917 年十月革命以前，大部分民众仍生活在一个领主统治的世界中。如果以这些特征而非西方官僚统治的理想作为参照，那么正如历史学家苏珊娜·夏腾伯格（Susanne Schattenberg）所述，人脉圈和庇护主义体系似乎就不再显得"落后"，而是一种至今仍运用在欧洲某些地区政权与社会管理中的模式。

19 世纪下半叶，欧洲所有国家的管理模式都面临着双重压力：其中一重来源于选举产生的人民议会代表，另一重是社会与经济变革带来的种种挑战。18 世纪，各国为了成功调动各

323

种战争资源开始了一系列改革。19 世纪下半叶，在各个地方，这些改革都得以继续进行，且为保护人民利益，中央政府管理权限进一步扩大。新秩序以高效为准则，逐步使得全国范围内成立了统一的管理机构，形成了统一的规定。因此，19 世纪末时，俄国官僚政府在全国各处都加强了地方管理。行政管理主要有两个目标：其一是提升政府效能，其二是维持政治与社会秩序。各国政府及支持政府工作的精英都在认真观察他国的改革，但同时他们也基于本国目前的发展状况、特殊的政治形势及宪法情况提出了自己的改革路径，展现出一片百家争鸣的景象。

国家收入与税收政策

19 世纪后半期，各国都积极加强中央集权，这就要求必须提高国家收入。而早在 19 世纪上半期，各国就已经在提高国家收入这条道路上迈出了第一步，试行了许多政策工具。促使各国提升收入的起因是军备开支与频繁的战争使国家债台高筑。1815 年，欧洲在经历了 20 多年的战争之后亟须建立高效的税收制度，维持国家的信用度。维持信用度主要通过两种途径实现：一方面是节约财政支出、为政府债务制定清偿计划，另一方面则是公开财政预算。各国设立了公共资金，使得国家财政不再是国王的私人财产。此外，代表着全体公民债权人利益的议会也可通过行使预算权对国家债务与财政进行政治监管。即便是在那些原本没有议会的国家，统治者们也认为公开财政计划这一举措极为必要。

为建立高效的税收制度，各国改革者首先要清理各项繁琐税务，着手取消免税特权，从而简化税务体系，将所有公民纳入其中。这也就意味着要建立一个高效的、收大于支的财政管理体系。1800 年前后，英法两国在这方面最为先进。因为英国自中世纪起就不存在贵族免税权，而法国早在大革命期间就已取消了免税权。在 1799 年至 1815 年间，为了筹集军费击败法国，英国甚至对所有公民短暂征收过所得税。而法国不仅取消了旧的特权，还对地产、建筑和企业的可预期平均收益征收盈利税。比利时、荷兰以及意大利和德意志邦国等许多国家都借鉴了这种税收形式。这个"自由主义的模范式税种"（liberale Mustersteuer）（路茨·拉斐尔语）符合那些经济实力雄厚的纳税人以及自由公众的利益，因为对可预期收入的调整必须要经过较长的时间间隔才能进行，这使得二者的利益受到了保护。但对于纳税人而言，它的背后也隐藏着风险，即他们在经济危机时可能会因为利润微薄而欠税，而在长期经济萧条的情况下可能会破产。然而，在 19 世纪经济发展迸发动力之时，富人因经济增长而变得越来越富有，议员在议会中的代表权也得到增强，但由于他们缴纳的税额有限，此时可预期收益盈利税就并不能使国家收入从经济繁荣中获益。

　　若要提高税收、使经济繁荣成果惠及税收层面，推行个人所得税是一条必走的艰难道路。这一税种遭到了中层与上层阶级的抵制，主要原因在于征收所得税要求他们公开个人收入情况。1842 年，英国首先引入了所得税，且该税种在英国成功保留了下来。而后，意大利在 1864 至 1877 年间也开始推行所得税。尽管当时推行所得税已被公认为一项成功的财政政策，但在很久之后，普鲁士（1891 年至 1909 年间推行）、荷兰、奥地利（1892 年至 1893 年间推行）和西班牙（1900 年左右开始推行）等国家才跟上这一步伐。而要保障国家收入，与直接税相比，推行间接税是一条更为轻松的途径。间接税是一种消费税，主要对大众消费品进行征收。几乎欧洲全境都实行了消费税，只是各国实施的具体情况有所不同。消费税涉及主食及其他消费品，包括盐、糖、红酒、烧酒、烟草等。此外，国

326

家还会征收碾磨税和屠宰税。间接税同时也是进口关税的一部分。在自由贸易末期，即第一次世界大战前的 40 年间，各国再次上调了进口关税。

在 19 世纪中叶至第一次世界大战爆发期间，直接税和间接税之间的比例差异不断扩大。以法国为例：1840 年至 1847 年间，直接税收占法国国家收入的 36.4%；但到 1913 年，这一比例降至 14.7%，而间接税比例则从 42.8% 上升至 61.2%。1909 年至 1910 年间，农业大国意大利的直接税在国家收入中占比 29.9%，间接税占比 52.3%，同时期西班牙的直接税与间接税占比分别为 27% 和 60%。间接税给低收入和中等收入群体带来的负担较重，且是消费者无法避免的。实际上，19 世纪发生了有利于富人和高收入群体的再分配，即使是按比例征收的非累进所得税也无法抵消这一举措带来的贫富差距。这一点在当时并非鲜为人知，因为对于所有人而言，个人财富的增长和贫富差距都是显而易见的。早在 19 世纪和 20 世纪之交以前，民众就开始争论税收的公平性。原本的自由主义原则倡导财税政策在公民收入方面应保持公平性，而这时，这一原则受到了质疑，与此同时，人们对国家采取措施减小贫富差距的呼声也逐渐高涨。

总体而言，由于经济的蓬勃发展，尽管欧洲各国在提高税收方面涉及的利益和面临的政治限制有所不同，但各国都成功地扩大了税收体系。例如，法国 1913 年的税收绝对额达到了19 世纪中叶时的四倍，人均纳税额也增长了三倍以上。工业国的财政收益尤为丰厚，农业国则略逊一筹。此外，各国的放贷能力及国家在邮政、电报通信和铁路交通等经济活动中的收入也有提升。因此，财税政策和其他收入来源加剧了欧洲各国在公共事务上的效能差距，也加剧了社会内部差异。在经济增长的背景之下，那些在财政政策方面倡导自由的国家保障了企业、市民阶层和高收入人群的收益，推行财政节流，尽管它们会受到民众对税收的抗议，工业生产会发生动乱，有时甚至需要出动军警维持秩序，但得益于其财政政策，它们直到第一次世界大战前都安然无恙。

　　长期来看，国家支出中军事开支、还本付息及民生支出的分配比例发生了变化。根据经济历史学家埃卡特·施莱默（Eckart Schremmer）的观点，与 18 世纪相比，欧洲各国的支出中内部支出的比例不断增大。1913 年，英国军事预算和还本付息的比例共为 58%，占国家支出的大头，但与 1792 年的 93% 和 1853 年的 86% 相比已经大幅下降。而民生支出的占比则由不到 10% 上升至第一次世界大战前夕的 27%。民生支出的占比结构也在改变：在 19 世纪中叶以前，民生方面的主要支出项为国家管理、司法事务和警务；自 19 世纪末期开始，公共教育支出及老年退休金和医疗事业的转移支付成为主要支出项。19 世纪时，法国的国家支出分配情况与英国类似。军事预算和还本付息的占比大致平衡，一共占总支出的近三分之二。而剩下的三分之一则用于行政管理、司法事务、文化与艺术、公共教育和公共工程等方面。与英法两国相比，德国国家支出的变化比较复杂：一方面，1871 年以前普鲁士这样的德意志邦国根本无法和后来的德意志帝国相提并论；另一方面，还须考虑到帝国与邦国之间财政收入和支出在联邦层面上的分配。因此，尽管德意志帝国的军备支出占总支出的一半左右，使其比例看似高于其他各类支出，但这其实是一种误解，因为各州的民生支出并未纳入总支出的统计范围内。第一次世界大战之前，德意志帝国的民生支出计入了国家支出中，其中包括老年退休金和残疾抚恤金等补贴，但在 19 世纪后三分之一之前，民生支出却并未计算在内。

　　由于各国政治结构、财政措施与名目有所不同，很难对各国中央政府的预算进行横向比较。但是，我们至少可以认识到在英法德三国都出现了加强民生服务、提高相应支出比例的粗略发展趋势。这种发展趋势主要出现在工业化的欧洲国家，它们扩建了自身的教育和医疗体系、基础设施和社会保障体系。据猜测，对于那些在上述领域鲜有作为的国家和农业国家而言，这些资源可能被用在了其他领域，但目前尚缺乏相应的历史研究和更为确切的资料数据。

殖民地的管理、统治与暴力

在 19 世纪的进程中，欧洲国家的管理模式逐渐以超个人主义的标准和平等待遇为导向，开始建立起社会福利和公共服务管理体系，也加强了官僚对于个人的监管。但这些发展特点并不适用于欧洲殖民地的统治区域。殖民地的管理与统治并不建立在官僚原则之上，而是依赖于暴力。比起公共管理，殖民地内更重要的是从人与自然中"攫取经济价值"。同时，对于殖民地的居民而言，当地的行政管理与法律也使他们基本处于不平等地位。由于殖民地国家处于弱势地位，超个人主义原则也不能在当地成功践行。有时，某些海外殖民管理人员也会抱怨超个人主义的宗旨并未奏效，但他们并不会质疑欧洲国家的殖民统治本身。因此，除上述阐释的四种欧洲国家管理模式以外，此处还须补充第五种，即欧洲帝国在其殖民地实行的殖民管理模式。尽管由于当地情况不同，各个殖民地的模式也存在差异，但我们仍能针对其普遍特征作简要概述。

我们从非洲的殖民统治出发进行阐释。19 世纪下半叶，随着欧洲帝国的扩张，非洲大陆的大部分都沦为了欧洲国家的殖民地。如今的非洲研究认为，殖民地政权具有某种两面性，即在强大的同时也显得脆弱。建立殖民地政权并不似同时期观念中的抢占领土—领土分割—设立殖民地管理机构的次序那样顺利。同一时期，欧洲国家的政权不断扩张，但它们在其殖民地的政权只是初步确立了起来。米夏埃尔·佩塞克（Michael Pesek）对非洲殖民地政权的理解更为到位，将其描述为"岛屿政权"（Inseln der Herrschaft）。例如，在东非建立殖民地政权的过程就十分漫长，欧洲人和非洲人都参与了其中，不过双方的关系并不对等，且始终有着明确的界限。这主要源于二者数量上的不均衡：1900 年，在德属东非约有 1000 名男性殖民者，其中足足有 400 位是军官和殖民地官员，其余则为传教士、移民和商人；而另一方是非洲人和来自印度洋地区的移民，数量约达 800 万到 1000 万。殖民地的管理不仅缺少人员和经费，基础设施也很匮乏，交通条件尤其落后。1903 年，整个德属东非地区仅有 30 个殖民站，其中近三分之一都位于沿海地区。总体而言，欧洲国家在殖民地的管理和统治缺乏连续性，殖民地政权长期处于支离破碎的状态。实际上，各国主要通过考察活动进行管理和统治。这种方式较为散漫，旨在探索和"占领"领土。此外，各国还借由征伐行动来确立在新领土的霸主地位。

330

　　由于欧洲国家输送的经费有限，殖民地的管理受到制约，因此管理机构必须利用当地资源来保障管理的物质基础：当地管理者或从非洲人交纳的贡税中获取收入，或是强制当地民众劳动、收取人头税。在东非，贡税的形式除了食物之外就是当地货币——象牙，在比属刚果则是天然橡胶。如果双方没有建立起双赢的商业关系，如在交通领域与当地运输队伍展开合作，那么非洲民众可能会通过逃跑来逃避缴税或通过一再起义来抗议税费。如果考察活动或仅有过军事训练却不懂行政管理的站长的恫吓行为都不能达到想要的效果，那么殖民者只能通过武力进行管理。暴力行为并不在少数，只要当地殖民管理相对薄弱，殖民者就会有组织地实施暴力。

参照米夏埃尔·佩塞克的观点，我们可以总结出暴力行为的区域特点和具体的做法。殖民站是欧洲各国统治最为严密的地方。在这里，暴力行为已经成为家常便饭，但会受到一定管控。实施暴力是为了管束殖民地的臣仆，由于暴力行为发生在法律真空地带，殖民者经常对当地居民实施家庭暴力或性暴力。由于暴力行为也与种族歧视挂钩，殖民地中殖民站的暴力手段与欧洲常见的暴力手段大同小异。当时，也有人批判殖民者"过度"实施暴力。离殖民站越远的地方，殖民统治就越不稳固，暴力行为的特点也随之改变。在距离殖民站一天路程的地方，殖民官员和军官分布零散，此时，暴力行为大多是官员对突发事件或特定情景所做出的一种临时反应。他们以此展现自己的力量，迫使当地民众服从，有时也是为了与其建立或巩固政治关系。这种零星的暴力行为与欧洲发生罢工时警察和军队使用的暴力行为相似，也与 1861 年至 1865 年间意大利南部起义期间、1871 年巴黎公社运动期间、1876 年奥斯曼帝国东南欧地区的农民起义期间及 1905 年俄国革命期间的暴力镇压行为类似。在殖民地，知识的匮乏、误解和流言导致人们诉诸暴力，不乏整座村庄被焚毁或是整片地区沦为焦土的现象，但暴力对于维护统治的作用并不长久。在大多数情况下，这些讨伐行为迟早会导致类似的行为再次发生，形成恶性循环。欧洲殖民者在距离殖民站更远的地方也有活动，但他们对这个活动空间知之甚少，对当地的权力状况、政治关系和风俗习惯一无所知。在这些区域，管理者会在与非洲民众爆发冲突的情况下偶尔实施暴力。但这种暴力行为并没有什么行政管理上的目的，也不是为了建立持续的政治关系。他们相信，通过这些行为能够建立统治秩序、巩固统治。但是，他们实际上无法掌控这些远离殖民站和"岛屿政权"的地区，其暴力行为也只会摧毁、瓦解他们已经建立起来的秩序。显然，这些行为也违背了欧洲推行的或在倡导战时人道主义过程中建立起来的准则与做法。

总而言之，殖民地中不同区域的暴力行为有着各不相同的特点，这些区域的暴力行为具有部分殖民特征，而在某种程度上，它们也与欧洲内部的暴力手段类似。然而，决定性的区别仍在于：在欧洲，暴力行为并不是管理和统治的基本特征，但在 19 世纪的殖民地区却是如此，因为欧洲各国在殖民地建立起来的政权相对薄弱，且它们也并未在当地建立法律体系，因此，殖民地管理者必须通过暴力手段来巩固政权。在欧洲内部一些国家管理结构较为薄弱的地区，如西西里岛或西班牙西南部，当权者也会通过类似手段进行管理。只不过在这些地区的当权者诉诸武力之时，民众与当局之间会爆发社会矛盾与冲突。通过帝国的殖民事业，这种管理模式被悄无声息地传入欧洲，而对于第一次世界大战后欧洲各国在多大程度上应用了殖民地管理模式这一点，历史研究中还存在争论。

除暴力之外，殖民地管理的另一个特征就是通过私人关系进行统治而非直接统治领土。人们强调殖民地的暴力行为及其无用性的同时忽视了一点，即管理者也会通过与当地人民建立关系进行或直接或间接的统治。殖民地与欧洲管理模式的另一区别在于，所有殖民地民众的法律地位与殖民者的法律地位不同。当时的人就已发现欧洲大陆倡导平等待遇的价值取向与殖民地中不平等待遇的现象之间存在矛盾。这一点在法国殖民地实行的《土著法典》（*Eingeborenengesetze*）上体现得淋漓尽致。所谓土著法（*indigénat*）并不能构成一部规范性的法典，将其称作"土著制度"（*régime de l'indigénat*）才更为贴切 [伊莎贝拉·梅尔勒（Isabelle Merle）语]。这部法律针对特定的殖民地区列出了一系列具体规定，这些规定一再改动，但始终都未被系统化地修订从而使各个条款之间彼此关联起来。

333

这种通过各项刑罚来规范当地民众行为的统治方式源于 1834
年。当时，法国军队占领阿尔及利亚，军事指挥官和总督被赋
予对阿尔及利亚民众的特殊处理权［这些人群被称为"高级
警察"（haute police）］。刑罚包括拘禁（监禁、软禁或驱逐
出境）、个人或集体罚款、没收不动产或其他财产等，不一而
足。但受处罚的人员却无权对此提出诉讼或异议。尽管阿尔及
利亚在 1848 年成为法国的省份，且阿尔及利亚民众也随之成
了法国人，但法国公民与穆斯林和犹太裔法国臣民之间仍存在
差异，前者享有相应的权利，后者则只能享受低等土著权利制
度。1865 年，法兰西第二帝国参议院在决议中正式认可了这
种区别对待的做法，以至于这种原本通过军队实行起来的做法
被常态化。1881 年，法兰西第三共和国议会通过了一部法律，
将针对阿尔及利亚人民颁布的各种法令集合在一起并加以补
充。在随后几年中，其他法属殖民地也有类似的规定以政令的
形式出台。这些特殊的法律规定间接将法国所有殖民地的人民
团结在一起，或者更准确地说：这些规定让他们处于类似的特
殊法律体系之下，一同受到不公正的对待。这一体系遗留到了
第二次世界大战结束前夕，甚至在某些地区，直到地区真正独
立时才被废除，它使得被殖民者无法忘却这段被屈辱对待的痛
苦记忆。

334 　　当时的人们就已经开始对这一"土著制度"进行批判。他
们一再提出批评与劝诫，表达对法属阿尔及利亚省取消三权
分立制度的反对，因为这样一来，殖民地管理人员实施刑罚都
无需法院参与。1888 年，一些参议员批判殖民地管理者可能
会滥用刑罚，而法律并未对此加以监管和控制，其中就包括来
自瓜德罗普岛的激进左派议员亚历山大·伊萨克（Alexandre
Isaac）。1907 年，法国一个委员会对太平洋殖民地新喀里多
尼亚进行视察，检查各项规定在当地的具体实施情况。当地管

理人员罗列了一些民众会受到处罚的行为，1887年以来，罗列出的行为包括：不服从官方指示，未经许可在家乡以外的区域停留，携带武器进入欧洲人的居住区，实施巫术，进入小酒馆，裸体上街或进入欧洲人区域，未经许可进入欧洲人住宅，焚林开垦，妨碍车间、工厂、商店或家庭的秩序与工作。1888年又额外增加一条新规定：晚上8点后禁止外出到城内或郊区。1892年又增加了禁止妨碍努美阿及其他市中心街道秩序一条。视察员指出，罗列的大多数违规行为（除了不服从官方指示、未经许可在家乡以外的区域停留、进入酒馆以及违反夜晚外出禁令之外）根本不是针对当地民众，而是被当时现行的法国刑法所禁止的。殖民当局对于罪行的判定通常极为严苛，例如，他们会将偷窃行为判定为"抢劫"，或将个别的违法行为判为"集体动乱"。毕竟许多管理人员都拥有实施刑罚的权力。事实上，这就使得他们可以无需经过法律程序随意惩罚被殖民者。

欧洲民众批评这些管理人员在实际管理中随意滥用特权。同时，他们也意识到，三权分立等根本性原则被打破，而且以欧洲的价值标准来衡量，限制行动自由、强制迁居、集体性罚款和没收等惩罚方式也是不能容忍的。然而，这类批评并没有促使统治者取消《土著法》。对统治者来说，它的不便之处仅在于：这些规定只是短期内适用，其中的条款一再变动，其实施情况受到监督，过度行为可能还会被公开谴责。然而，一些短暂施行过的合理规定的确能够使新占领的殖民地区完全安定下来，维持当地公共秩序，但欧洲殖民者却认为这种规定具备不稳定性，会危及他们的统治。因此，通过《土著法》建立的政权成了文明化进程中的专制元素。与殖民地中的暴力行为不同，被殖民者弱势的法律地位在理论上会给他们带来一种希冀：他们在今后争取国家独立时，会要求获取合理的法律地

335

位。但实际上，长期以来形成的特殊法律体系及强制劳动、没
收财产、强制迁居等具体的管理做法巩固了殖民统治，也加剧
了殖民者在当地攫取经济利益的行为。

殖民地管理模式种类繁多，其特点也各不相同，因为欧洲
帝国会根据殖民地的具体情况而因地制宜，采取不同的殖民主
义策略。殖民者的管理理念必须与当地的自然环境、政治、经
济、社会和文化背景相适应。建立统治的过程发生在一个特定
的"欧洲与海外竞争网络"［特路茨·冯·特罗塔（Trutz von
Trotha）语］之中。在这个网络中，欧洲人、欧洲都市、殖民
地和殖民地民众在关系不平等的基础之上与彼此展开各种形式
的碰撞与合作、反抗与对峙。总体而言，即使在占领殖民地且
进入稳定阶段后，欧洲各国的殖民统治依然面临着许多困难。
此外，特路茨·冯·特罗塔认为，殖民地的管理政权仍然孱
弱，因为它无法长期解决某些核心问题：殖民地政权的施政能
力不足，对殖民地的经济、社会发展缺乏符合殖民国家利益的
全面定位。这是因为殖民地国家在文化归属和政治参与方面的
立法不够完善，相较之下，欧洲国家正努力完善相关立法，但
在殖民统治过程中，这一问题却被完全忽视。在商业殖民地，
通常只有极少数欧洲官员。尤其在拓殖型殖民地，这些官员的
地位岌岌可危，因为当地人与欧洲移民会争夺生存资源，二者
之间存在冲突，而殖民政权和欧洲移民之间也存在利益冲突。
在资源掠夺型殖民地，由于争夺土地、驱逐民众、强制劳动等
统治方法的存在，情况也没有显著差别。通常情况下，在已形
成规范的国家制度的殖民国家中建立殖民政权更为容易，殖民
者只需对原有制度进行完善。而在那些不规范的社会制度占据
主导地位的殖民国家，建立殖民政权就非常艰难。但无论在何
处，管理人员都要从当地社会中寻找中间人，借助他们的力量
进行管理。因此，法国典型的直接殖民统治与英国典型的间接

殖民统治之间并无多大区别。欧洲殖民统治以结构性暴力和不平等的法律地位为普遍特征。此外，殖民管理的宗旨并不是增进当地广大群众的福祉，而是在资金不足的情况下为自身、当地欧洲移民抑或是在欧洲的同胞牟取利益。在管理实践中，欧洲的法律规范被打破，或者说由于欧洲殖民者始终坚持对殖民地采用特殊的法律体系，原有的法律规范因此失去了效力。19世纪时，欧洲各国借助国家暴力垄断、赋予其管理人员执行秩序规范的权力和官僚体系来追求中央集权化领土统治，各国的中央集权统治也展现出了不同的特征。然而，他们的失败之处在于未能成功在其殖民地建立起相应的秩序。就这样，欧洲各国不断创造出的"殖民情境"［koloniale Situation，乔治·巴朗迪埃（Georges Balandier）语］带来了敌对冲突与多重阻碍，无异于作茧自缚。

3　动员与归属：国籍、民族与帝国

随着殖民统治和政治参与形势的演变，到 20 世纪早期，被殖民者的法律地位和归属也随之变化：他们摆脱了臣仆的身份，取得了现代国籍。国籍身份体现在两个方面：一方面，公民应通过服兵役等形式履行相应义务，作为回报，国籍这一身份会为公民提供保护，保障他们的安全。因此，它使公民为国家所用。另一方面，拥有国籍意味着公民享有民事、政治和社会权利。他们在国家事务或社会活动中能够行使自身权益，例如，他们拥有言论自由和选举权，能够享受社会福利。同时，国籍身份也具有排他性。因为它规定了哪些人群享有或可以获得相应权利，哪些人群不能。如果说国籍属于法律范畴，那么民族主义就属于意识形态范畴，它表示一种集体意识。19 世纪时，民族主义着重表现在对于建立和扩大国家政权、塑造社会集体生活方式和共同价值观的渴望。此外，民族主义会根据不同标准将被认定为不属于该集体的人排除在外，对外可能表现出攻击性。但是，民族主义只是许多划分身份归属方法中的一种。19 世纪下半叶，欧洲许多地区还形成了一种帝国身份归属的划分方式。与民族主义不同，它具有等级化的趋势，且在提高民众政治参与度方面的作用极为有限。

338

国　籍

一种广为人知的观点认为，无论从公民身份的角度还是公民权利的角度来看，18 世纪末期以后公民身份的发展都是一段解放史。1950 年，社会学家托马斯·汉弗莱·马歇尔（Thomas Humphrey Marshall）在其文章《公民身份与社会阶级》（Citizenship and Social Class）中对公民身份的发展做出了阐释，将其描述为个体在国家事务中逐渐行使自身权利和其社会权利增多的过程。在此过程中，虽然公民的政治地位已实现平等，但社会差距却依然存在，因而，社会福利事业也取得了飞速发展。因此，根据马歇尔的理论来看，公民身份在长期发展中缩小了社会差距、促进了社会融合。第二次世界大战后，英国致力于构建社会福利国家，马歇尔的历史 – 社会学观点似乎是受到了这一背景的强烈影响。但他忽视了公民权利的具体历史情况。虽然与前几个世纪相比，公民权减少了不平等的范畴，但在 19 世纪乃至 20 世纪，女性、宗教少数派、少数民族和殖民地臣仆依然受到了社会的排斥。因此，一些较前沿的研究不再局限于分析公民身份给公民带来的可能性，同时也会探讨公民身份带来的限制和这一身份使公民受到排斥的情况。当时的人也会针对获取国籍所需的条件进行讨论，这些讨论促使一些集体形成，增强了部分人群的身份认同，但同时又或短期或长期地将某些群体排除在外，减弱了他们的身份认同。

　　根据历史学家迪特·古泽温克（Dieter Gosewinkel）的观点，19 世纪末公民身份的出现是多个领域长期发展作用下的结果。公民身份是国家政权划分在个人层面上的体现，在各国领土扩张的过程中产生。同时，它也是宪法不断修订和民众政治参与度不断提高的结果。查尔斯·迈尔（Charles Maier）认为，公民身份的出现为民众提供了一种政治谈资，人们借此谈论社会归属和身份认同的问题。因此，公民身份并不是一个自身逐渐拓展形成的概念，它在政治上也存在争议：在根本上，它具有双重矛盾性。一方面，国家国籍赋予了公民身份和社会与政治权利；但另一方面，公民有时也会利用它们来反对国家决策。同时，它的存在也为社会包容和社会排斥提供了可能性。

　　正是由于公民身份的形成和多个领域的长期发展相关，公民权在欧洲各国的发展脉络不尽相同。具体的外部条件、社会背景、人口政策以及公民能在多大程度上维护自身的政治与社会利益都决定了公民权在各国发展的特殊性。下文将举例阐释属血原则和属地原则在各国对于确定国籍的作用，并对民族化和种族化趋势进行探讨。首先，以法国为例。早在 18 世纪末法国大革命后，法国就创设了公民身份。《1791 年法国宪法》（die französische Verfassung von 1791）中就已载明获取法国国籍需要具备的条件，并探讨了会对 19 世纪法国公民身份发展产生影响的各种要素。这部宪法将公民分为"积极公民"和"消极公民"。"积极公民"享有政治权利，而"消极公民"由于性别或社会地位不符合条件不能享有这些权利。此外，宪法也明确规定了哪些人群拥有法国国籍、哪些人群可以获得法国国籍。在法国境内出生、居住或父亲是法国人的公民可以获得法国国籍。一开始，在确定国籍一事上是多重原则并行的，而之后为更好地贯彻属血原则，1804 年《法国民法典》（Code civil 1804）废除了有关属地原则的规定。在立法准备阶段，法学家与本杰明·贡斯当（Benjamin Constant）[①] 等革命派政治家就成功对"封建的"属地原则提出了反对，认为它使臣仆也能成为公民。整个民族将自身视为一个大家庭，而只有拥有民族血统的人才归属于这个民族，才能拥有相应的国籍。随着《法国民法典》在欧洲其他国家的传播，属血原则也得到了推广。

然而，1889 年，法国迎来了一个转折点。法国新《国籍法》（Gesetz über die Nationalität）引入了"双重出生地原则"[doppeltes ius soli，帕特里克·威尔（Patrick Weil）语]：若自己和父母都在法国境内出生（父母无论是法国人还是外国人都无关紧要），则出生时自动获得法国国籍，国籍身份不可撤销。但这一规定给女性带来了限制条件。因为依照《法国民法典》的规定，如果她们的丈夫是外国人，那么她们在结婚时就必须改为丈夫的国籍。从这一层面而言，法国已婚女性和大部分欧洲国家的已婚女性一样，并无独立地位，而是依附于丈夫。在人口猛烈增长及属血原则违反了兵役义务公平性的社会与政治背景之下，法国保守派及左派政治家主张取消属血原则。在这一原则下，出生于法国的外国人能在法国长久居住，且几乎与法国人享有同等权利，但他们的孩子却由于没有法国国籍而无须服兵役，这似乎有些矛盾。虽然新《国籍法》在共和国时期颁布，带有共和性质，而共和国政体也被称为一种人道的、对外国人开放包容的政体，但关键仍在于其中新引入的（或者更准确地说：再次引入的）属地原则能够在人

341

[①] 本杰明·贡斯当（Benjamin Constant, 1767–1830），法国文学家和政治思想家，近代自由主义的奠基者之一。——译者注

口出生率低的背景下提升服兵役人员的数量。但不得不说，由于来自意大利、比利时、西班牙等国家的劳动力不断迁入法国，法国的少数民族群体日渐庞大。而正是新《国籍法》的共和性质使人们迎来了一种可能性，抱有一种希冀，希望能够通过将这些少数民族群体在法律和文化维度融入法国社会的方式，使其为法国民族和共和政体所用。在法国境内出生就能获得法国国籍这一规定能够促进社会融合，主要针对的群体是移民子女，但它也有局限性和不利的一面：19世纪末，外国移民加入法国国籍的难度增大，且新移入移民的民事法律地位受到限制，但在此之前，他们都与法国人享有同等地位和权利。法国的社会保障体系可追溯到1893年的公费医疗制度与1905年的老年人与残疾人士救济制度。而尤其在这一体系中，新移入的移民受到了歧视。随着法国排外性的提高，国家也为法国公民提供了越来越多的社会福利。总而言之，可以说法国国籍从属地原则中逐渐演变出了一种民族化的趋势，因为此时男性公民这一身份本身及公民的政治参与度并不再是法国公民身份的核心，其核心是一个民族集体，集体内部的个体首先须被集体所认同，从而建立起民族归属感。

德国在确认国籍原则的发展方面走了一条相反的道路，但最终却殊途同归，走向了民族化。一开始，能否获取国籍与是否属于德意志邦国密切相关。因为在德意志帝国成立之前，各个邦国就已经制定了相关法律。例如，1842年，普鲁士在《臣民法》（Untertanengesetz）中首次对王国治下领土中臣民的公民身份统一作出了规定。这是因为当时普鲁士在全国境内实施地方性规定、进行扶贫救助，因此必须明确所有民众的身份，以便解决社会问题。1871年的《德意志帝国宪法》也保留了之前的法律宗旨。按照该项规定，原属于德意志邦国的民众可以获得德意志帝国公民身份。但在实施该项规定、确认

342

国籍的过程中，具体操作时却出现了偏差，这就导致到第一次世界大战以前，德国国籍身份的发展走了一条统一化、民族化的道路。一开始，普鲁士政府发现与丹麦、俄国波兰人聚居区及奥匈帝国接壤的少数民族聚集区中存在威胁，因为随着移民的涌入，当地少数民族群体的自治意愿可能会不断增强。此外，阿尔萨斯－洛林地区的问题也极为关键。由于得到外界支持，该地区强力主张脱离德意志帝国、回归法国。因此，普鲁士政府率先发起了改革。19 世纪与 20 世纪之交前不久，保守派及民族自由派议员发起了一项公民身份改革的倡议，倡导提高外国人入籍难度并废除自动取消在国外居留时间超过十年的公民的国籍这一规定。这一倡议的社会背景是：大量波兰及犹太移民从中欧地区涌入、移民到外国的公民数量增加，以及德意志帝国不断进行殖民扩张。此外，对德意志男性与海外殖民地女性通婚的限制也给政府施加了压力。直到 1913 年，由于激进民族主义和殖民政治组织从议会外部施加压力，改革才取得了第一次成功。在 1913 年的《国籍法》中，血统原则被确立为获取德国国籍的唯一原则。其实早在 1842 年，该项规定就被纳入到了普鲁士法律中。但当时实行这一原则是因为在行政管理层面，血统原则比属地原则更易于实施，因为比起在某处领土的逗留情况而言，确认一个人的出身更为容易。然而，此时血统原则却成了一种工具，人们借此将在种族或文化上被视为外来者或低等人的移民排除在外。因此，在第一次世界大战前不久，德国国籍制度已经体现出德国"潜在的封闭性"（迪特·古泽温克语）。一方面，这使得外国劳动力能够暂时迁入，但同时又允许突然终止他们居留、禁止他们再次移居德国。另一方面，这使得德国少数民族公民的公民权利受到限制。例如，波兰或丹麦裔德国人在购买土地或集会方面无法与其他公民享有同等权利。这些群体和女性一样无法拥有平等的法律地位，但女性则是出于性别原因受到这种待遇，不能拥有充分的民事和政治权利。尽管德法两国的社会、政治背景不同，且德国是运用血统原则而非属地原则将人分为三六九等，但实际上，公民身份的民族化在两国都对社会包容与社会排斥产生了相似的效果。虽说世纪之交的同时代人及后来的史学界都发现德法两国在这方面的发展道路并不相同，所秉持的原则也完全相反——一方的原则更为主观，具有唯意志性，另一方的原则更偏向语言和人种——但这些意识形态造成的差异背后是非常相似的社会利益、政治利益和国家利益，这些利益在很大程度上影响了两国公民身份的发展。

在德法两国，无论是从社会包容还是社会排斥的角度而言，殖民主义观点都对公民权利的发展发挥了重要作用。在英国则更是如此。19 世纪末之前，英国一直实施某种帝国主义原则，赋予某些民族、文化群体以特权。在 19 世纪中期前后，英国法学家融合了中世纪思想，提出一种看似统一的臣民身份（subjecthood）与臣民和君主之间臣道（allegiance）关系的模式。然而，这种模式无法适应实际复杂多样的法律关系，因此只称得上是一种"空想"[安德烈亚斯·法迈尔（Andreas Fahrmeir）语]。依照这种模式，每个人生来都是王室的臣民，因此也拥有公民的身份。但是，在大量民众移民到其他国家之时，这种模式却带来了许多问题，因为这一模式的属地概念被认为是不可被废除的。因此，1870 年，英国对放弃国籍做出了新的规定，同时又规定在英国领土之内出生就能自动获取英国国籍，这样一来，那些父母是外国人但出生在英伦岛屿上的孩子也拥有了英国国籍。此外，服兵役人员的数量也因此上涨。然而，此后加入美国等国家国籍的公民会失去英国国籍。通过这种方式，因双重国籍产生的对是否忠于祖国的争议就不复存在了。同时，新的法律还规定嫁给外国人的女性会自动失

344

去英国国籍。这一规定强化了英国公民身份的父权主义特征。
此前，英国就规定嫁给英国人的外国女性可以获得英国国籍。

在不同的领地，英国在国籍方面的法律规定也不尽相同。
它限制了外国公民移居英国的权利及其居留权。这一点在直布
罗陀海峡的例子上体现得淋漓尽致。拓殖型殖民地的存在导致
英国的国籍身份和公民权利在不同领地的适用程度也不同。例
如，若在印度或澳大利亚加入英国国籍，则这一国籍身份不
在大英帝国所有领土内有效，只能在对应的地区享有相应的公
民权利。如果要在英国本土或南非定居，则无法享有公民权。
1910 年，加拿大颁布的法律规定对来自印度的"英国臣民"
迁入加拿大的行为进行了限制，并减少了此前已经迁入的公民
的社会与政治权利。其目的在于禁止亚裔移民入内、保持"白
种"加拿大人占人口多数的状态。其实早在 1905 年，出于仇
外和反犹思想，英国本土就已在《外国人法案》（*Aliens Act*）
中规定禁止东欧犹太移民移入英国。同时，根据该项法案，外
国英裔以及出生于英国的男性的子女这类具备英国血统的人群
重新获取英国国籍的难度也变小了。在世纪之交前后，英国赋
予某些群体特权，以此表达对殖民地臣民和外来移民的种族
歧视。

英国的例子再次说明，以属地原则界定国籍并不能像想象
中那样促进公民间的团结与平等。帝国对于不同领地的统治会
使得国籍身份在不同领地的适用性不同，相应的公民权利也存
在局限性。同时这也表明，看似纯粹的属地原则可能也含有血
统原则的成分。上述实例说明，起关键性作用的并非用以界定
国籍的原则或对民族的理解，而是政治和社会利益。正是这些
利益驱使各国去实行、宣扬或拒绝某些原则。无论属地原则还
是属血原则对界定国籍的影响更为明显，在 19 世纪末期，移
民迁入、迁出问题，民族，殖民地，种族，性别或宗教的不同

归属问题以及公民肩负的义务和享有的民事、政治与社会权利始终是国籍一事上政治冲突的核心。一开始，这些问题仅表现为对某些社会群体的排斥和对"外来人"的界定方法上。20世纪初，因受到帝国主义与殖民主义的影响，这一领域渐渐出现了一种民族化和种族化的趋势。这些界定国籍和区分人群三六九等的标准始终贯穿于公民身份和公民权的发展过程中，贯穿于从臣民到公民的过渡过程中。而在19世纪，公民身份的发展并不是一个逐步完善的线性发展过程，从始至终都只有某些特定的人群能够获得公民身份和地位。社会平等和社会包容不断进步的同时，公民之间也存在一定的等级区分和排斥现象。

民族主义与帝国

通过在法律维度给予民众公民身份，使公民履行一定义务，同时在国家事务或社会活动中赋予公民一定的政治和社会权益，能够使人民为国家所用。同样地，19世纪的民族主义也能够在意识形态维度实现相同的效果。民族主义运动意在建立民族国家，这种运动要求政府在立法层面体现民族主义思想，试图影响社会行为与组织形式。在民族主义的发展过程中，始终存在一对根本性冲突：一方面，民族主义基于民族是一个拥有特定历史和语言的集体，主张民族内部所有人民都应参与国家及民族事务，同时它也彰显出一种民族解放思想；但另一方面，民族主义者会排斥社会上的某些特定群体，对外展现出排外性和攻击性。在19世纪的进程中，各国民族主义的"参与性和攻击性"〔迪特·朗格维舍（Dieter Langewiesche）语〕两方面性质的强弱比例不同，民族主义在各个国家和地区呈现的特点也千差万别。在不同的社会与政治背景之下，各国排斥的群体也不尽相同。19世纪下半叶，受到排斥的群体大多是一些少数民族和宗教少数派（如德国的天主教徒、法国的新教徒或保加利亚的穆斯林）。在 19 世纪早期的几十年间，民族主义助力各个民族实现解放，而如今却又在欧洲各处再度掀起反犹思想，一些国家（如俄国或德国）也开始针对社会民主派或是社会改革派人士。民族主义者不承认这些社会群体与政治群体归属于他们的民族。民族主义运动和组织有时也会用极具攻击性的言辞来针对民族外部的敌人：有些认为其国家的领土还未完全统一，如意大利就曾极力宣扬领土收复主义；有些（如希腊、保加利亚和塞尔维亚之间以及希腊和罗马尼亚之间）则在领土归属问题上存在冲突；此外还存在帝国竞争（如布尔战争与海军军备竞赛）。迈克尔·杰斯曼（Michael Jeismann）用"敌人的祖国"这一概念言简意赅地总结了民族主义对内包容和对外排斥的双重特点。

历史研究深入探索了民族主义的发展史，并试图系统性地对民族主义进行分类、对民族主义的发展史进行时期划分。按照组成民族的关键因素，可将民族主义分为国家民族主义与文化民族主义。这两种类型主要是从法国和德国的经验中总结得来，此后，这两种民族主义进一步发展成为西方民族主义与东方民族主义。这两种民族主义的区别在于，是根据主观意志还是根据客观因素来划分民族。根据主观意志划分民族基于民众在日常生活中形成的、有意识践行的一种抽象意志来进行。而根据客观因素划分则是指不考虑个体的主观意愿，根据其语言、文化、历史或血统来判断他是否属于某个民族。意大利的民族主义具备特殊的政治与社会功能，被称为民族统一主义。这种民族主义主要以自由与解放为目标。与其相对的是整体民族主义，这种思想认为社会中的多数人群构成一个民族，但这些人群必须拥有相同的思想和目标。以上是对民族主义种类的划分，下文将探讨民族主义发展史的时期划分。对于那些 19

世纪建立起来的民族国家而言，民族主义在建国前和建国后的含义并不相同。在建国前，民族主义认为统治者实际上并不属于民族内部，因此需要推翻统治，在"民族内部建立一个帝国"，并建立统一的制度与程序。同时，这种民族主义也会对"德国人"、"意大利人"和"俄国人"进行区分。在那些领土疆域并未发生变化的国家，这种通过在教育、语言和兵役制度方面进行民族内部统一而构建民族的方式也被运用了起来：尤金·韦伯（Eugen Weber）将这种民族化称为"从农民到法国人"的过程，十分确切地描述了法国民族形成的过程，同时也凸显出这一过程中社会差异与经济差异的影响。在欧洲各国及各个地区中共同生活着很多民族，他们并没能或并不想取得民族独立。在这些地方，民众由于在教育、语言以及文化方面强烈的自治意愿会与当局产生冲突，这也表明，并不是所有国家的民族主义都应分为"建国前"与"建国后"两个阶段。

民族主义发展的时间顺序也体现出民族主义与政治派别之间关系的变化。因此，根据一种广泛传播的观点，19世纪下半叶时，各国的政治立场逐渐从左派转向了右派。起先，一些保守派人士出于种种原因反对民族主义，但后来又逐渐有了右派倾向，成为民族主义的拥护者。例如，在各个德意志邦国及德意志帝国中就出现了这种情况，因为民族主义一开始体现在德意志民族掀起的自由主义运动中，当时的民族主义人士要求让民众参与政治，进行民族统一。法国的民族主义体现在其共和政体和法国大革命的价值观中，它使得君主制度的拥护者及天主教徒望而却步。民族主义使国家的政治立场改变，或更为准确地说，这是一个民族主义思想逐渐传播的过程和政治思想稍显激进的过程。在这种思想或立场下，政府努力开发国家领土与民众资源、参与国际竞争，并基于民族思想不断完善国家立法与制度。同时，民族主义激发了民众给予政府批评的动力，

349

因为建立多个民族主义组织的目的绝不仅仅是让这些社会群体为国家服务，更多的是形成激进观点，从而敦促国家完善内政和外交政策。实际上，民族主义组织也将自身视为反对派。他们经常使用"还不够"及"还需要更多"等说辞，同时警告政府防止民族衰落覆灭。这也反映出，世纪之交时，民族主义的前卫思想并不为所有人所持，而是只限于他们这个群体内部。他们的诉求涉及对内与对外一切事务，且民族主义组织除了那些由来自各行各业人士组成的综合型组织以外，还囊括了士兵协会、殖民联合会、国防联合会、文化联合会等组织，不一而足。这些组织主要通过出版物、请愿书、公共集会、庆典及拥护议会中某些政党等方式来表达自身诉求，这也是 19 世纪末期的政治参与形式之一。这使得民族主义的群众基础得以扩大，不再限于 19 世纪早期某些市民阶层中的重要人物和知识分子，大多情况下还包括一些独立组织或特殊部门中的女性。

基于其激进的观点，民族主义持有一种绝对的主张，这种主张甚至延伸到了国家行为与社会生活方式上。如果要评估民族主义的历史影响，就不应该直接从意识形态与民族主义者的说辞武断地推导出历史实践。19 世纪下半叶，民族主义群体既传达了意识形态观点，同时也进行了历史实践。人们之所以认为欧洲的这一时期是民族主义和民族国家的时代，在某种程度上是因为当时的历史学家通过书写民族历史而直接参与到了文化维度的民族构建工作中。此外，第一次世界大战和第二次世界大战时期，"被动员起来的民族"（mobilisierte Nation）（路茨·拉斐尔语）为后世的历史学家提供了研究材料。虽然在 1914 年之前，民族动员的全面理论或计划就已形成，但实际上，它大多被用于宣传和争论中，甚少被付诸实践。民族主义思想具有局限性，本书多处都已表明民族主义思想的内涵，因而此处不再详加阐释。但仍有必要对一些民族主义观点进行总结。第一，民族主义所固有的排外性使得某些社会群体并不具有民族归属感。相应的民族并不愿让这些人群融入社会，可以说民族主义使被排斥的某些国家或社会人群变为了少数群体。此外，19世纪时，所有欧洲民族国家都有少数民族群体，即便这些国家在宣传时将自己理解为单一民族国家，但实际上它们都是多民族国家。同时，在欧洲的这一时期，外迁移民与外来移民的数量高涨，而对于这些移民而言，他们在生活中显然无法获得民族归属感。这些移民跨越民族边界移入其他国家的行为可被称为"自我排斥"。第二，民族主义的组织形式十分多样，有些甚至支离破碎，这取决于该群体具有哪些关切、社会构成如何，以及他们与政治党派的亲疏关系如何。第三，除民族主义外，还存在其他的身份认同方法，它们与民族主义相互竞争、并存，具有包含与被包含的关系。与其相关的包括一些国际主义运动的理念、是否忠于地区和邦国并积极履行义务以及宗教、性别、社会地位和种族背景等区分维度。但并不是所有身份认同方法都与民族主义相互重叠。在这些身份认同方法中，有些（如种族主义）和民族主义之间存在一定的"亲和关系"［克里斯蒂安·高伊棱（Christian Geulen）语］；而另一些则几乎和民族主义毫不相关，大多情况下它们只能用来决定某个人的群体归属。在南斯拉夫地区，历史遗留下来的宗教差异依旧保留着自身的意义。但在19世纪下半叶，作为民族化构建者［玛丽-雅尼娜·卡利克（Marie-Janine Calic）语］的神父和宗教教师却试图改变宗教差异的含义，在学校、协会及报纸上等各个场合将其宣扬为用民族区分人群的标准，并借此将信奉东正教的塞尔维亚人、信奉天主教的克罗地亚人和波斯尼亚的穆斯林彼此分隔开来。

　　第四，在国家层面上，民族主义也并不绝对意味着要建立中央集权制的民族国家。它的表现形式包括德国这样的"联邦

351

制国家"（迪特·朗格维舍语）和大不列颠及爱尔兰联合王国、奥匈帝国或 1907 年前的瑞典 – 挪威联合王国这样的联合国家。彼得·M. 贾德森（Pieter M. Judson）曾借由哈布斯堡帝国的情况阐明，各国在个人和家庭归属问题上大多未能提供统一、明确且持续的解决方案。在哈布斯堡帝国，语言是一种重要的区分标志，根据语言划分民族一事由国家管理。但由于帝国境内语言极为丰富，无法用这种方式对个体所属民族进行明确划分。在奥匈帝国这样的联合国家中，语言承担着不同的功能。匈牙利帝国视自身为单一民族的民族国家，不说匈牙利语的人则成为了少数群体。而在奥地利帝国，管理部门和学校却正式承认十种语言都为官方语言，因为奥地利政府不愿仅根据语言来划分民众的种族或领土归属。民族主义政治家都努力争取让宪法将他们各自的民族规定为唯一正统的民族，希望国家能够赋予相应民族的的民众以公民权，并将民众的语言身份与民族归属永久确定下来。第一次世界大战前不久，摩拉维亚的帝国势力与民族势力达成妥协，确立了一种统一的划分原则。这一原则在布科维纳和加利西亚地区也同样适用。根据这一原则，每个家庭的户主须根据所说的语言来确定其民族归属，其子女则进入相应的德语或捷克语学校学习，且在两个民族的选举中，也会分别对各自的选票进行统计。由于民众混合的居住方式，无法根据居住地来确定其民族归属，因此，即使从摩拉维亚迁往帝国内其他地区，也无法获得当地有效的民族身份。

第五，19 世纪晚期，除民族之外，还存在其他具有重要政治意义与社会意义的秩序观念。与之相关的有各种各样的泛运动，但大多数人只是对其稍作提及。在这些秩序观念的形成过程中，欧洲帝国起到了核心作用。历史学家于尔根·奥斯特海默（Jürgen Osterhammel）认为，从秩序观念形成的角度而言，这些帝国至少和民族国家同等重要；同时他也认为，从全球层面而言，欧洲帝国也拥有一段独属于自己的时代。他所指的欧洲帝国绝不仅仅指大英帝国和俄罗斯帝国，也包括哈布斯堡帝国、奥斯曼帝国和法兰西帝国，此外还包括像德意志帝国和意大利帝国这样的后起之秀，以及比利时、西班牙和葡萄牙这类更弱小的国家。本书在其他段落中谈到了全球政治思想、欧洲的殖民扩张及帝国的大众文化。而此处笔者仅想指出：各个帝国在精英领导阶层中也建立起了某种对帝国的归属性。在"殖民生活"［imperial Biographien，马尔特·罗夫（Malte Rolf）语］中，忠于不同民族、宗教、王朝和国家的殖民地总督、官员和军官相互之间会产生交流与碰撞。也就是说，欧洲帝国内部和各个帝国之间会进行知识与人才的交流活动，参与这些活动的人群并不仅限于行政管理和军事领域的领导层。实际上，欧洲当地的这种交流并不是帝国之间的角力，而是一种合作式竞争。民族主义对民族内部所有成员给予平等待遇，同时，它要求其成员拥有参与政治的民主权利。但帝国主义文化却不同，它具有等级化的趋势和特征，虽说帝国民众的政治参与权不像在殖民地那样被完全剥夺，但依然受到了诸多限制。

353

总而言之，民族主义的动员作用因国而异。可以说，在民族主义组织的活动、媒体的相应言论及政治争论的背后，民族主义者以一种务实的方式发挥出了"他们民族身份"的功能。事实上，"民族冷漠"［national indifference，塔拉·扎赫拉（Tara Zahra）语］是一种普遍现象。民族主义的动员力量和这种动员力量的局限性在1914年的7月和8月得以体现。当时，虽然国家的政治宣传醉心鼓吹战争，一些城市小资产阶级群体也展现出极大的战争热情，但欧洲民众对战争及为国牺牲一事持怀疑态度。对男性民众的动员不仅基于民族身份认同，也基于男性公民普遍承担着的兵役义务。此外，相应国家也会招募殖民地臣仆使其投入战争。最终，国家通过各种方式招兵买马，开启战争。这场战争导致一些帝国瓦解，将欧洲国家在政治和社会方面的民族主义推向了极点。其实早在 19 世纪末就埋下了一颗定时炸弹，但在战争之初，各国并未料到会出现如此严重的后果。

第五章

和平与战争：欧洲的国家体系、
国际主义和殖民扩张

19 世纪下半叶，尽管没有任何机构或规范能够保障欧洲和平，但欧洲各个强国却维持着某种秩序。当时，无论国家大小，各国政府都有意识地在这个秩序体系内为政。欧洲各国之间存在普遍的行为准则、特定的外交手段及模式，但在欧洲之外，各国只会将这些准则、手段和模式运用在他们视为"文明"的国家身上。自 19 世纪中叶起，欧洲的整体性不仅体现在国家体系上，同时也体现在其众多的国际组织和跨国团体中。它们将欧洲内外各个国家与社会团体相互联结起来。在这种各国交流增强的新态势之下，欧洲频繁迸发出一种改革活力，这种活力推进了欧洲文明在非欧洲国家中的传播。最后，欧洲帝国在亚洲和非洲的殖民扩张也是这一时代的显著特点。通过殖民扩张，各个帝国树立起了短暂却影响深远的霸权地位。综上，欧洲的国家体系、国际主义和殖民统治构成了欧洲的整体形象，反映在综合国家关系、半政府组织间关系及民间关系等多方面的对外关系中。

近代早期的欧洲尚武好战，20 世纪上半叶，战争更是全面爆发，与这两个时期相比，19 世纪总体上称得上是和平年代。实际上，欧洲经历了两段漫长的和平时期，但中间一段时期战争肆虐：1815 年至 1848 年间，维也纳体系维持了欧洲大国的均势和平，但此后的多次革命、克里米亚战争及意大利和德意志所谓的统一战争强行改变了欧洲的国家体系。自 1871 年起，欧洲迎来了一段和平时期，但这种和平并不稳定，且随着第一次世界大战的爆发也正式告终。1914 年之前的数十年也绝非一片祥和。即便大部分欧洲强国并没有将它们的冲突诉诸军事，但 1877 年至 1878 年间在欧洲东南部爆发的俄土战争仍使大量民众流离失所，且战后形成了新的国家，多个诸侯国也获得了独立。在此后的 1885 年、1911 年至 1912 年间、1912 年至 1913 年间，塞尔维亚 - 保加利亚战争、意土战争（地点在北非）和两次巴尔干战争陆续爆发。在两次巴尔干战争中，交战双方无视战时国际法规定，对民众施加残忍暴行。如果将殖民扩张考虑在内的话，那 19 世纪下半叶的和平就更具相对性。根据历史学家亨克·韦瑟林（Henk Wesseling）的计算，在 1871 年至 1914 年间，英国、法国和荷兰分别进行了 23 场、40 场和 32 场殖民战争。可见，欧洲帝国主义在很大程度上以使用暴力为基础，通过暴力手段来确保在殖民地的统治与影响力。在殖民地中，欧洲强国并不会针对彼此，而是会投入士兵与工业武器，来对付那些欧洲之外的国家。欧洲要想和平，关键是要确保殖民帝国在海外的紧张关系不会反过来影响欧洲的安全政策或在当地引发战争。从概念上讲，那些"外围地区"基本不会影响到欧洲"中心"地区的国家关系（于尔根·奥斯特哈默语）。尽管在 19 世纪和 20 世纪之交，"全球体系中的国际关系相互影响"这一理念已广为传播，但欧洲各国在殖民地和在本土的关系还能彼此分开，这有些自相矛盾。

357 　　19 世纪时，欧洲的国家体系虽然相对稳定，当时的欧洲也并非不得安宁，但是它仍是一个"暴力的大陆"[詹姆斯·希恩（James Sheehan）语]。当时的人们将战争看作"进步的引擎"（迪特·朗格维舍语），将其视为建立民族国家的希冀。在他们看来，似乎只有通过暴力手段才能建立起符合当时民族原则的新国家。在这种观点下，民族主义思想确保了权力的集中和最大程度的安全，且至少对于国家公民而言，它保障了公民的平等权利。1874 年至 1875 年间，历史学家海因里希·冯·特赖奇克（Heinrich von Treitschke, 1834–1896）开始发表一系列演讲表达他的政治观点，他表明，很多欧洲人都认为这是一件理所当然的事情："没有战争就根本不会有国家。我们所知道的国家都是由战争而来，国家的第一要务始终是用武器保护其公民。"

这些原则并非始终无懈可击，特赖奇克本人就在其演讲中明确批判过另一种"唯物主义"观点。这种观点基于"曼彻斯特学派的方式"① 将人类视为经济生物，而战争仅是一种干扰因素，并非人类所愿。该观点针对的是自由贸易学派。这一学派希望能够通过减少经济干预、增强经济联系来遏制政治冲突、保障持久和平。实际上，19 世纪下半叶同时也是国际主义的时代，这体现在许多层面。在这一时期，欧洲内部和世界各国在经济、社会与文化方面的交往日益密切。同时，无数名人和协会组织跨越界限，主动增进相互理解、建立团队，只为通过和平方式促进全面进步。然而，增强国际联系、树立标准和尝试改革与建立民族国家绝对不是相互冲突的。奥地利记者兼 1911 年诺贝尔和平奖获得者阿尔弗雷德·赫尔曼·弗里德（Alfred Hermann Fried）就认识到了这一点。他在 1908 年出版的《当前的国际生活》（*Das internationale Leben der Gegenwart*）一书中就强调，国际主义不过是"改良后的民族主义"。他认为，"各民族之间的相互关系与相互影响的增强对二者本身具有正反馈作用，但同时这也创造出一个第三方，它因民族而存在，却高于民族这一概念，它就是现代国际

358

---

① Manchesterthum，指曼彻斯特学派，又称自由贸易派。它是一种经济自由主义的极端形式，极力主张推动自由贸易，并反对国家以任何形式干预经济。——译者注

主义。……现代国际主义产生于民族内部，来源于民族生活本身，受到了所有民众生活条件自然发展的制约。国际主义深深根植于民族本身，因此国际主义没有退路，……只能向前，这与民族繁荣及民族发展的道路是一致的。"1900 年前后，继自由贸易商之后，一些人也将他们对和平的期望寄托在自由贸易上。但推动进步的不是自由贸易本身，而是日益增多的、以民众普遍利益为宗旨的国际组织。这些组织改变了国家间关系的性质，悄无声息地消除了冲突的根源。

1　秩序的消解与对稳定性的追求：1850~1890 年的战争与联盟

19 世纪中期的欧洲革命后，欧洲的国家体系经历了一次系统性变革。1814 年至 1815 年间产生的国家同盟逐步消解。这个消解的过程始于 1848 年至 1851 年间的欧洲革命时期，在 1854 年至 1856 年间的克里米亚战争中达到白热化阶段，最终随着 1859 年至 1861 年间意大利王国的成立及 1871 年德意志帝国的成立而完成。在这一阶段，五大强国中的每一个都至少对四国同盟中的一个成员国发起过一次战争：维也纳体系确立下来的制度结构与准则显然不再适用。在经历几乎 20 年的"无政府"阶段之后，很快又再度建立起来了一种新的秩序。这种秩序虽不及之前的稳定，但维持了欧洲直到第一次世界大战前 40 多年间的和平。

从克里米亚战争到民族国家成立之间的系统性变革

在法国大革命及拿破仑战争之后持续维持着欧洲大国间和平的秩序由多方面因素组成：在强权政治方面，英俄两国各自维护着均衡的政治霸权；在国际法方面，则是一些中间调停机构发挥着作用；在政治方面，大国间采用"欧洲协调"的方法进行外交；在规范方面，这一秩序体系主要基于政治均衡思想。在 19 世纪中期欧洲革命到德意志帝国成立期间，一些因素失去了效力，而另一些则发生了变化，从而失去了维持和平的作用。

与主流观点相反，1814 年至 1815 年间的维也纳会议所建立起来的维也纳体系并未在强权政治方面实现势力均衡，更多的是仅限于英俄两国之间的霸权均衡。这两个国家因其丰富的资源、强大的结盟能力（这种能力不会使国家受到必须与他国建盟的限制）、因海上霸权和大陆霸权而无人侵犯的高度安全性、行动上的独立性以及欧洲之外的利益与法国、哈布斯堡王朝和普鲁士有显著区别。直到 19 世纪中期，两国之间都存在一种"良性的、分而治之的霸权"关系［保罗·W. 施罗德（Paul W. Schroeder）语］，而非两极对立关系。这两个超级大国之间基本的融洽关系在 19 世纪 50 年代发生了暂时性的变化，这是因为俄国试图通过黑海进入地中海这一举动触及了英国的地缘政治利益，尤其威胁到了英国通往印度的通路安全，紧接着，英国首相帕麦斯顿（Palmerston）就考虑要重新划分俄罗斯帝国边境的领土，随后克里米亚战争爆发。不过，促使它爆发的还有另一个因素：在整个 19 世纪，欧洲列强都对奥斯曼帝国的领土虎视眈眈，即所谓的东方问题。1853 年，俄国对奥斯曼帝国开战，后来除英国外，法国和撒丁王国也被卷入战争，而在战争接近尾声时，奥地利也以非军事的形式加入其中。虽然俄国最终战败，但这几乎并未改变英俄两国均衡的霸权体系。这一体系维持到了 1914 年。直到后来，一些民族国家得以成立，改变了欧洲国家的权力结构，而到世纪之交德英两国发生竞争之时，英俄霸权体系才彻底覆灭。由于其他有助于维护和平的因素发生了改变或已经消失，英俄两国的霸权

360

也失去了维护稳定的作用。

克里米亚战争是 1815 年以后第一场大规模的军事冲突，它动摇了维也纳体系建立起来的各国之间的均势关系。而在 1848 年至 1851 年间，由于各国政府要求进行民族革命、各国间不断发生军事冲突以及它们对建立新秩序的渴望，这种均势关系就已被削弱。欧洲国家体系的系统化变革完成于 19 世纪 70 年代早期，这种变革首先涉及的是一些中间调停机构。这些机构是指维也纳条约中由国际法确定下来的各个国家（其中最重要的是德意志邦联）以及德意志和意大利的一些中小型邦国。在地缘战略层面，它们让那些大国彼此分离开来，同时赋予这些国家一个共同任务，即为了彼此的利益保留地缘"缓冲地带"。此外，一些中型邦国要求获得一定的发言权，因此，在做任何计划与行动时，欧洲强国都须考虑这些国家是否会参与其中，这样一来，这些邦国在某种程度上就发挥了"遏制"作用。总而言之，这些调停国家的存在赋予了欧洲政治一定的灵活性，同时也决定了四国同盟的目标：重要的并不是占领或争夺邻国领土，而是让自身影响力超过其他国家。1866 年，调停国德意志邦联解体，德意志的一些中型城邦也失去了形式上的独立。这也给欧洲国家体系带来了后果：之前，欧洲各国在制度层面和外交层面进行合作，而从 19 世纪 70 年代起，形势条件促使欧洲大国基于自身利益进行对峙。

历史学家保罗·W.施罗德认为，此时欧洲的国家体系总体上看来已经失去了一定的灵活性，这在某些国家之间的双边关系上可见一斑。1871 年，德意志帝国吞并阿尔萨斯 - 洛林地区，威胁到了法国的军事安全。从系统化的角度来看，南德意志邦国并入德意志帝国对于德法两国关系的影响更为关键。德意志帝国在其西南部与法国直面相对，而在此之前，各国也曾在这个地区施加影响，其中不仅包括法国和普鲁士，还包括奥地利、符腾堡、黑森－达姆施塔特公国和俄国。自 1815 年德意志邦联成立起，邦联的维持就要求邦国之间进行多样化合作。有时，这些合作也会使双方关系更为紧张。而德意志邦联的解体也明显改变了奥地利和普鲁士之间的关系。这并未导致两国对立，而是使这两个实力悬殊且都与俄国处于对峙状态的国家之间形成了一种具有局限性的长期关系：由于邦联的解体，哈布斯堡王朝在欧洲西部失去了发言权，这也就意味着奥地利的地位也不复从前，这一点其他国家也已心照不宣。奥地利政府最后也并未在此前列入发展计划的欧洲东南部建立新政，因而也就无法恢复从前的地位。由于巴尔干半岛民族主义势力抬头、奥斯曼帝国表现出颓势，加之其他欧洲强国随着殖民扩张跃升为世界大国，奥匈帝国在巴尔干半岛的利益问题上越来越依赖于其德国盟友。1850 年至 1914 年间的体系条件也为奥匈帝国在 1914 年七月危机中的行动埋下了种子。

德意志帝国在奥地利的问题上越陷越深，因为奥匈帝国在争夺巴尔干半岛一事上的主要对手是俄国，而德意志帝国和俄国的关系发生了变化。这种变化似乎与德意志中型城邦以及德意志邦联的解体没有什么关系，更多是因为保护主义措施挑起的经济利益冲突，不同的人口增长带来的军事威胁以及民族主义、泛斯拉夫主义与泛日耳曼主义的宣传。无论是德国、俄国和哈布斯堡王朝瓜分波兰之后的合作式"管理"，还是 1873 年三皇同盟对寻求君主制国家意识形态层面共同点的尝试，都没能遏制住普遍存在的对峙势力，这些势力之间存在具体的利益冲突。这一点在欧洲东南部及奥斯曼帝国在外交方面的周旋余地不足一事上体现得淋漓尽致。俄国政府在德意志邦联尚存之时，曾向普鲁士提出为其东方领土扩张战略提供支持的要求，当时，普鲁士还能以自己在德意志邦联中的地位太低为由拒绝这一要求。因为其他德意志邦国无法为俄国这种遥远的目

363 标提供支持，主要仍是因为他们不愿与奥地利政府作对。但在克里米亚战争中，奥地利政府却并未利用好邦联内部的牵制和缓和作用。它不顾邦联的反对，在 1854 年强行与法国和英国结盟来对抗俄国。尽管沙皇政府也尝试过在占领巴尔干半岛一事上寻求德意志邦联的支持，但最终仍以失败告终，因为它没能获得德意志中型邦国的同意。相反，这些邦国追随普鲁士的中立政策，只关注邦联内部的事务。在 1866 年德意志邦联解体之后，除了以要考虑盟友奥地利的利益为借口之外，普鲁士或德意志帝国就无法再合理拒绝俄国的要求。因为大多情况下，奥地利恰恰是俄国在亚洲进行领土扩张一事上的对手。长此以往，这种态度让俄国政治家心灰意冷，以至于他们开始寻找意向度更高的伙伴。讽刺的是，在帝国首相俾斯麦吞并一些小型邦国之后，德意志帝国在奥地利和俄国之间进一步陷入了两难境地。

直到 19 世纪中期欧洲革命之前，1814/1815 年维也纳会议形成的一系列条约和欧洲协调都始终维持着欧洲的和平。"欧洲公法与欧洲协调"（droit public de l'Europe et concert européen）这一表达也表明，维也纳会议制定的国际法规则和政治策略构成了欧洲强国必须履行的政治与法律义务，即保障欧洲现有秩序，并通过国际性会议共同协商、处理一些涉及欧洲政治基本问题的冲突。在欧洲革命爆发期间，各个强国并未举行国际性会议商议如何镇压革命，但革命最终仍因维也纳秩序而失败。之后，即便 1856 年的巴黎和会在形式上符合欧洲协调的原则，且当时奥斯曼帝国也成了协调的一方，但克里米亚战争的的确确还是打破了维也纳体系的原则。

364 后来，在普法战争以前，各国也曾发生过一系列冲突，冲突各方交战激烈，尽管这些冲突明显涉及欧洲的普遍秩序和合约秩序、撼动了所有欧洲大国的统治，但最后还是被和平解决。在

19世纪上半叶，欧洲这一基于法律与政治的共同秩序并未在国与国之间建立起法律体系，而是打破了这种形式主义，通过寻找共识实现各国协调。但后来，这一秩序也已不复存在了。

规则导向是1815年建立起来的维也纳体系这一和平秩序的另一块基石。但自19世纪中期以后，它也发生了根本性的改变。其中，对于"均势"的理解最为关键。如果说在19世纪早期，当时的人认为"均势"就是指"势力的平衡"（balance of power），那么后来"均势"的意思可不仅仅是指各国的军事和经济实力与人口体量完全相等。对于外交官与部长而言，均势能够带来稳定与和平，它是指对权利与地位的维护，是指各国应保证履行条约并应互相监督是否违反条约。即使各国的物质资源条件并不平衡，但它们也应在道德与法律层面达到均衡。政治均衡论是一种主流观点（保罗·W. 施罗德），它是19世纪早期政治精英群体的思想。他们追求政治均衡，并主观地将这种思想具体化为各种各样的目标与财富：保持稳定、维护和平、保障权益；保护国家，使其在共同体系中不受威胁或孤立；承认他国的合法权益、影响力与在一般事务上的发言权；尤其是欧洲强国，它们必须保障彼此拥有平等的地位与尊严。客观上，均势要求国家所拥有的权利、影响力与重大利益在外交上不仅要与其他国家的诉求，还要与整个体系的利益保持一致。简而言之，这一规范并不是指要在各国之间建立起一种势力均衡，它意味着各国享有的权利和应履行的义务之间应存在一种平衡，它们必须付出点什么，同时，赋予它们的权利也应让各方都满意。自19世纪中叶起，这种规则导向就逐步走向消亡，取而代之的是一些并不能维护和平的观点与期望。

维也纳秩序的消解过程始于欧洲革命，在后来的二十年中逐步完成。在1848年至1851年间，那些行之有效的外交手段

365

就不再发挥作用，这是因为在发生危机时，总有一个强国反对
举行国际性会议，而原本各国是能够通过这种会议协商解决危
机、保护各国利益的。但各国政府意不在此，它们认为若其他
国家拥有了话语权，即使自身的目标或利益不会受到损害，这
也无助于它们实现目标、维护利益。相关国家开始批判欧洲的
这种共同秩序。它们试图通过与他国一起，必要时通过与另一
个强国进行协商来解决自身关切问题。在接下来的二十年间，
这种行为模式一再被各国使用。其原因不仅在于各国之间存在
一些具体的冲突点，更在于各国活跃分子的基本出发点不同。
实际上，在 1815 年至 1848 年间也存在这些问题，但当时各
国通过欧洲协调机制和平解决了这些问题。在 19 世纪初，这
种协调机制依然有效，因为当时的整体国家秩序优先于各个民
族自身。然而，19 世纪中期之前，这一原则一直在发生变化。
这种变化并不是因为建立了某种新的秩序。实际上，当时并未
立即建立起一个新的、明显具有民族主义特征的秩序，直到普
法战争爆发，一系列事件发生之后，新秩序才逐渐形成。从欧
洲革命到一些民族国家成立的这段时间，各国在原则方面有着
不同的导向。这其中就包括英国，依照安森姆·多灵－曼特夫
（Anselm Doering-Manteuffel）的观点，英国的外交政策一直
以"国家利益"为准则，在这方面，英国担任着先锋与模范作
用；同时，尽管哈布斯堡王朝的邦联形式的存在恰恰否认了民
族主义原则，但它也算作其中。严格来讲，维也纳秩序的因素
和手段并未失去效力，因为民族国家的思想原则上与"欧洲协
调"的思想相悖。国际政治中，各国同时遵循着不同的导向，
这一点非常重要：国家体系的无政府状态恰恰因此而产生。但
1871 年，欧洲走向稳定，这表明，无政府状态只是一个暂时
性的状态。民族国家完全可以彼此和平相处。但是一系列事件
的发生还是有其影响的。在普法战争之后，各国再也没能重回

366

维也纳体系。

　　这种系统化变革对国家体系的运作产生的影响体现在：它改变了各国行动和各国对自身行动做出解释的余地，同时降低了原本的灵活性。这使得国际政治体系中，现实政治活跃了起来，各国愈加倾向于优先考虑本民族的利益。行动余地的改变在各国君主（国家元首）的国际作用方面可见一斑。首先，神圣同盟中的各国首脑宣称的团结最终被摧毁。1848 年危机的爆发就足以说明各国君主的团结合作也是存在边界和局限的。随后，各国王室、政府之间展开实际合作的基础也被动摇。1848 年至 1871 年间的战争使得神圣同盟团结一致的观念彻底被淘汰。冲突的爆发也是因为各国的利益出发点不同，各国利益之间也产生了直接冲突。其结果就是：一直以来备受推崇的诸侯的统治权受到削弱（如德意志邦联的诸侯）或被完全废除（如在意大利邦国、石勒苏益格、荷尔斯泰因、汉诺威和其他德国领土）。合法统治者组成的共同体已不复存在。1873 年三皇同盟签订的《兴勃隆协定》及重振神圣同盟的类似想法不再具有与维也纳体系相似的全面的国际诉求。显然，它们不过是形成于各国联盟框架之下的意识形态的组成部分。

367

　　其次，调停机构和中间国家的消失缩小了各国通过君主之间私人往来而进行的外交行动和解释的余地。中型邦国的存在为各国的外交提供了一定的回旋空间，但最后各国也失去了这种余地，这一点在 1870/1871 年之前各国举行的会面中就已经显现了苗头。1860 年，普鲁士摄政王威廉一世与法国皇帝在巴登－巴登进行了会面，而这个城市正是德意志城邦中各国施加影响力的地方。不仅是地点的选择限制了德国与法国统治者之间直接合作或对抗的可能性，普鲁士一方还邀请了其他的德意志国王与侯爵来这个疗养胜地。可以说，这些人的出席标志着德意志邦国之间的法律秩序，而这种秩序阻止了德国如当时的意大利一样发生领土上的变化。巴登 – 巴登的会面足以说明，各国与普鲁士或奥地利君主的会面需要在联邦关系的层面进行解读，即便没有其他诸侯亲自出席也需要这样做，这一点有时极为重要。威廉与拿破仑的下一次会面发生在 1870 年的色当会战中。在这场战役中，各国统治者作为民族领导人的角色已被明显强化。意大利、奥地利、德国和法国发生了一系列决斗式的战争，这些战争看似简单，但背后隐藏的国际形势的变化却非常复杂。这些战争表明，同时也昭示着：王室首脑愈加频繁的"国事访问"等国际性事件为背后复杂的现实打上了民族的旗号。同时，"好战的国家利益至上论"［约翰内斯·布克哈特（Johannes Burkhardt）语］以及诸侯的行为使得新元素与传统元素相互强化，欧洲君主制的民族国家成了行走的风向标。这些元素并不是造成战争爆发的原因，但是打着君主制民族国家的旗号，拿破仑三世、维托里奥·埃马努埃莱二世、加富尔、弗朗茨·约瑟夫、威廉一世和俾斯麦以及他们在欧洲的其他追随者都能够制定政策，毕竟在 19 世纪中期，君主制国家的国际联盟就已经瓦解。各国由此遵循新的导向与原则。

现实政治的产生

在德意志帝国成立几乎一年后，奥匈帝国双方的军事首脑就在维也纳举行了多次秘密会议。借此机会，奥匈帝国外交大臣安德拉希伯爵指出了哈布斯堡王朝未来进行所有战略规划的新前提："最近一系列战争的后果就是使得'权力凌驾于权利之上'；如今，没有一个国家能够维护自身权利，除非其当权者所做的所有考量允许这一国家通过手中的武器来实现它原本通过和平手段所追求的利益。没有一种政治应当被传统所左右，政治应当是通过正确的战略考量来保障成功的机遇；只有在战略上正确的对外政策才是正确的政策。"这些论断表明，当时一部分人已经能清晰感受到国际关系的变化。同时，安德拉希伯爵还依据自身理解阐明：过去基于国际法的维也纳秩序瓦解后，取而代之的是一种"成功实现"或"维护"好国家利益的思想范畴。此外，军事在国际政治中的重要性也得以提升，各国寻求与他国组成联盟。若安德拉希在 1872 年就已意识到 1890 年前后欧洲各个强国究竟意欲何为，那么他就能够继续更新自己的理论，将帝国之间的角力在欧洲以外的影响也加入其中。

在安德拉希提出这一论断足足 20 年之前，"成功实现国家利益"的思想范畴就已存在。这种思想是对一种政治行为的表述，自 19 世纪中期起，这种行为被冠以"现实政治"之名。现实政治指的是德国市民阶层的一种自由主义的意识形态。当时的人们就这个话题也发表了一些论文，在政治上处于弱势的市民阶层就用这些论文来对"自己"在 1848 年至 1849 年革命中的失败进行自我和解。但是，对圣保罗教堂国民议会确定下来的理想主义观点的背离并没有被解读为对君主国家权力的谄媚。实际上，也有人批判市民阶层对于原来观点和原则的背离，认为自由主义中现实政治派的思想先驱就是在以物质进步为由，要求进一步提高市民阶层的地位。历史学家汉斯 – 乌尔里希·韦勒（Hans-Ulrich Wehler）反对这种批判观点，他认为，这些思想家在掀起革命之时也提出了对政治共建的要求。

与对内政治行为相比，现实政治的观点更多地使对外政治行为与法律或道德准则脱离开来。路德维希·奥古斯特·冯·罗肖（Ludwig August von Rochaus, 1810–1873）在其于 1869 年出版的《现实政治原则》（*Grundsätze der Realpolitik*）一书的第二部中，将治国定义为"一门服务于国家特定目标的成功学艺术"，并提出了国家行动应有的目标，将其定义为一项成功，他在书中写道："国家行动的理性目标

318 / 全球霸权和进步信念：1850~1914年的欧洲

只能是有效处理公共关系，若做到了这一点，那就意味着国家在政治层面取得了成功。"这一冗赘的定义读起来仿佛是在通过定理式的语句为俾斯麦为了统一德国而进行战争的做法进行辩护。然而，就如历史学家卡尔·乔治·费伯（Karl Georg Faber）指出的那样，同样在这个领域，自由主义者却在一个更为宽泛的背景之下去"行动"。在市民阶层之中，现实政治是一种进步的意识形态，而在国际层面，这种意识形态被民族国家的意识形态所取代，而民族国家是由于受到"事实的逼迫"而"必须"被"建立"起来的。这一观点隐晦地表明俾斯麦的价值也具有局限性，因为他的行为似乎仅仅是民族国家建立这一长期"过程"中的一部分，不过这一部分也非常重要。而早在1848至1849年，自由派就在争取建成民族国家。后来，他们以现实政治为说辞来提升自己过去失败经历的价值，进行自我安慰。显然，民众在对1866年发生的一系列事件给予反馈时，也运用到了自然规律进行类比。在此，我们以著名的大众周刊《外国》为例。这份周刊的内容主要与地理学和人种学相关。一般情况下，周刊内不会出现政治事件的有关评论。但由于该报社认为1866年发生的事件较为反常，因而，报社就加入了相应内容。期刊编辑奥斯卡·佩舍尔（Oskar Peschel）宣称："历史的功绩始终属于强者与智者。……国家或民族并不是个人，它无法触犯道德规则。这和许多其他的事物一样，是一种自然现象。……我们身处德国，也应当将新近的历史视作一段合乎规律的发展历程。……在这些伟大的进程中，重要的并非权利或罪责，而是一场达尔文主义式的生存竞争，在这种竞争中，现代的事物崛起胜出，而过时的事物则逐步衰落，被葬入古墓。"奥斯卡还称，在未来，人们将会愈加频繁地将达尔文学说应用在政治领域。

然而，对社会历史的观察仅仅涵盖了19世纪意识形态向现实政治转变的一个方面。上文引述的自然科学的类比就已说明，现实政治并非一种专属于市民阶层的意识形态，而是一种广为传播的思维风格、一种精神气质。若一些非市民阶层且非自由派的活跃分子也像自由派的政治评论员一样去用现实政治观点进行争论，那么现实政治这种意识形态就可能被错误解读，因而遭受批评。有一个人与自由派政治评论员的关系极为密切，他就是奥地利皇帝弗朗茨·约瑟夫。1854 年，在克里米亚战争期间，他从自身角度对现实政治观点进行了总结，可谓一语中的："其实，尽管有各种各样的政治乱局，我还是充满信心，因为在我看来，只要我们表现得强大且充满活力，那么我们从东方的事件中只会得到好处。因为我们的未来就在东方，我们将会把俄国的权力与影响遏制在俄国边境以内，而早些年，俄国就是从那里借各国弱小与纷乱之机，逐渐推进，以便缓慢而坚定地将我们夷为平地，当时，也许沙皇尼古拉二世并没有意识到这一点。我们不得不与曾经的朋友进行对抗，这是极为艰难的一件事，但仅从政治层面而言，我们也别无选择，并且俄国一直是我们在东方的天然敌人。……我们首先是奥地利人，必须首先考虑自己民族的利益，因此，不对沙皇尼古拉二世个人进行评价，对于俄国现在所表现出来的弱势，我很高兴。"实际上，俄国曾经帮助奥地利血腥镇压匈牙利的革命，但弗朗茨·约瑟夫的言论不仅表明奥地利明确回绝与君主制"兄弟"结成神圣同盟，同时，奥地利皇帝应用了典型的现实政治思想范畴，这一点在"表现得强大且充满活力"以及"仅从政治层面而言我们也别无选择"这种表达上可见一斑。

　　若我们不仅仅将现实政治理解为一种从思维风格基于社会历史的意识形态，而是从思维风格的角度去理解它，那我们必须探讨这一概念的形成过程。与罗肖和很多人的观点不

371

同，那些自由派的前辈并不具有典型的理想主义思想。一项对 1848 年至 1849 年欧洲革命期间语言的研究表明，恰恰是自由派的教授首先推动了人们关于强国现实政治的谈论。社会学家尤特·格哈德（Ute Gerhard）分析研究了一些语言意象，这些意象被集体所使用，体现在不同的文本和表达方式之中，且其使用者也并未意识到他们使用了这些意象。在保罗教堂的国民议会上使用的最著名的集体意象之一就是"事实的土壤"。这种土壤的意象使人联想到"洪流"、"火山"运动或"空中的高度"等其他重要比喻，而这些意象都有负面含义。它们背后隐含着一种稳定的映像，而非运动的映像。历史学家威力巴尔德·斯坦梅茨（Willibald Steinmetz）证明了始于 1848~1849 年的语言变革是如何提前为德意志帝国成立时期的政治行为进行辩护的。斯坦梅茨称，"拯救行为"这样的词汇及"历史必然性"或"合目的性"这种号召性的语言最初由自由派的追随者独立使用，与任何意识形态无关。在这一层面，奥地利皇帝弗朗茨·约瑟夫虽不是自由派的一员，但他的做法也与自由派无异。在德国发生这种变化的同时，其他欧洲国家也出现了类似的变化。在论证这一点时，斯坦梅茨仅提到了法国兴起的实证主义和奥古斯特·孔德（Auguste Comtes）的主张，即按照自然科学的方法为政，使政治成为一门"社会物理学"。此外，在同时期的英国，以事实而非以历史先例为依据已经成为一件理所当然的事情。

内政领域的争论使得国际政治领域的表达方式也呈现出新的面貌。"事实的土壤"一词传达出了词汇背后的核心，即一种稳定映像。现实政治学派通过这种映像将自身与那些要求改变国际关系的势力分离开来。难道 19 世纪中叶时，维也纳体系不是明显陷入了"动荡"吗？各个民族与革命的诉求和思想不也开始使得领土"四分五裂"吗？国家界线不是也通过经济交流而变得越来越"模糊"了吗？1848 年，欧洲其他国家都在怀疑，法国是否要再度扩张统治范围。在 1853 年至 1854 年间，俄国对土耳其究竟有何图谋？毫无疑问，上文引述的奥地利皇帝的话语中，其扩张领土的目的昭然若揭。因此，各国运用现实政治思想只是为了在语言层面再次确认事实基础以及国家的实际力量。然而，渴望变革的人也会以现实政治为依据，他们认为目前的状态是过时的，并提出要为这个时代本身的力量铺路。对于加富尔、俾斯麦或拿破仑三世以及他们为自身行为进行的辩护，斯坦梅茨只是一笔带过。此外，主张在国际领域统一技术标准的群体也以现实政治为由。在 19 世纪 50 年代和 60 年代，科学家、商人和官员都致力于统一尺寸、重量与货币。他们的这种主张绝不是要废除各个国家的自主权，他们想要进行革新，主要是因为他们将国际统一视为现代国家发展与自身立国的必要组成部分。同时，他们还认为，这种国际化战略符合自然科学的客观实际，在经济方面也符合市场规律。各方都追求不同的利益本身就是国际领域内的一项"事实"。

在"必要性"的号召之下，国际政治领域中向现实政治的转变还承担着另一项功能，即现实政治界定了一个特殊的政治领域，这个领域有着自身特殊的"情况"。在这种立论逻辑下，国际政治具备独特的规则，受到特定的事实限制。尤其是在一些专业外交官的眼中，议会或对政治一窍不通的民众在某些"实际"政治事务上的共决权或参与权不应阻碍政府行为。在原先的意识形态向现实政治的转变之中还蕴含着一种观点，这种观点努力捍卫着对外政治以及国际政治的自主性。换一个角度来说：最晚从 1848 年起，民族主义群体就开始对国际政治领域的自主性提出批判，但他们同样是因为希望国际政治领域能够基于现实政治观点进行争论。因此，除意识形态立场之外，外交政策的思维模式总体上也发生了变化。这种变化在当时的欧洲随处可见，它也促使军事的重要性得以提升。

作为援助力量的欧洲联盟

在追求欧洲国家体系稳定的过程中，1871 年后的各个联盟使得民族国家的无政府主义受到遏制。历史学家彼得·克吕格（Peter Krüger）认为，建立联盟是各国应对基本问题的一种特殊方法，通过这一方法，各国能够使国家的行动自由与对整体国家体系稳定的需求相互协调。自 1848 年欧洲革命及克里米亚战争以后，各国更加强调自主决策的自由，这导致各国不再受某项条约的约束而遵循一定的义务。可以说在这一阶段，各国毫无限制地维护自身利益。但在德意志帝国成立后，这一阶段就被一种新的政策所取代。这种政策能够保障欧洲的相对稳定。其中，各国主要采用的手段就是与其他国家签订一系列双边或三边协议。第一次世界大战前，欧洲的联盟体系主要有两种形式：一种是 1890 年之前俾斯麦的"外援体系"，另一种则是 1914 年前 20 年欧洲联盟集团的政策。

在普法战争之后，俾斯麦就与他国政府签订了一系列协议。在这些协议中，各国预设了未来可能发生的战争，并对战争中自身的行为做出了承诺。这样一来，其他国家结成联盟针对德国或德国被卷入第三方武装冲突的风险就降低了。艾伯哈德·科尔伯（Eberhard Kolb）认为，俾斯麦结盟政策的前提"极其简单，简单到令人吃惊，但又非常宏大"：帝国首相认为德意志帝国已十分富足，并表示帝国致力于维持和平。在他看来，俄奥之间，尤其是在巴尔干半岛问题上，极易发生冲突，而他的任务就是通过协商尽可能预防这唯一一个危险冲突，这样德国在紧要关头就不会落入必须在二者之中择其一的两难境地。同时，俾斯麦认为在德国吞并阿尔萨斯－洛林地区之后，法国就对德国抱有敌意。因此，他试图孤立法国，使得法国政府既不能加入奥匈一方，也不能倒向俄国一方。这样的设想也许很简单，但是，要实现这一设想并保持德意志帝国的独立地位却十分复杂。实际上，随着时间的推移，俾斯麦的外交行动变得越来越难以捉摸。这位帝国首相越来越无法预判他国政府的反应。他努力维护外交政策的神秘领域，并试图在社会现实有利于自己的时候操控它、不利于自己的时候忽视它。但他的这种谋划最终也不过是一场虚幻的、徒劳的游戏。俾斯麦的伎俩、谋划和他的秘密行动让欧洲的对手感到不安。由此，民众对德国政治的信任在某种程度上就已经被撼动。此后，威廉二世等新一代统治者宣告德意志帝国"富足"时代的终结，他们和其他欧洲国家的代表一样，致力于在欧洲以外进行殖民扩张。

　　俾斯麦式的结盟政策并非稳定国际关系的长久之策。各种各样的协议和"外援体系"更像是"当下危机管理的结果"〔洛塔尔·加尔（Lothar Gall）语〕。那么这一联盟体系究竟有何特点？从俾斯麦的角度出发，德意志帝国面临十分艰难的生存问题，而俾斯麦的联盟体系就旨在保障德意志帝国的生存。要保障生存，就要保留"自由的手"，以此确保在任何情况下、无论对内还是对外，都能维护好国家利益。在国际领域，俾斯麦认为自己必须并且能够随时对所设想的权力均衡体系进行规范性干预。他拒绝在欧洲范围内通过共同条约来约束各国行为。俾斯麦外交政策的基本原则与其他国家代表的原则完全一致。此外，在经历了1854年至1870年间的一系列事件后，欧洲相关国家都认识到，任何一个强国都无法成功地通过"单打独斗"的形式让四国同盟中的另一方臣服。只有法国政治家相信，假如法国没有明确得到英国或俄国等第三方势力支持的有力保证，那么法国将一直暴露在这种危险之下。基于

376

对国家安全的考虑，在各国主权基本得到保障的前提下，联盟
被赋予了日益重要的价值。各国签订协议或是为了提前与他国
联盟，从而为可能发生的战争未雨绸缪，或是为了防止敌国联
盟。这些协议就是通过这样一种方式来维护和平的。就欧洲内
部而言，德意志帝国一直到 1890 年都是该联盟体系的核心。
这是因为德国与其他几个大国部分利益相同，但各个大国的目
标存在分歧，因此无法直接达成一致。此外，只要国际体系的
整体架构符合他们对于权利均衡的想象，他们就会将部分管理
权让渡给德意志帝国领导层，而自身无须履行义务或承担责
任。最终，法兰西共和国因被视为潜在的复仇势力而被长期排
除在这一联盟体系之外。

这种联盟体系与 18 世纪各种联盟之间的区别在于它相对
而言具有和平的属性。19 世纪各国的协议与 18 世纪的不同，
其目的并不在于在未来引发战争或赢得目前的战争，而在于防
止欧洲内部爆发武装冲突。但这个始于 19 世纪 70 年代的国际
体系明显不似 19 世纪上半叶的维也纳体系那样稳定。各国之
间联盟协议的有效期非常短，因为没有一个国家愿意受到协议
的长期束缚。因此，就这方面而言，历史学家沃尔夫冈·J. 蒙
森（Wolfgang J. Mommsen）的观点是正确的。他认为俾斯
麦的联盟体系乍一看具有防御性的本质，但实际上并非如此。
因为事实上，这一体系并不包含任何从制度或法律上阻止欧洲
内外扩张活动的内容。即便不考虑通过政治体系传播开来，在
对外政策中也得以体现的颠覆性的社会和经济发展，我们也不
能说欧洲具有一种稳定的秩序。若将内部因素考虑在内，这一
点就更为清晰。这使人联想到德国自 1880 年始对俄国实行的
经济政策所导致的后果。根据俾斯麦的联盟逻辑，德国与俄国
应达到一种均衡的状态，但德国提升农业进口税及阻碍资本流
入俄国等政策却与这一逻辑背道而驰。不过，这些经济政策的

确受到了内部政治因素的左右。俄国与德国之间由此产生的紧张关系为日后的俄法同盟铺平了道路。

　　因此，实际上，仅仅因为或仅仅在这一协议体系非常"简单"的时候，即国际关系被简化到国家主体层面、不考虑社会发展等因素之时，才能说俾斯麦体系是宏大、出色的。但在 19 世纪的进程中，当时的人们却越来越少采用这种做法。内阁将外交政策视作政治的秘密领域就是很好的证明。这类似于一种防卫策略，但这种策略却不符合当时的政治条件。1890 年 5 月，俾斯麦的继任者列奥·冯·卡普里维伯爵（Graf Leo von Caprivi）对这个问题作出了如下阐释："有一个问题，我们无法再继续忽视下去：既然联盟的形成并不是建立在利益共同体的基础之上，那么如今它们究竟还有没有价值？与七年战争时期相比，如今的联盟用一种更重要的方式让各个国家、国家利益及其诉求参与到与战争、和平相关的事务之中，但当联盟无法获得群众支持时，各国之间联盟的价值就会大为降低。就算获得了德国群众的支持，要通过与俄国建立牢不可破的联盟而造福德国群众也非常成问题；毫无疑问，俄国的群众并不会将我们视作平等的盟友而接受我们。……谁也无法向我们保证，我们与俄国的联盟届时不会因为群众的舆论压力而分崩离析。"在 1914 年的七月危机中，即使个别政治家也考虑到了内政因素，但群众仍未发挥关键作用。恰如时任德国首相指出的那样，在 19 世纪下半叶，欧洲为政的框架条件总体上发生了改变。

378

2　经济、公众与外交：国家间政治的机制

　　19 世纪，除英国女王维多利亚以外，女性在政治领域并未发挥作用。而在欧洲男性政治家进行外交往来的背后，外交

行动的机制与因素都发生了变化。社会、经济和技术发展成为外交行动新的框架条件。这些发展直接或间接地对国家之间的外交政策产生了重要影响。最关键的当属公众的转变。当时，不仅议会的作用得到增强，公众也开始探讨欧洲政治，使得大众媒体得以崛起。而各个国家部门和外交人员所使用的外交手段却表现出一种传统的排他性和一种自我认识。在 19 世纪与 20 世纪之交，这种自我认识几乎已经无法适应外交关系的复杂性。

379

经济与通信革命

社会与经济变化对国家政治产生了间接影响。但与此同时，这类变化也为国家政治提供了一个直接的行动领域和新的政策方法。普遍而言，欧洲各国人口数量不断攀升，由于各国一直往海外输送移民，并在南美洲、南非及大洋洲建立、扩张拓殖型殖民地，这一现象就更加引人注目。第一次世界大战前，由于欧洲移民迁入美国，美国的人口也成倍增长，进而跃升为一个新的强国，改变了欧洲国家在世界中的分量。此外，美国 1917 年加入第一次世界大战后，对欧洲各国的冲突也产生了巨大影响。对于主张进行殖民运动的人而言，人口数量的大幅增长为他们提供了继续扩张领土的理由，因为他们认为欧洲并没有足够的空间来容纳持续增长的人口。此外，在 19 世纪下半叶，人口数量对安全政策也产生了直接影响，因为在战略考量上，服兵役的适龄青年男性数量是衡量一个国家军事实力的重要标准。它直接关系到国家能否建立大批军队，从而方便总指挥部进行战略筹划。同时，对人口数量发展的统计学知识的增加使得各国能够预判他国行动，从而指导本国行动。法国在 1870~1871 年的普法战争中失败后，其军事家和政治家因本国出生率低迷而德国人口呈现出爆发式增长深感不安。因

此，之后法国将其驻扎在殖民地的军队调回了欧洲战场。由于
1905 年起俄国人口持续高速增长，而德国自身的人口增长率
下降，部分德国人考虑到：若俄国征兵人数还继续攀升，那么
与这个东方潜在对手的战争就宜早不宜晚。然而，人口数量方
面的原因只是次要的。更重要的是，俄国在 1912 年进行了军
事重组，使得其现有军事人力资源的利用效率得到了提高。

普遍而言，除了人口数量以外，工业化的发展进程也对国
家政治产生了影响。工业化发展使国家经济实力得到提高，因
此，这就为那些最为先进的工业强国的外交政策总体上提供了
更多的经济资源。尤其是那些新研发出来的技术手段，对于作
战和作战筹划影响颇深。这些技术手段包括：铁路，它能让军
队快速进行远距离调动；钢铁轮船，它改变了海战，且在国家
经济实力强劲时，它有助于海军建设；武器的工业化生产，包
括连发步枪、机关枪、火炮、第一次世界大战中的瓦斯弹等，
不一而足。这些武器赋予了军事战斗力以巨大潜力，同时也刺
激了各国之间的军备竞赛。1911 年，当意大利袭击奥斯曼位
于北非的属地的黎波里塔尼亚省和昔兰尼加省以将二者占为己
有时，意大利的飞机就首次投下了炸弹。

工业经济潜能不仅催生了具体的技术与经济成果，在当
时，它也被视为国家之间相对力量的标准从而加以应用。煤矿
开采量、钢铁产量及现存原材料的统计数据能够体现出一个国
家的地位。其他欧洲国家就是从这些数据中感知到了德意志帝
国的快速崛起。然而，这种崛起也使得德国的民族自信增强，
德国在国际层面也提出越来越多的要求，后来，德国人开始高
估自己，该国的政治精英也表现出一副蛮横的态度。

在 19 世纪晚期，贸易政策和一部分金融政策也成了直接
的行动领域。投资资本的外流构成了对外经济中的重要部分。
在这方面，在整个 19 世纪一直到 1914 年，英国的银行和投

资者无论在欧洲还是海外都始终占据着主导地位。从 19 世纪中期开始，法国主要凭借在俄投资迎头赶上；德国则是凭借在中东欧及中东的投资从 19 世纪 70 年代起逐步追赶。铁路、电报机和港口扩建等基础设施工程是最主要的投资领域。一大部分资金都来源于想要乘此东风的私人投资者；为提高国家的外交影响力，国家会向他国外借债务，国家政治也会操控一部分投资，但这并没有起到什么作用。各国金融利益与其殖民地的占领情况并不相符。此外，欧洲各国银行的活动与欧洲的政治联盟或是政治冲突之间也几乎没有关系。因此，人们应当将欧洲各国在金融领域的活动视为一种独立的金融帝国主义［鲍里斯·巴特（Boris Barth）语］。尽管在世纪之交之时，德国和俄国银行与各自政府的合作比英法两国银行与其政府的合作更为紧密，但金融帝国主义的拥护者最终追求的仍是自身利益，而非民族国家的利益。

在世界经济的形成过程中，世界贸易总额和价值都翻了数倍。由于运输成本大幅降低，同时，欧洲乃至世界范围内四分五裂的市场被集成在一起，世界贸易飞速发展。国际分工日渐完善，在此过程中，在出口半成品、成品及出口原材料的国家之间出现了不平等关系：这种差异化的分工不仅发生在欧洲内部，也存在于欧洲国家与非欧洲国家之间的关系中。这直接涉及签订贸易协定的政策以及贸易保护措施。就这方面而言，可将 19 世纪分为自由贸易和贸易保护主义两个阶段。在这两个阶段中，英国的对立面是欧洲大陆国家，而欧洲国家的对立面则是非欧洲国家。

1846 年，英国废除了《谷物法》（Korngesetze），这意味着进口谷物无须再上缴进口税。1849 年，英国又废除了对海上贸易进行监管的《航海法案》（Navigationsgesetze）。自此，英国政府又废止了一直施行的财政政策，并在 1860 年提交了一份不含关税的财政预算。同年，英法签订《柯布敦—舍瓦利埃条约》（Cobden-Chevalier-Vertrag），其中规定英国应废除之前对法国实行的所有进口限制，并将进口关税降低到最低水平。这一举措宣告着国际自由贸易时期正式到来。《柯布敦—舍瓦利埃条约》是英国对欧政策的一个组成部分，对于其他国家而言，它是缔结贸易合约的范本，这一合约通过其中的最惠国条款几乎在各处都发挥着影响。然而，自1879年起，许多国家又再度收取关税，以便保护本国农产品免受外国产品的竞争。设立贸易壁垒是一个政治问题，它会破坏国家间的外交关系、引发国内政治争论。例如，德国与俄国在1893年至1894年间、德国与西班牙在1894年至1896年间、法国和意大利在1888年至1892年间、法国与瑞士在1893年至1895年间、奥匈帝国与罗马尼亚在1886年至1893年间都爆发了所谓的关税战。实际上，从经济层面而言，这些贸易保护措施对世界贸易的持续增长以及世界经济走向融合的进程几乎没有影响。资本与劳动力依然能够继续自由流动。但是，作为领先贸易强国的英国——这个"自由贸易国家"［弗兰克·特伦特曼（Frank Trentmann）语］——与那些大陆国家相反，英国始终坚持自由贸易，因为自由贸易已经成为了英国的一个国家原则，它将英国的内政与外贸政策彼此连接起来。此外，英国还经常通过暴力手段或以暴力相威胁迫使欧洲以外的国家签订自由贸易合约。这种情况始于1842年中英两国签订的条约。1858年，英国又与日本签订类似条约。而对于英属殖民地而言情况也同样如此。直到1860年，英国全面取消特惠税率。尽管在欧洲内部，自由贸易自1879年起就在政治层面开始倒退，但在全球范围内，直到第一次世界大战前，"自由贸易帝国主义"［加拉格尔、罗宾逊（Gallagher/Robinson）语］都占据着主导地位。

383

工业化不仅构成了不断扩张的世界贸易以及外贸政策的基础，由于财富水平的日益提升以及科技的高速发展，它也对欧洲政治的通信条件产生了影响。可以说，欧洲暴发了一场通信与交通革命：信息、货物和人员能够以更快的速度、更大的规模、更低的成本移动。这种速度的提高在发送紧急公函的时间和路径的变化上体现得淋漓尽致。1830 年左右，一封信件由伦敦发往印度尚需 5~8 个月的时间，路径是由帆船绕行好望角进行寄送，而由于季风的缘故，回信则需要 12 个月之久。1850 年左右，这样一封信首先要由渡轮通过运河送往法国，再经铁路送到地中海沿岸，之后再由轮船送到亚历山大港和开罗。然后，骆驼骑兵会将它送往苏伊士，之后这封信继续乘船被送往孟买。这样一次寄送过程总体上需要一个月，也就是说，寄信人在两个月内就能收到回信。20 年后，寄送时间又大幅缩减。1870 年左右，一条由电磁式电报机发出的消息在 5 个小时之内（如此之快！）就能到达印度，因此，写信人在一天之内就能收到对方的回应：这种速度的提高可谓是革命性的。即便这种技术并未广泛普及，且一开始该技术的成本极为高昂，但它创造出了现代化的通信条件，而这种通信条件正是第一次世界大战前欧洲政治运行的基础。

技术革新源于 19 世纪 30 年代和 40 年代，但其影响自 19 世纪 60 年代起才明显体现出来。在军事领域，铁路的发明是最重要的技术革新，因为铁路能够更加灵活、更高速地运送军队。这一点在克里米亚战争、1866 年普奥战争、1870 年至 1871 年的普法战争及 1914 年战争爆发时的动员计划中都得以体现。此外，铁路使得大规模军团的补给也变得更为容易。钢铁轮船不仅能够运送沉重的火炮，还能运送更多的火力武器，这扩充了军事力量的影响范围。欧洲各国在欧洲外部进行的殖民地占领、炮舰外交以及通过舰队威胁他国等行为或手段都建

384

立在能够更快投入使用的巡洋舰和战列舰的基础之上。此外，占领全世界所有加煤站一事也十分必要，它成了 19 世纪和 20 世纪之交欧洲的世界政策在基础设施建设方面的要素。

　　除了在军事领域得到具体应用以外，新的通信途径与方法也对地缘政治思想产生了影响。这一点在途经苏伊士运河的航线的变化上可见一斑。相关人士很早就认识到了这可能带来的后果。因此，在苏伊士运河还处于建设阶段时，法国与英国的政治家之间就产生了不同意见。一直以来，地中海及近东地区对于英国而言都有重大的战略意义。而在苏伊士运河投入使用之后，这两个地区的意义就变得更为重要。此外，这也有助于德国在威廉二世统治时期的东方政策的施行。然而，苏伊士运河绝不仅是一个引起争议的地区，它还加速了世界交通的国际化进程，因为它基本对所有贸易强国开放。因此，得以改善的新通信手段要求各国进行国际协商，因而推动了跨境合作。在此形势下，1868 年成立的国际电报联盟伯尔尼总部或 1878 年成立的万国邮政联盟等首批长期存在的组织应运而生。

　　19 世纪中期左右，一批私营通信机构成立了起来。1870 年，这些机构通过卡特尔的形式将全世界通信范围进行了瓜分，如路透电报公司负责英国、法国殖民地、荷兰及远东地区的通信，沃尔夫电报局负责中欧、东欧、俄国和斯堪的纳维亚地区的通信，而哈瓦斯通讯社则播报从西欧、南欧、北非、西非及南美洲等地发来的消息。为从各国政府手中获取资讯，这些通讯社与各国政府都保有十分紧密的关系。1898 年的美西战争、同年英法之间的法绍达危机以及 1899 年的第二次布尔战争都表明了信息流以及电报电缆的技术铺设对于战争和外交的重要性。各国政府致力于保持本国通信路径畅通或截断别国的通路，并实行审查，以向对手隐瞒信息、确保能够获得国民的支持。英国在通信基础设施方面的主导地位促使法国和德国

385

开始考虑铺设本国的电缆线路。1900 年前后，原本作为技术奇迹而令人惊叹不已的电信技术从一种服务于公众的私营公用事业转变成各国权力竞争的工具〔丹尼尔·海德里克（Daniel Headrick）语〕，且通讯社也变成了"半官方的通讯社"〔多米尼克·盖珀特（Dominik Geppert）语〕。

世界各地信息快速及全面的传播间接对外交官和政治家造成了压力，同时，外交人员必须对这些信息快速表态。此外，报刊通信记者的消息有时似乎比公使更为灵通，这使得有些人认为公使是在逃避自身职能。随着通信条件的改善，各地公使的行动自由也受到了限制，因为基于便利的通信条件，外交部能够对其公使进行更为严格的监管，并直接下达指示，而不是像此前一样只能给出宽泛的指令，让各地公使独立执行。新的交通和通信条件也为会议的举行提供了方便。例如，维也纳会议的举行耗费了数月时间，而 1878 年的柏林会议或 1885 年六月和七月举行的刚果会议则只耗费了几个星期的时间。1912 年 12 月，各国大使就第一次巴尔干战争的有关事项于伦敦召开了一场大使会议。这类会议是各国在外交方面做出的新尝试，即各国试图在没有部长或国家首脑本人出席的情况下通过数日的全天会议来解决争端。新的通信条件便于外交部部长领导外交官进行工作，这也改变了外交工作的要求。它使得各国政府在首都建立起来的政治指导原则与各地外交官的实际行动相互协调了起来。

大众舆论之下的外交

世界各地信息的增加及快速传播也使得公众能够快速掌握信息，因此，欧洲各国的外交政策不能仅凭外交官或政治家的官方态度而定，仅听他们的一家之言。大众舆论也成了一项要素，外交官在工作中必须将这项要素考虑在内，必须学会使用这种要素。同时，大众舆论偶尔也会使他们的意图落空，在 19

世纪与 20 世纪之交，大众舆论甚至越来越能左右他们的想法。在 1914 年之前的四十年间，国际新闻行业及各国大众媒体体现出了大众舆论的各项特征。参与政治讨论的各方不仅包括议会、各个政党、新闻从业者、知识分子和政治精英，普通民众也会通过公共活动及游行等方式来表达自身意见。在 19 世纪下半叶，外交政策最终从由宫廷独揽大权的秘密事务变为全国上下参与的公共事务。

这一整体趋势席卷了整个欧洲，但它在各国表现出来的特征却各有不同。与其他国家的众议院相比，在英国，经选举产生的议会对制定外交政策而言尤为重要，而俄国的情况就完全相反。在 1906 年之前，俄国都未设立经选举产生的议会机构来代表群众的声音。除议会制度领域以外，英俄两国在新闻行业及新闻自由方面也相去甚远。同时，欧洲各国对议会的共决权作出了具体规定，这些规定也不甚相同。例如，在普鲁士和德意志帝国，宪法不允许议会直接操纵国王或皇帝的外交政策。议会议员仅拥有预算议决权、在议会开幕时进行辩论及质询大臣的权利。在法国，拿破仑三世统治下的议会在 19 世纪 60 年代才获得更大的权力，直到共和国成立后，法国议会才开始全面参与并讨论国家事务。

基于国际政治的本质属性，大众舆论不仅会对一个国家外交政策的内容产生影响，它还会改变其他国家的外交形式。例如，英国政府首先开始出版所谓的"蓝皮书"，其中刊印了外交程序的官方文件，以此在面对议会及他国政府的质疑时为自身辩护。自 19 世纪 60 年代起，其他欧洲国家也开始发布各种"彩皮书"。这种做法改变了外交文件的书写方式，即一些内容必须严格保密，但同时，在某些公文中，又必须着眼于广泛公众群体而进行措辞。有时，政府也会将一些文件刊登在具有半官方性质的报纸上，因为政府希望通过自己的媒体直接而悄无声息地引导大众舆论。在 19 世纪下半叶，许多国家的民众就在审视这些媒体言论的过程中被被动地引导与渗透。在德国，直到 1874 年，这种情况才得以改变。国家逐渐通过正面的方式来操控新闻行业，外交部门会积极制定新闻政策，有时会成立新闻办公室，有针对性地将某些信息提供给特定的报社。同时，国家也会从社会生活层面进行调控，这主要基于为政治和媒体领域的精英提供的共同培训和社会教育。

世纪之交时，媒介公众的发展对于政治层面外交关系的构建具有决定性影响。多米尼克·盖珀特认为，"通过大众媒体的发展，外交也经历了转型"，这使得国际政治比起"内阁外交"时期更为复杂，也导致国际政治变得更加变幻莫测。报社的商业利益是这些变化的主要推手，因为他们想要为自己的产品获取更为广阔的受众。他们的记者会加剧矛盾，赋予各类事件重大意义，并观察他国代表对于这些事件的态度。各国驻外记者等人会仔细观察其他国家的出版内容，这种行为会使国家间的关系变得更为紧张，在战争时期更是如此。这是因为时事评论员总是老生常谈地把这些内容与刻板印象和"国家利益"联系在一起。个别事件屡屡引发实实在在的"媒体战争"，而这些"战争"又与外交官的意图紧密相关。外交官会对一些具体的媒体事件喜闻乐见，以便宣扬自己所追随的政策。欧洲各国媒体行业的结构不同，外交部门和新闻工作者的关系架构也不同，这在双边关系中也会带来额外误解。

总体而言，部长、官员和外交使节都持有同样一种观点：媒介公众是一个独立主体，它的存在会加大外交工作的难度。因此，基于这一经验，在第一次世界大战爆发前的几十年间，人们就已经形成了一种与实际行动条件相反的观点，认为外交事务是一种高超的艺术，外交工作必须遵循它本身的规则来做，让专业人员来做。因此，政治参与的诉求和大众舆论会使得外交工作更为困难，但它们本身并不是外交的本质元素。政治公开的为政风格是危险的，因为它倾向于强调某种情境下的情感、戏剧性和道德，而不是理性地权衡不同角度的观点。国际事务最好应当继续交给专业外交官来处理。1914 年的危机以及第一次世界大战后人们对于建立"新型外交"的要求强化了政治精英的这种自我认识。自 1909 年起在外交部任职的英国人哈罗德·尼克尔森（Harold Nicolson）基于对世纪之交出版物的研究，也在他 1939 年广为传播的《外交学》（*Diplomacy*）一书中集中探讨了这种自我认识。

不仅仅是媒体对于现实复杂情况的简化，欧洲各国首脑之间关系的构建也推动了一种个性化的，并不是人人都喜闻乐见的戏剧化进程。这一点在 1914 年前的几十年间各国君主的会面中清晰可见。在这些时刻，国家君主这种最高代表以戏剧人物的方式登上了国际政治舞台。媒体会将各国君主会面的一幕幕记录下来，将其刊登出版，从而形象地揭露出君主个人之间的会面背后势不可挡的世界形势的变化。1913 年，在威廉二世执政 25 周年庆以及德意志解放战争 100 周年纪念日之际，历史学家弗里德里希·迈内克（Friedrich Meinecke）在弗莱堡大学的讲话中对于公众的需求做出了如下评述："德国人……总是在碰到承载着某个观点（代表某个民族）的人物时，他们的心绪才会高涨起来。"这不仅适用于德国民众。《伦敦新闻画报》（*Illustrated London News*）1906 年 8 月期刊登了一幅德国皇帝威廉二世与英国国王爱德华七世共乘一辆汽车的照片。这原本只是他们共同前往陶努斯山区克龙贝格火车站的一段平凡的旅程，但标题却用以下措辞赋予了这段旅程以戏剧性："一辆汽车内的欧洲和平"。这样的措辞让人联想到这辆汽车是否遭遇了车祸，是否由于技术原因发生了某种灾难，而报纸杂志则一再对此进行报道，营造出一种灾难的效果和危险的氛围。在其他类似的会面时刻，国家元首也会直接暴露在首都街道大量民众眼前，这就使得这次会面中除了事件本身的严肃性质以外，还出现了一些与庆祝活动相关的供人娱乐、促进消费的内容。19 世纪和 20 世纪之交，欧洲各国君主的会面不仅是生动、伟大的政治事件，同时它们也是国际性的演出剧目，是人们喜闻乐见、经常看到的轰动性事件。这些活动和大众媒体上的报道一样，被归入相片和电影一类。至少在那些大城市的民众眼中，它们属于当时欧洲大都会中广泛的娱乐文化产品。

19 世纪末，各国首脑和外交官不得不开始努力控制公众对其行为的解读。一方面，他们会精心策划自己的表演，通过仪式化的方式将不确定的东西确定下来，并让媒体行业予以配合进行宣传，最终减小公众的解读空间。在大国竞争体系及民族国家与帝国的体系中，相关人物在现实或媒体中的曝光是一种统治手段。但国家元首和高层政治家并不是这样一场表演的唯一参与者，地方协会、社会团体及普罗大众都会参与其中。尽管民众只能通过印刷品、图片等参与其中，但也许正是因此，精心策划而成的国家政治、王室的时尚与奢华的生活就对他们产生了巨大的吸引力。而相关人物的公开露面让大众感觉到民族凝聚力的作用更大还是娱乐大众的作用更大，这一点王室首脑和政府就很难控制了。之所以这两种情况都会出现，恰恰是因为商业与民族紧紧联系在一起。总而言之，在 1914 年之前，公众与外交的关系重新商妥，二者之间形成了一种联结，这在后来成了欧洲政治行动的主要前提与手段之一。

因此，外交体系成了一个媒体、街边群众、议会、外交人员与王室多方交互作用的体系。在这样一种背景之下，象征性的行动越来越受到人们的关注，但它本身对于外交而言却并不是什么新鲜事。然而，世界政治背景下的"剧目"却发生了改变。历史学家苏珊娜·夏腾伯格以日俄战争中的和平谈判为例说明，世纪之交时，各国使用的外交"语言"有所不同，这些"语言"相互碰撞、交织在一起。在日俄战争中，日本取得了海战和陆战的双线胜利，出乎所有人的意料。此后，在1905年，经美国总统西奥多·罗斯福斡旋，日俄双方的外交大使在美国朴茨茅斯进行了会谈。根据会谈结果，尽管日方能够实现自己所设立的所有实质性目标，但这次会谈却是一次彻彻底底的失败。日本民众在得知结果后极为愤怒，深感被战争的胜利所欺骗，因而上街游行，包围了政府大楼和使馆，攻击了警察局和报社，并焚烧了基督教堂，最终死伤人员达1000人以上。而欧洲人却将此次谈判结果称为"朴茨茅斯奇迹"，因为俄国既不必支付战争赔款，又让日军撤离了萨哈林岛（库页岛）南部。

在此次谈判中，双方使用了不同的外交"语言"，但同时他们还必须考虑到自身在国际层面的声望，这对于谈判结果产生了决定性影响。值得注意的是，日本外务大臣小村寿太郎（Komura Jutarō，1855–1911）遵循了"欧洲"的行为方式和秘密外交的惯例，未向媒体透露任何信息，而俄方谈判代表——前财政大臣谢尔盖·尤利耶维奇·维特（Sergei Juljewitsch Witte，1849–1915）则有意反其道而为之。在谈判之后，他还凭借此次外交成就被任命为大臣会议主席。他公开与记者进行会面，在演讲中求助美国群众，并参观了纽约证券交易所。日方为了独占此次外交舞台、确保自己能够得到"文明"世界的认同而采取了自己眼中普遍适用的西方标准。俄方谈判代表则由于自己的出身及与沙皇的姻亲关系而成了局外人，但他却在美国"舞台"上及全球媒体的注视下做了正确的事情。当时，美国的移民争论引发了种族主义和对特定种族刻板印象的广泛传播。讽刺的是，在这一背景下训练有素的日本外交官却展现出了一种亚洲人陌生及沉默内敛的形象，而俄方代表身上则全无贵族的优越感，展现出了一种熟悉且开放的形象。通过强调双方在世界舞台上的声誉，美方调停人让双方在战争赔款及从萨哈林撤兵的问题上取得了一致。沙皇主要担心假如俄国要给付赔款，那么就会有损其威望；而日本则不想以一种好战国家的形象示人。但日本本土的民众却认为这一结果使日本颜面尽失。这个例子表明，并无一种统一的、普遍适用的外交表达及解读方式可供国际政治的活跃分子使用，他们应该使用不同的、符合本国文化特点的手段来进行外交。此外，外交工作的参照体系并不仅由政治、军事与经济实力构成，民众也以不同的方式参与到了其中、提供了一定的参考。因此，在现代外交的背景之下，荣誉与声望也是无法规避的要素，它不会被赤裸裸的利益政治取代。欧洲强国有时也会用所谓的世界标准来评判他国外交政策，但用这种普适性的世界标准来解读各国的外交政策会使这些政策复杂化。

393

外交职务的排他性

直到 18 世纪末 19 世纪初，欧洲各国的外交部门才从君主内阁中分离出来，成为独立的专业部门。到第一次世界大战前，外交部逐渐发展成为国家外交政策的组织、技术与政治决策中心［温弗里德·鲍姆加特（Winfried Baumgart）语］。外交部人员管理、运行着对外事务，外交部部长、官员和外交使节筹划政府行动、作出决策并执行。但外交部并不是决定外交政策的唯一机构。几乎在所有国家，君主都是该领域除外交部以外最重要的活动者。但根据国家、外交事业的参与人员及历史时期的不同，君主的宪法权限及其实际活动空间也有很大差异。在俄国和奥地利等专制主义国家，外交事务总是无法绕开皇帝；而在英国等议会制国家或法兰西第三共和国等共和制国家中，君主不再起到决定性的作用，但由于其公共和官方职能，国家君主的意义依旧不容忽视。普鲁士及德意志帝国则是在这两个极端之间徘徊。一开始是帝国首相俾斯麦独揽大权，之后由威廉二世统治时，其统治风格又难以捉摸。外交领域的工作者大多出身皇室，这一特点为军队中出身贵族的群体及个别顾问提供了发挥其影响力的可能性，也使得女性能够在主要由男性主导外交事业的世界中发挥作用。同时，根据情况与对象的不同，外交部有时也会与首相、内阁、议会及国防部、财政部或贸易部等其他部门展开合作。

　　在对外机构中，政策性部门及少数高级官员具有决策权。若国家未设立专门机构来管辖法律、领事和贸易事务，那么这些事务就都属于外交部门的管理范畴。海外领地则由专门的机构或部门进行管理。与被派遣到国外的公使相比，国内外交部官员中大部分人都来自市民阶层，但随着官职等级的提高，这一比例就有所下降。总体上，外交部的工作人员并不多。1914年，算上公使与领事，在英国外交部供职的人员也只有400人左右，其中约有150人是外交官。（以下情况供作对比：2015年，德意志联邦共和国外交部约有6000名员工，在国外还有约5000名员工，其中3000人在驻外机构中担任外交官职位。）

　　在国外，外交官代表其国家的利益，并且要对自己所派驻国家的情况进行观察，这包括政治、社会及经济等方面的情况。到第一次世界大战以前，外交官根据其自我认识和社会出身，超越国境，组成了一个内部群体。但正如上文所述，外交人员与公众的关系发生了转变，各国也不再使用同一种外交"语言"，欧洲帝国也开始推行世界政策，这使得外交群体的工作越来越无法满足对外关系的要求。在某种程度上，由于这一群体内部的原则和行为方式相同，因此，群体内出现的意见分歧和利益冲突也十分容易解决。这主要是因为外交官大多出身贵族，该群体也具有排他性。例如：1871 年至 1914 年间，德意志帝国的 36 个大使职务均由贵族人士担任，派驻欧洲的 70 位公使中超过 90% 是贵族，而派驻欧洲以外的公使中也有 70% 的人出身贵族。欧洲所有强国的情况都大同小异，这同时也显示出以欧洲和强国为核心的等级秩序。

外交官在职业生涯的开端通常都是无薪或低薪工作。贵族出身或与皇室宗亲的关系只能保障这类外交人员拥有一定的私人财产。19 世纪下半叶时，这种出身或与皇室的关系就不再是担任外交职位的唯一条件了。许多国家都引入了外交职位的准入考试。从 19 世纪 50 年代起，英国的外交人员考试就开始考察法语知识、第二外语以及历史和地理知识。在德意志帝国，要担任外交职务就不可避免地要通过法律考试和政府培训；考试除了涉及常用的语言和历史知识以外，还会考察国民经济知识。这也反映出外交人员对国际现实的认识是具有局限性的。但总体上，欧洲强国的外交人员是一个具有排他性、略有进步性的圈层。当时，国际关系发生了改变，新型骨架关系也以其他形式构建了起来，而这些形式中仅有部分是与政府层面相关的。

3　改革家与专家：国际主义的时代

19 世纪下半叶是国际主义的时代：从量的角度而言，国际组织的数量大幅增长；从质的角度而言，跨境活动的类型日渐丰富。在 1850 年至 1914 年间，共有近 500 个国际组织成立，其中民间组织的比例远远超过了政府官方组织。国际主义的时代这一说法强调世界交流的密度增大了，速度也提高了，因此，越来越多分处世界不同国家和地区的人彼此建立起了关系、展开了合作。在这一层面，相关人士主要关注的是来自不同民族、有着不同思维模式的人之间如何建立联系、确立共同的价值观，关注经济交流、移民和文化关系等方面的国际规范。

国际组织

　　来自不同国家和民族的人自愿彼此产生持续联结，国际组织就此产生。这是 19 世纪的一件新鲜事，同时也是一个本真现象。国际组织的发展始于 1850 年之前，当时就已经建立起了一小部分联合组织。之后在 1850 年至 1879 年间，又有近 60 个组织成立，使国际组织的发展走上正轨。1880 年后，这一进程开始加速，每过十年，国际组织的数量就会增长一倍或两倍。新增的国际组织中大部分都是非政府官方组织。这些组织更容易成立，但同时，与政府官方组织相比，它们的生命周期也更短暂。跨境活动的范围相当广泛，第一次世界大战前，它们几乎涵盖了经济、科学合作或宗教合作及政治等公共生活的所有领域。交通及通信行业的国际组织为各国经济联系的增强和分工的促进提供了重要前提，同时，经济交流日益密集也会促成国际组织的成立。1816 年，莱茵河航运中央委员会作为第一批政府官方组织之一开始正式运行。通过 1831 年签订的《莱茵河航运公约》（美因茨公约）及 1868 年的《莱茵河航运公约》（曼海姆公约），该组织不断推进莱茵河航道的国际化工作。1865 年国际电报联盟及 1874 年邮政总联盟（1878 年更名为万国邮政联盟）的成立为信息交流提供了便利。自 1875 年起，国际计量局承担起确保米制为国际统一计量单位的工作。1905 年，各个商会代表在一次会议上决定成立国际商会联合会常务委员会，次年，这一组织开始运行。

　　在劳动领域同样诞生了大量的国际组织。早在 1818 年的亚琛会议上，英国社会改革家罗伯特·欧文（Robert Owen，

1771–1858）就曾尝试引起与会的欧洲外交官对于国际劳动保护事业的兴趣，但最终却无功而返。直到各国引入劳动保护条例后，各国代表才应德国政府的邀请于 1890 年在柏林召开了一次国际劳动保护会议。1900 年，国际劳动立法协会于巴黎成立，协会最终选址巴塞尔。从 19 世纪 90 年代起，一些国际工人联合会就逐渐活跃起来。存在于 1864 年至 1872 年或 1876 年间的第一国际及 1889 年至 1914 年间的第二国际证明，带有政治性质的工人运动已经超越了国界。

第一次世界大战前，在科学知识领域已成立许多国际组织。在这一领域，信息交流是一个非常重要的方面，于 1895 年在布鲁塞尔成立的国际目录学协会就致力于促进信息交流。而在进行跨境交流时，无论涉及的是哪一个领域（即使是在"知识产权"领域），法律问题都最为关键。自 1873 年起，位于布鲁塞尔的国际法学会开始着手处理相关的法律问题。大量的国际科学组织应运而生，1900 年还成立了国际科学院联合会。国际性科学会议成为知识转移的新型方式，获得了迅猛的发展。大量国际会议得以召开，用于对具体的学科应用问题进行商讨。例如，1851 年至 1894 年间，就举行了一系列关于抗击霍乱疫情的会议。1910 年，来自世界各地的知识分子联合在一起，于布鲁塞尔成立了总协会，即国际协会联盟。

国际宗教组织内部的成员既可来源于某一个特定的宗教团体或教派，也可是来自尘世的普通人。早期国际宗教组织包括成立于 1846 年的世界福音派联盟和成立于 1855 年的世界基督教青年会联盟。1910 年，世界宣教会议在爱丁堡召开。这场会议体现出国际性宗教协会与欧洲殖民主义之间的紧密联系。基督教信徒和相应组织致力于推动人道主义事业的发展，而在 19 世纪，人道主义事业远远超出了各个民族国家之间的界线。从 18 世纪晚期到 1888 年这段时间内，发生了一系列反抗奴隶

398

贸易与奴役制度的运动，这些运动成为后来众多国际改革运动的范本，为其他领域的社会及政治动员提供了参考。此外，活动分子也从这些运动中吸纳了部分术语，例如，在当时有卖淫嫌疑的女性需要接受强制检查，而民众为表达对这一规定的反对，进行了所谓的废奴运动，而抗击国际范围内女童贸易的运动也有相应的术语和名称，这些术语都被后来的活动分子所用。通常情况下，女性无权参与国家事务和其他领域的事务，但道德与慈善事业却为女性在国际范围内开辟了一片天地。这些国际性运动证实了民众对于参与政治事务的诉求，也增强了他们的呼声。19 世纪和 20 世纪之交时，女性为争取选举权，也掀起了相应的国际性运动，这场运动的参与者主要是致力于社会改革的非政治性国际组织的女性领导者。

　　第一次世界大战前不久，国际合作还延伸到了自然保护领域。1900 年，首次非洲野生动物、鸟类及鱼类保护大会于伦敦举行。这次会议的召开是由德国与英国的猛兽猎人及东非的殖民地官员提出的。经济利益、狩猎利益、殖民地管理、自然保护与欧洲的外交和殖民统治互相捆绑在一起，成为自然保护事业的首要领域。从欧洲帝国的角度来看，掀起国际自然保护热潮的原因主要是英国、德国、法国、比利时、葡萄牙、西班牙和意大利的欧洲代表并未真正对非洲民众的利益予以重视。1913 年，各国在于伯尔尼召开的国际自然保护大会上签署了一份关于设立国际自然保护委员会的草约。数年以来，大会发起者——瑞士自然科学家保罗·萨拉辛（Paul Sarasin，1859–1929）始终主张设立这样一个组织。直到第一次世界大战后，他的这份事业才在国际联盟的体系之下得以继续进行。

　　第一次世界大战以前，国际组织还影响到了国际政治。19 世纪中叶时，就已经出现了和平运动。1848 年至 1851 年间，布鲁塞尔、巴黎、法兰克福和伦敦都召开了国际和平大会，旨在探讨与解决和防止军事冲突相关的公法编撰及仲裁的问题。宗教教徒、自由贸易商人和具有社会公益心的民众都致力于维护世界和平。自19世纪50年代起欧洲发生的一系列战争本身就促进了部分领域的国际化进程。在奥法意战争期间，索尔费里诺战役于1859年爆发，这促使商人亨利·杜南（Henri Dunant，1828–1910）于1863年成立了红十字国际委员会，委员会仅由瑞士公民组成；1864年，在他的倡议下，各国召开了一次国际外交会议，并签订了《关于改善战地武装部队伤者和病者境遇的公约》，即《日内瓦第一公约》。19世纪和20世纪之交，战时"人道主义"在国际层面得以继续发展，这主要是因为1899年和1907年召开的两次海牙会议。此外，1899年5月15日，在"世界范围内"还首次出现了倡导和平的女性游行。

对于国际关系而言，国际法相关组织的建立和国际法这一学科的形成至关重要。总体而言，可将它们称作一项"自由工程"［马蒂·科斯肯涅（Martti Koskenniemi）语］，这项工程的基本目标就在于世界秩序的法治化。1869年，比利时法学家兼政治家古斯塔夫·罗兰-雅克明（Gustave Rolin-Jaeaquemyn，1835–1902）主编的《国际法与比较法评论》（*Revue de droit international et de législation comparée*）问世。1873年，雅克明还与瑞士人古斯塔夫·莫瓦尼埃（Gustave Moynier，1826~1910，红十字国际委员会的创始人之一）等人于根特成立了国际法研究所。这一系列国际活动旨在将国际法建设成为一门学科。同时，出身市民阶层的法学家想要通过为合约与协议事务提供咨询而参与其中，从而建立起对自身有利的法律体系。国际法研究者希望能够建立一个约束力尽可能大的国际法律体系，从而让贵族和外交官在追求现实政治时能够有所限制。而正如马库斯·M.佩克（Markus

M. Payk）强调的那样，要实现这一目标并不一定要摒弃欧洲的国家体系，各个独立自主的国家的配合以及各国遵守法律与合约的意愿才是建立这一体系的前提条件。

国际主义的一些通用词语

上文罗列了一系列国际组织，这表明19世纪可称之为国际主义的时代。第一次世界大战前，在大量国际组织成立的背景之下，男性和女性几乎介入了公共生活的所有领域。这些活跃分子就包括社会改革家，他们各自的方向不同，关心的问题也十分多样。技术人员、科学家、法学家、传教士等各个行业的专家发挥了主导作用。企业家则主要推动经济组织在国际上的发展。国家内部的活跃分子、外交家和公职人员也广泛参与到了许多领域的国际化进程中。因此，这一时代既具备民族化的特点，也具备国际化的特征。

前文罗列的大量国际组织的成立仅仅是一种广泛现象的指示标，它并不能与"国际主义"画等号。"国际主义"的内涵更广，但并不明确。一方面，它描述了一种行为过程或行为方式；另一方面，它又作为某种规范而存在，表达了一种思想或目标。这两个维度的含义对于国际主义这一概念的历史与学科发展产生了影响。"国际的"（international）这一形容词首先出现在杰里米·边沁（Jeremy Bentham）1780年至1789年的作品中。这位英国社会哲学家用它描述"万国法"或"国际法"体系下的国际关系。自19世纪40年代起，对"international"一词的应用扩展到了法律关系以外，延伸到了经济关系、技术关系及思想关系等领域。1843年，《最新全外来语词典》（*Neueste vollständige Fremdwörterbuch*）指出，国际交流具有团结不同国家人民的作用。这种交流从更高的层面出发，将不同的国家与民族普遍纳入到了其中。不久，"international" 一词也用于描述跨国组织与协会：如成立于 1847 年的国际自由贸易联盟（freihändlerische Internationale Liga）及成立于 1864 年的工人国际协会。因此，在 19 世纪中期前后，这一单词共有四种并存的含义：其一与国际法相关，其二用以描述国家层面之上或之下的经济与社会关系，其三指的是一种跨国组织的形式，其四则与各个民族之间应相互理解这一要求相关。

　　自 19 世纪 60 年代起，这个词的名词形式"国际"（Internationale）不仅用于描述工人运动的组织形式，还逐渐发展成为用以描述工人及其他社会群体的他称。在德国的政治冲突中，它是一种含有斗争性质的概念，用来指政治对手。如红色国际代指社会党、黑色国际代指天主教教徒、金色国际代指犹太人、灰色国际代指自由党。尽管这些群体被冠以这类称呼，但他们是否以相应形式在国际层面上将自己组织起来却未可知。直到 19 世纪 60 年代晚期，"国际主义"一词才首次出现于一篇英语文章中。这篇文章阐述的是自由贸易运动领头人理查德·科布登（Richard Cobden，1804-1865）的诉求与关切。科布登主张各国应在国际层面上建立联盟，它在某种程度上可称为国际联盟。霍巴特勋爵（Lord Hobart，1818-1875）则将科布登的这一主张称作国际主义。国际主义代表一个值得追求的目标和一种特定的思想，在接下来的几十年间主要被应用于工人运动中。在第一次世界大战期间，"国际主义者"这一称呼与"帝国主义者"和"民族主义者"相互对抗，带有极强的意识形态色彩。但直到 1914 年，"国际主义"一词都与这一称呼同时存在，它描述了各民族之间经济与文化交流逐渐增强的过程，占据了主流地位。

　　世纪之交时，成立于 1910 年的国际协会联盟的创始人亨利·拉方丹（Henri La Fontaine）与保罗·奥特勒（Paul

Otlet）试图从科学的角度去定义"国际组织"。在他们看来，国际组织应遵循以下原则：（1）组织内部的成员来自不同国家；（2）该组织对于所有有意加入的个人或群体都敞开大门；（3）追求的目标应被大众认同，具有普遍适用性；（4）该组织不含任何直接的经济利益或纯粹的商业动机；（5）该组织的组织形式具备可持续性。依照以上原则，国际组织的行动领域非常广泛，但经济利益却被排除在外。在这一定义背后隐藏着一种普遍适用的诉求。这一诉求在整个 19 世纪出现的其他目标和思想概念中也得以体现。这种界定方法主要用于定义某个组织，且含蓄表达出了政府间组织的地位高于非政府官方组织的地位这层意味，但它也考虑到二者之间也可互相结合。在之后的研究中，基于比利时、瑞士和美国的范例，对于政府组织和非政府组织的区分风靡一时。然而，历史学家玛德琳娜·赫仑（Madeleine Herren）驳斥了这一区分方法，认为它站不住脚。实际上，小型国家及欧洲边缘地区的国家的确会举办国际活动（如举办国际性会议或参与制定贸易法、海洋法和汇票法等），但其主要目的仍在于推动本国外交政策的现代化。"政府国际主义"应被视为国家外交政策用以应对国际联系这一形势的工具。在实际应用中，且依照这类组织对自身的理解，它们与非政府官方组织之间并无严格区分，而更多的是朝着同一目标相互支持、彼此补充。然而，各国要进行跨国合作或多边合作，其独立自主的权利就要遭受一定损失。各个政府在实行国际主义战略的过程中，力图通过增强与他国的经济与文化交流来提升本国的政治地位。因此，19 世纪的外交不仅与领土范畴相关，构建政府间组织和非政府官方组织也是外交的一种重要形式。

403

国际联系的局限

在通信领域，新的技术条件产生，同时，通信系统的技术也逐步完善，这为国际组织的构建和国际运动的进行提供了必要前提。这些技术囊括了铁路、航运、电报、印刷及媒体等多个领域。正是得益于通信技术的发展，思想、货物和人员交流才实现了爆炸式增长。由于通信条件的改善和通信成本的下降，相隔万里的科学家与专家能够通过国际性会议而定期举行会晤。自 1851 年第一届世界博览会召开后，世博会就为一些核心研讨会议提供了平台：如 1889 年共召开了 97 场国际会议，其中有 87 场会议都是在巴黎世博会上举行的。同时，通信系统的技术发展也催生出对这一领域进行国际化管理的需求和该领域自己的专业团队，对通信领域在国际层面上的标准化促使国际主义进一步发展，成了其他领域国际标准化的引擎。

国际主义通常被视为政治民族主义的一种反对力量，它应当成为调解冲突或解决跨境问题的良策。大量悬而未决的社会问题促使国际人道主义事业迅速发展，而战争或战争的威胁则使人们努力从国际层面调解冲突。从这一视角来看，国际主义同时也是技术与经济迅猛发展的必然产物。然而，如果说国际冲突催生了国际主义，那么这就蕴含着一种对所谓的现实政治进行理想化批判的意味。实际上，民族国家的现实政治也推进了国际规范和国际组织的发展进程。此外，民族主义与国际主义都建立在共同的结构性前提及制度基础之上，例如二者的动员机制就十分类似。只有在特定情况下，即当地或该民族具备推动国际化进程的要素时，国际规则才会被遵守，知识才能在国际范围内得以传播。毕竟无论个人还是群体，相应的活跃分子奉行国际主义战略总是具有某种动机的：这种动机可能是追求盈利、获取知识、寻找能够解决本国问题的方法、努力弥补

404

自身在本国相对的权力弱势或弥补自身少数群体的弱势地位、国家之间的竞争、为贫困人群提供救助（总体而言，很少会涉及这一动机）及促进各民族之间的相互理解。在跨国交流的过程中，这个时代的国际主义可能会带来各种经济、社会和文化冲突。而在国际主义的发展这一领域，各国之间也存在比赛与竞争，他们彼此共存、相互反抗、互相针对，展现出不对称性，参与度也并不均衡。

尽管国际活动的发展如火如荼，但不容忽视的是，19 世纪时，国际主义的发展也有所局限。想要参与到国际主义的发展进程中，就必须拥有可支配的金钱与时间。因而，社会上缺少这些条件的人就无法参与其中。并非人人都有机会去旅行、去获取知识，最主要的仍是一些出身于市民阶层和贵族的人在利用国际交流建立长期组织。从空间的角度而言，第一次世界大战前，国际主义的发展也仅局限于欧洲范围以内。在欧洲以外，只有白种人的拓殖型殖民地被纳入其中。只有具备跨境交流的机会，相应的制度体制才能被建立起来，从而进行国际调控。因此，跨境交流的机会是国际主义发展的必要前提和引擎；然而，通信手段却并未推广开来，而是只局限于一部分社会群体和地区，且这些人群和地区的通信条件也存在差异，呈现出不均衡的情况，这一现象在欧洲最为典型。

19 世纪，欧洲的国家体系为国际主义的发展提供了便利条件。长期和平也为建立与维护经济、社会和文化各领域的国际关系提供了良好环境。尽管在 19 世纪中期及后来出现了欧洲革命和一系列民族统一战争这样的小插曲，但它们并未对国际主义的发展造成决定性影响，因为这些军事冲突的时间短暂，影响范围也有限，它们并不像 20 世纪上半叶的战争那样进行全面动员；反之，它们还促进了国际组织的成立，这一点在红十字会的例子上可见一斑。但是，在空间层面，和平也极

405

为有限：在欧洲与奥斯曼帝国接壤的地区及海外，建立关系主要以军事暴力为基础。各国虽在世纪之交前后缔结了战时人道主义规则，但他们在殖民战争中却并未自觉遵守相应规则。总体上，欧洲帝国（其中尤以大英帝国为典型，它在帝国主义早期就开始发挥根本性影响）创造出了遍及全球的基础设施条件，可供商人、传教士、科学家及其他民众使用，且在此过程中，无论民族归属，所有人都有权享受交通及通信手段的便利。国际主义并不是在与欧洲国家体系的对立中发展起来的，它的发展建立在欧洲国家体系的基础之上，这一点要从两个维度来看：一是欧洲的冲突调解；二是欧洲民族国家在海外的殖民扩张。更尖锐地说，欧洲殖民主义是产生于 19 世纪的国际主义的一个组成部分，但这又有些矛盾。就以反奴运动这项国际主义运动为例，一方面，它从 18 世纪起就开始对招募劳力和豢养奴隶进行批判；另一方面，如 19 世纪 80 年代进行的废除奴隶贸易制度的运动却又为帝国抢占殖民地提供了正当理由。此外，还有另一例证能说明国际主义与殖民主义之间的联系，它就是国际刚果改革协会，这一协会致力于反对统治阶级在比属刚果的暴行。作家阿瑟·柯南·道尔（Arthur Conan Doyle，1859–1930）就曾对这一协会的运动表示过支持。然而，该协会提出的建议却有些自相矛盾。它主张各国通过以下形式瓜分刚果：略为广泛的地区应由相邻大洲中的英、法、德等殖民帝国接管，而在中部应当设立一片非洲人保留地。以上范例都说明，在改革式国际主义中，国际主义是具备一些制度条件的，其影响范围也存在局限。这种国际主义可被视为一种战略，它不仅能运用于解放运动中，对于种族主义者及被白种人在推行国际主义期间排除在外的人们而言，它也是一种很好的工具。

　　19 世纪国家政权的转型构成了国际主义发展的另一个框

架条件。这种转变始于19世纪50年代，借助"领土主权"这一概念（查尔斯·迈尔），可将其描述为一种双重过程。一方面，得益于新型科技及经济手段的普及，统治阶层对领土的统治能力增强，因而创造出了一个"决策空间"，统治者认为能够掌控这个空间的绝大部分，并保障其内部与外部安全。另一方面，政治制度和公共平台也逐步建立起来，民众的忠诚和自我认知因而产生，这样就形成了一个"认同空间"：在这一过程中，民众的身份认同已然发生了改变，对内而言，他们获得了参与政治的机会，对外而言，他们与其他民众隔离开来，这形成了民众新的身份认同的基础。在这种充满变数、发展不均衡的过程中，决策空间与认同空间的完全统一仅仅是一个理想化的目标，发挥着指导作用，但实际上，在中央领导、技术与经济领域的基础设施建设、民众的意识形态动员及精英的融入等方面仍漏洞百出。这时，一方面，国际主义可被视作一种运动，它善于利用这些漏洞，试图将自己从领土主权的概念中脱离出来，并对这一概念表示反抗。而另一方面，国际主义是一种并不遵循领土原则的统治形式，根据国际主义原则，身份认同的构造也发生在领土界线以外的空间范围内，但政治领域和社会的统治阶层仍希望能够控制领土界线之内的空间，并用其他方法间接对其加以控制。因此，19世纪的国际主义是国家政权转型的一部分，二者之间有着紧密联系，在某种程度上，国际主义的发展也依赖于国家政权的转型。

在国家、经济与私人领域之间，又发展出了一个新的领域，它的发展构成了国际主义的社会基础。国际主义的组织形式包括协会、联合会、网络或倡议等，它们不仅限于民族或地方层面，同时也会涉及国际层面。这些组织以市民阶层为基础，且市民阶层在其中发挥着主导作用。并非人人都能平等参与到这些组织之中。除了拥有时间与金钱以外，较高的受教育程度、平等的法律地位、合乎要求的性别属性与殖民背景下的民族归属及基督教信仰都是参与这些组织形式的重要前提。从国际主义的社会角度而言，可得出以下结论：第一，在国际主义的发展过程中，从各个民族的精英阶层中形成了一个新的国际精英阶层；第二，国际主义是大部分市民阶层精英融入欧洲民族国家的一种方式，这种融入在国际关系的层面上得以体现。因此，总体来看，大多数国际主义者无论是在民族内部还是社会上都不会始终处于局外人的地位。

　　总之，跨国组织和国际联系与国家政策并不矛盾。国际主义是 19 世纪外交关系的一个结构要素。它的发展与欧洲经济、科学领域在技术及组织层面上关系的增强及欧洲帝国在大西洋的殖民扩张相得益彰。普遍性要求、殖民地的不平等状况与社会包容和排斥的机制始终是 19 世纪国际主义的特征。这一时期实行国际主义的目的较为务实，主要在于促进经济与社会发展，相比之下，理想主义观念发挥的作用较小。活跃分子利用外交关系来满足自身利益，做出符合自身世界观的事。因此，国际主义也可被视作全球化进程的概念和推动力，而在全球化进程中，就存在类似的跨越边界和划定边界的机制。

4　扩张、结盟和危机管理：1890 年至 1914 年间欧洲的世界政策

　　19 世纪下半叶，欧洲帝国的殖民扩张进入了新阶段，使欧洲几乎成了整个世界的霸主。世界政策的思想、殖民地领土的侵占及非正式渗透达到了前所未有的规模和强度。第一次世界大战前的那段时期是欧洲帝国霸权的巅峰。这一时期的霸权主要基于各国政府对各自战略目标与政治目标的追求、个体

活跃分子的倡议与敦促、军事和行政管理的组织力量及交通与通信基础设施的技术与工业建设。也就是说，帝国主义的内涵绝不仅限于殖民扩张。对当地统治者与人民进行的大量殖民战争表明，霸权在某种程度上也十分棘手。在以美、日为主的欧洲以外的强国加入瓜分世界后，欧洲帝国的霸权被分散，但并未受到根本性的遏制。尽管欧洲在其外交关系上与世界其他地区紧密相连，但欧洲的国家体系仍然保有自己独立的特色，所以殖民活动与帝国主义的活动并不会直接影响到欧洲的国家体系。相反，自 19 世纪 90 年代起，欧洲的国家联盟逐渐发生了变化，因而，欧洲各国之间的关系也随之变化。1900 年前后，欧洲国家体系逐步分解成两大阵营，其中一个阵营以德国与奥匈帝国为主，意大利也加入其中，另一阵营则以俄法两国为主，英国参与其中。然而，这两大阵营形成的国家体系较为脆弱，因为阵营中各国的实力并不均衡，联系也不甚紧密。在这个年代，各国虽努力进行危机管理，缓和与他国之间的关系，但外交冲突和军备竞赛却屡见不鲜，军事冲突也时有发生。自拿破仑战争结束后，这是数十年以来最有可能爆发大型战争的时刻，但这场战争也绝非无法避免。

帝国主义中的世界政策

自 19 世纪 80 年代起，即使非帝国主义或反帝国主义思潮也发挥了一些影响，但在世界政治思想中，帝国主义思想仍占据主导地位。各个帝国大都以追求成功为目标，这是帝国主义时代的普遍特征。虽说帝国主义可能意味着相应国家应实现具体的经济利益，但实际上，个别企业赚得盆满钵盈，殖民地也取得了巨大的经济成果，而欧洲国民经济体取得的切实利益却十分微小。事实上，帝国的普遍利益充其量只能被含糊地表达

410

出来。"阳光下的土地"这一说法极为凝练地传达出了帝国主义竞争的动机。它将具体利益与帝国希望能够发挥自身影响这一泛化需求都蕴含在其中，也许比纯粹罗列出帝国的切实利益更为准确。历史学家西奥多·席德（Theodor Schieder）认为当时的人们具有一种"对空间的迷醉"（Raumrausch）。世纪之交时，马克斯·韦伯综合考虑了理性元素与非理性元素，分析了当时在国际关系框架之下构成"权力"的因素："政治产物的全部'权力'都蕴含着一种特殊的活力：正是由于这种'权力'的存在，它的所属者才会'要求获得声望'，而这种特殊的要求会影响他们的对外行为。……一旦一个政治实体有了较高的声望，在战争发生时，其内部民众就会相信他们是真真切切具有权力的，因而就有了赢取战争的信心，因此，每个政权实体的得益者都倾向于系统性地维护这种具有声望的感觉。"马克斯·韦伯认为"所有政治外交关系的这种感觉类的、非理性的元素"都"作用非凡"。在他及当时的帝国主义追随者看来，"权力"是一个具有活力的概念。

　　帝国主义竞争是韦伯这一论述的外交政策背景，这场竞争遍及全球，其中，民族国家和帝国是主要参与方。尽管当时的人们也知道，有些人并不一定要献身于民族国家的事业，而是在国际层面上进行活动，享有的利益也与他人不同，但这些"个体"仍然被描述为"集体荣誉"的载体。这不仅仅是指那些在国际层面展开活动的经济与金融圈的人士，还指基督教传教协会等其他群体。欧洲各国的君主就是一个鲜明的例子。他们身上呈现出了一种带有帝国色彩的民族化趋势。各国王室之间的联系在某种程度上被私人化，因此，这种联系对于外交政治的影响也明显被削弱。相反，各国统治者个人代表民族国家与帝国的声望这一作用更为突出。因而，政府官方也就推动了民族主义，这种民族主义是一种完整的民族主义，它将

411

个体与民族价值联系在一起，并让个体隶属于民族。各国君主也就融入了帝国主义民族国家或权力国家的意识形态之中。同时，他们通过在世界性帝国无处不在的斗争中扮演导向人物的角色，也对各自国家的意识形态起到了引领作用。保守派精英"攫取民族主义成果"，并将其现代化，使其走向了民粹主义。迪特·朗格维舍称，这可能是19世纪晚期政界最为重大的转变，它们在外交政治领域与代表国家的各国首脑密不可分。

　　1900年前后，世界政治思想深受帝国主义影响，各国的世界政治思想也稍有不同。然而，各国立场也有相似之处，只是它们的理念不完全相同，彼此之间也存在矛盾，甚至大多还会受到本国民众的批评。首先，历史学家海因茨·戈尔维策（Heinz Gollwitzer）指出这一时期的主题是"要么成为世界强国，要么走向衰落"。这一主题也贯穿了普鲁士将军弗里德里希·冯·伯恩哈迪（Friedrich von Bernhardi）1912年的一本著作。按照这一观点，一个民族要想生存，那么它就必须在世界政治中，即在殖民主义背景下瓜分世界一事上处于主导地位。如果做不到这一点，那么按照1898年英国首相索尔兹伯里（Salisbury）对于"充满活力或走向灭亡的国家"（living or dying nations）的区分，相应国家就属于后者。在世界政治家的自我认识中，历史的进步显然位于帝国主义强国一方。因此，这些强国将当下解读为一个历史转折点，在这一转折期间，会决出各国在未来世界上所占据的比例。第二种普遍观点认为，各个强国之间存在着激烈竞争，这种竞争很难实现均衡。它不仅是帝国主义民族国家之间的竞争，某些人还将其解读为不同文明、不同的政治体制及不同的殖民主义形式之间的竞争。我们可以设想得出，这种竞争具备一个特定的体系，它非常灵活，不断有新的国家加入或退出这一竞争体系，但有几个国家始终处于竞争体系的核心。在外交领域，各国政府结成了联盟。虽然各国仍通过传统外交形式进行交流，但同时，第一次世界大战前欧洲两大阵营的形成意味着世界政治呈现出两极对抗的形式，且最晚在第一次世界大战中，这两大阵营的形成已经被转化为了意识形态问题。

各国之间的竞争由于世界政治的另一契机而得到了某种程度的缓和，即欧洲各国都多次表现出通过友好协商的方式划分各自殖民地与势力范围的意愿。1907 年，为了达成这一目标，俄国与英国签订了一项涉及波斯、阿富汗和中国西藏地区归属问题的条约。英国和德意志帝国则在 1898 年针对如何瓜分葡萄牙的非洲殖民地这一问题签订了一项协议，在 1913 年对其进行了修订。1900 年，英德两国顺应美国针对中国推行的"门户开放政策"签订了《长江协定》①。此外，也出现了一些领土中立化的情况。例如，在 1884 年至 1885 年的柏林会议上，与会者决定刚果流域地区领土应保持中立。最后，国际化也能对各国竞争起到遏制作用。例如，摩洛哥城市丹吉尔及其周边地区自 1892 开始就处于外交使团的管辖之下。1906 年，这一地区的国际地位才在《阿尔赫西拉斯议定书》中被确立下来。通过这种方式，西班牙与法国之间的竞争得以缓和。以上范例表明，外交政策使得各国能够在海外、亚洲，尤其是非洲地区达到均衡，这一点在当地的殖民实践中表现得更为明显。而在欧洲，几乎不可能通过类似形式在各个联盟之间及军备政治之中达到平衡。

尽管人们意识到，在 19 世纪末，整个世界都已经被完全开发、瓜分殆尽，但殖民主义却并未加剧各国之间的竞争，各个帝国在殖民这一领域也努力彼此达成一致。在世界政治思想

---

① 1900 年 10 月 16 日，英国和德国签署《长江协定》，默认了美国的"门户开放政策"，表示两国将和美国站在一起反对其他国家在中国进一步划分势力范围。——译者注

方面，还存在第三种普遍观点，即经济扩张观点。与前两种观点相比，这一观点似乎并不那么明确。一些财经记者和经济学家似乎是将世界政治解构成了世界经济，其他人则是研究政治对于世界经济的作用。例如，奥地利国民经济学家鲁道夫·柯巴奇（Rudolf Kobatsch，1868–1929）曾预测，在1907年，各国之间除了经济利益冲突会增加以外，利益共同点也会增加，因此，经济政策也就更接近和平原则。大多数德国国民经济学家则与柯巴奇的看法相反。他们认为世界政治是促进各国融入全球经济体系的引擎与工具。在欧洲各处，人们都对应该实行自由贸易还是保护性关税政策这一问题各抒己见。其中，英国殖民大臣约瑟夫·张伯伦主张引入关税，旨在增强大英帝国的势力，最终主导世界政治。这种主张与组建关税同盟的计划相似。在关税同盟内部，各个国民经济体彼此相连，而不同的关税同盟则彼此敌对。例如，1898年，索邦大学殖民地理学教授马塞尔·杜布瓦（Marcel Dubois，1856–1916）及其同胞——经济学家皮埃尔·保罗·勒鲁瓦·博利厄（Pierre Paul Leroy Beaulieu，1843–1916）——就主张应在全欧范围内建立关税同盟，与日益强盛的美国这个经济大国彼此分开。在布雷斯劳颇具影响力的国民经济学家尤利乌斯·沃尔夫（Julius Wolf）于1901年在其《德意志帝国与世界市场》一书中提出，与其推行一种"将全球都囊括其中的世界经济政策"，不如"在部分国家之间建立起一种家庭式联合"，这些国家应"在经济政策领域互相帮助"。1904年，他参与成立了中欧经济协会（der Mitteleuropäische Wirtschaftsverein）。这个协会主要是将萨克森和西里西亚的工业家与协会联合会联结在一起，以形成一个规模更大的欧洲大陆经济区，与英国和美国这两个世界经济强国分庭抗礼。

　　帝国主义世界政治思想中的第四种普遍观点是行为与命

414

运共同体。各个国家的这一理念具备不同的基础与轮廓。其中有一个观点广为人知，即所谓的高等种族与低等种族之间的关系决定了当下世界历史的发展。这一点具体体现在各国对待海外殖民地居民的方式上。在白种人居住的拓殖型殖民地中，所用的管理方式与统治方法就与亚洲人或非洲人居住的殖民地的方法不同。法国自然科学记者、共和派政治家兼 1899 年至 1902 年法国海军大臣让·玛丽·德·莱恩桑（Jean Marie de Lanessan，1843–1919）从自然历史及人类学的角度说明了欧洲世界霸权的缘由，并用一个十分泛化的说法为欧洲的殖民扩张进行辩护。他称这一行为符合高级种族的世界历史使命。英国社会学家本杰明·基德（Benjamin Kidd，1858–1916）在其出版于 1884 年的成功著作《社会进化》一书中称，盎格鲁－撒克逊种族汇聚了"所有美好的自由、宗教与国家理想"，它在全世界范围内都是一个优等种族，因为这个种族基于自身宗教的价值观而具有"社会效率"。他认为，"压制或逐步根除种族的故事在史书上连一页都不到"。种族的分类不仅被用于将各个种族分为三六九等，同时，它也形成了一种动态原则，具备科学研究价值。在 1911 年于伦敦举办的第一届世界种族大会上，来自各个大洲的与会者一致认为，如果各个种族之间的关系能够被理性构建起来并得到发展，那么各个种族及种族间关系的发展就会推动人类的进步，催生出一种近乎自然的秩序。在这场大会上，自然科学家、人类学家、社会学家、历史学家及其他学科的代表人物会聚一堂，将"种族"作为一种具有自然历史色彩的关键范畴加以使用。然而，也可根据侧重点的不同，从生物、地理到文化等不同因素的角度对这一范畴进行研究。

种族范畴的思想广为传播，这一点在早期发生的各种"泛"运动中得以体现。一开始，这些运动主要涉及的是语言文化或宗教信仰方面的共同点，但在帝国主义的背景下，它们越来越强调应将散落于各国的、源自同一种族的人视为一个整体。泛斯拉夫主义、泛日耳曼主义、盎格鲁－撒克逊主义和泛拉丁主义形成了民族主义的拓展形式，并以东正教、新教或天主教为宗教基础。每个集体都是一个"行为共同体"（海因茨·戈尔维策语），肩负着如俄国在亚洲的扩张或俄国在中东地区对东正教教徒的保护这种世界政治使命。其中，一些泛运动将大陆视作一种跨越民族的命运共同体。第一次世界大战前，这一点在欧洲表现得并不强烈，因为当时泛欧洲主义的政治主张极为微弱，而泛美主义、以解放为目的的泛亚洲主义或泛非洲主义表现得更为强烈。从负面的角度来看，当时的一些人因为担心会发生所谓的"黄祸"、担心伊斯兰教会煽动非洲民众而产生所谓的"穆斯林祸"或担心"犹太复国主义世界阴谋"会成真而变得惴惴不安。

　　帝国主义背景下的第五种普遍观点就是一些由地理决定的世界政治理论。在这些理论中，地理位置、地缘战略条件及人口体量之间存在一种几乎十分规律的联系。例如，德国地理学家弗里德里希·拉采尔（Friedrich Ratzel，1844–1904）就曾结合对地理条件的描述和社会与政治中的投射来阐述相关理论，同时，他对生物与种族也进行了大量思考。1897年，弗里德里希·拉采尔出版了《政治地理学》（*Politische Geographie*）一书，颇具影响力。其书名同时也是一种世界政治思想，这种思想的关键性概念包括边缘位置或中间位置、政治空间、空间束缚、无土地政权或无人口的土地等。直到第一次世界大战时，"地缘政治"一词才出现，从地理的角度对这种政治思想进行了简明概括。关于政治地理如何与政治权力关系产生如此紧密的联系，英国地理学家哈尔福德·麦金德（Halford Mackinder）的观点可能十分具有代表性。他在

416

1904年进行的演讲"历史的地理枢纽"（The Geographical Pivot of History）中提到了俄国希望借助更为强大的舰队自由出入世界海域的企图。若俄国通过与德国结盟实现这一目标，那么它就能成为世界性帝国。麦金德认为，欧亚大陆是"心脏地区"和地理枢纽，这片地区具有极高的军事与经济机动性，而俄国正处于它的中心。若要实现以上目标，前提条件就是俄国要能控制好这片地带。这片"心脏地区"的周边是内新月形地带，德国、奥地利、土耳其、印度和中国都处于这一地带。再往外则是外新月形地带，这片地带上是英国、南非、澳大利亚、北美洲和日本等国家。这些边缘地区的特殊之处就在于它们濒临大海。麦金德提出，哪个国家能控制这个地理枢纽和整块欧亚大陆，就能主导世界政治。我们可以说，麦金德是用地缘政治理论阐述了世界大国间的外交关系，尤其是英国的对外关系及英俄关系。但更宽泛地讲，麦金德的理论也可被解读成是与美国海军将领阿尔弗雷德·T. 马汉（Alfred T. Mahan, 1840–1914）观点相悖的一种以大陆为导向的论点。1890年，马汉的《海权对历史的影响，1660~1783》（*The Influence of Sea Power Upon History, 1660–1783*）一书出版，引起巨大反响。随后，他的第二部作品《海权与1812年战争的联系》（*Sea Power in its Relations to the War of 1812*）也相继问世。但在19世纪与20世纪之交，所有国家的海军战略家都直接汲取马汉的观点，对于舰队政策提出相应要求。因此，马汉这些以海洋地理为基础的理念直接影响了军备政策及世界政治关系。

最后，这一时期世界政治思想的第六种观点就是"道德帝国主义"。在这一思想之下，人们做出了一系列努力，旨在实现帝国主义人道化。但这并不意味着拒绝帝国主义，而是致力于在帝国主义政策的整体框架内实行人道主义政策，并

希望能够通过在帝国之间建立友好关系来创建和平的世界秩
序。第一次世界大战后，英国尼日利亚高级专员兼殖民总督弗
雷德里克·卢加德（Frederick Lugard，1858–1945）在其出
版于 1922 年的《双重统治》（*The Dual Mandate*）一书中对
这种双重使命做出了表述：他在其中宣扬大英帝国对殖民地土
著居民及全人类肩负着使命。然而，卢加德在实际面对非洲民
众时言行不一，并展现出种族主义的态度。实际上，也有其他
作家持类似观点，如政治家、报纸编辑兼外交官菲利普·科
尔（Philip Kerr，1882–1940）。1905 年，科尔加入了阿尔
弗雷德·米尔纳勋爵（Alfred Lord Milner）领导下的南非高
级委员会的一个由年轻殖民地官员组成的外围组织。这一组织
致力于加强白种人拓殖型殖民地的民众对于英国政治事业的参
与，要求将大英帝国改建成为一个英联邦。与其他的改革者相
比，科尔对于殖民地土著人民的看法并没有那么多偏见，1916
年，他还宣称先进文明对这些群体肩负着保护义务和教化的使
命，使得他们在未来能够获取独立。这种托管制的观念对于国
际政治而言至关重要，之后，在第一次世界大战到第二次世界
大战期间，这种观念发展成了国际联盟的委任统治制度。显
然，这类说法使得相应国家在殖民地的统治更为正当，因而也
就能防止其他帝国前来争夺殖民地，但利益并非这种道德要
求的核心。1914 年之前，这种观点还并未直接涉及国际政治，
只是从宗教和传教的角度主张各国应致力于人道主义事业，且
这一事业应遵循文明和种族的等级秩序。人道主义的具体形式
表现为废奴运动、对处于危险的民族施以保护、卫生救护、传
教士的教化活动以及消除饥荒的措施等。总体而言，这些活动
及其理由巩固了各国在当地的殖民统治。有些人会谴责这些活
动已经"超出了应有的限度"，但各国的殖民统治本身却不会
受到抨击。

418

正如历史学家本尼迪克特·斯塔奇（Benedikt Stuchtey）总结的那样，在帝国主义时代，对于欧洲殖民主义的批判主要针对统治改革及政治稳定性这两个方面。批评者很少会明确反对扩张，大多数情况下，他们主张的是利益均衡。这样一来，世界秩序观念实现了顺利过渡，人们开始设想应建立一种新的世界秩序，它不以殖民扩张和帝国主义霸权为基础，而是建立在世界范围内的国际联系之上。在第一次世界大战前的约40年间，形成了多种世界秩序观念，这些观念追随的并不是民族国家的世界政治，而是一种自由的世界市场政治。在这种政治秩序之下，各国背负着道德和人道主义使命，经济和政治领域也会成立起诸多国际组织。两种世界秩序观都认识到，基于领土界限的国家架构与经济结构之间存在区别。以自由贸易为导向的一方希望世界经济强国能促进和平，从而消除世界政治的竞争；另一方则认为，帝国主义政治背后隐藏的是大型企业和资本的利益，人们应当从组织形式上对其加以限制。英国经济学家约翰·阿特金森·霍布森（John Atkinson Hobson，1858–1940）在其于1902年出版的《帝国主义》（*Imperialism*）一书中就对这种局势进行了分析。他主张欧洲国家应对那些经济与政治上落后的国家进行干预。此外，还应新建立一些民主的国际组织来调整各国之间的关系，确保欧洲国家的进步能使所有国家受益。在这一过程中，民族国家与国际主义并不矛盾，而是共同产生作用。直到第一次世界大战时，这种非帝国主义观念的影响力才得以增强，1914年之前，在世界政治思想中，帝国主义基本观点仍占据主导地位。

　　除了上文介绍过的世界政治思想的元素以外，在帝国主义时代，也出现了一些反殖民观点。它们既出现在欧洲内部，也出现在欧洲之外，诞生于与欧洲思想和制度的碰撞之中。在包含自由贸易与人道主义元素的社会主义批判中，这类观点初显苗头，而后又体现在主要爆发于北美的泛非主义运动中，最后，泛伊斯兰主义也体现了反殖民观点，它在宗教政治层面将自身与欧洲整体、土耳其民族主义和泛阿拉伯主义区分开来。在日本，出现了某种"反帝国主义"思想（海因茨·戈尔维策），它既包含日本在亚洲的大国政策，也彰显出了追求亚洲解放的意识形态元素，这种意识形态同时也出现于其他国家。反殖民运动在政治领域应当以何种手段和方式进行，是人们讨论的焦点。例如，甘地（Gandhi，1869–1948）和拉宾德拉纳特·泰戈尔（Rabindranath Tagore，1861–1941）就对这一点进行了讨论，他们二者对民族主义的态度也有所不同。正如迈克尔·柯林斯（Michael Collins）指出的那样，印度作家、1913 年诺贝尔奖获得者兼政治哲学家泰戈尔反对这种反殖民的民族主义，因为他认为其中包含从西方政治中吸收过来的因素，正是这些因素引领人们从民族主义走向了帝国主义。泰戈尔与甘地不同，甘地提倡抵制和非暴力反抗，并主张建立一种功能性民族主义，在国家取得独立后，这种民族主义会建立起以村社为基础的分治联合体。而泰戈尔则脱离了政治和国家的角度，提倡回归印度传统的社会和宗教模式。他的设想体现了社会责任理想及一种旨在实现人类团结的普遍要求。因此，他对现代民族主义的批判既针对欧洲民族主义者，也针对印度民族主义者。在他的观点中，印度成了中心，应在思想及社会上对欧洲产生影响：这是一种根本性批判，意味着对占据主流地位的欧洲世界政治思想的颠覆，其中帝国主义的进步信念也受到了质疑。

420

占领世界

　　在欧洲扩张的漫长历史中，世界政治的思想占据了一个特定时期。它们推动了欧洲帝国的殖民扩张，为 19 世纪各国持续进行扩张的行为提供了正当理由。在印度民族大起义后，1858 年，东印度公司也随之解体。莱因哈特·温特（Reinhard Wendt）认为，自该公司解体后，欧洲开始主导世界。这一时期一直持续到 1929 年世界经济危机爆发。就英国而言，直到 1931 年，《威斯敏斯特法案》承认英属拓殖型殖民地的独立地位后，它的霸权时代才正式终结。但在第一次世界大战前，就已经出现了一些征兆，预示着大西洋彼岸的美国和远东的日本将加入全球权力中心体系。但这些征兆当时还并未对欧洲的霸权造成任何实质性影响。新旧欧洲帝国在瓜分世界的过程中权力越来越不对称，例如，在殖民地战争中，相对于其他帝国，某些帝国更具备军事优势。在欧洲边界以外，欧洲帝国之间的关系显然并不和睦。仅就 19 世纪后半段而言，各国之间通过建立联盟而形成的"欧洲强国协调"体系也绝不是一个和平的体系。

到 20 世纪早期，欧洲各国已将世界的大部分都收入囊中，据为己有。在非洲，仅有埃塞俄比亚和西非的利比里亚能够独善其身。这两个地方居住着来自美国的被解放的奴隶。在中东和亚洲，波斯、阿富汗、暹罗及中国大部分地区仍在形式上保持独立，而日本本身就是殖民国家。此外，独立的国家自然还包括在第一次非殖民化运动中获得主权的美国和拉丁美洲国家，其中加勒比群岛及英属圭亚那领土、荷属苏里南及南美洲的法属圭亚那仍是欧洲的殖民地区。如果我们在讨论欧洲的主导地位时不将目光局限于其形式上对他国领土和民众的统治，而是将欧洲各国视作跨海国民经济体来考量它强大的影响力，即将欧洲利益的非正式霸权地位考虑在内（有时，相应国家公民也可获得欧洲国家公民的特殊法定地位），那么事实上，在南美洲和亚洲，几乎找不到一个不受欧洲利益支配的角落。尽管随着第一次世界大战之后奥斯曼帝国的解体，奥斯曼帝国遗留下了一些托管地区，使得欧洲各国在空间上再度进行了扩张，但欧洲的全球霸权早在 1900 年前后就已达到历史巅峰。

在殖民扩张一事上，英国起到了领导作用。严格来讲，它是 19 世纪唯一一个真正的全球帝国。但与此同时，许多欧洲国家也参与其中：自近代早期就活跃于海外的西班牙、葡萄牙和荷兰依旧持续进行扩张，法国似乎也在全球范围内开始了一场新的冲锋。此外，在 19 世纪下半叶，德意志帝国、意大利和比利时也主要在非洲地区活跃起来，而俄国则继续向亚洲大陆推进殖民扩张进程。奥匈帝国即便不占据海上主导权，也不具备在大陆上进行领土扩张的能力，但它也在 1908 年吞并了波斯尼亚和黑塞哥维那，寻求在欧洲东南部发挥影响。1898年的美西战争使美国接管了菲律宾、波多黎各、西属维尔京群岛、关岛和哥斯达黎加，同时也使美国在古巴确立了非正式霸权地位。因此，这个曾为拓殖型殖民地、在早期取得独立的北美国家也将手伸向了海外。日本则通过 1895 年的中日甲午战争、1905 年的日俄战争先后使中国台湾和朝鲜沦为殖民地。日本还在中国东北地区及萨哈林半岛南部施加了影响。因此，在第一次世界大战之前，殖民扩张就已经不是单纯的欧洲或是西方现象，只不过欧洲各国在占领世界的活动中是更为活跃罢了。

19 世纪下半叶，欧洲的殖民扩张活动变得尤为密集与活跃。从时间来看，首批扩张活动早在 19 世纪中期以前就已经开始了，如法国军团于 1830 年占领了阿尔及尔，俄国也继续在高加索地区进行征战。在法俄两国的例子中，两国依靠军队势力建立起来的殖民政权都延续了数十年，其间也发生了暴力行为，不断有新的运动发生，当地民众也进行了反抗。1871年，法国军队镇压了卡比利亚的一次起义；1859 年，俄国人逮捕了伊玛目沙米尔（Imam Schamil, 1797–1871），这标志着俄国成功战胜了沙米尔在东北高加索地区的势力；1864年，俄国终于镇压了切尔克斯人的起义……通过以上镇压活动，各国巩固了殖民政权。1848年起，阿尔及利亚被划分为三个省份，在政治上成了法国的一部分，供来自欧洲各国的移民居住。借此，它与高加索地区都在军事上得到了保障。这一过程与美国同时期的西向扩张类似，区别仅在于美国对土著居民进行了驱逐、屠杀，并掠夺了其基本的生活资料。在阿尔及尔，虽然也出现了大规模的驱逐与屠杀，但当地人以劳动力的身份生存了下来。而在高加索地区，随着伊斯兰政权的解体，数十万穆斯林或逃亡至奥斯曼帝国，或被驱逐，哥萨克人及乌克兰农民定居下来，进行了一种行政和文化上的俄罗斯化。

19世纪时，英国在印度的殖民政权是其在亚洲的控制中枢。1857年至1859年间的印度民族大起义威胁到了这一统治，但却没能从根本上撼动这一政权。一开始，印度军队在孟加拉发起了一场叛乱，之后，这场起义逐渐扩大到了农民、大地主和手工业者等阶层。但从地区来看，这场起义却仅涉及北印度的部分地区，并未波及整个次大陆。英国政府在血腥镇压了这场起义后，解散了东印度公司，并自1858年起正式接管印度殖民地，以此对其在印度的统治进行了重整。尽管东印度公司早已不是单纯的贸易企业，而是像一个领土统治者一样对其领土进行管理、收税，在军事上予以保护，但在这一范例中，英国对印度的统治还是出现了一个从所谓公司监管的阶段过渡到帝国直接统治的过程。在接下来的几十年中，英国试图向周边地区扩张，以在众多欧洲竞争者中站稳脚跟。随着阿卜杜尔·拉赫曼汗（Abdur Rahman，约1844~1901）在第二次阿富汗抗英战争之后以阿富汗统治者的身份建立起政权，英国也就成功对这个处于其印度殖民地西北方向的国家施加了影响，且这一影响一直持续到了1919年。同时，英国也与俄国就其势力范围达成了一致。1886 年，在东南亚方向，缅甸被宣布为英国领地，与法国统治的印度支那划清了界限。1874 年至 1900年间，英国继续向东南亚挺进，通过与所谓的马来联邦的多个邦国缔结条约，让英国总督成为各邦苏丹的参政司及实际决策者，而将其影响力扩展到马来亚。同时，英国也或多或少对其他马来王朝施加了影响。马六甲海峡边的海峡殖民地（其中就包括新加坡）就成了英国的直辖殖民地，受到直接管理。对英国人而言，殖民统治除了有助于其对海峡进行战略性管控，还能确保锡与橡胶等原材料的供给。1824 年，英国还与荷兰划定了英属马来亚与荷属东印度的范围。荷兰政府对这片领土的殖民统治持续到了 20 世纪初，随后，它就独立出来，成为如今的印度尼西亚。

在中国，只有少数地区被殖民统治，如：1842 年，香港岛被割让给英国；1898 年，英国在香港又额外划定了租界；同年，青岛也被德国租借。中国更像是列强实行非正式帝国主义的平台。通过这种形式，欧洲强国加以暴力手段对中国进行经济控制。英国在 19 世纪成了这方面的先锋。1840 年至 1842 年间，英国发动了第一次鸦片战争，并逼迫清朝政府通过签订条约来赋予英国商人以优先权。在签订条约之后，英法两国又对中国发起了第二次鸦片战争，中国也与其他欧洲国家签订了不平等条约，这些国家通过条约设立了一系列通商口岸，并由此来控制中国的进口关税。此外，这些条约还赋予各国进行铁路建设与矿山开采的特权，并允许欧洲人沿着河流深入中国腹地进行活动。基督教传教团体也被准许进行传教，并获得了治外法权。在义和团运动和八国联军侵华战争爆发后，英国、法国、德国、意大利、俄国和奥匈帝国等欧洲列强及美国和日本又对中国施加了各项战争赔款和强制性债务，清朝政府做出的妥协也达到了顶峰。

425

　　在当时，欧洲强国对非洲的瓜分引起了广泛关注。在欧洲殖民主义者看来，非洲是整整一片内部有待"发现"、不属于"任何人"、静待"取用"的大陆。在北非，1882 年，英国开始了瓜分埃及的活动：占领领土，并赋予其被保护国地位。这一过程可被视为对奥斯曼政权的逐步瓦解。欧洲各国之间也展开了竞争，对非洲大陆其余地区进行瓜分与"渗透"。虽然这一侵吞的过程充满了火药味，但欧洲强国之间还是和平的，它们主要在非洲国家统治阶级与民众前残暴不仁。

　　1884 年至 1885 年间，欧洲各国就瓜分非洲一事召开了柏林会议，这场会议是欧洲各国在非洲进行殖民扩张的高潮。与会国除德国之外，还包括英国、法国、意大利、葡萄牙、西班牙、荷兰、比利时、丹麦、瑞典－挪威联盟、奥匈帝国、俄国及美国与奥斯曼帝国。会议的首要事项是对刚果河其他流域地区的自由进出做出规定。1885 年签订的《刚果议定书》涉及了非洲中部地区及从喀麦隆、安哥拉北部到莫桑比克再到坦桑尼亚和苏丹的地区。该议定书除了宣布欧洲企业享有贸易自由之外，还成立了刚果自由邦。在议定书的单独纪要中，刚果自由邦被判定归比利时国王利奥波德二世个人所有，供其在自由邦内进行经济剥削。此外，各国统一认为在合乎欧洲法律的条件下获得殖民地的前提是相关国家须对相应领土进行有效管理。在这场会议后，各国继续对非洲进行相应瓜分，但这种瓜分是在一场剑拔弩张的竞争中进行的。1898 年，这种竞争导致了两个欧洲强国之间出现了一场严重危机：在喀土穆以南 600 千米的法绍达，法国军官率领的塞内加尔军队与一支由埃及与苏丹士兵组成的英国军队对峙。法国想要将从塞内加尔到印度洋的整片法属西非连接起来，建立横穿非洲大陆的法属殖民帝国；英国则想要在南部的好望角与北部的开罗之间形成一座"大陆桥"，建立纵贯非洲的英属殖民帝国。法国的宏伟计划与英国的勃勃野心都只差一步，即占领刚果与尼罗河之间的"缺失"部分，而两国的计划在此产生了冲突。尽管两国媒体之间公然叫嚣，但两国政府却通过和平的方式达成了一致。

19世纪下半叶时，欧洲强国为何大动干戈进行殖民扩张、瓜分世界？这是因为建立殖民统治对于某些群体而言大有裨益。相关原因是多方面的，可综合殖民活动的行为主体、地点和层面来看。参与扩张的有多方势力：商人、冒险家、传教士、开拓者、科学家、官员和士兵。他们都积极参与海外或大陆的扩张活动，各自却怀有不同的动机。国家日益密集的殖民活动让他们更容易进行贸易或实现自己的目标，他们本身的利益也不必与政府利益完全保持一致。在一些具体情况下，当地的危机也产生了影响。这些危机撼动了欧洲势力与当地势力之间一直以来的紧密合作，促使人们呼吁祖国采取更多的行动来维护自己在当地的经济利益。对于某些经济部门及身处欧洲大都会的各个企业而言，确保自身能够获得农产品及其他原材料这一点十分重要。而财政利益则并不仰仗于领土概念上的殖民统治，而是更依赖于非正式的霸权。欧洲各国政府为何如此果断且大规模地建立殖民政权？对于这一问题。历史学家克里斯托弗·贝利（Christopher Bayly）从欧洲国家间关系的角度给予了一个极具说服力的回答。他认为其原因在于，一方面，欧洲各国认为在世界范围内进行扩张能够为其提供诱人的机会、带来利益。同时，欧洲的民族国家及美日两国在行政、军事和工业方面的发展已经足够让他们在本土大陆之外行使其权力手段。另一方面，海外各国也掀起了民族政治运动，旨在对殖民国家日益密集的殖民活动及建立外来政权的行为表示反抗。1882年英国占领埃及之前，埃及就爆发了民族解放运动；1899年南非战争爆发之前，布尔人就反对英国占领其民族领土，展现出了爱国主义精神。贝利将这些运动都视作欧洲以外的民族主义运动。在印度或印度支那等已经建立殖民政权的地区，欧洲管理者也敦促欧洲政府加强国家及军事活动的力度，以应对当地精英对于提高政治参与度、赋予民众更多自由的诉求。在一定程度上，荷属东印度向苏门答腊的扩张就可被视作对当时发生于荷兰势力范围边缘的伊斯兰反抗活动的回应。欧洲各国之间的竞争及殖民地民众的反抗促使各国政府对民众的诉求加以区分，在其他欧洲民族国家实现其殖民目标前或威胁到本国在当地的政权之前，只要是能满足的诉求，各国政府就必定满足。但在当地实际的殖民活动中，各国政府的竞争并未对各国之间的切实合作造成阻碍。

428　　　总体而言，19 世纪晚期的帝国主义表现为各国努力争夺对全球各地的政治控制权。几十年之后，各国为占领世界而进行的殖民活动也情有可原，这并非因为欧洲国家之间剑拔弩张的紧张关系，其原因在于：一方面，欧洲各国在殖民扩张一事上都存在野心与竞争；另一方面，各国都想要抓住全球范围内的机遇从而都努力去争取。欧洲国家在技术工业、经济及政治组织方面的实力为各国实现其野心提供了可能。民族国家与帝国进行的殖民活动在 19 世纪尤为典型。但这些殖民活动并不仅仅建立在暴力及殖民者与被殖民者的冲突之上。欧洲的霸权并不是极权统治，而是仍依赖于与当地势力之间的合作。根据不同情况，欧洲殖民国家在殖民地建立的政权的形式也不同，包括直接、间接、正式和非正式的统治。被殖民国家的社会成员也会与欧洲势力结盟，试图利用这一机遇，来打击自己在政治及军事上的对手，他们也十分擅长于此。一些人能够在经济上利用新生成的劳动力市场、产品生产和分配市场，但另一些人却由于欧洲霸权而失去了这些市场。得益于殖民机构的存在，教育行业也得到了发展机遇。但自 19 世纪开始，欧洲人与殖民地民众之间的关系架构就是一种权利分配不对称的架构。其特点是，人们相信欧洲文明的进步性，殖民者对殖民地民众展现出种族歧视思想，此外，殖民者还通过军事暴力手段来维护其与被殖民者的关系。

最后，我们还须强调：这种霸权统治是十分棘手的。这一点不仅体现在爆发于各国占领殖民地这一阶段的战争中，也体现在爆发于已经建立殖民政权时期的战争乃至 20 世纪晚期的去殖民化战争中。军事暴力行为可被视为欧洲人与当地势力之间的殖民战争，殖民者借此建立并巩固殖民政权。但进一步来说，这些战争也可被视为帝国战争，各个帝国借此将一片陌生领土或正式或非正式地纳入自身势力范围，并采取暴力手段逼迫一个地位低下的边缘地区融入到世界体系之中。在 19 世纪下半叶，这两个维度的战争，即殖民战争与帝国战争，都同时在激烈进行着。

在欧洲各国之间发生的军事暴力冲突中适用的一些区分方法或准则并不适用于或被用于殖民战争中，这是殖民战争的一个特殊性质。在殖民战争中，远征与掠夺之间及警察行动与战争之间的界限并不清晰，或者就像战士与平民之间的界限一样，并不会被人们所遵守。殖民地与欧洲情况不同。殖民地的战争一触即发，而欧洲有着特定的外交事件等级，在很多情况下，这能够阻止军事冲突的爆发。欧洲人罔顾自 19 世纪 60 年代起在欧洲发展起来的国际人道法，尤其是在与非欧洲民众进行战争时更是如此。如 1879 年的英祖战争中，俘虏就被虐待或屠杀。而平民也会被拘禁在营地之中（用当时的话来说就是被"集中"起来），得不到足够的生活保障，如 1896 年至 1897 年的古巴集中营、1900 年的南非集中营和 1904 年用于拘禁赫雷罗人和纳马人的集中营等。欧洲殖民者的目的，即究竟是要军事占领领土、统治领土及当地人民，还是通过军事途

径获取拓殖型殖民地，这一点对于殖民地对待对手（包括战士
与平民在内）的方式至关重要。英国对澳大利亚原住民进行了
长达数十年的驱赶、屠杀，掠夺了其生活资料，德国也在短时
间内对赫雷罗人和纳马人进行了大屠杀，造成 8 万人死亡。这
些历史都表明欧洲垦殖者和政府的冷酷无情。

在 1871 年到 1914 年的这段时间内，发生了大量的殖民
战争及"讨伐行动"。英国军官兼军事作家查尔斯·爱德华·
科威尔（Charles Edward Callwell）于 1896 年首次出版的
作品① 以"小型战争"为题，但这些军事冲突绝不全然是"小
型战争"。1899 年至 1902 年间，英国共向南非派出了 32 万
人。在 1896 年的阿杜瓦战役中，意大利一方兵力达 1.8 万人。
其中 7000 人在一天内全部阵亡，1500 人受伤，3000 人被俘；
埃塞俄比亚皇帝孟尼利克二世及其军队之所以能取得胜利，并
不是因为他出动了对方四倍之多的士兵，而是因为他购买了法
国的现代步枪及弹药。由于这次购买，欧洲国家一贯具有的武
器技术优势被出乎意料地逆转了。欧洲国家与土著人群之间全
面的武器交易让欧洲军官惴惴难安，但他们却无法真正禁止这
种交易。这种普遍情况所产生的灾难性效果在 1898 年的恩图
曼会战中得以体现。赫伯特·基钦纳（Herbert Kitchener）所
率领的装备有克虏伯大炮和机关枪的英埃联军射杀了配备土枪
的 1.1 万名马赫迪士兵，重创 1.6 万人，而英方仅有 49 人阵亡，
不到 400 人负伤。19 世纪下半叶，在高加索地区、阿尔及利亚、
南非、菲律宾或古巴进行的殖民战争中，欧洲人和美国人血腥
地对待对手，对布尔人和古巴人也是如此。

---

① 此处是指科威尔于 1896 年出版的著作《小型战争：原则与实践》（*Small Wars:
  Their Principles and Practices*）。该书总结了英国以及西班牙、美国、俄国等军
  队在战争行动中的经验和教训，被译成多种语言，是一本得到了广泛认可的军事
  著作。——译者注

欧洲内部和平得以维持的主要原因在于：首先，各国为建立和巩固殖民统治进行的战争都是在欧洲国家体系之外进行的，大多数都不会直接影响到欧洲国家之间的关系；其次，帝国行使权力的非正式形式至少在原则上允许来自多个欧洲国家的私人主体在同一殖民空间内活动。中国及刚果其他流域的例子表明，在自由贸易或"门户开放"的原则下，各个强国是能够联合起来的，它们能够共同维护自身统治，在某些情况下也会施以暴力。在使用暴力方面，欧洲军事将领大部分要仰仗当地土著军队，他们通常来自其他地区或民族。第一次世界大战中，除德国外（因英国的海上霸权而无法行动）所有的欧洲强国都将自己充当殖民地人力资源的"后备部队"投入到了欧洲战场。在此之前，帝国战争与殖民战争对欧洲国家间关系造成的影响只是间接且有限的。

1890 年到 1914 年的脆弱阵营

1914 年前的 25 年间，欧洲国家体系发展的特点是各国联盟逐渐得到了巩固。其中，各国在殖民扩张上的紧张关系和世界政治思想发挥了某种作用。在 1900 年前后的几年间，这种作用更为重要，但二者并未对战争与和平起到决定性作用。第一次世界大战前的 20 年间，欧洲国家体系从具有一定灵活性的"外援体系"逐步发展成为两个相互对抗而又脆弱不堪的阵营：其中一方由法国、俄国和英国组成，另一方则由德国、奥匈帝国和意大利组成。欧洲政治领域原先建立起的德奥同盟是形成这一局面的基础。1879 年，德意志帝国与奥匈帝国结为同盟，1888 年公开盟约部分条款。根据两国同盟条约，合约双方应在一方受到俄国进攻时给予对方支持。德奥同盟原本只是俾斯麦复杂的联盟体系中的一部分，而在 1890 年之后，同盟的意义发生了变化，自 1908 年的波斯尼亚危机起，它就从

431

432

一个联盟形成为一个阵营。其中，中欧计划与民族主义的煽动性宣传起到了作用；此外，两国的总参谋部也都达成了一致。在吞并波斯尼亚和黑塞哥维那一事上，德国保证会对两国联盟保持忠诚。这样一来，联盟政策的可选方案愈发渺茫。因此，尽管双方部分利益不同，但还是形成了一个持续的安全政策与军事政治联盟，一直延续到了 1914 年前。

1882 年，意大利王国、德意志帝国与奥匈帝国建立三国同盟，使这一阵营得到了补充。在 1914 年前，该阵营又经过了数次重组。三国同盟是一种带有防御性质的联盟。一方面，这一联盟努力弥合意大利与奥匈帝国在特伦蒂诺和的里雅斯特问题上产生的冲突；另一方面，德国与意大利约定，在对方遭到法国袭击的情况下将会给予协助，同时德国也对奥匈帝国承担相应的单方面义务。这样，三国同盟就为意大利在外交领域争取到了更多余地。在 1887 年三国同盟续约后，意大利政府试图利用这一联盟违背法国利益，在北非进行殖民扩张，但这一进攻性的利用手段并未得到盟友的支持。此外，三国同盟也并没能消除意大利与奥匈帝国因上述意大利语区所产生的紧张关系和二者在巴尔干半岛上可能产生的利益冲突，联盟仅仅起到了中止的作用。因此，我们须将三国同盟视为一种脆弱的联合。它有利于维持和平，也能保障盟国在外交领域的行为能力，但却并不适合用来发动战争。1896 年，意大利在阿杜瓦战役中输给了埃塞俄比亚军队，1900 年后，它就试图与法国就双方在北非的势力范围达成利益平衡，这也使得意大利在1911 年至 1912 年间为争夺的黎波里塔尼亚和昔兰尼加，即后来属于利比亚的两片地区，与奥斯曼帝国展开了战争，这场战争也并未得到德国与奥匈帝国两个盟友的支持。1908 年的波斯尼亚吞并危机爆发后，意大利与奥匈帝国在巴尔干半岛上的关系再度剑拔弩张。但造成意大利与三国同盟之间关系不稳定

433

的因素除了意大利在殖民地和收复领土方面的图谋之外，重要原因还在于意大利仰赖与英国的良好关系，因为英国舰队在战略上占领着地中海的海上霸权。德意志帝国与英国之间的矛盾越深，意大利政府就越不愿意履行其在三国同盟中的义务。鉴于上述所有情况，意大利在 1914 年第一次世界大战爆发时保持中立，之后在 1915 年又倒戈，以协约国的身份加入战争，也就不足为奇了。

另一阵营与两国或三国同盟相互对峙，而对于这一阵营的形成而言，法俄两国的相互靠拢发挥了重要作用。1890 年，《德俄再保险条约》（Der deutsch-russische Rückversicherungsvertrag）未能续约，这为法国和俄国打开了合作的大门。但到此时，两国还需要许多步骤才能达成联盟。在同盟国阵营中，意大利是后来加入的，且它与盟国的关系并不紧密，而在 1900 年后，英国也以类似方式加入了法俄两国的阵营。1892 年，俄国与法国之间就相互支援义务达成了一项军事协定，标志着法俄两国联盟的形成。1893 年底至 1894 年初，两国互换照会，使得这一联盟拥有了法律效力，一直持续到了第一次世界大战。两国的联合让法国摆脱了联盟政策上被孤立的状态，而孤立法国正是俾斯麦一直奉行的战略，旨在遏制这一邻国。一开始，法俄两国的联盟主要针对的并不是德意志帝国及其盟友，而是在世界许多地区都与两国具有利益冲突和目标冲突的英国。在 1898 年和 1901 年关于建立德英联盟的谈判失败后，英国首先在 1904 年通过《英法协约》亲近法国。根据这份"挚诚协定"，双方都互相承认彼此在埃及与摩洛哥的统治地位，并借此摆脱了在 1898 至 1899 年间苏丹的法绍达危机中所表现出来的敌对状态。与此类似，1907 年，英国和俄国在《圣彼得堡条约》中划定了各自在中亚的势力范围。此类关于实现殖民地利益均衡的双边协议还包括 1911 年的《英法军事协定》和 1912 年的《法俄海军协定》。1914 年 9 月第一次世界大战爆发后，三国的军事联盟才成立起来。尽管英法俄三方并未正式缔结联盟协议，但自 1907 年以后，三国政府之间就展现出了明显的友好关系。然而，由于三国在博斯普鲁斯海峡和达达尼尔海峡的问题上关系紧张，这种友好关系仍旧非常脆弱。

在 1905 年至 1906 年的第一次摩洛哥危机中，法德两国殖民利益产生冲突时，英国和俄国就对法国表示支持。这时，英法俄阵营就已显现了出来。在 1911 年的第二次摩洛哥危机中，英俄两国又如法炮制。这两次紧急事件、协约国阵营及其协定表明，欧洲的阵营与各国的殖民利益相关，阵营的形成主要是因为英国、俄国和法国这些殖民大国在欧洲之外能够和平友好地达成一致。德奥阵营的目标是保障大陆安全，而法俄英阵营则是基于三方在具体殖民问题上的一致意见。由于后者在欧洲之内并无潜在冲突，因此，它们在 1914 年前的欧洲危机中展现出的稳定性也不亚于两国同盟。

各国缔结合约、组成阵营是与所有欧洲强国的大规模军备升级同时进行的。1890 年至 1914 年间，俄国的陆军与海军人数增长了一倍之多，从 67.7 万人增至 135.2 万人；在法国，这一人数从 54.2 万人增至 91 万人；德国从 50.4 万人增至 89.1 万人。相较之下，在没有兵役制度的英国，这一数字增幅较小，从 42 万增至 53 万；在奥匈帝国则是从 33.6 万攀升至 44.4 万；在意大利，这一数字从 28.4 万增至 34.5 万。19 世纪 90 年代之前和 1912 年之后，大多数国家的重点都放在了陆军的军备建设上。在这两个时期之间，各国的政治及军事领域都将重点放在了海军军备建设上，英德两国的海军军备竞赛也使两国关系的改善受到了阻碍。就各国军舰吨位的变化来看，1914 年英国仍以 271.4 万的总登记吨位继续占据海上霸主的地位，而此前的整个 19 世纪，英国始终都保持着这一地位。在欧洲大国中，法国仅以 90 万的总登记吨位位列第三，因为德意志帝国已凭借 130.5 万的总登记吨位从 1880 年的第四位跃升至 1914 年的第二位。但在第一次世界大战之前，陆军实力又再度成为各国关注的焦点。1912 年至 1913 年间，奥匈帝国通过了《兵役法》，俄国对其军队进行了重整，德意志帝国则通过了一项新的防卫规定，法国政府不顾国内政客反对，又再度实施了三年制兵役法。这些举措是为了充分利用潜在的防卫力量，加强军队实力。此外，各国国防部也用新型技术将自己的军队武装起来，并在殖民地战争中对部分技术进行了试验。例如，各国用飞机和齐柏林飞艇建设空军，给步兵装备机关枪，制造更精良的火炮，建造潜艇，等等。首先对这种军备升级提出批评的是各国的社会主义党派，但欧洲各国政府仍然继续进行军备竞赛，因为它们害怕自己潜在的对手会在未来占得先机。在这一过程中，各国对特定的对手存在顾虑，但同时也考虑到了两大阵营之间的军事平衡。而阵营内部的军事平衡则通过军事协定来实现。1899 年和 1907 年的海牙会议上，沙俄努力想要中止军备竞赛，甚至想要裁减军备。但由于各国政府各自存在顾虑，这些努力最终还是失败了。

在第一次世界大战前的二十年间，欧洲国家体系与之前的和约体系相比在总体上并不利于维护欧洲内部和平。其中有诸多原因。首先，此前法国受到各国孤立，英国似乎也将自身推至欧洲舞台的边缘位置，而这时所有的大国都正式归属两大阵营中的一方。由于各国都被捆绑于某个阵营中，各国在危机情况下为自己拉拢"自由的"盟友的可能性也随之减小了。因此，联盟体系本身也就更为僵化了。其次，国家体系的管理权不再重点掌握在像俾斯麦这样的突出人物手中，同时，它也并不像在维也纳体系中一样，是所有参与者的共同事务。维持国

436

家体系的整体责任归属模糊不清。最后，两大阵营内部的团结相对脆弱，这也带来了不稳定性。这两大阵营既不像20世纪冷战时期的阵营那样具有明确的领导力量，能够指挥盟友的行动，阵营中的成员也基本上不愿意授人以柄。第一次世界大战前，各国也并未对盟友进行明显控制。矛盾的是，这种情况也与德奥及法俄两边各国政府所接受的、由条约确立下来的义务相关。德国和法国在条约中约定的为盟友提供支持的非正式意愿使得两国政府在外交领域具有很大的活动空间。奥匈帝国和俄国则要继续他们在巴尔干半岛上的争端，就好像它们即使并未得到盟友的保障也能够进行下去一样。从这个角度来看，1914年德意志帝国为奥匈帝国签发的"空头支票"，即承诺德国在紧急危机时会对联盟保持忠诚，也仅仅是潜在冲突已全面升级的最后表现。同时，各国对于维持阵营团结的信心也有限。对于某个盟友脱离阵营或改换阵营的恐惧触动了各国政府。法国政治家不得不一再思索，根据《英法协约》，英国具体应承担哪些义务。俄国会不会改换欧洲的另一阵营，并在欧洲之外再度与大英帝国形成对峙？这些可能性让英国外交官惴惴不安。如果情况危急，意大利在各国的逼迫和招揽之下究竟会加入哪一方，这是其他国家都在考虑的问题。

1914年之前，国际体系的稳定性也被其他因素所削弱，而这些因素与欧洲国家的联盟具有间接关系。一方面，军备竞赛加剧了各个强国之间的紧张关系。在频繁爆发危机和战争在所难免的背景下，各国担心会在未来处于劣势，正是这种担忧破坏了国际体系的稳定。各国认为，在未来的某个时间点，潜在的敌人会将自己远远甩在身后，而自己只能坐以待毙，于是先发制人发起战争这种想法就越来越具备说服力了：在自己占据优势时，要先下手为强，避免对手通过军备升级变得比自己强大。尤其是军官及一些外交政策领域的相关人士认为，战争是在所难免的。另一方面，在国家内部，军费支出引起了人们就财政分配的论战。人们应当如何筹措资金？社会中哪些群体理应为国家的外交地位埋单？世纪之交前后，内政领域人士就要求提高社会性支出的比例，而如今还剩多少资金能留给社会性支出？这些疑问背后的问题让财政政策成为第一次世界大战前几年间"内政与外交的铰链"［古斯塔夫·施密特（Gustav Schmidt）语］。

438

　　首要问题在于，这些欧洲国家的政治体系能够承受多少分歧而不解散。为了维持各国政权的稳定，需在哪些领域取得共识？显然，基于民族帝国主义，人们成功在军备政策问题上赢得了议会中大多数人员的支持。但在其他政治问题上，就算议会能够取得共识，这一过程也是更为艰难的。"中左翼"政党通过承认防卫规定彰显了自身的爱国情怀。反过来，这一做法也使得他们能够让"中右翼"政党做出让步，以便在某些政策领域进行改革。在第一次世界大战前的欧洲，"强有力"的外交政策也是应对政治危机的战略的组成部分，它也并未因此成为领导阶层维护自身社会内部地位的单纯的统治工具。唯有参与到世界政治中，强国及想要加入国际政治体系的国家做出的外交成就才能发挥价值，而若这些国家所做的外交成就能够稳定政府体系，其价值则会更高。

欧洲的危机管理与失败

　　自 1900 年起，各个阵营逐步建立起来。而在组建阵营的过程中，各国也产生了一些矛盾。对于这些矛盾，各个阵营基于本身的脆弱性也持续发挥着一种不容忽视的作用。这些阵营可供当时的行为主体在国家体系及阵营内部进行政治控制与管理。阵营内部的紧张关系（如奥匈帝国与意大利或俄国与英国之间的紧张关系）减弱了阵营的攻击性。依照历史学家霍尔格·阿弗勒巴赫（Holger Afflerbach）的观点，这些阵营更应被视作一种防御性联盟，而不适合用作进攻的工具。因此，在第一次世界大战前的几十年，这些联盟也为各国之间关系的缓和创造了条件。弗里德里希·基斯林（Friedrich Kießling）认为紧张关系与缓和关系之间似乎是辩证关系：危机会促使各国努力缓和关系，但之后在各国结为脆弱联盟的背景之下，长期看来，这种努力在整体上又是不利于稳定的。

439

1911 年，第二次摩洛哥危机爆发。通过派遣"豹"号炮舰开往阿加迪尔这一军事威胁手段，德国政府企图逼迫法国在殖民政策上做出让步。在这次危机之后，除了制定各项具体规定以外，各国还进行了多方面努力，来遏制阵营之间的对峙愈演愈烈的风险。其中用到的方法包括英国陆军大臣访问柏林、德国皇帝与俄国沙皇之间的君主会面、各国寻求在非洲及中东地区展开合作等。同样，对建立欧洲强国"协调"体系、让欧洲各国共同承担起相应责任来保障和平的呼声也发挥了一定作用。在 1912 年至 1913 年巴尔干战争期间，各国大使在伦敦召开了一次会议，以期长期解决塞尔维亚、阿尔巴尼亚、保加利亚、罗马尼亚和希腊这些小国之间的利益冲突及它们与奥斯曼帝国之间的冲突。20 世纪 20 年代初期各国采取的这些缓和冲突的措施都是在 19 世纪下半叶常规的危机管理框架内进行的。约斯特·杜尔费（Jost Dülffer）认为，消除危机的方法包括进行领土、政治和经济赔偿，呼吁再度建立"欧洲协调"体系，寻求利益共同点（无论共同点多少）及一些能够建立国家间信任的姿态等。同时，各国也能通过与他国摒弃前嫌或在二者都与另一国家存在冲突的基础上，来共同对另一国家进行牵制。此外，各国还建立起了特定的规则与机制，如召开大使会议、设立国际管理机构、通过第三方国家进行调停或斡旋，以及在 1900 年成立的海牙常设仲裁法院的自愿仲裁原则。另一

440

方面,组建对立阵营、实行强硬政治、威慑,以及构建军事平衡等手段也能遏制各项具体危机。但长远来看,这些危机管理手段也存在激化矛盾的风险。

各国完全有缓和局势的经验与机制以及管理危机的意愿,以避免这些危机演变成一场全面战争。但在 1900 年前后的二十年间,各国采取行动的余地却越来越小。通过大众媒体的渠道,怀有民族主义情绪的广泛大众也能够决定欧洲政界会发生什么以及哪些手段可行。这是一项更深层的挑战,仅凭外交手段无法解决。即便那一小部分男性外交官及男性政府成员主导着外交谈判,且他们的个人观点与彼此的关系也起到了不容忽视的作用,但政治家们还是无法脱离大众、议会、党派和社会组织在本国范围内施展拳脚。受到大众评价和讨论的并不是他们在封闭空间进行外交谈判的过程,而是这些谈判的结果。如果一方做出了过多的妥协,那么很快国内怀有民族主义情绪的大众就会在媒体上批评他们的懦弱,并抨击他们在大国竞争中输掉了自己国家当下及未来的地位。

欧洲内的一个特殊地带带来了另一个问题,它促使各国采取措施,或至少激起了各国进行危机管理以限制冲突进一步发展的意愿。这一地区在欧洲东南部,1900 年前后,欧洲各国关系都因为这片地区面临着挑战,那里的国家与社会也形成了一个危机火药桶,将火药味扩散到整个欧洲大陆,且很容易就能溅出火星。玛丽-雅尼娜·卡利克将东南欧称作一个"实验室,在这里,对欧洲安全至关重要的联盟与方法接受考验,帝国主义的竞争也在此决出胜负"。1914 年,在这片试验场上,欧洲的危机管理宣告失败。有诸多原因导致这个"火药桶"最终被引爆:这一地区的众多国家在与奥斯曼帝国产生冲突的过程中变得越来越好战;各国在此对民众施以暴力,将其驱逐,导致民众被迫开始逃亡,遭受种族"清洗";同时,大众

441

社会也展现出民族主义思想。这一地区的种族与民族构成较为复杂，其分布情况并不符合该地区那些政权尚未巩固下来的民族国家之间的划界情况。在这一背景下，领土收复主义势力崛起，该地区各个国家竞相提出建立大塞尔维亚、大罗马尼亚、大保加利亚或大希腊的诉求。"欧洲火药桶"的危险之处主要在于：奥匈帝国、奥斯曼帝国及沙皇帝国的强权政治利益、战略利益与经济利益在这片地区相互重叠，因而会直接引起动乱。此外，英国也在维护自己在地中海东部及土耳其海峡的利益，德意志帝国也在世界政策的驱使下意欲占领中东地区。多个方面的不稳定情况尤其对哈布斯堡王朝造成了影响。因为于它而言，这片地区不仅是一个进行殖民扩张的平台，同时，它也给哈布斯堡王朝自身的政治秩序带来了威胁。哈布斯堡王朝内部爆发了一些运动，试图建立一个贝尔格莱德领导下的，囊括塞尔维亚人、克罗地亚人和斯洛文尼亚人的南斯拉夫国家联盟，并让其作为第三势力加入奥匈帝国，使奥匈帝国从一个二元制帝国转换为三元制帝国。一方面，这类想法、诉求和苗头直接对哈布斯堡王朝的秩序产生了影响，因为在塞尔维亚也有一部分人持相同的理念，那里也存在相应的势力。另一方面，"南斯拉夫问题"扰动了这一地区各国之间以及所有欧洲国家之间的关系。1908 年，哈布斯堡王朝吞并波斯尼亚和黑塞哥维那，进一步加剧了这一地区的潜在危险。这次吞并导致哈布

442　斯堡王朝中斯拉夫人的比例增加，王朝与塞尔维亚的关系恶化，由于俄国在巴尔干半岛同样存在利益，且俄国是这一地区的保护力量，因此，哈布斯堡王朝与俄国的关系也变得更为紧张。此外，哈布斯堡王朝的国际声望也受到了损害。1914 年，一名极端的塞尔维亚 – 波斯尼亚青年将奥匈帝国皇位继承人弗朗茨·斐迪南大公视作民族争取自身权利的敌人对其进行刺杀，这并非偶然。他开出的一枪也引起了欧洲的动荡。

　　除了公众的影响及欧洲东南部这个"火药桶"的存在以外，1900 年之后，欧洲的联盟体系本身也无法再起到遏制冲突的作用。这并不是因为这些阵营太过稳固，恰恰相反，是因为它们过于松散了。各国政治家努力缓和关系的目的并不仅仅在于消除对立或实现共存，他们更多地是为了通过削弱对手与其盟友的联系来战胜对方阵营。因此，当某个国家想要缓和它与另一个国家之间的关系时，它就会受到阵营内部盟友的怀疑，其举措也会受到监视，因为这些举措看上去会危及协约国或三国同盟的团结。因而，各国在采取这一战略时，还须通过与对方阵营内另一个国家对立的方式来告诉"自己人"，这绝不意味着自己要违反联盟的义务。也就是说，每次缓和关系的同时，各国都须努力增强阵营内部的凝聚力，这也就加强了阵营内部各国的责任感和相互依赖。此外，若我们还将各种军事协定、军备竞赛及各国在动员和战争方面的战略规划考虑在内，那就不难发现，危机形成的条件已经具备。可能从某个时刻开始，这场没能被及时遏制的危机就有了自己的形成逻辑。这样来看，战争爆发的责任不仅在于那些想要发起战争或试图有意引战的国家身上；同时，某些国家基于过去的经验，在危机之时还期待他国做出退让，没能及时缓和危机，为了取得优势自甘风险，这些国家也难辞其咎。在存在于 1914 年前 20 年的这个国家体系中，自甘风险并不是一件好事。但大多数欧洲男性政客却不这么认为。事实上，关于欧洲国家政治如何施政这一问题，相关政治家、外交家和军事家似乎都没有真正与此不同的另一种观点。

443

　　1914 年的时局条件既能缓和局势，也允许各国自甘风险、任由危机继续发展下去。在这一年的夏天，依照此前发生的一些意外事件的模式，各国本能地通过外交手段缓解危机、缓和局势，但这其中回旋的余地十分有限。联盟阵营之中各国之间的依赖性越来越强，这一点在德国与奥匈帝国之间的关系上表现得尤为具体。1914 年 6 月 28 日的刺杀行动引发危机后，有多种方法可供各国选择，来缓解危机，如：可让那些与俄奥两国矛盾没有直接利害关系的国家进行斡旋或召开一次大使会议等。尤其可以通过德英合作进行调停，让两国各自说服盟友奥匈帝国和俄国不要让事态发展陷入极端，显然，这在各方看来都是个好办法。有两个因素始终贯穿于整场危机：第一，两大阵营都预期对方不会冒战争之险；第二，各国已经在过去几年积攒了通过外交手段进行危机管理的经验，且自 1871 年以来，欧洲各个强国之间维持了一段长期和平。

为什么在 1914 年夏天时，通过外交手段缓和局势的方法就不再起效了？对于这场危机演变成一场大战的原因，最好的解释就是，各国在外交领域具有类似的经验，做出的预期也大同小异。弗里德里希·基斯林的研究认为，在 1914 年之前的几年间，关于战争的常用说法从"当下已经避免的战争"演变成了"'世界'强国之间中长期而言不可避免的战争"。因此，局势缓和不仅仅是各国在过去几年的经验，同时也在各国的预期范围之内。在各国的预期中，绝不仅有爆发一场不可避免的大战一种可能性。具体而言，许多欧洲国家的行为主要是基于它们的一种期望。它们认为德英两国会展开合作，适当说服其盟友奥匈帝国和俄国，从而缓和局势。然而，英国政府并未立即做出符合这种预期的行动，因为在联盟阵营较为脆弱的背景之下，英国既要维护自己的阵营，也要努力缓和与另一方阵营的关系。这也就说明了脆弱阵营普遍的问题所在：它使得危机管理的行动空间越来越有限。英国外交大臣爱德华·格雷（Edward Grey）始终坚信自己的预期，他认为德国会对奥地利政府进行游说，从而缓和局势。而奥地利政府却有意推动这场危机，旨在与塞尔维亚开战，以求最终解决与塞尔维亚在

444

巴尔干半岛上的冲突，并以此来缓和国家内部的紧张关系。奥地利政府估计，俄国在其盟友的压力下可能并不会站在塞尔维亚一边参战，这场战争会限制在地方范围内。虽然奥地利本身也知道这种可能性很低，但这种想法还是促使它下定决心，对塞尔维亚发出了最后通牒。1912 年，巴尔干同盟与奥斯曼帝国之间爆发了第一次巴尔干战争；1913 年，又爆发了第二次巴尔干战争。战争一方为塞尔维亚、希腊、黑山、罗马尼亚，另一方为保加利亚，这两次战争都被限制在了地区范围内。最后于 1914 年 7 月，德意志帝国再度向哈布斯堡王朝承诺将会忠于联盟。也就是说，德国并不符合制止盟友行为的期望，相反，它给奥匈帝国在外交及军事上都留下了余地，因为德国想要知道俄国是否愿意且准备好参战。在这一过程中，各国也预料到未来可能会爆发一场不可避免的战争，这种期望也发挥了影响。奥匈帝国和德国的政策带来了一种意料之外的风险：在阵营较为脆弱且相应国家甚至做出了动员计划的背景下，它们的做法更像是一种不负责任的、孤注一掷的行为。这种做法在一定程度上是可行的，因为依据各国的期望，局势确实有可能缓和；但由于各国也能预料到一场大型战争在所难免，且各国都在努力进行军备升级、制定作战和部署方面的战略计划并进行动员，这种做法也是非常致命的。也就是说，在这样一种形势下，局势有可能缓和，但若各国执政者热衷于冒险，局势缓和就会化成泡影。因此，1914 年的世界大战既可被避免，又极有可能发生。各国并不是不慎陷入战争，也不是不知不觉就参与到了战争之中。它们完全能意识到这一风险的存在，只是它们最终还是选择了冒险，但它们在眼下的危机中又期待战争还不会爆发。事实上，当时整体的时局表明，各国政府距离灾难仅一步之遥。

445

446

第六章

回　顾

　　直到不久前的一代，一些颇具声望的历史学家本身就是 19 世纪末文化的一部分。一些颇有历史的经典著作的作者恰恰出生于第一次世界大战前后不久。而年轻一些的历史学家则通过他们的祖父母一代与这一时期产生联系。对于我们这辈人而言，19 世纪恰恰是很亲近的，而对于大多数人而言，它已经成了一种流传下来的文化记忆。那些生于 1990 年的人，距离 19 世纪与 20 世纪之交那一时期已经有三代之遥了。或者换种方式具体说明：2009 年，第一次世界大战的最后一名退伍军人——生于 1896 年的飞机机械师亨利·阿林厄姆（Henry Allingham）于布莱顿逝世，享年 113 岁。我们如今已经无法与那个时代的人交谈了，顶多只能与那些跟他们有过交集的老人谈论这段历史。

　　回顾历史，许多作者书写的 19 世纪下半叶这段历史是他们一部分现实生活的写照，他们也会在书中对这段历史进行解读。大多数情况下，这段历史被视为夹在大西洋革命与法国大革命和第一次世界大战之间的一段较长的时期。对于历史分期而言，过去（对于当时的人则是当下）发生的各国的冲突与成就是一项重要标准。相关人士对这段"漫长"的纪元有着不同的解读，这些解读包括：一个宪法不断发展的，属于市民阶层的时代；一个工业化接续发展的时代；一个民众的社会与政治平等意识觉醒的、经济增长的时代；一个民族国家在全球范围内展开竞争、争夺领土的时代；全球现代化和世界转型的开端。这些宏大的解读都出自那些至少与那个时代有着间接联系的历史学家之笔。一开始，那一时代的人忙于寻找战间期动荡不安的源头，后来，他们则以西方用于冷战的现代化理论及其进步范式和进步性批评为评判标准，对这段历史进行解读；再之后，他们的解读还受到了当代全球化进程的影响。这些历史学家常常将 19 世纪下半叶视作一个加速时期。更尖锐地说，它是充满矛盾的，甚至可以说是灾难性的 20 世纪的源头。在第一次世界大战结束超过三代人的时间之后，随着 19 世纪渐渐成为一种流传下来的文化记忆，对这段历史的科学评价也许与这个时代的真实映像渐渐遥远了。但即便在今天，历史学家也免不了将自己置身于当时的背景，从当时的"视角"来进行评估。那么对于我们身处 21 世纪早期的人来说，什么才是重要的？

我们首先关注的就是这一时代的人对自然与社会资源的利用。19 世纪时，土壤、水和空气被深度利用，欧洲的能源基础发生了从传统能源向化石能源的根本性转变。直至今天，这些情况依然发挥着影响：当时的人对煤炭资源的开发及对石油的早期开发意味着人类对自然生态的一种持续性干扰。有些人将其视为地球发展史上一个全新时期的开端，人类从这个时期开始对自然生态产生影响。欧洲人是这一方面的先锋，且直至今天，欧洲人与一些其他地区的人都是造成能源大规模消耗、促使人类在对待自然的方式上实现工业资本主义转型的始作俑者。从这一角度来看，我们不仅要将二氧化碳排放量的增加对全球的影响考虑在内，同时，当时的人肆意消耗资源、造成污染和导致物种灭绝的行为也给森林、农田、河流、空气和动植物带来了严重后果，自然景观也随之发生改变，各国因此不得不制定了一些卫生和健康政策，使得政治与经济也在这一领域产生了相互作用。19 世纪下半叶时，人类不仅对欧洲大陆内部的生态环境造成了干扰，各国还通过殖民扩张的形式干扰了殖民地的生态环境，例如，殖民国家会在殖民地推行单一种植园经济或毫无节制地开发原材料。煤炭这种新能源的存在及人类肆意利用自然资源的行为也推动了经济的飞速发展，为欧洲创造了巨大的财富。在此基础上，工业资本主义的发展和经济、社会、文化领域及个人生活领域市场的形成使欧洲达到了前所未有的富裕水平。但在 1900 年前后，这种富裕在社会各个阶层之间、地区之间及国家之间的分布是极不均衡的。

　　19 世纪晚期，欧洲内部发展出现了不平衡的情况，这种情况仍然延续至今。各个地区的经济转型采取了不同的路径，使得每个地区都出现了经济发展的中心地区与边缘地区。欧洲成了一个发展情况两极分化的、动态的、对外开放的经济空间，而在欧洲内部，各国的发展相互依赖，每个国家的发展所依赖的行业和领域也有所不同。经济的工业化转型主要发生在欧洲西北部、中欧部分地区及意大利北部和奥匈帝国西部地区。临近 19 世纪末，斯堪的纳维亚的一些地区也朝着这一方向发展。而在其他广大地区，并未形成以工商业和技术为主的经济结构，经济发展主要依靠农业，在这样一种经济结构下，中东欧地区、巴尔干地区的国家及芬兰和爱尔兰的经济实力与收入水平得以提高。俄国、伊比利亚半岛和意大利南部则走上了另一条发展路径。进入 20 世纪之际，这些国家与地区的一些岛屿使用起了现代化的经济模式，其他大部分地区则仍然使用工业化之前的农业生产方式，旧时的制度与社会秩序也仍然保留了下来。最后，一些地区的发展几乎陷入了停滞：在巴尔干半岛及奥匈帝国东部与东南部的边远地区，国民收入持续低迷，人口出生率仍然居高不下，大部分人口都是文盲。

　　在经济转型的背景之下，国家与私人企业打造了一个由铁路、电报、通信机构、街道及航道构成的欧洲通信及交通网

450

络。而欧洲各个国家与地区在这一领域的发展也是不平衡的。某些地区的通信及交通行业十分发达，某些地区的相应设施堪堪可用，而还有一些地区几乎根本不具备相应条件。这种基础设施的建设情况不仅反映出了欧洲经济及社会发展两极分化的情况，也加剧了这种分化，长期影响着欧洲各国内部、各国之间及全球层面上的交流。19 世纪初，各国的电报及电缆的建设情况并不平衡，而如今，从全球角度来看，各国光纤网络的建设与使用不平衡的现状与 19 世纪的情况别无二致。20 世纪初得益于经济发展而建构起来的不平衡的通信网络为当代的通信结构创造了雏形。

用一两个主要因素或个别地区的特殊情况无法解释欧洲内部发展长期分化的原因。其原因更多地在于，新产生的通信与交通条件使得欧洲各地区内部及各地区之间的联系更为紧密，相互依赖性更强，这也决定了各个地区地理位置的条件及经济发展的潜能。发展不平衡的原因错综复杂，各地区不同的发展路径、知识的传播情况、现有的文化模式和不同的社会与政治制度都产生了影响。欧洲经济与政治发展的活力使得工业资本主义席卷全球，但世界其他地区却并未像欧洲各国那样从中获取经济利益。当时，欧洲经济与社会都发生了变化，影响深远。从经济和生态的角度来看，19 世纪产生的影响至今仍未结束。

451

19 世纪下半叶，不仅自然资源得到开发，经济力量得到了利用，人与社会也发生了迁移与变化。人口的大幅增长不仅满足了工业及其他领域的劳动力需求，还推动了欧洲国家殖民扩张的进程，使其不断建立白种人的拓殖型殖民地，扩大殖民地政权。同时，人口增长也推动了欧洲内部的移民运动，这当然也归功于当时人们享有自由迁徙的权利。移民从农村流入城市，或是在经济发展情况不同的地区之间迁移。移民活动为 19 世纪下半叶经济的飞速发展及社会文化的革新提供了重要前提。它也为城乡关系的持续变化奠定了基础。这种变化始于历史上非比寻常的、迅速的城市化进程，直至今天，城乡关系仍在发生变化。自冷战结束起，欧洲内部民众开始由东向西进行迁移；自 20 世纪 50 年代经济腾飞以来，又出现了从欧洲南部及东南部边缘地区迁往其他地区的移民热潮，这些移民活动的地理原则与 19 世纪的原则大致相同，只是在此后这一世纪的两次世界大战和欧洲分裂时期中，这一原则被暂时打破了。

　　19 世纪下半叶，大量贫困阶层从欧洲大陆迁往海外，希望能在海外获得更好的生活。但这一现象只是暂时的。它的结束不仅因为各国加强了对移民的管控，还因为欧洲民族国家及以美国为首的移民流入国加强了对民众自由迁徙的限制。此外，这一现象的结束也与人口发展趋势的根本性变化有关：第一次世界大战前，人口出生率和死亡率的下降使得欧洲部分地区的人口增长放缓，人们生育的孩子越来越少。且由于生活水平普遍提高，社会救济条件与医疗条件得到改善，人们更容易从疾病中存活下来，人们的总体寿命也就随之延长。即使这种变化一直持续到了第二次世界大战以后，这种由出生率和死亡率决定的欧洲人口发展趋势的变化早在 1900 年前后就初显苗头了。这一变化导致人口增长陷入停滞，人口发展也逐渐呈现老龄化趋势。

　　随着社会民众的迁移，社会秩序及人们的社会秩序观也发生了变化。这一变化过程开始得较早，且在欧洲各国并不同步，但 19 世纪中期后，这一趋势就几乎已在欧洲随处可见了：社会经济标准对于确定一个人的群体归属与生存机遇有着重要意义，而之前的一些诸如出身、某些社会阶层特有的权力及传统生活方式等标准不再发挥重要作用。尽管人们对阶层的态度已经发生了转变，但是一些阶层差异依然存在，这些差异并不符合社会阶级的划分情况。人们开始用新的标准来划分阶级：市场机遇或对市场的依赖性、财产的多寡、受教育程度造成了明显不平等的情况。此外，社会经济标准中还存在其他因素，它们根据情况和行为目的的不同决定着阶层或阶级的归属性。在这些因素中，性别尤其重要，因为恰恰在市场价值、财产所有权和受教育机会方面，女性拥有的机会更少，因此，她们与丈夫、父亲或其他亲属的关系决定着她们的处境。接近19世纪末时，女性才开始争取一种与男性类似的、在某些情况下能够独立自主的生活方式。她们既通过要求性别平等，也通过对女性的特质进行定义、指出适合女性的活动领域（如教育事业、医疗卫生、社会救济事业等）来达到这一目的。此外，宗教信仰、地域背景及民族或种族对于确认身份归属也非常重要。民族或种族这一标准一开始就被视作理所当然，大多数人也会毫不犹豫地用它来区分人群。之后，随着反犹主义的广泛传播及各国之间在殖民扩张方面的竞争加剧，民族和种族身份也被赋予了政治意味。尽管新生工人阶级提出了缩小社会阶级之间的差距这一纲领性要求，且对于男性公民而言，自由派公民所主张的权利平等在很大部分上已经得以实现，但人与人之间区分维度的多样性并未因为社会阶级的清晰界定或建立一个理想化的市民社会而减少。民族归属也无法在意识形态上掩盖群体内部的差异。相反，人们甚至可以观察到社会的个体化趋势在不断加强。这一点在塞缪尔·斯迈尔斯（Samuel Smiles）于1859年出版的《自己拯救自己》一书中就有迹可循。作者在书中提出了自由的人类应通过个体的努力建立起一种进步的社会秩序的理想。第一次世界大战前的一些生活改革运动也体现了这种个体化趋势。当时的人通过素食主义和裸体文化来净化自身的躯体与灵魂。我们如今社会中效益至上的理念及男性与女性对于自我提升的追求就能追溯到19世纪晚期。

　　自19世纪下半叶起，"种族"终究被赋予了意识形态意

453

味，作为一个区分维度而逐渐传播开来。尽管"种族"的界定十分模糊，但正因如此，这一区分维度才被广泛应用于各种情境。在其基础上形成了一种对社会群体进行分类的方法，它似乎为政治实践提供了某种科学依据，以塑造社会关系、家庭和个体。在自身民族日渐衰落的背景之下，各国误以为通过一些针对通婚等方面的特定法律规定或社会政策能够保障民族血统的纯正，从而保障其进步性，或是至少可以维持某些民族自视为高人一等的优势地位。自然科学从一个合理的角度对人的种族出身进行严格划分，在第一次世界大战前的殖民地及第一次世界大战后欧洲民族国家的社会政策中，种族主义就已经施展了其破坏性的潜力。如果根据种族将人分为罗马人、犹太人、非洲人或亚洲人等，那么在日常生活中，肤色这种肉眼可见的身体特征就能决定这些个体及社会群体的发展潜能、前景及参与的机会。但在实际对人群进行区分的过程中，大多数情况下，出身都与阶级、民族或宗教信仰等文化特征相互交织、综合起来发挥作用。"民族"这一界定维度并不意味着一定要以自然历史为依据声明本民族具备优势地位。与种族这一维度相比，民族维度在吸纳新成员的时候可能表现得更为灵活。在族群的观念中，各个群体建立了一种自我意识，为自己确立了一种特殊身份，且在某些情况下，少数群体会主张获得特殊权利。但自 19 世纪始至今，"人民"这种社会秩序观始终强调消除社会差异和阶层分化，而不注重个体的出身。

在一个发生了根本性变化的时代，对秩序的设想、对人的分类和区分是人们追求确定性的部分体现。这个时代既是开放的，同时也是可塑造的。塑造世界的不仅仅是工作、科技与资本，知识分子、艺术家和科学家也致力于用自己的观点、作品和知识来塑造现实世界。19 世纪下半叶，文化成为一个独立的领域而逐步发展起来。决定各国文化特征的因素包括相对的社会富裕水平、整体受教育程度、国家及教会等权威机构的行为以及管控力度等。最后，市场也发挥着越来越重要的作用。当时，社会学家格奥尔格·齐美尔强调，通过各个社会圈层的交叉，大城市与精神生活发展之间的联系尤为紧密。性别的对立从根本上决定了男性和女性在公共管理领域的角色分配。这引发了一种争论文化的诞生。例如，一些男性会以思想先锋的身份登上舞台，展现出充分的自信，主张他们能够基于其文化知识介入政治和社会事务中，无论是涉及社会贫困及其后果还是婚姻与家庭面临的威胁等问题，他们都能予以帮助。无论是在个体精神追求的领域，还是在宗教界定、宗教之间的互相排斥或民众与教会冲突的领域，宗教问题都具有重要意义。借此，文学、视觉艺术和表演艺术搭建起了舞台，直到今天，社会与政治冲突都在这一舞台上爆发或得以解决。

人们塑造世界的愿望与潜能在科学领域体现得尤为明显。19 世纪下半叶，形形色色的专业学科建立起来。如今，要想从事学科内部或跨学科研究，还须与这些专业学科打交道。学术体系的学科发展有条不紊地展开，它的制度主要在大学中得以确立。这一体系几乎囊括了所有的生活领域，并大大扩展了欧洲人对于世界的解释权。当然，在欧洲之外也是如此。随着学术体系逐渐建立起来，知识的广泛传播这一社会需求也在增长。高等教育和科学知识成了一种抢手资源，社会政治问题、技术和经济的变化及文化的自我认识都与之相联系。欧洲各国在科学机构的扩张、多样化、开放及专业化发展一事上并无统一的知识生产模式。这种发展更多取决于各国的要求或相对自治的科学机构自身的考量。在 1900 年前后，尽管欧洲各地的科研体系都得到了扩大，并实现了多样化发展（尽管这些体系中的研究人员几乎全部为男性），但欧洲各国仍然跨越国界进行了专业教学和交流活动。政治家、官员、教授和大学生都在

456

深入观察着其他地方的情况。然而，这一时代欧洲科学的发展及其巨大成就并不是因为欧洲制度的统一，而是恰恰建立在其制度多样性的基础上。当然，这也得益于大量可供使用的公共和私人资源。

如今，在许多领域，人们依然相信可以通过科学技术全面塑造世界。例如，当下，人们对于数字化发展就寄予厚望，希望能够借此塑造世界。但在 19 世纪与 20 世纪之交，当时的一部分人对这种追求进步的信念提出了质疑。他们认为这种价值观念具有局限性，通过这些形式也无法达到塑造世界的目的，并对自身的观点加以宣扬。市民阶层的批评家认为这动摇了根本的确定性，也不再将追求进步视作一种理所当然的发展趋势。这是文化精英群体中的一个广泛现象。这一群体通过文化批评、大量改革运动及现代艺术和科学来传达这一观点。他们的代表人物通常自认为是先锋派。同时，他们感觉自己受到了流行文化的挑战，将流行文化称作"大众社会"与"大众文化"，认为流行文化的盛行意味着文化的堕落与降级。在他们看来，大众政治也同样是反复无常、难以捉摸的。

城市的大众文化具有许多特点，这些特点在如今的流行文化中得以延续，但那时的大众文化却更为广泛地受到媒体的影响。在大众文化中，充斥着欧洲有史以来的一种自我认识，它将欧洲与世界其他地区严格区分开来。在这样一种认识之下，帝国主义在所有欧洲国家中盛行起来，并根深蒂固。19 世纪下半叶，在德国提出"阳光下的土地"这一诉求及各国采取多种多样的统治方法的混合背景之下，欧洲各国的海外扩张使得欧洲中心主义世界观更为固化。文化帝国主义也与民族、种族、宗教信仰或性别一样，成为构建身份认同的因素之一。商品贸易在全球范围内开始盛行，其中，主要商品包括茶叶、糖、咖啡、巧克力或烟草等殖民地商品，次要商品包括用于纺织的棉花，用于生产绳索、缝纫用线和地毯的西尔沙麻或用于生产橡胶制品的橡胶等。全球商品贸易、民族博物馆、民族展览、类似的"轰动性事件"以及广泛的新闻行业都是帝国主义在日常生活中的表现，而各国超越民族国家及大洲之间的界线共同创造知识这一行为也使得这些现象合法化。全球范围内货物及知识的流通也决定了当时欧洲与世界的关系，但与1900年前后相比，当时的政权条件不同，欧洲对于自身先进地位的自我认识观念也并不牢固。第一次世界大战前，文化帝国主义塑造了权力关系，欧洲各国拥有了一种欧洲中心主义的文化优越感，这种权力关系和优越感直到后殖民地时代，甚至直到如今仍然发挥着影响，即使是那些只是短暂建立起形式上的殖民政权或从未建立欧洲殖民政权的地方，也依然受其影响。

　　如果我们将目光投向19世纪下半叶欧洲国家政权的变化过程，那么一些事物就会显得有些陌生。直到第一次世界大战前，君主制都是欧洲各国最主要的政治体制，而共和制仅仅存在于法国、葡萄牙、瑞士和圣马力诺这四个国家。政治体制之间的冲突主要是围绕议会如何约束君主的统治权这一问题展开的。尽管在第一次世界大战前，包括俄国和奥斯曼帝国（其议会制度有名无实）在内的各个欧洲国家都设立了议会来限制君主的权力，但并不是所有国家的议会都对政府组阁起到了决定性作用，这一点与如今欧洲君主国家的情况有所不同。当时，只有在英国、意大利、瑞典、挪威、丹麦、比利时和荷兰等国，议会才发挥了这一作用。在其余国家中，君主依然占据优势地位，或是暂时用波拿巴主义的手段、通过与人民的直接关系来让自己的地位合法化。在一些国家中，直到第一次世界大战前，在是否要构建立宪制这一点上都存在争议，直到危机爆发时，它们才逐步改变对于立宪制的看法。战间期时，欧洲国家的政治体制种类繁多，议会民主制、专制政权和独裁混杂在一起，就这一层面而言，这段时期也是 19 世纪政治体制冲突的延续。

19 世纪下半叶时，欧洲大部分国家的民众已经能通过选举的形式参政。但尽管如此，也并不是欧洲各地的男性公民都有权参与到普遍、平等、匿名和直接的选举之中。直到第一次世界大战前，大多数国家都是这种情况，即便在最早建立议会制度的英国，在 1884 年第三次议会改革之后，近三分之一的成年男性仍因被调查到属于贫穷阶层而被排除在选举之外。按理来说，所有公民都有平等的法律地位，当然也理应平等享有选举权，但那些手握选举权的人仍然要捍卫这种特权，这样一来，各个政党和执政者在推进选举权范围扩大的过程中始终在盘算哪些社会阶层会为自己投票，因而这一过程只能逐步推进。在当时，只有隶属俄国的芬兰大公国的女性及挪威的女性分别于 1903 年和 1913 年获得了投票权。在欧洲各地，女性争取选举权的要求都遭到了反对。这种反对观点在法律、社会和文化方面都已根深蒂固，它认为女性不具备在政治领域做出理性和负责任的行为所需的物质和精神条件。总体而言，欧洲大多数地区的民众都受到了诸多限制，因此欧洲的政治参与程度不能被称为全面民主（长久以来，民主的理想也备受质疑）。直到后来，这种情况才得以改变。实际上，欧洲大部分地区在第一次世界大战后才实现了民主，而在第二次世界大战后，欧洲才真正成为一个民主的大陆，但这种民主并未覆盖到所有地区，而是主要集中在欧洲西部。然而，选举权的逐步扩大、议会制度的建立、政党（包括 19 世纪后半叶新兴的社会主义工人党派、农民党派和宗教信仰党派）的组建及新闻出版物的增加与传播，所有这些进程都促进了政治领域中大众群体的形成。它的形成是民众参与政治的表现，同时，它也促使民众的政治参与度得以提高，甚至超出了宪法规定的范围。在上述条件下，1900 年前后，欧洲政治面临的挑战与 19 世纪中叶欧洲革命后的政治冲突相比发生了根本性的变化。我们所熟知的大众政治的时代在第一次世界大战前就已经开始了。

　　随着政权与政治参与度的变化，到 20 世纪早期，个体的法律地位及身份属性也从臣民变为现代的国家公民。公民身份的特殊构建是 19 世纪末政治冲突的焦点，争论点主要在于，究竟是用属地原则还是属血原则来确认国籍身份、赋予公民权；同时，在发生移民和通婚时，关于个人获取或失去国籍的规定也是一大争论点；此外，民族、帝国、种族或宗教归属等界定身份的方法及民众对国家应负担的相应义务也在相互竞争、彼此重叠；最后，还须对男性与女性的民事、政治与社会权利做出明确规定。20 世纪初，公民身份呈现出了民族化与种族化的趋势，而这些趋势也受到了帝国主义和殖民主义的影响。在民众身份从臣民过渡到国家公民的过程中，这些划定方法与原则始终存在，某些社会群体也始终在遭受排斥。在社会愈趋平等和社会包容不断进步的同时，等级区分和排斥现象也始终存在。在公民身份发展起来后，公民个体就必须承担起对国家的义务，而国家则为公民提供保护与安全保障，同时赋予他们民事、政治与社会权利。这样一来，男性与女性公民在国家事务和社会领域中都有权主张自身利益。

460

　　在 19 世纪的进程中，在臣民或公民与国家的关系发生变化的同时，欧洲各国建立起了一种新型国家管理制度，扩大了国家对于普遍事务的管控权限。之前的管理结构主要以贵族或在地方具有影响力的群体的阶级特权或特殊、多重的利益为导向。后来，改革派逐渐背离这种管理结构，试图推行一种将国家视作一个整体的、以抽象的准则为导向的管理程序。事实上，这种以高效率与超个人主义原则为宗旨的管理模式有利于保护社会权利，尤其有利于将社会权利扩大到市民圈层中。此外，由于经济与社会的根本性转型，这种模式还为秩序的维持提供了保障。国家的行为也将组织与财政资源利用起来，以应对社会问题。因此，在 19 世纪末，在国家的管理之下，社会福利体系日趋完善，中小学和大学及文化机构得以扩建，国家以至地方层面的经济发展也得到了推动，这些体系、机构与经济的发展也受到了国家的监管。国家逐渐成为更为美好的未来的保障者。

同时，这种服务式的管理模式在诞生过程中也受到了负面评价。军队与警察依然会使用暴力来镇压工人的罢工行动，许多地方的地方审判权和管理权仍长期把持在地主手中，低收入群体缴纳的消费税税额超出了高收入群体的税额……这些现象导致人们批评这种模式让国家管理成了统治工具。尤其是在欧洲殖民地的管理中，国家管理体现出其镇压性的一面，而殖民地管理也必须被视为欧洲的国家管理模式之一。在海外地区，结构性暴力与不平等的法律地位十分典型。殖民地管理并不是为了造福当地广泛群众，而是因为欧洲殖民者必须要从当地攫取财富，它服务的是在殖民地及欧洲本土的欧洲人的利益。欧洲的法律标准在实践中被打破了，或者说，殖民地的管理模式是一种持续性的特殊情况，因此，欧洲法律标准失效了。在欧洲，各国希望通过暴力垄断、对准则与规范的支配权及多种多样的官僚机构来进行领土统治，这一统治以社会福祉为目标。也许在欧洲本土，各国已经朝着这一理念迈进了，但在殖民地的统治范围内，上述因素发挥的功能却不同。在当地，所有这些因素都以欧洲本土的利益为准则，它们建立在一种双重的法律标准之上。在很大程度上，国家的管理行为和维护秩序的行为会根据对象所属种族的不同而采用不同的法律标准。最终，欧洲国家陷入了自己在殖民地不断制造出来的对立与障碍之中，作茧自缚。

如果说公民身份是从法律维度进行动员，那么民族主义就是通过使民众与国家及政治产生联系的方式从意识形态的维度进行的一种集体性动员。但民族主义仅仅是众多身份认同方法之中的一种。欧洲的 19 世纪这一时期之所以被视作民族主义和民族国家的时代，部分原因在于当时的历史学家们通过书写民族史的方式直接参与到了文化维度的民族构建工作中。还有部分原因在于，第一次世界大战和第二次世界大战时期，"民族被真正动员了起来"（路茨·拉斐尔语），提供了经验性证据。尽管在 1914 年之前，民族动员的全面理论或计划就已形成，但实际上，它大多被用于宣传和争论中，甚少被付诸实践。民族主义思想具有局限性，其内涵表现在多个层面。民族主义固有一种排外性，这使得某些群体成了少数民族群体。尽管在所有欧洲国家看来，少数民族群体可能不被视为其人口的组成部分，但实际上，它们确实是这些国家多元人口的一部分。因此，这些国家也都是多民族国家。此外，外迁者和移民数量高涨。他们在日常生活中显然无法获得民族归属感，即使有，这种民族归属感也并不强烈。另外，其他身份认同方法也与民族主义相互竞争、并存与交叠：它们包括国际主义运动、地域联结、对国家的忠诚度、宗教、性别、社会地位或种族背景等。但并不是所有身份认同方法都与民族主义相互重叠。此外，民族主义也并不意味着一定要建立中央集权制的民族国家，这一点在德意志帝国及其各州、大不列颠及北爱尔兰联合王国、奥匈帝国或 1907 年前的瑞典 - 挪威联合王国等国家的政权形式上可见一斑。

最后，在 19 世纪晚期，除民族之外，还存在其他具有重要政治及社会意义的秩序观念。在这些秩序观念的形成过程中，欧洲的大陆性帝国及海外殖民帝国起到了核心作用。这一时期的确是民族主义的时代，但我们也完全可以将其称作帝国主义的时代。发挥作用的不仅仅是各种大型或小型帝国，还包括那些根本没有殖民地，但也参与到了殖民事业之中的从属国家。在身处领导阶层的精英之中，一种帝国归属被建立了起来，这些精英各自忠于不同的民族、宗教、王朝与国家。欧洲帝国内部和各个帝国之间会进行知识交流与人才交换活动，这些活动的范围超出了行政管理和军事领域的领导层之外。民族主义平等对待民族内部所有成员。同时，民族主义也要求成员拥有参与政治的民主权利。但帝国主义则不同。帝国主义具有等级化特征，这些等级将国家明显划分为中心与周边地区，在不同地区，归属感的程度不同，实行的法律制度也不尽相同。在帝国内部，民众的政治参与权不像在殖民地那样被完全剥夺，但它依然受到了严格的限制。此外，在 1914 年 8 月，虽然城市小资产阶级群体展现出极大的战争热情，但欧洲民众却对为国牺牲一事持怀疑态度，这就体现出了民族主义的局限性与边界。军事上的动员不仅基于民族身份认同来进行，同时也基于男性公民普遍承担的兵役义务来进行。此外，各国也会从殖民地臣仆中为战争征兵。最后，各国从四面八方招兵买马，开启战争。

尽管第一次世界大战几乎并未终结上述导致战争形成的结构性因素或进程，但这场战争仍在所难免。19 世纪下半叶既是不平静的，但也是相对和平的一段时期。欧洲仍然是一个"暴力的大陆"，当时的很多人都认为战争是非常有必要的，有些人甚至将其视作"进步引擎"。在意大利独立战争和德意志统一战争中，甚至在 1871 年之后并不太平的几十年间，各国就用这种说法来拔高军事冲突的价值。在 1877 年至 1878 年间，俄土战争于欧洲东南部爆发，它导致奥斯曼帝国的多个大公国取得了完全独立，新的国家也得以形成。随后，巴尔干半岛各国之间及奥斯曼帝国在北非和欧洲东南部进行殖民扩张的过程

中，又发生了多起军事冲突。欧洲各国为了将本国建设为世界
帝国或为巩固这一地位发起了大量殖民战争。这些战争主要针
对的是殖民地当地的统治者，而非其他欧洲国家。它们以传播
文明、促进世界文明进步的名义为这些战争进行辩护。最后，
欧洲各国政治精英的心态也是导致好战的一大原因。也许恰恰
是因为拿破仑战争后欧洲一直保持着相对和平，这些精英就更
加甘冒风险。其实，各国完全能用现有的手段和经验来缓和或
遏制冲突，且在以往，这也取得了多次成功。但 20 世纪初时，
在各国结为脆弱的联盟阵营、已经开始进行军事和战略规划，
以及各国都能预料到"一场大战在所难免"的综合背景之下，
仅仅是男性政客们那种自甘冒险的心态就足以引起这场大战的
爆发。实际上，1898 年的美西战争及 1905 年的日俄战争就昭
示着欧洲会在这场大战中失去世界霸权的地位。

　　在第一次世界大战前的近 70 年间，尽管没有任何机构或
规范能够保障欧洲和平，但欧洲各个强国却维持着某种秩序。
无论国家大小，各国政府都在这个秩序体系内为政。权力的
不均衡分配、熟稔的外交模式与手段及各国为对战争进行管制
所做出的努力［如《日内瓦公约》或《陆战法规与惯例条约》
（又称"海牙第四公约"）的签订］改变了各国处理冲突的方
式，并在一定程度上限制了各国的暴力行为。但在欧洲之外，
各国只有在少数被他们视作"文明"的国家面前，才会在外交
时展现出认可和尊重，才会遵守国际法规定。即使欧洲殖民国
家在海外殖民地关系紧张，但这并未直接促使各国调整安全政
策，即使在海军军备竞赛时期也是如此。相反，殖民地的紧张
关系在很大程度上并不会影响各国在欧洲本土的关系。这一点
对于欧洲和平也具有决定性意义。尽管在 19 世纪和 20 世纪之
交，"全球体系中的国际关系相互影响"这一理念已广为传播，
但欧洲各国在殖民地和在本土的关系还能彼此分开，这有些自

464

465

相矛盾。

　　欧洲的国家体系、殖民霸权和国际主义构成了欧洲的整体形象。在国际主义这一层面，自 19 世纪中期以后，欧洲就通过成立大量国际组织、加强跨境交流来将政府与社会团体彼此联系在一起。国际主义是这个时代遗留下来的、经久不衰的一笔财富。多边组织与国际机构在技术领域设立了标准，并对标准的执行进行监督。例如，1875 年，各国签署《米制公约》，确立了以"米制"为基础的国际通行的计量单位制，并成立了国际计量局，选址塞夫尔。同时，政府国际主义还表现在航道的国际化工作上。此外，许多国际性民间改革组织得以成立，其中包括知识性联合会、社会及政治倡议组织，以及成立于 1889 年的第二国际（社会主义国际）等政治运动组织。除了具有以上直接目的以外，这些组织的创立者或参与者还想通过和平的途径来推动人类整体的进步。他们加强国际联系、树立标准、努力进行改革等行为并不绝对等同于一种针对民族国家的行为。奥地利记者阿尔弗雷德·赫尔曼·弗里德在 1911 年就强调，国际主义是"改良后的民族主义"。继自由贸易商之后，一些人也将他们对和平的期望寄托在自由贸易上。但推动进步的不是自由贸易本身，而是日益增多的、以民众普遍利益为宗旨的国际组织。这些组织改变了国家间关系的性质，悄无声息地消除了冲突的根源。在 1914 年之前，欧洲的自我认识就反映在了其综合国家关系、半政府组织间关系及民间关系等多方面的对外关系中。根据这种自我认识，欧洲是一片有着特殊权力体系、通过国际组织建立国际联系及致力于进行殖民扩张的地区。如今的欧盟遵照从前的传统，保障着国家之间的和平，通过国际组织来维护各国的民族、社会与经济利益，但同时，它也仍在继续塑造着与之前那些殖民地之间的不对称关系。

19世纪下半叶，欧洲国家对于建立全球霸权的追求与进步的信念紧密交织在一起。当时，欧洲各国正在经历社会和经济的转型，它们普遍相信自己正朝着更好的方向发展和变化。然而，各国对于这种进步的具体期望和要求却存在差异。不过，这种进步的信念很大程度上体现在它们将自身的统治扩展到欧洲大陆之外的其他社会和政治集体一事上。在意识形态上，欧洲各国借传播欧洲文明这一理由来进行殖民扩张和帝国主义活动；而反过来，欧洲人对于殖民地的统治又加强了他们对于自身正在进步的认识与信念。在这一过程中，"传播先进文明"（或殖民扩张行为）完全是针对那些被视为落后的地区以及那些似乎不符合现代标准的社会群体的。在第一次世界大战前，就已经出现了批评与质疑，但这些声音并未持续撼动欧洲人的这种自我认识。在21世纪早期，欧洲同样发生了革命性变革、实现了进步，并加强了与世界的联系，但这却是以一种完全不同的方式进行的。欧洲霸权的时代已经过去了，但欧洲与世界某些地区的不平等关系仍然存续着。某些地区的人们也许还拥有可以塑造进步的这种信念，但总体而言，这种信念已经被打破了：如今，各国开始产生怀疑与批评，它们不确定目前的发展会将它们带往何方。1900年前后，各国认为未来拥有无限可能，但由于地球资源毕竟有限，这一信念如今也发生了改变。政治与经济和生态之间的关系也发生了变化，这不由得使人想起出现于欧洲的一个概念——"非同时性"。在时间线性往前推进之时，各个领域之间的发展与进步是否也出现了"非同时性"？或许，要实现进步，更好的切入点在于通过扩充国际合作的形式、树立全球性思维、延续19世纪下半叶的传统来建立一个公正的社会与国际秩序，而不在于追求权力、沉溺在这种进步的信念之中。在这一方面，欧洲地区各国及民众还任重道远。

参考书目

　　本书的撰写不依赖任何科研机构，但像本书这样的作品自然建立在他人的成就之上。遗憾的是这些研究者的出版物无法被证明。本书出版商的网站 www.chbeck.de/paulmann-vorherrschaft 为您提供完整的参考书目，并且主要列出了我原文引述或是引用了其论点的文献。在这里，我尽量用语言说明引用的段落，即便没有准确的页码，读者也能轻松找到相对应的作品。若有遗漏，敬请原谅并告知本人。

　　关于 19 世纪欧洲历史的作品卷帙浩繁。但是其中可供深入研究的文献，尤其是深入浅出的德语研究文献则少之又少。为我们提供一些普遍性线索的著作包括理查德·J. 埃文斯（Richard J.Evans）的作品《欧洲的实际：巨变中的大陆，1815~1914》（慕尼黑，2018 年）（*Das europäische Jahrhundert: Ein Kontinent im Umbruch 1815–1914*, München 2018）、威力巴德·施坦麦茨（Willibald Steinmetz）的《19 世纪的欧洲》（美因河畔法兰克福，2019 年）（*Europa im 19. Jahrhundert*, Frankfurt a.M. 2019）以及罗伯特·吉尔迪亚（Robert Gildea）、巴里卡德（Barricades）和博德斯（Borders）第三版修订的《欧洲，1800~1914》（牛津，2002 年）（*Europe 1800–1914*, Oxford 2002）。不以欧洲为中心的世界历史视角则出现在于尔根·奥斯特哈默（Jürgen Osterhammel）的系列作

品《世界的变化：19 世纪的历史》（慕尼黑，2016 年第二
版 ）（ *Die Verwandlung der Welt: Eine Geschichte des
19. Jahrhunderts*，München 2.Aufl. 2016） 中， 克 里 斯
多夫·A. 拜雷（Christopher A. Bayly）的《现代性的诞
生：全球史，1780~1914》（美因河畔法兰克福，2006 年）
（ *Die Geburt der Moderne: Eine Globalgeschichte*，
1780–1914 Frankfurt a.M. 2006）则提供了从欧洲霸权出
发的视角。对于从 19 世纪中期开始的一段时期，约克·费
舍（Jörg Fisch）的《增长与平均之间的欧洲，1850~1914》
（ 斯 图 加 特，2002 年 ）（ *Europa zwischen Wachstum und
Gleichheit 1850–1914*，Stuttgart 2002）分章节介绍了全欧
洲以及各个主权国家的重要发展。和更早出版的埃里克·豪
博斯鲍姆（Eric Hobsbawm）所著的多册标准叙事《资本的
时 代，1848~1875》（ 伦 敦，1975 年 ）（ *The Age of Capital
1848–1875*，London 1975） 和《 殖 民 时 代，1875~1914》
（ 伦 敦，1987 年 ）（ *The Age of Empire 1875–1914*，London
1987）类似，乔纳坦·施博贝尔的《欧洲，1850~1914》（哈
罗，2009 年）（ *Europe 1850–1914*，Harlow 2009）也是按照
时间顺序组织起来的。多次修订更新的系列教科书《奥
登 堡 历 史 概 要 》（ 慕 尼 黑 ）（ *Oldenbourg Grundriss der
Geschichte*，München）也涉及了研究上的争议并且包含详
细的文献清单。该系列教科书包含洛塔·高尔（Lothar Gall）
以及格奥尔格·舒尔根（Gregor Schöllgen）和弗里德里希·
基斯林（Friedrich Kießling）所撰写的数册关于 1850 年之
后的年代的历史。同样出于教学的考量但是遵照英国解释性
主题论文的传统所编写的《牛津欧洲简史》（ *Short Oxford
History of Europe*）中也有几册涉及这一历史时期，还有由
T.C. 布兰宁（T.C.W. Blanning）、尤莉安·杰克逊（Julian

469

Jackson）和史蒂凡·伯格（编者）（Stefan Berger）出版的《19 世纪欧洲历史手册：1789~1914》（奇切斯特，2009 年）（*A Companion to Nineteenth Century Europe: 1789–1914*, Chichester 2009）。莱布尼茨欧洲史研究所（Leibniz Institut für Europäische Geschichte）关于欧洲史的网站"欧洲史在线（EGO）"［Europäische Geschichte Online (EGO)］发表了许多涉及 19 世纪的文章，网址为 http://ieg-ego.eu。

　　沃尔夫拉姆·费舍尔（主编）（Wolfram Fischer）编写的《19 世纪中期至第一次世界大战的欧洲社会与经济史》（斯图加特，1985 年）（*Europäische Wirtschafts- und Sozialgeschichte von der Mitte des 19. Jahrhunderts bis zum Ersten Weltkrieg*, Stuttgart 1985）对于社会与经济转型的内容而言一如既往地不可或缺。让 – 皮耶·巴泰（Jean-Pierre Bardet）和雅克·杜帕奎尔（主编）（Jacques Dupâquier）编写的《欧洲人口史》（*Histoire des populations de l'Europe*）中的第二册《人口革命：1750~1914》（巴黎，1998 年）（Bd. 2: *La révolution démographique 1750–1914*, Paris 1998）说明了人口变化；迪尔克·赫尔德（Dirk Hoerder）的《接触中的文化：第二个千年中的世界移民》（达勒姆，2002 年）（*Cultures in contact: World migrations in the second millennium*, Durham NC, 2002）和克劳斯·J. 巴德（Klaus J.Bade）的《运动中的欧洲：18 世纪晚期到现今的移民》（慕尼黑，2000 年）（*Europa in Bewegung: Migration vom späten 18. Jahrhundert bis zur Gegenwart*, München 2000）讲述了移民活动。关于经济史相互依存的区别须参见伊凡·贝伦德（Ivan Berend）的《19 世纪的欧洲经济史：多样性与工业化》（剑桥，2003 年）（*An economic history of nineteenth century Europe:*

Diversity and industrialization，Cambridge 2013）以及收录于塞巴斯蒂安·康拉德（Sebastian Conrad）和于尔根·奥斯特海默（主编）（Jürgen Osterhammel）主编的《1750~1870年：通往现代世界之路》（即《世界史》第四册）（慕尼黑，2016年）（*1750–1870: Wege zur modernen Welt=Geschichte der Welt*, Bd. 4, München 2016）第255至409页的王R.斌（R. Bin Wong）的《可能的富裕、顽固的贫困：19世纪的工业化与世界贸易》（Möglicher Überfluss, beharrliche Armut: Industrialisierung und Welthandel im 19. Jahrhundert）。对于环境的影响在弗兰茨－约瑟夫·布吕格迈尔（Franz-Josef Brüggemeier）的《自然的界限：1750年至今的环境、社会与实验》（埃森，2014年）（*Schranken der Natur: Umwelt,Gesellschaft, Experimente 1750 bis heute*, Essen 2014）中得以阐释。弗里德里希·伦格（Friedrich Lenger）的《现代大都会：1850年起的欧洲城市历史》（慕尼黑，2013年）（*Metropolen der Moderne: Eine europäische Stadtgeschichte seit 1850*, München 2013）尤为广泛地探讨了城市化。雷吉纳·舒尔特（Regina Schulte）的《审视下的乡村：法庭围栏中的纵火犯、杀婴女人以及偷猎者》（赖恩贝克，汉堡，1989年）（*Das Dorf im Verhör: Brandstifter, Kindsmörderinnen und Wilderer vor den Schranken des Gerichts*, Reinbek bei Hamburg 1989）深入地探讨了乡村的情况。戴维·布莱克本（David Blackbourn）的《德国历史风貌：关于19世纪与20世纪的论文》（哥廷根，2016年）（*Landschaften der deutschen Geschichte: Aufsätze zum 19. und 20. Jahrhundert*, Göttingen 2016）在主题上的趣味性远超其他主题。书中关于社会历史的部分，在整体上参考了上述文献中的相应章节。

赫尔曼·W. 冯·顿克（Hermann W. von der Dunk）的《20世纪文化史》第一卷（慕尼黑，2004 年）（*Kulturgeschichte des 20. Jahrhunderts*, Bd. 1 München 2004）尽管题目简练，却详细叙述了 19 世纪的文化历史。不考虑代表性的情况下，一些经典作品可以让人们很好地了解欧洲文化的各个方面：克里斯多夫·查勒（Christophe Charle）的《现代的思想先驱：19 世纪的知识分子》（美因茨河畔法兰克福，1996 年）（*Vordenker der Moderne: Die Intellektuellen im 19. Jahrhundert*, Frankfurta.M. 1996）、罗莎蒙德·巴特雷（Rosamund Bartlett）的《托尔斯泰：俄式人生》（伦敦，2010 年）（*Tolstoy: A Russian Life*, London 2010）、凡妮莎·R. 施瓦茨（Vanessa R. Schwartz）的《引起轰动的现实：世纪末巴黎的早期大众文化》（伯克利，1998 年）（*Spectacular realities: Early mass culture in fin-de siècle Paris*, Berkeley 1998）、多尔夫·施坦贝格（Dolf Sternberger）的《19 世纪的全景与观点》（美因河畔法兰克福，1981 年，1938 年首印）（*Panorama oder Ansichten vom 19. Jahrhundert*, Frankfurt a.M. 1981, zuerst 1938）、安德里亚斯·道姆（Andreas Daum）的《19 世纪的科学流行化：1848~1914 年的市民文化、自然科学教育与德国公众》（慕尼黑，第二修订版 2002 年）（*Wissenschaftspopularisierung im 19. Jahrhundert: Bürgerliche Kultur, naturwissenschaftliche Bildung und die deutsche Öffentlichkeit 1848–1914*, München, 2. erw. Aufl. 2002）、雷贝卡·哈贝马斯（Rebekka Habermas）和亚历山德拉·普吕茨伦贝尔（主编）（Alexandra Przyrembel Hg.）的《甲虫、市场与人类：现代中的殖民主义与知识》（哥廷根，2013 年）（*Von Käfern, Märkten und Menschen: Kolonialismus und Wissen in der Moderne*,

Göttingen 2013）、鲁特·哈里斯（Ruth Harris）的《卢尔德：世俗时代的身体与灵魂》（伦敦，1999 年）（*Lourdes: Body and spirit in the secular age*，London 1999）、海因茨－格尔哈德·豪普特（Heinz-Gerhard Haupt）和迪特·朗外舍（Dieter Langewiesche）（主编）的《欧洲的民族与宗教：19 与 20 世纪的多信仰社会》（美因河畔法兰克福，2004 年）（*Nation und Religion in Europa: Mehrkonfessionelle Gesellschaften im 19. und 20. Jahrhundert*，Frankfurt a.M. 2004）、卡特里娜·施多尼希（Katharina Stornig）的《跨国边境的修女们：殖民地多哥与新几内亚的德国传教修女，1897~1960》（哥廷根，2013 年）（*Sisters Crossing Boundaries: German Missionary Nuns in Colonial Togo and New Guinea, 1897–1960*，Göttingen 2013）、史蒂芬·科恩（Stephen Kern）的《时间与空间的文化：1880~1918》（剑桥大学硕士论文，2003 年）（*The Culture of Time and Space: 1880–1918*，Cambridge MA 2003）以及约翰·M.麦肯锡（主编）（John M. MacKenzie Hg.）的《欧洲的帝国与人民：在法国、英国、荷兰、比利时、德国和意大利中对于殖民主义的普遍反应》（曼彻斯特，2011 年）（*European Empires and the People: Popular Responses to Imperialism in France, Britain, The Netherlands, Belgium, Germany and Italy*，Manchester 2011）。

马丁·科什（Martin Kirsch）的《19 世纪的君主与议会：作为欧洲政体的君主立宪制——法国的对比》（哥廷根，1999 年）（*Monarch und Parlament im 19. Jahrhundert: Der monarchische Konstitutionalismus als europäischer Verfassungstyp – Frankreich im Vergleich*，Göttingen 1999）以及马丁·科什（Martin Kirsch）、安妮·G.考斯菲

尔德（Anne G.Kosfeld）和皮尔安哥罗·希拉（主编）
（Pierangelo Schiera Hg.）的《大众社会挑战下的宪法
国家：1900 年前后立宪制的欧洲对比》（柏林，2002）
（*Der Verfassungsstaat vor der Herausforderung der
Massengesellschaft: Konstitutionalismus um 1900 im
europäischen Vergleich*，Berlin 2002）对立宪制进行了对比介
绍。这一点也参照了迪特·朗威舍（Dieter Langewiesche）
的《欧洲世纪的君主制：19 世纪的变化所产生的自我主
张》（海德堡，2013 年）（*Die Monarchie im Jahrhundert
Europas: Selbstbehauptung durch Wandel im 19.
Jahrhundert*，Heidelberg 2013）。路茨·拉斐尔（Lutz
Raphael）的《法律与秩序：19 世纪通过行政进行的统
治》（美因河畔法兰克福，2000 年）（*Recht und Ordnung:
Herrschaft durch Verwaltung im 19. Jahrhundert*，
Frankfurt a.M. 2000）则示范性地研究了国家管理的不同模
式，此外还有特鲁茨·冯·特罗塔（Trutz von Trotha）在
《殖民主义是什么？关于殖民主义及殖民统治社会学与历史
的一些总结性发现》（《世纪》55/1 2004 年，第 29-95 页）
［Was war Kolonialismus? Einige zusammenfassende
Befunde zur Soziologie und Geschichte des Kolonialismus
und der Kolonialherrschaft, in: *Saeculum* 55/1（2004），
S. 49-95.］中关于殖民统治管理与统治模式的内容。与这些
殖民帝国相对的欧洲部分的内容参考了约恩·里昂哈德（Jörn
Leonhard）和乌尔里克·冯·赫什豪森（主编）（Ulrike
von Hirschhausen Hg.）的《帝国对比：漫长 19 世纪中的
遭遇与转型》（哥廷根，2011 年）（*Comparing Empires:
Encounters and Transfers in the Long Nineteenth Century*，
Göttingen 2011）。迪特尔·古泽温克（Dieter Gosewinkel）

的《保护与自由？ 20 世纪与 21 世纪的欧洲国家公民》（柏
林，2016 年 ）（*Schutz und Freiheit? Staatsbürgerschaft in
Europa im 20. und 21. Jahrhundert*，Berlin 2016）则全面
介绍了国家公民身份的历史。

关于国际关系历史的著作数不胜数。对于国家体系的
介绍一部分是基于我自己的作品《壮观与政治：旧秩序与第
一次世界大战之间的欧洲君主偶遇》（帕德博恩，2000 年 ）
（*Pomp und Politik: Monarchenbegegnungen in Europa
zwischen Ancien Régime und Erstem Weltkrieg*，Paderborn
2000）。此外，我还参考了马提亚斯·舒尔茨（Matthias
Schulz）的《准则与实践：作为安全委员会的欧洲协调，
1815~1860》（慕尼黑，2009 年 ）（*Normen und Praxis: Das
Europäische Konzert der Großmächte als Sicherheitsrat,
1815–1860*，München 2009）、温弗里德·鲍姆加特
（Winfried Baumgart）的《1830~1878 年的欧洲协调与民族
运动》（帕德博恩，1999 年 ）（*Europäisches Konzert und
nationale Bewegung 1830–1878*，Paderborn 1999）以及格
雷高尔·硕尔根（Gregor Schöllgen）和弗里德里希·基斯林
（Friedrich Kießling）的《帝国主义时代》（慕尼黑，2009 年 ）
（*Das Zeitalter des Imperialismus*，München 2009）。 对
于国际主义历史具有指向性作用的是马丁·H. 盖尔（Martin
H.Geyer）和约翰内斯·鲍曼（Johannes Paulmann）（ 主
编 ）的《国际主义机制：1840 年代起至第一次世界大战的
文化、社会与政治》（牛津，2001 年 ）（*The Mechanics of
Internationalism: Culture, Society, and Politics from the
1840s to the First World War*，Oxford 2001）。还有一部比
较新的出色作品也深入介绍了国际法的历史，即法比安·克洛
泽（Fabian Klose）的《出于人性：漫长的 19 世纪中的人道

471

干预史》（哥廷根，2019 年）（"*In the Cause of Humanity*"：*Eine Geschichte der humanitären Intervention im langen 19. Jahrhundert*，Göttingen 2019）。关于殖民历史的文献中，莱因哈特·温特（Reinhard Wendt）《从殖民主义到全球化：1500 年起的欧洲与世界》（帕德博恩，2016 年第二版）（*Vom Kolonialismus zur Globalisierung: Europa und die Welt seit 1500*，Paderborn 2.Aufl. 2016）中相应的段落值得推荐；此外还有 H.L. 威斯灵（H. L.Wesseling）的《欧洲殖民帝国：1815~1919 年》（哈洛，2004 年）（*The European colonial empires: 1815–1919*，Harlow 2004）和约翰·达尔文（John Darwin）的《帖木儿之后：1400~2000 年全球性帝国的兴衰》（伦敦，2008 年）（*After Tamerlane: The rise and fall of global empires, 1400–2000*，London 2008）。海因茨·戈尔维策（Heinz Gollwitzer）的《世界政治思想史第二卷：帝国主义与世界战争的时代》（哥廷根，1982 年）（*Geschichte des weltpolitischen Denkens, Bd. 2: Zeitalter des Imperialismus und der Weltkriege*，Göttingen 1982）仍然对于世界政治思想具有重要意义。迪特·朗威舍（Dieter Langewiesche）的《暴力的教师：现代的欧洲战争》（慕尼黑，2019 年）（*Der gewaltsame Lehrer: Europas Kriege in der Moderne*，München 2019）强调了战争对于 19 世纪欧洲发展的意义。约斯特·杜尔夫（Jost Dülffer）、马丁·克洛格（Martin Kröger）和哈拉尔德·维皮希（Harald Wippich）的《被避开的战争：从克里米亚战争到第一次世界大战期间大国冲突的缓和，1856~1914 年》（慕尼黑，1997 年）（*Vermiedene Kriege: Deeskalation von Konflikten der Großmächte zwischen Krimkrieg und Erstem Weltkrieg 1856–1914*，München）则从那些被避免的战争的角度详细介绍了欧洲的

外交。弗里德里希·基斯灵（Friedrich Kießling）的《反对"大战"？ 1911~1914 年国际关系的缓和》（慕尼黑，2002年）（Gegen den "großen Krieg"? Entspannung in den internationalen Beziehungen 1911—1914，München 2002）与人们对 1914 年之前年代的惯常解读不同。鉴于最近的第一次世界大战纪念日，关于第一次世界大战爆发的文献又增加了。人们可以从克里斯多夫·克拉克（Christopher Clark）的《梦游者：欧洲如何走向第一次世界大战》（慕尼黑，2013年）（*Die Schlafwandler: Wie Europa in den Ersten Weltkrieg zog*，München 2013）或是格尔特·克鲁麦西（Gerd Krumeich）的《1914 年 7 月：清算》（帕德博恩，2014 年）（*Juli 1914: Eine Bilanz*，Paderborn 2014）入手，或者参考老一些的作品，例如詹姆斯·卓尔（James Joll）的《第一次世界大战的起源》（纽约，1992 年第二版）（*The Origins of the First World War*，New York, 2. Aufl. 1992）。

最后，对于 19 世纪的回顾参考了厄内斯特·特勒尔奇（Ernst Troeltsch）在那个时代的作品《19 世纪》（1913 年，收录于《作品集》第四卷，图宾根，1925 年，第 614~649 页）（Das Neunzehnte Jahrhundert 1913, in: ders., Gesammelte Schriften, Bd. 4，Tübingen 1925, S. 614–649）。人们对于这一时期越来越淡漠的记忆也在卡伦·哈格曼（Karen Hagemann）和西蒙尼·莱丝希（主编）（Simone Lässig Hg.）《论坛：在欧洲史中消失的 19 世纪？》（收录于中央欧洲历史 51 2018 年，第 611–695 页）（Discussion Forum: The Vanishing Nineteenth Century in European History?, in: Central European History 51 2018, S. 611–695）中的文章里得到了证实。

大事年表

1850 年 9 月 2 日	赫尔曼·布鲁梅瑙（Hermann Blumenau）与其他德国殖民者一起在巴西建立了名为布鲁梅瑙的小城。
1851 年 5 月 1 日~10 月 11 日	第一届世界博览会在伦敦举行；
1851 年 12 月 2 日	路易·拿破仑·波拿巴（Louis Napoléon Bonapartes）发动政变。
1853 年 3 月 6 日	朱塞佩·威尔第的《茶花女》首演。
1853~1856 年	11 月 1 日俄国与奥斯曼帝国的战争扩大为克里米亚战争，一方是俄国，另一方是英国、法国和萨丁尼亚王国。
1855 年	约瑟夫·阿瑟·戈宾诺（Joseph Arthur de Gobineau）的《人种不平等论》（*Versuch über die Ungleichheit der Menschenrassen*）。
1856 年	约翰·卡尔·福尔罗特（Johann Carl Fuhlrott）发现尼安德特人； 1868 年于法国发现克罗马尼翁人。
1857~1858 年	5 月 11 日印度爆发对于英国统治的反抗。
1858 年	《历史杂志》（*Historischen Zeitschrift*）创刊，随后《历史评论》（Revue Historique，1876）和《英国历史评论》（*English Historical Review*，1886）创刊。
1858~1860 年	10 月 31 日英国和法国发动第二次鸦片战争；《天津条约》（1858）和《北京条约》签订：中国进一步向外国贸易打开大门。
1859 年	查尔斯·达尔文：《物种起源》。
1859~1869 年	建造苏伊士运河。
1860 年 1 月 23 日	《科布登－谢瓦里埃条约》：英法贸易自由化。
1861 年 2 月 19 日	俄国宣告解放农奴。
1861 年 3 月 14 日	皮埃蒙特的维克托·伊曼纽尔二世（Viktor Emanuel II. von Piemont）成为意大利国王。

1862 年	维克多·雨果:《悲惨世界》。
1863 年 1 月 22 日	波兰反抗俄国统治（一直到 1864 年 4 月）。
1863 年 10 月 26~29 日	红十字会成立国际大会。
1863 年 9 月 28 日	成立国际工人联合会。
1863 年 6 月 21 日	普鲁士－奥地利战争爆发以及北德意志邦联成立（1867 年 4 月 16 日颁布宪法）。
1867 年	卡尔·马克思:《资本论》第一卷。
1868 年 7 月 1 日	加拿大成为首批英属自治领。
1870 年 7 月 19 日	普鲁士－德国对法国开战；于 1871 年 10 月 5 日在美因河畔法兰克福休战。
1871 年 1 月 18 日	在凡尔赛宫宣布成立德意志帝国。
1871 年 3 月 18 日~5 月 28 日	巴黎公会起义。
1872 年	儒勒·凡尔纳（Jules Verne）:《80 天环游世界》（*Die Reise um die Welt in 80 Tagen*）。
1874 年 4 月 15 日~5 月 15 日	"印象派"首次集体展览。
1874 年 9 月 10 日	教皇庇护九世（Papst Pius IX.）禁止意大利的天主教参与选举。
1878 年 6 月 13 日~7 月 13 日	柏林会议（Berliner Kongress）：塞尔维亚、黑山和罗马尼亚脱离奥斯曼帝国获得独立；保加利亚和东鲁美利亚成为了具有进贡义务的自治诸侯国。
1879 年 10 月 7 日	德意志帝国与奥匈帝国结成两国同盟（Zweibund）。
1881 年 5 月 17 日	法国获得对突尼斯的保护国地位。
	俄罗斯帝国爆发反犹大屠杀。
	第一批发电厂在英国建成,1882 年意大利也建成了发电厂。
1882 年 7 月 11 日	英国占领埃及。
1883 年 6 月 15 日	德意志帝国颁布《医疗保障法》（1884 年颁布意外保险法，1889 年颁布残疾与养老保险）。
	海勒姆·史蒂文斯·马克沁（Hiram Stevens Maxim）制造出了第一挺机枪。
1884~1885 年	11 月 15 日~2 月 26 日国际非洲会议在柏林召开。
1885 年	卡尔·奔驰（Karl Benz）和戈特利布·戴姆勒（Gottlieb Daimler）分别独立研制出了发动机以及首批汽车。

1887 年 10 月 17 日	东南亚的法国殖民地整合成为"印度支那联邦"（Indochinesische Union）。
1889 年 3 月 31 日	位于巴黎的埃菲尔铁塔竣工（于 1887 年 1 月 28 日动工）。
1890 年 3 月 27 日	1887 年签订的《俄德再保险条约》Deutsch-russischer Rückversicherungs-vertrag）没有续签。
1890 年 7 月 1 日	《赫尔戈兰－桑给巴尔条约》（Helgoland-Sansibar-Vertrag）：平衡英国与德国的殖民利益。
1891~1903 年	建设跨西伯利亚铁路。
1893 年	埃米尔·涂尔干:《社会分工论》（*De la division du travail social*）。
1894 年	法国的德雷福斯案开始。
1895 年	卢米埃兄弟的电影在巴黎首映；斯科拉达诺夫斯基的电影在柏林首映。
1896 年 3 月 1 日	意大利在阿杜瓦败给埃塞俄比亚人。
1898 年 4 月 25 日~12 月 10 日	美国－西班牙战争；巴黎获得和平。
1898 年 9 月 18 日	英法之间爆发法绍达危机。
1899 年 5 月 18 日~7 月 29 日	旨在解决国际冲突的第一次海牙和平会议召开。
1899~1902 年	10 月 12 日南非战争，即所谓的布尔战争爆发。
1900 年	马克斯·普朗克（Max Planck）创立量子物理学；西格蒙德·弗洛伊德（Sigmund Freud）:《梦的解析》（*Die Traumdeutung*）。
1900~1901 年	中国爆发起义，被国际社会干预。
1904 年 4 月 8 日	英国与法国结成"友好关系"（Entente cordiale）
1904~1905 年	2 月 8 日日俄战争；1905 年 9 月 5 日于朴茨茅斯取得和平。
1904~1907 年	德属西南非洲爆发赫里罗人与那玛人的起义以及屠杀。
1905 年 1 月 22 日	发生在圣彼得堡的"血腥星期日"引发了第一次俄国革命与宪法改革；阿尔伯特·爱因斯坦（Albert Einstein）:"狭义相对论"（Spezielle Relativitätstheorie）。
1906 年 2 月 10 日	英国"无畏号"（Dreadnought）战舰下水芬兰实行普遍的妇女选举权。
1907 年 6 月 15 日~10 月 18 日	第二次海牙和平会议：承认海牙国家战争公约。

1907 年 8 月 31 日	英国与俄国就西藏、阿富汗和波斯问题达成《彼得堡协定》。
1908 年 7 月 5 日	卡恩韦勒画廊（Galerie Kahnweiler）在巴黎开业：促进了立体主义的发展。
1908 年 7 月 5 日	"青年土耳其人"革命开始。
1908 年 10 月 6 日	奥地利 – 匈牙利吞并波斯尼亚和黑塞哥维那。
1909 年 2 月 20 日	菲利波·托马索·马里内蒂（Filippo Tommaso Marinetti）发表《未来主义宣言》（Futuristisches Manifest）。
1909 年 8 月 31 日	保罗·埃尔利希（Paul Ehrlich）和秦佐八郎（Sahachiro Hata）发现了治疗梅毒的药物砷凡纳明（Salvarsan）。
1910 年 10 月 4 日	葡萄牙革命和共和国的建立。
1911 年 12 月 14 日	罗阿尔德·阿蒙森（Roald Amundsen）抵达南极。
1912 年 4 月 15 日	"泰坦尼克号"沉没。
1912 年 5 月 14 日	俄国军队改革。
1912 年 10 月 17 日	塞尔维亚、保加利亚、希腊、黑山与奥斯曼帝国展开第一次巴尔干战争。
1913 年 5 月 29 日	伊戈尔·斯特拉文斯基（Igor Strawinsky）的《春之祭》（Le sacre du printemps）首演。
1913 年 6 月 30 日	希腊、黑山、塞尔维亚和罗马尼亚与保加利亚之间的第二次巴尔干战争。
1914 年 6 月 28 日	奥地利 – 匈牙利皇储弗朗茨·斐迪南大公（Franz Ferdinand）在萨拉热窝遇刺身亡。
1914 年 7 月 28 日	奥地利 – 匈牙利对塞尔维亚宣战。
1914 年 7 月 30 日	俄国军事总动员。
1914 年 8 月 1 日	德国进行军事总动员并对俄国宣战。
1914 年 8 月 3 日	德国对法国宣战。
1914 年 8 月 4 日	英国参战。
1914 年 8 月 15 日	巴拿马运河开通。

致　谢

　　与建造埃菲尔铁塔相比，撰写本书显然花费了更长的时间。尽管进展缓慢，一开始就选定的封面图片使我始终没有丧失完成这部作品的信心。我本职工作之外的大量时间非常有利于我进行写作，为此我要感谢很多资助者和我的同事们。格尔达·汉高基金会（Gerda Henkel Stiftung）使我能够在 2009/10 年期间在伦敦经济学院（London School of Economics）和伦敦的德国历史研究所（Deutschen Historischen Institut London）担任客座教授。在伦敦大学的布鲁姆斯伯里广场（Bloomsbury Square）旁，在深受安德烈亚斯·格斯特里希（Andreas Gestrich）影响的氛围中，我可以卓有成效地进行写作和讨论。2011 年，在对于客人而言天堂般的牛津大学莫德林学院（Magdalen College）里，我度过了数月时光。我几乎每日都与尼克·斯塔嘉德（Nick Stargardt）边喝咖啡边聊天，争论这次该讨论谁的书稿，这些谈话为我带来了很多启发。在曼海姆大学，安德里亚·雷灵（Andrea Rehling）和伯恩哈特·吉斯贝尔（Bernhard Gißibl）是我值得信赖的对话伙伴。之后我换到了莱布尼茨欧洲史研究所，在那里，欧洲本身就成了思考与讨论的自然空间。大众基金会、弗里茨·蒂森基金会（Fritz Thyssen Stiftung）和罗伯特·博世基金会（Robert Bosch Stiftung）一起为我提供了 2014/15 年度在圣安东尼学院（St Antony's College）欧洲研究中心进行研究的理查德·冯·魏茨泽克协会助学金（das Richard von Weizsäcker Fellowship），让我又能够享受一段不被本职工作所束缚的自由自在的时光。2018 年我应邀在巴黎第一大学（Panthéon Sorbonne）和索邦大学（Université Sorbonne）作为 LabEx 项目的客座教授讲授"书写欧洲新历史"（Ecrire une histoire nouvelle de l'Europe）这一课程，托马斯·麦森（Thomas Maissen）还为我在巴黎的德国历史研究所中提供了一间办公室。我是在 130 年前的 1889 年竣工的埃菲尔铁塔投下的阴影中完成书稿的。这几乎就是缘分使然。对我而言，这也是一种幸运和放松。

最后，我尤其想感谢对我的书稿进行了评价的读者林达尔·罗普（Lyndal Roper）、本哈德·吉斯布尔（Bernhard Gißibl）、法比安·克洛泽（Fabian Klose）、提尔·范·拉顿（Till van Rahden）和尼克·施塔加特（Nick Stargardt），他们的建议和问题让这本书得以完善。凡妮莎·韦伯（Vanessa Weber）非常认真地校对了文稿，我要向她表示感谢。我还要感谢芭芭拉·昆克尔（Barbara Kunkel）和马丁·库普（Martin Kupp）编制索引。最后，非常感谢 C.H. 贝克出版社（C.H.Beck Verlag）的塞巴斯蒂安·乌尔里希（Sebastian Ullrich）的耐心指导以及马提亚斯·汉泽尔（Matthias Hansl）和丹尼尔·布森尼斯（Daniel Bussenius）在本书出版过程中给予的支持。

图书在版编目（CIP）数据

全球霸权和进步信念：1850~1914年的欧洲 / (德)
约翰内斯·鲍尔曼 (Johannes Paulmann) 著；郭爽，姚
敏，吴雨婷译. -- 北京：社会科学文献出版社, 2024.11
（贝克欧洲史）
ISBN 978-7-5228-3732-1

Ⅰ.①全…　Ⅱ.①约…②郭…③姚…④吴…　Ⅲ.
①欧洲－历史－1850-1914　Ⅳ.①K504

中国国家版本馆CIP数据核字（2024）第112211号

·贝克欧洲史·

全球霸权和进步信念：1850~1914年的欧洲

著　　者 / ［德］约翰内斯·鲍尔曼（Johannes Paulmann）
译　　者 / 郭　爽　姚　敏　吴雨婷

出 版 人 / 冀祥德
组稿编辑 / 段其刚
责任编辑 / 阿迪拉木·艾合麦提　陈嘉瑜
责任印制 / 王京美

出　　版 / 社会科学文献出版社·教育分社（010）59367151
　　　　　 地址：北京市北三环中路甲29号院华龙大厦　邮编：100029
　　　　　 网址：www.ssap.com.cn
发　　行 / 社会科学文献出版社（010）59367028
印　　装 / 北京盛通印刷股份有限公司

规　　格 / 开　本：889mm×1194mm 1/32
　　　　　 印　张：13.25　字　数：332千字
版　　次 / 2024年11月第1版　2024年11月第1次印刷
书　　号 / ISBN 978-7-5228-3732-1
著作权合同
登 记 号 / 图字01-2021-2256号
定　　价 / 98.00元

读者服务电话：4008918866